공유지의 약탈

공유지의 약탈

Plunder of the Commons

새로운
공유 시대를
위한 선언

가이 스탠딩 지음

안효상 옮김

창비

모든 나라는 자신의 공유지가 있으며, 분명 대한민국도 예외가 아니다. 공유지는 우리가 공유하고(share) 있는 것으로, 우리의 조상, 조부모, 부모가 우리에게 물려준 자연적·물리적 환경을 포함한 공적 부(富)이다.

우리는 또한 여러 층의 공유지가 있다는 것을 인정해야 한다. 전지구적으로 볼 때 대양과 바다가 지구 면적의 70퍼센트 이상을 차지하는데, 어느 개인이나 나라가 바다나 해양생태계, 심지어 그 아래에 있는 광물을 '소유'하고 있다고 주장하는 것은 교만한 일이다. 우리는 인간으로서 겸손해야 하며, 고대 로마인들이 말한 것, 즉 바다는 누구의 것도 아니라는(res nullius) 것을 인정해야 한다.

안타깝게도 인류는 아직 민족들 사이에서뿐만 아니라 인류와 자연 사이에서 공유하는 법을 배우지 못했다. 그래서 1982년 유엔의 후원하에 국제사회는 유엔해양법협약(UNCLOS)에 합의했는데, 이는 1949년에 미국이 공식화한 것으로, 한 나라의 해안에서 200해리에 달하는 지역을 '배타적 경제수역'이라고 선언하는 일이었다. 이것은 실제로 역사상 가장 큰 인클로저 운동이었다. 이것은 사영화 행위, 즉 몇몇 기업이 바닷새들 아래에서 어업권을 행사하고 채굴하는 행위 등을 위한 길을 마련했다.

이 책이 지구적 공유지의 이런 부분을 다루는 것은 아니다. 이 책은 여러 유형의 공유지가 어떻게 약탈당했는지, 왜 공유자인 우리가 공유지를 부활시키고자 하는지, 공유지 침해에 대한 보상을 원하는지, 수익을 평등하고 공평하게 나누기를 원하는지에 관한 것이다.

몇년 전 서울은 스스로를 '공유 도시'(the Sharing City)라고 불렀다. 이것은 잠재적으로 도시 공유지에 대한 강력한 이미지를 낳는다. 이는 다양한 형태의 '재산'(property)이 결합될 수 있으며, 이 속에서 온건한 형태의 개인주의가 사회·시민·교육·정보 공유지와 공존할 수 있고 궁극적으로 여기에 의존할 수 있다는 구상을 받아들이는 것이다. 이를 통해 우리는 이 책에서 **공유화**(commoning), 즉 공유(sharing) 및 돌봄(caring) 행위라고 한 것을 몰아낼 수 없음은 물론 개인주의와 사적 소유권이 절대적인 것이 될 수 없음을 상기했을 것이다.

공유지라는 관점은 세계가 '북한'이라고 부르는 존재와 대한민국 간의 지속적이고 고통스러운 관계에도 적실성을 갖는다. 나는 공유지 관점이 경제가 크게 상이한 두 국가 사이의 거리를 가깝게 하는 데 도움이 될 것이라는 의견에 동의한다.[1] 이는 홍익인간이라는 한국의 전통적 개념을 상기하는 것을 포함해 민족사에 대한 심오한 이해를 필요로 할 것이다. 홍익인간은 남한의 비공식적인 국시(國

是)라고 알고 있다. 이것은 고삐 풀린 개인주의와 개인적 '성공'이라는 소비 추동적 관념의 시대에 한국인이 세계에 다시 가르침을 주어야 한다는, 역사에 근거한 지혜를 표현한다. 이 에토스는 기원전 2333년 고조선이 성립한 바로 그때로 거슬러 올라간다.

홍익인간은 생산의 이득을 공유하는 것을 말할 뿐만 아니라 공동체에 대한 우리의 의식을 보존하고 재생산하는 것을 공유하고, 사회적 참여 및 자연 속에서 우리의 관계, 그리고 자연과 우리의 관계에 대한 우리의 의식을 보존하고 재생산하는 것을 공유하는 것을 말한다. 홍익인간은 공유지의 본질을 아름답게 포착하고 있으며, 19세기 초에 알렉산더 폰 훔볼트(Alexander von Humboldt)가 처음으로 표현한 대로 인간과 자연의 내재적 관련성, 복잡한 호혜성과 상호의존성을 보여주는 깊이 있는 이해와 관련이 있다.

물론 홍익인간의 에토스는 1910~45년 한국이 일본에 점령당했을 때 심각한 시험대에 올랐다. 이 시기에 마을 공동체 대부분의 토지가 실제로 인클로저되었다. 이 책에 쓴 대로 영국의 토지가 인클로저되었던 것과 마찬가지다. 한가지 덧붙이자면, 한국은 역사에 이어져온 향약(鄕約)이라는 공유지 모델을 가지고 있다. 이는 부여된 절대적 소유권이 아니라 부여된 역할을 통해 개인을 공동체 내에 포함시키는 것이다. 일본 점령자들은 이러한 계약을 파괴했지만 한국 역사를 지워버리지는 못했다. 슬프게도 그들이 그렇게 함으로써 불평등이 커지고, 개인적 탐욕과 이기심이 커지고, 사적 부가 집중될 수 있는 배경이 만들어졌다.

지금은 사회적·생태적 모델로서의 공유지를 부활시키는 것에 기초한 통합 속에서 홍익인간과 향약의 에토스를 회복할 때이다. '천리 길도 한 걸음부터'다. 그러니 충청남도 보령시에 속한 장고도에서 일어난 일을 살펴보자.

장고도는 약 200명의 주민이 사는 작은 섬이다. 1983년에 25세의 어촌계장 편삼범은 주민들을 설득해서 업자들에게 임대하던 어장을 공동체가 운영하기로 했다. 사실 어장을 임대하는 것은 불법이다. 왜냐하면 그것은 누구의 것도 아니기 때문이다. 어장을 되찾은 마을은 10년 후인 1993년에 배당을 시작했다.

이때 합의된 것은 해삼에서 나오는 모든 이윤을 동등하게 나누는 기본소득제였다. 곧바로 어장 관리의 질과 마을 분위기가 고양되었다고 한다. 이 제도는 잘 시행되었다. 2019년에 각 가구는 기본소득으로 연간 1,300만원을 받았다. 섬연구소의 강제윤 소장이 제1회 농촌기본소득 정책포럼에서 말한 것처럼 해삼은 알아서 자라며, 주민들이 할 일은 씨를 뿌리고 채취하는 것뿐이다.

게다가 이들은 바지락 채취에서 나오는 소득도 공유하게 되었다. 이는 캐나다 브리티시컬럼비아에서 원주민(the First Nations)이 하는 것과 마찬가지로 세계 여러 지역의 공동어장에서 이루어지고 있는 고전적 형태다. 장고도의 경우 이를 통한 가구당 기본소득이 매년 2천만원에 이른다. 전반적인 결과는 공유지가 부활했고, 안정적인 소득의 평등이 이루어졌다는 것이다. 이는 양식업에 종사하는 사람과 그렇지 않은 사람 간에 소득격차가 큰 다른 섬들과 구별되는 모습이다.

전세계적으로 코로나19 대유행과 경기침체를 겪으면서 공유지에 대한 공감은 기본소득에 대한 공감과 마찬가지로 커졌다. 많은 사람이 공유지와 기본소득을 공동의 연대, 우애, 사회적 **회복력**의 메커니즘으로 이해한 것이다. 〔한국에서는〕경기도와 기본소득한국네트워크(BIKN)가 대담하게 주도적인 일을 하고 있다. 이 책은 결론에서 공유지 자본기금을 조성하고 이로부터 공유지 배당을 기본소득으로 지급할 수 있는 방안을 제시한다.

　나는 대한민국이 공유지 기반 사회의 선구자가 될 수 있다고 믿는다. 공유지 기반 사회에서 기본소득은 홍익인간이라는 에토스를 부활시키고 정련할 것이다. 감염병 대유행 시대의 삶의 위협, 그와 연관해 자연의 대멸종이라는 위협이 긍정적인 무엇을 성취할 수 있게 해준다면 그것은 분명 이러한 흐름 속에 있는 어떤 것 덕분일 것이다.

2021년 3월
가이 스탠딩

차례

마거릿 대처는 겨우 42퍼센트의 득표율밖에 올리지 못했지만 야
당의 분열로 거둔 1987년 총선의 압도적 승리를 즐기면서 『우먼스
오운』(*Woman's Own*)과 두서없는 인터뷰를 했다. 인터뷰하는 동안
그는 거듭해서 자신의 이데올로기를 드러냈다. "사회 같은 것은 없
습니다." 그는 이렇게 말하며 덧붙였다. "오직 개인과 가족 들만이
있습니다." 표현을 바꾸어 "사회 같은 것은 있어서는 안 됩니다"라
고 읽어도 그는 반대하지 않았을 것이라고 생각한다.

이러한 언급의 배후에는 무엇이 있는가? 1975년에 보수당 대표로
선출된 다음 그림자 내각의 첫번째 모임에서 그는 프리드리히 아우
구스트 폰 하이에크의 『자유헌정론』(*The Constitution of Liberty*) 한
부를 가방에서 꺼내 탁자에 던지면서 말했다. "이것이 우리가 믿는
것입니다!" 그 책은 576쪽이나 되는 큰 책이었으니 탁자에 있던 다
른 것들을 다 밀쳐냈을 것이다. 하이에크는 대처의 구루였으며, 로
널드 레이건의 구루이기도 했다.

이 오스트리아 경제학자는 1947년에 주로 우익 경제학자들과 기타 학자들을 모아 몽펠르랭협회(Mont Pelerin Society)를 발족했다. 그는 전통적인 의미의 보수주의자는 아니었지만 '자유시장' 경제를 열렬히 믿었다. 그의 멘토는 또다른 오스트리아 사람 루트비히 폰 미제스였다. 폰 미제스가 하이에크에게 가르쳤고 대처가 간단하게 요약한 것은, 경제적 가치는 가격에 의해서만 측정되며 가격이 없는 것은 가치가 없다는 것이었다.

대처와 레이건의 정치적 수완을 통해 이러한 견해는 사영화 — 시장의 힘에 반대하는 공공기관과 공공기구의 해체 — 라는 커다란 의제로 진화할 것이었다. 어떤 것이 가치가 없다면 그것은 공짜로 주거나, 폐지되거나, 가치, 즉 가격을 갖는 어떤 것으로 바뀔 수 있다.

'대처주의'는 하이에크와 폰 미제스 없이는 이해할 수 없다. 하이에크는 1974년에 노벨경제학상을 받았는데, 이는 '신자유주의'가 주류 경제학계를 장악했음을 보여주는 일이었다. 1984년 대처는 하이에크가 드물게 여왕이 수여하는 명예훈장을 받을 수 있도록 주선했다. 하이에크는 이 일을 그의 생애에서 "가장 행복한 날"이라고 말했다. 아마 그는 군주제가 자유시장 경제의 증거가 아니라는 아이러니를 알아채지는 못했을 것이다. 레이건은 하이에크가 자신에게 영향을 미친 세 사람 가운데 하나라고 말했으며, 1991년에 조지 H. W. 부시는 그에게 미국 대통령 자유의 메달을 수여했다. 확실히 그는 살아 있는 동안 명예를 얻은 예언자였다.

하이에크의 몽펠르랭협회는 여전히 전세계적인 정기 모임을 가지면서 주류 경제학에 계속해서 영향력을 행사하고 있다. 이 책은 신자유주의자들의 경제 이데올로기 중 가장 유해한 측면이라고 할 수 있는 것을 다룬다. 그들의 견해에 따르면 사회는 가격이 없으며 따라서 가치도 없다. 그러므로 사회를 이루고 있는 제도는 해체될 수 있다. 한술 더 떠서, 시장만이 가격과 가치를 결정하기 때문에 시장에서 벗어나 있거나 시장과 대립하는 것은 가치가 없을 뿐만 아니라 시장을 왜곡하는 것이기도 하다.

따라서 가격이 없는 사회적 연대라는 가치를 체화하고 있는 모든 사회 조직과 메커니즘에 대한 전쟁——이것을 달리 잘 표현할 말이 없다——이 시작되었다. 이 전쟁은 역사적으로 커먼즈(the commons, 공유지)라고 알려진 것에 대해 가장 맹렬하고 지속적으로 수행되었다. 공유지에는 이 책이 환기하려는 것과 같이 훌륭한 계보가 있다. 그러나 그것은 오늘날에도 필수적인 것이다.

공유지란 우리가 공유하고 있는 모든 자연자원——토지, 숲, 황야와 공원, 물, 광물, 공기 등을 포함해서——과 우리 조상들이 물려주었고 우리가 보존하고 개선해야 하는 모든 사회적·시민적·문화적 제도를 말한다. 또한 수세기에 걸쳐 구성된 사상과 정보의 체계 위에 건설된 사회로서 우리가 소유하고 있는 지식을 포함한다. 이 책은 공유지가 방치, 침해, 인클로저, 사영화, 식민화 등을 통해 어떻게 격감했는지에 관한 것이다. 또한 공유지에 대한 올바른 이해와 평가가 어떻게 새로운 진보적 정책의 근거로 이어지는가에 대해 이야기한다.

사회의 가치절하 및 공유지 무시는 대처주의의 핵심이다. 그는 대처 남작이 되었고, 2013년 4월 사망했을 때 치러진 국장에는 공적

(사회) 비용이 360만 파운드 들어갔다. 장례식에는 여왕과 함께 대처의 후임 수상 네명이 모두 참석했는데, 가장 눈에 띄는 사람은 "대처의 아들"이라고 불린 토니 블레어였다. 대처보다 한번 더 많은 네번의 총선에서 승리한 해럴드 윌슨을 포함해 어떤 전임자도 이런 명예를 얻지 못했다. 이는 보수당뿐만 아니라 신노동당도 그의 교의로 개종했음을 보여주는 장면이었다. 그에게 패배한 사람들도 애도를 표하기 위해 줄을 섰다.

그가 내린 가장 큰 경제적 결정은 북해 유전을 사영화하고 석유 과세 수입을 소득세 감면과 당장의 지출에 펑펑 쓰는 것이었다. 이것은 북해 유전의 정부 지분을 유지하고 조세와 배당 수입을 국가 자본기금에 투자한 노르웨이와 대비되는 결정이었다. 대처가 사망할 무렵 이것은 세계에서 가장 큰 자본기금이 되었고, 당대와 미래의 모든 노르웨이 사람들의 복지를 보장하고 있다. 그러는 사이 영국 석유의 상당 부분은 중국 국영(공산당)기업의 손에 들어갔다. 이는 대처가 전혀 의도하지 않았던 일이다.

대처의 후임 존 메이저 총리는 영국철도(British Rail)를 사영화했다. 이때 한가지 특이한 측면은 운영 주체로 영국 정부만을 배제하는 법조항이 만들어졌다는 것이다. 철도 가운데 조금이라도 이윤이 나는 것은 프랑스와 독일의 국영 운영사가 소유하게 되었으며, 이들은 각기 자기 사회를 대표해서 행동한다. 당시까지만 해도 사영화가 외국 자본이 영국 공유지를 식민화할 수 있도록 하는 초대장에 불과하다는 것이 분명해 보였다. 그러나 더 나쁜 일이 이어졌다. 대처는 자신의 경제자문들이 "사영화의 미시정치"라고 부른 것을 통해 영국의 사회 공유지의 귀중한 부분, 국민건강서비스(National Health Service, NHS)를 사영화하기 시작했다. 정부 역량에 대한 신뢰를 떨어뜨려서 대중이 사영화를 수용할 수 있도록 정부가 점차 대중 서비스에 들어가는 자원을 삭감해야 한다는 구상이었다. 그러나 블레어 정부조차도 NHS 사영화와 식민화를 가속화하는 데 많은 일을 했다.[1] 2018년이 되자, 물론 겉모습은 여전히 공공서비스이고 보편주의의 전통을 체현하고 있는 것 같았지만 NHS의 대부분은 사적 공급자의 손에 들어가게 되었다.

결과적으로, 이 책이 말하는 것처럼 보수당과 자유민주당 연립정부 및 그뒤의 보수당 정부들은 '긴축'이라는 우산 아래에서 공유지의 사유화와 강탈을 가속화했다. 이는 사회의 가치절하를 심화하고 불평등을 두드러지게 만들었다. 어떤 일이 일어났고, 왜 그런 일이 일어났으며, 그 영향이 어떤 것이었는지를 논의할 때 근본으로 삼을 메시지가 하나 있는데, 바로 이것이다. 우리는 우리의 공유지를 회복하기를 원한다!

*

필자는 사정이 허락하는 한 한때 개울에 물레방아가 있던 곳에서 지내고 있다. 물레방아는 오래전에 멈췄다. 그 물레방아는 14세기부터 1960년경까지 움직였다. 그러다 망가졌고, 바퀴가 제거되었으며, 지붕과 벽이 무너졌다. 내가 처음 보러 갔을 때 그곳은 부동산업자들이 '아늑하다'(cozy)고 말할 만한 곳은 아니었다. 부엌도 없었고,

식당과 침실 3개도 없었다.

물레방앗간은 숲속 협곡 깊은 곳에 자리하고 있다. 처음 이곳을 방문했을 때는 아예 길도 없었다. 10월의 비 오는 날이어서 나는 흠뻑 젖은데다 진흙투성이에 상당히 회의적인 상태였다. 그때 폭포를 보았는데, 꼭대기의 폭이 10미터에 높이는 9미터였으며 물줄기가 바위로 떨어져 하류로 20미터까지 퍼졌다. 그것을 한번 보고 나는 중얼거렸다. "이걸 사지 않으면 스스로를 절대 용서하지 못할 거야."

구입을 마치기까지 2년이 걸렸고, 이곳을 살 만한 곳으로 개조하는 데 대략 20년이 걸렸다. 대단한 곳은 전혀 아니다. 그러나 몇가지 특징이 있다. 방앗간이 내 소유이긴 하지만 지방정부의 사전 허가 없이는 이 건조물에 어떤 구조 변경도 가할 수 없으며, 개조하더라도 이 건물의 원래 특성을 해쳐서는 안 된다. 이 때문에 개조에 돈이 더 많이 들고 시간이 더 들었지만 존중할 만한 규칙이다. 공유지를 보호하는 데 도움이 되는 규칙인 것이다.

규제는 여기서 그치지 않는다. 우리는 이 건조물 주변의 약 350제곱미터에 대한 용익권을 갖고 있으며(나는 토지를 소유하고 있지 않지만 이를 이용할 수 있다) 그 너머의 삼림지대에 대한 공유지 권리가 있다. 더 중요한 것은 방앗간 주변을 흐르는 개울이 공유지의 일부라는 점이다. 누구든 그 개울을 따라 걸을 권리가 있으며, 개울에 들어갈 수 있고, 그것을 이용할 수 있다.

내가 처음 방앗간으로 이사했을 때는 개울이 일년 내내 흘렀다. 14세기부터 그것은 자연의 힘이었으며, 커다란 물레방아 바퀴를 돌리고 마을의 필요에 따라 밀가루를 빻는 맷돌을 돌릴 정도로 강했다. 겨울에는 수위가 올라갔고 여름에는 내려갔지만, 가끔 겨울에 특별히 비가 많이 오는 해를 제외하고는 차이가 그리 크지 않았다.

처음 이곳에 왔을 때 나는 여름에 어린 아들과 개울에서 낚시를 했다. 당시 이곳에는 9종의 물고기가 있었는데, 민물게와 민물새우뿐만 아니라 무지개송어와 몸집이 작은 희귀종 몇가지였다. 우리는 잡은 것을 먹지는 않았다.

그뒤로 지구온난화의 영향이 나타나기 시작했다. 처음에는 비극이 빨리 벌어지지 않았다. 비극은 해가 지나면서 천천히, 하지만 눈에 띌 정도로 나타나 위험한 문턱에 도달했다. 첫번째 경고 신호는 수위가 계절마다 크게 바뀌는 것이었다. 개울둑이 넘치고 겨울에 더 많은 나무가 꺾였으며 여름에는 개울의 수량이 크게 줄어들었다.

물고기가 한종씩 줄다가 사라져버렸다. 모샘치 한마리를 보아서 정말로 기뻤던 순간을 기억한다. 이전에는 아주 흔한 물고기였다. 그러나 나는 그 물고기를 다시는 보지 못했다. 10년 사이에 9종 가운데 7종이 개울에서 사라졌다. 매년 물이 흐르지 않는 웅덩이에 빠져 있는 남은 물고기들을 구하기 위해 노력하지만 크게 도움이 되지는 않는 것 같다. 게와 새우는 오래전에 사라졌다. 작년에 나는 돌잉어 한마리를 보았다고 생각했지만 착각했을 수도 있다. 어느 날은 마른 웅덩이에 있는 작은 물고기 몇마리를 폭포 아래 남은 깊은 웅덩이로 옮기고 있을 때 배가 부풀어 죽은 송어 네마리가 물 위에 떠 있는 것을 보았다. 분명 마지막 남은 것들이었을 모두가 산소 부족으로 물에서 죽은 것이다.

요즈음 겨울에 일어나는 홍수는 엄청난 공포의 원천이다. 급류가 커다란 바위를 움직일 정도이며, 어떤 해에는 우리가 만든 테라스를 부수고 수십년간 그늘을 만들어주던 다 자란 호두나무를 꺾어버렸다.

한여름에 물이 거의 흐르지 않아 생기는 정적은 멜랑콜리를 불러온다. 그것은 마을의 분위기와 행동을 바꾸는 것처럼 보인다. 얼마 전까지 십대들은 개울을 오르내리면서 바위와 덤불을 찾아 그 뒤에서 키스를 하고 사랑을 나누거나, 담배를 피우고 술을 마시고 아롱진 햇살 아래 누워 있기도 했다. 그들 대부분은 쓰레기를 되가져가거나 근처 쓰레기장에 버렸다. 그러나 시간이 흐르면서 그런 일에 주위를 기울이지 않게 되었다. 이 장소의 자연〔본질〕을 무시하게 되면서 바윗조각이나 돌멩이를 던지는 일이 늘어났다. 자연의 쇠퇴는 존중의 쇠퇴를 반영한다.

이 개울에 일어난 일과 여기에 살던 종들에 일어난 일은 전세계 많은 곳의 자연 공유지에서 일어난 일의 축소판이다. 그것은 일어날 필요가 없는 일이었다. 만약 우리와 우리를 대변하는 정치가들이 공동의 우선순위들 가운데 이 위기에 더 중점을 둔다면 이런 집단적 쇠퇴를 해결하고 막는 일은 상대적으로 쉬울 것이다. 이 위기가 지난 40년간 정치를 지배해온 신자유주의 경제학 배후에 있는 어리석음과 도그마 때문이라는 점은 부정할 수 없다.

이 개울에서 펼쳐진 비극은 직접적으로 이 개울이 **관리되지 않은** 공유지에 속한다는 사실에서 발생한다. 제한된 재정과 행정규제 자원은 유권자와 지역 로비스트가 우선적이라고 생각하는 일에 집중된다. 도시의 배수시설을 개선하는 일과 개울이 도시 밖의 숲을 잘 돌아 흘러가도록 유지하는 것 사이에서 선택해야 한다면 제한된 자원을 둘러싼 경쟁에서 누가 승자가 될지는 예측할 수 있을 것이다.

긴축의 논리는 이런 계산법을 더욱 악화시켰다. 수십년간 배수시설과 개울을 위한 자원이 있어왔을 것이다. 그러나 정부가 부자 감세를 하면서도 균형예산을 추구했기 때문에 공공지출은 계속해서 압박을 받았다. 공유지는 시골의 경이로움에 대한 지역 정치가와 중앙 정치가 들의 수사뿐인 찬사가 거짓임을 증명하듯이 가장 먼저 축소되었다.

따라서 개울은 이중의 타격을 입었다. 겨울철에 홍수가 날 가능성이 크게 높아지면서 도시 외곽의 주택과 도로를 위협할 상황이 되자 당국은 개울과 그 주변 지역을 유지하는 데 들어가는, 이미 줄어든 재정적·행정적·인적 자원을 하류에 홍수 관리 지역을 만드는 데로 돌렸다. 이로 인해 수량이 더 늘어나게 되었고, 이는 상류의 수위를 낮추는 결과를 초래했다. 내가 사는 곳을 거쳐가는 물에서 점점 더 빗물의 비중이 커졌다. 한가지 결과로 비가 온 다음 물의 색깔이 구릿빛으로 바뀌는 일이 벌어졌는데, 물의 대부분이 들판을 휩쓸고 지나가기 때문이다. 상류 지역에서 비료와 제초제를 많이 사용하기 때문에 대체로 물이 비누처럼 미끄러워지는 즉각적인 영향이 나타났다.

홍수를 관리하기 위한 조치들은 또다른 부정적 결과를 낳았다. 여기에 돈을 쓰면서 다른 보호 조치에 들어갈 돈이 줄어들었으며, 이는 여름철 상류의 가뭄이 더 일찍 오고 더 오래가며, 홍수와 홍수 사이의 기간에는 가뭄이 더 악화된다는 것을 뜻한다.

여전히 가능한 해결책이 있다. 개울 근처에 사는 사람들의 개별 행동이다. 그러나 여기에는 집단행동의 고전적 난제가 있다. 어떤 사람이 자기 땅의 일부 지역에 인접한 개울에 보호장치를 설치하면 이 행동은 일시적으로 어류 자원과 식물을 되살릴 수 있다. 그러나 이렇게 되면 어부들이 이 지역으로 빠르게 몰려들고 십대들은 이 지역을 수영이나 여가를 즐길 수 있는 곳으로 생각하게 되면서, 생태적 목적을 달성하지 못할 뿐만 아니라 피해가 더 커질 수도 있다.

진전을 이루는 유일한 방법은 집행 가능한 특정 지역에 그러한 조치를 도입하고 용익독점권(즉 보존 지역을 관리하기 위한 독점적 통제)을 가질 수 있도록 지방정부에서 특별 허가를 내주는 것이다. 그러나 공유지의 유지와 재생에 관한 인력과 자원이 삭감되었기 때문에 그러한 용익권을 부여하는 결정은 말할 것도 없고 이 일을 생각할 수 있는 담당자도 거의 없다.

잘 알다시피 기관에 보내는 편지나 이메일에는 답이 오지 않는다. 아마 읽지도 않을 것이다. 담당자를 만나기 위해 줄을 서는 것은 짜증나는 일이며, 서류는 작성하게 되겠지만 후속 조치는 없을 것이다. 어떤 일도 할 수 없으면서 결국 에너지만 소모할 것이다. 아무도 응답하지 않으며, 아무도 책임지지 않는다. 개울은 죽어간다. 시골 생활의 동맥은 막혀가고 결국 썩게 된다. 그리고 투쟁은 계속된다(A luta continua).

어떤 책도 한 사람만의 작업은 아니다. 많은 자료와 사람 들에게서 영감을 끌어온다. 몇몇 사람을 골라 언급하는 것은 종종 불쾌한 일이 되지만 부주의로 인한 생략에 대해서는 미리 양해를 구하면서, 다음의 사람들에게 기쁜 마음으로 고마움을 표한다. 케이트 애시브룩(Kate Ashbrook), 라훌 바수(Rahul Basu), 고든 베이드(Gordon Bathe), 마리아 베드퍼드(Maria Bedford), 톰 코너(Tom Connor)와 재키 코너(Jacqui Connor), 브라이언 데이비(Brian Davey), 데이비드 듀허스트(David Dewhurst), 안드레아 푸마갈리(Andrea Fumagalli), 리즈 헤임스(Liz Hames), 크리스천 리디(Christian Liddy), 피터 라인보(Peter Linebaugh), 모티우르 라만(Mothiur Rahman), 가이 슈럽솔(Guy Shrubsole), 안드레 스탠딩(André Standing), 줄리 팀브럴(Julie Timbrell), 데이브 웨츨(Dave Wetzel), 앨런 위틀리(Alan Wheatley), 캐럴 윌콕스(Carol Wilcox), 그리고 무엇보다 초고 전체를 편집하는 노고를 아끼지 않았고 작업의 매 단계마다 아이디어를 내서 나를 도와준 프랜시스(Frances). 이 책을 그녀에게 바치며, 또한 인생에 대한 버트런드 러셀의 은유를 불러일으키는 개울에 바친다. 우리는 발랄한 봄처럼 인생을 시작하며, 인생이 내리막길을 걸을 때 힘을 모으고 다른 사람들을 만나게 된다. 마치 개울이 모든 곳에서 물을 모으고 점점 깊어지고 더 강해지는 것처럼 다른 사람들을 만나 지식, 학습, 경험을 나누면서 강해진다. 개울은 강이 되어 깊어지고 강해지며, 흘러내려 바다로 향할수록 넓어지고 느려지며 방향과 힘을 잃고 결국 바다로 흘러들어간다. 이것은 또한 공유지의 은유이기도 하다.

특별히 러니미드 생태마을의 거류민들(denizens)에게 감사한다. 이들은 호화 부동산 개발로 쫓겨나기 전까지 3년간 러니미드 목초지 위쪽의 숲에 있는 공유지를 점거하고 살았다. 후일 마그나카르타(Magna Carta)가 만들어지게 되는 사건 — 이는 러니미드 숲의 아래쪽에서 일어났다 — 의 800주년을 공식적으로 기념하여 이곳 숲에서 했던 초청 강연을 언제까지나 잊지 않을 것이다. 이 행사에는 여왕, 총리, 이 나라의 엘리트들이 참석했다. 온화한 유쾌함과 기념식 말미에 모두가 서로를 포옹해주었던 순간은 숲 외곽에 있던 중무장 경찰이 필요치 않다는 것을 보여주었다.

끝으로 [부록의] 공유지 헌장에 대해 몇마디 해야겠다. 이 아이디어 가운데 일부는 2017년 말 삼림헌장 800주년을 기념하기 위해 열린 일련의 행사에서 논의되었다. 이 행사에는 윈저에서 러니미드까지의 하루 동안의 바지선 여행이 포함되어 있었는데, 여기서 공유지와 관련한 다양한 워크숍이 열렸다. 이 여행은 러니미드 목초지에서 12개의 청동 의자 「배심원」(The Jurors)을 빙 둘러서서 열린 '집회'로 끝이 났다. 「배심원」은 마그나카르타 제39조를 상징하는 예술작품으로, 이때는 2천년이 넘은 거대한 앵커윅 주목 아래 놓여 있었다.

뒤이어 2017년 11월 5일에는 하원의장실에서 특별 저녁행사가 열렸고, 11월 6일 실제 기념일에는 더럼성당에서 개인적으로 의미 있는 행사가 열렸다. 나는 이 자리에 초청받아 마그나카르타에 대해 발표했고, 이것이 이 책의 1장이 되었다. 더럼성당과 링컨성은 마지막 남은 2개의 삼림헌장 원본을 보관하는 영예를 공유하고 있다. 그러므로 2017년 11월 11일의 마지막 행사가 링컨성에서 많은 사람이 참석한 공공 기념식으로 열린 것은 적절했다. 나와 조직위 활동을 함께 했던 사람들은 이 모든 행사에 보내준 지지와 격려에 대해 데이비드 볼리어(David Bollier), 놈 촘스키(Noam Chomsky), 피터 라인보, 캐럴라인 루커스(Caroline Lucas), 존 맥도널(John McDonnell)에게 감사를 표해 마땅하다는 데 동의할 것이라고 확신한다. 이제 우리는 진짜로 공유지를 구하고 재생하는 데 힘을 쏟아야 한다.

삼림헌장에서 영감을 받은 이 책은 오늘날 영국을 위한 공유지 헌장의 핵심 요소를 제시하고자 한다. 독자들은 자신의 아이디어와 대안을 우선시할 수도 있으며, 그렇게 되어야 한다. 다른 나라들도 각기 우선시하는 일과 제도가 있을 것이다. 그러나 공유지 헌장은 모든 나라에서 작성되어야 한다.

헌장의 미덕은 전환적 전략의 필수 요소에 초점을 맞추어야 한다는 것이다. 이 책의 2장은 공유지 헌장 전문(前文)과 함께 끝나며, 다른 장들은 다섯가지 유형의 공유지와 관련된 조항을 제시한다. 8장에서는 긴축 시대의 황폐화 이후 환경적 지속가능성, 경제적 보장, 우리가 사회라 부르는 것을 재구축할 때 자유와 평등을 증진하기 위해 공유지의 자원을 동원하는 방식을 제안한다. 그 시대는 너무나 불필요했고 너무나 파괴적이었다. 그 시대는 공유자에 대한 전쟁이었다. 하지만 거대한 전환은 역사적으로 전쟁 이후에 왔다는 것을 인식할 필요가 있다. 그런 시간이 우리 앞에 있다고 믿을 만한 이유가 충분하다.

1장

삼림헌장

모든 자유민에게 (…) 다음의 자유권을 부여하였고,
이것들이 잉글랜드 왕국에서 영원히 지켜지도록 할 것임을 알라.
— 삼림헌장 전문(前文, 1217)[1]

그 장면을 상상해보라. 1217년 11월 6일, 축축하고 추운 아침 런던에 있는 옛 세인트폴성당에서 열살의 국왕 헨리 3세는 섭정이자 로마 교황을 대표하는 이탈리아 추기경인 삼촌 펨브로크 백작 윌리엄 마셜을 쳐다보고 있었다. 그들은 2개 문서에 인장을 찍었는데, 각각은 우아한 라틴어 글씨가 가득한 한장짜리 커다란 양피지였다. 소년 왕은 아마 그 내용을 거의 이해하지 못했을 것이다. 하지만 그의 이름으로 이루어진 것은 아주 중대한 일이었다.

　이 양피지 가운데 하나는 오랜 세월에 걸쳐 전세계적으로 각국의 헌법과 인권 보호를 위한 영감이 된다. 이것은 자유대헌장(Magna Carta Libertatum)으로, 1215년 6월 15일 국왕 존이 템스강 옆에 있는 러니미드의 목초지에서 귀족들의 강압하에 승인함으로써 생명을 얻었지만 국왕 자신과 교황에 의해 신속히 폐기되었다. 그리고 1217년 11월의 그날 약간 축소된 형태로 부활해 마그나카르타가 되었다.

　두번째 문서는 오늘날 거의 알려져 있지 않지만 승인될 당시에는 마찬가지로 핵심적인 것으로 간주되었다. 이것은 삼림헌장(Charter of the Forest) 혹은 카르타 데 포레스타(Carta de Foresta)로, 영국 법령집에서 그 어떤 법률보다 오래 유지되다가 754년 후에 완전히 폐지되었다.

삼림헌장이 공포된 이후 수세대 동안 잉글랜드의 모든 교회는 매년 네번 ― 크리스마스, 부활절, 여름의 성 요한 축일, 가을의 성 미카엘 축일 ― 공개적으로 이 헌장의 전문을 낭독해야 했다. 삼림헌장은 그 정도로 중요하게 취급되었다. 1297년 국왕 에드워드 1세는 헌장을 승인함으로써 삼림헌장과 마그나카르타가 이 나라의 보통법(common law)이 되었다고 선언했다.

하지만 오늘날 삼림헌장의 원칙은 지켜지지 않으며 이를 들어본 사람도 거의 없을 것이다. 2015년 영국 정부는 마그나카르타 사본을 내용 설명문과 함께 2만 1천개에 달하는 모든 국립 초등학교에 보내라고 지시했지만 삼림헌장은 해당되지 않았다. 삼림헌장은 어렵게 읽어낸 사람들에게 계속해서 영감을 주었지만 거기 담긴 모범적 가치와 원칙은 수세기에 걸쳐 군주, 엘리트, 정부에 의해 오용되었다.

이 장은 삼림헌장의 등장과 그것이 거쳐온 험난한 역사를 그것의 가치 혹은 에토스와 목적이라는 관점에서 개략적으로 살펴본다. 이것들은 오늘날에도 여전히 유의미하다.[2] 삼림헌장은 원시적이고 이상화된 자연 상태의 보존에 관한 것이 아니다. 삼림헌장은 사회 속에서 개인으로서 살아가는 방법에 관한 것이고, 공유지 속에서 협력적이고 집단적인 활동으로 이루어지는 '공유화'에 관한 것이며, 공동자원을 이용하고 관리하는 공유자들의 권리에 관한 것이다.

역사 속의 삼림헌장: 1217년에서 1971년까지

삼림헌장은 짧아서 겨우 17개조로 이루어져 있으며, 전체가 양피지 하나에 담겨 있다. 오늘날 삼림헌장을 문자 그대로 읽으면 이해하기가 불가능하다. 왜냐하면 핵심어와 개념 가운데 많은 것이 역사 속으로 흩어져버렸기 때문이다. 그것들은 당시에, 그리고 이후 수백년간 아주 정확한 의미와 목적을 가진 것들이었으므로 이는 안타까운 일이다. 그러나 삼림헌장이 포착하고 있는 가치는 영원하다.

삼림헌장은 원래 자유대헌장에서 나왔다. 이 1215년판 자유대헌장은 "숲과 관련한 모든 사악한 관습"을 중지해야 한다고 밝혔는데, 그 사악한 관습이 무엇인지는 말하지 않았다. 마그나카르타가 된 1217년 판본에서는 이 조항 및 다른 몇몇 조항이 삭제되어 1215년의 63개조에서 47개조로 줄어들었다. 그 사악한 관습을 규정하고 그 대신 무엇을 해야 하는지 밝히는 것은 삼림헌장의 몫이 되었다.

'숲'의 어근은 '금지된'(forbidden)과 동일하며, 라틴어 포리스(foris)는 '외부'(outside)를 뜻한다. 이것은 13세기 숲의 의미에 반영되어 있는데, 군주가 자신의 목적(대개 사냥)을 위해 전용한, 따라서 공유자들이 공유토지에 들어가 자신과 가족의 생계를 위해 이를 이용할 수 있는 관습적 권리를 부정당한 토지 구역을 말하는 것이었다. 숲의 개념은 나무가 있는 넓은 공간을 가리키는 현대적 용법이 함축하는 것보다 훨씬 넓었다. 예를 들어 나무가 없는 헤더와 가시금작화 서식지 다트무어와 엑스무어도 삼림헌장에서 말하는 '숲'의 일부였다. '숲'은 전야(田野)와 심지어 농장 및 마을도 포함할 수 있었다. 역사생태학자 올리버 래컴은 중세에 숲으로 간주된 토지의 절반만이 나무가 있는 구역이었다고 추정했다.[3]

어느정도는 삼림헌장을 '자유민'으로서 공유지의 권리 혹은 관습적 권리를 주장하는 공유인 남성(과 여성) 및 이들을 대표한 사람들이 국가에 제기한 최초의 계급 기반 요구의 산물이라고 간주할 수 있다. 마그나카르타와 마찬가지로 삼림헌장은 당시 인구의 3분의 1인 농노의 권리를 무시했다. 하지만 이들의 수는 이후 3세기에 걸쳐 줄어들었으며, 1575년 엘리자베스 1세가 얼마 안 남은 이들을 해방시켰다('농노해방'). 그리고 삼림헌장은 마지막 조항에서 자유는 모든 사람에게 부여해야(concessimus omnibus) 한다고 밝힘으로써 보편주의 원리의 도래를 알렸다.

삼림헌장은 계급 기반의 진보였기 때문에 종종 공유인(common man)의 헌장이라고 불렸다. 그것은 진정으로 급진적인 문서로서 자유민에게 생계수단에 대한 권리, 원자재에 대한 권리, 제한적이지만 실질적인 수준의 생산수단에 대한 권리를 보장했다. 처음으로, 그리고 아마도 유일하게 삼림헌장은 이를 통해 '일할 권리'(the right to work)라는 관념에 실질적인 의미를 부여했다. 〔그러나〕 나중에 이는, 예를 들어 세계인권선언에 함축되어 있는 것처럼 노동에 대한 의무(a duty to labour) 정도로 해석된다.[4] 그리하여 빈민들은 20세기 사회주의자들이 망각했던 중요한 자유인 장기간 '고용' 대신 하루 단위로 고용될 수 있게 되었다.

모든 나라의 역사를 살펴볼 때 삼림헌장은 환경과 관련된 첫번째 법령이기도 하다.[5] 삼림헌장은 자연자원의 이용에 대해 절대적 한계를 부여하고 있으며, 그러한 자원을 재생산하고 보존하기 위해 필요한 주의를 기울이고 있다. 삼림헌장은 자연자원의 이용에 대한 기준, 즉 환경권의 핵심적 속성을 확립했다. 그러나 이 책의 3장에서 볼 수 있듯이 이것은 현대에 들어와서 심하게 남용되었다. 다른 권리들을 넘어 토지 이용에 우선권과 독점권을 주는 것은 삼림헌장에 맹아적 형태로 담겨 있는 원칙에 위배된다.

삼림헌장은 여성의 권리 측면에서도 첫번째 진전을 보였다는 점에서 최초의 페미니스트 헌장이라고도 할 수 있다. 이는 마그나카르타의 수정된 제7조에 담겨 있으며, 삼림헌장에도 똑같이 들어 있다. 새로운 제7조는 과부에게 재혼을 거부하고, 남편의 토지 일부를 보유하며, 공유지에 대해 합당한 수준의 에스토버(estovers), 즉 생계수단을 얻을 권리를 주고 있다.[6] 실제로 과부는 기본소득의 권리를 받은 것이다. 이것은 여성이 가축과 비슷한 취급을 받던 당시로서는 주목할 만한 진전이었다. 심지어 국왕 존은 자신의 나이 든 아내를 어떤 남작에게, 그가 꺼려했음에도 팔기도 했다. 그는 이 특권에 대해 돈을 내야만 했다.

이런 권리들을 뒷받침한 것은 인클로저한 토지를 공유자에게 돌려주고—'폐림(廢林)'하고—이후 더이상 토지를 장악하지 못하도록 군주에게 부과된 의무였다. 근본적으로 삼림헌장은 '재산 없는' 사람들을 위한 선언이었다. 더 나아가 삼림헌장은 공유권(common rights)을 박탈당한 사람들에게 배상을 해준 것이다. 또한 삼림헌장은 어려움을 당한 사람들 혹은 어떤 이유에서든 자기 공동체에서 파문당한 사람들에게 피난처로서의 공유지 혹은 숲을 인정했다.

무엇보다 지속적인 시민들의 투쟁과 영국 역사에서 가장 미움받은 군주 가운데 하나인 존 왕의 비행이 있은 이래 삼림헌장은 엘리트와 국가에 의한 공유지 약탈에 맞섰다. 공유지의 약탈은 20세기와 21세기 초에도 널리 퍼져 있었으며 불시에 벌어졌다. 1086년 둠스데이북*에는 25군데의 왕실 숲이 기록되어 있다. 국왕들이 목재 판매를 통해 수입을 늘리거나 사냥터로 이용하기 위해 공유토지를 계속해서 침해했기 때문에 1215년이 되면 왕실 숲이 143군데가 되었다.

　가장 분노를 산 존 왕의 행동 가운데 하나는 사냥감인 사슴과 멧돼지가 자유롭게 다닐 수 있도록 허가받지 않은 도랑과 울타리를 모두 파괴하라고 한 1209년의 명령이었다. 이 단 하나의 행동으로 공유자들은 공유지에서 생계수단을 얻을 수 있는 힘이 줄어들었다. 왕가와 귀족들이 그토록 소중하게 여기던 사슴을 포함한 야생동물들이 필수 곡물과 채소를 망가뜨렸기 때문이다. 삼림헌장은 사실상 이 명령과 기타 명령을 철회했는데, 예전 공유토지에 대한 '폐림'을 요구했을 뿐만 아니라 군주의 것이라고 간주되던 임지에 대한 공유권을 회복했던 것이다. 고대의 혹은 관습적인 공유권을 회복하는 데 대한 존중과 요구를 강조한 것, 이것이 삼림헌장의 핵심이다.

　왕토에서 지정된 숲 구역을 해제하는 일은 그 구역을 보통법의 범위를 넘어서는 왕실의 삼림법에서 제외시키는 일이기도 했다. 따라서 토지를 공유자에게 회복시키기 위해 삼림헌장은 보통법의 영역

---

* Domesday Book, 노르만의 잉글랜드 정복 이후 윌리엄 1세가 조세 징수의 기반이 되는 토지 현황을 조사, 정리한 문서.

을 확장했고, 정의(正義)의 기초로서 전통과 오래된 관습과 관행에 의거할 것을 확립했다. 오늘날에도 보통법은 영국과 전세계에서 선례에 기초한다.

삼림헌장은 또한 마그나카르타에서 이룬 커다란 진보를 뛰어넘어 시민권에서도 중요한 진전을 보였다. 삼림헌장은 사슴 밀렵에 사형을 부과하던 군주의 권한을 폐지했다. 다만 범인은 여전히 벌금형이나 징역형에 처해질 수 있었다. 그리고 〔사형보다〕 덜한 형벌로 거세와 눈을 뽑는 것을 포함한 신체훼손형을 폐지했다. 또한 사람들의 증오의 대상이던 왕실 삼림감독관(royal forester)에 의한 즉결심판을 중단시켰고, 그 대신 사법권을 왕실 삼림관리관(verderer)이 담당하는 지역 법원에 이관했다. 왕실 삼림관리관은 숲의 야생동물, 특히 사슴과 멧돼지 및 그 서식지를 보호하는 책임을 맡은 지역의 하급관리였다. 그들은 사슴고기 탈취, 과도한 벌목이나 숲 지역의 훼손, 허가받지 않은 인클로저와 건축을 통한 침해 등 숲에 대한 범법 행위를 다루었다.[7] 따라서 그들은 공유지의 '문지기'였으며, 역사상 처음으로 그 역할을 인정받았다. 모든 시대와 모든 공유지는 공유지를 관리하고 공유자의 권리가 존중받도록 하기 위해 문지기가 필요하다.

다시 말해, 역사상 처음으로 삼림헌장은 관리인(stewardship)의 역할을 인정했던 것이다. 공식적인 소유권에는 공유지와 공유자에 대한 사회적 책임도 따랐다. 국가와 공유자 사이의 암묵적 호혜성 속에서 왕가는 정복자 윌리엄이 차지한 토지를 승인받았지만(그의 최근 후계자들은 그렇지 못했다), 반대로 국왕은 공유자가 그 토지에 대해 갖고 있는 모든 전통적 이용권을 존중할 의무가 있었다. 그리고 왕가에 의해 이후 수세기에 걸쳐 공유자의 권리가 심각하게 무시당하긴 했지만, 삼림헌장은 반정부세력과 사회운동에도 영감을 주었다.

삼림헌장은 공유지에 대한 관리와 규제의 필요성도 인정했다. 삼림헌장은 국왕의 삼림감독관과 왕실 삼림관리관을 공유지의 일차적 문지기로 삼았지만 사실상 공유지에 관한 권한을 국가에서 공유자들에게 넘겨주었다. 그렇게 함으로써 삼림헌장은 공유지에 대한 지역 관리의 원칙을 도입했고, 공유자원과 생계수단에 대한 공동체 관리권이라는 현대적 개념의 기초를 제공했다. '이웃에게 해를 끼치지 않는다는 조건하에' 공유자는 자신의 자산으로 무엇이든 할 수 있게 되었다.

삼림헌장은 계급들의 비공식 연합으로 이루어진 투쟁을 통해 탄생했는데, 불만을 가진 하급귀족들, 여러 교회, 당시의 대중 '노동자계급' 등을 포함했다. 이들이 공유자였다. 이들은 국왕의 주(州) 장관들이 보인 자의적이고 부패하고 과도한 행태와 계속되는 왕실 숲의 확대에 신물이 나 있었고, 국왕의 삼림감독관에게 무자비한 감시를 받고 있었다. 당시 이들이 분명하게 공유했던 한가지 목표는 군주와 군주의 측근이나 궁정의 권력에 제한을 가하는 것이었다.

로빈 후드와 그의 남녀 부하들이 노팅엄의 억압적인 주 장관에 맞서 싸운 지역 전승 이야기는 여러 국왕들이 찬탈한 전통과 예전 관습이 회복되어야 한다는 생각이 자영농과 소작농 사이에 널리 퍼져 있었다는 것을 보여준다.[8] 삼림헌장은 군주가 숲으로 구획한 토지를 공유지로 되돌리도록 강제했다. 이것은 아마도 영국 역사에서 공유인 남성이 쟁취한 가장 큰 승리였을 것이다.

삼림헌장의 역사적 의미는 부분적으로 공유자와 농촌 거주자의 생계를 보장하는 것과 관련해서 숲이 가진 사활적 중요성을 인정한 데 있다. 숲은 적절하게도 "가난한 자들의 보호막"이라고 불렸다.[9] 삼림헌장은 농부들 — 자영농과 소작농, 그리고 일부 농노까지 — 에게 가축을 먹일 사료를 얻거나 가축을 방목할 수 있는 토지를 제공했다. 삼림헌장은 극빈층이 죽은 나무들을 가져갈 수 있도록 했으며, 사람들이 벽돌 가마나 도자기 가마 혹은 화덕에 불을 피울 수 있도록 가시금작화를 모으거나 꺾어 가져갈 수 있도록 했다. 그리고 공유자들이 개암나무를 가져다가 문과 울타리와 어살을 만들 수 있도록 허용했다. 나무는 문, 가구, 집의 골조, 마차, 기타 유용한 물건을 만드는 목재가 되었을 것이다. 토탄은 연료가 되었을 것이며, 버섯을 딸 수 있었고, 토끼를 잡을 올가미를 놓았을 것이다. 물고기를 잡을 수 있었을 것이고, 꿀과 약초를 모을 수 있었으며, 씨 없는 작은 과일을 딸 수 있었을 것이다. 코피싱(coppicing) 가지치기 관행 — 특정 수종을 지면 가까이까지 잘라낸 뒤 다시 자라게 하는 것 — 이 별로 없었기 때문에 나무를 보존하면서도 목재를 지속적으로 공급할 수 있었다.[10] '숲'은 '황무지'에 공동으로 접근할 수 있도록 해주었다. 황무지란 가축을 방목할 수 있고 목재, 견과, 베리 등을 채집할 수 있는, 인클로저되지 않은 토지를 말한다. 황무지는 당시에는 긍정적 가치를 가졌지만 여러 세기가 지나면서, 자본주의 덕분에, 이 말은 광대하고 공포스러운 규모로 생겨난 부정적인 어떤 것을 의미하게 되었다.

이런 관행은 직업과 평민의 성을 만들어냈고 오늘날에도 사회 내에서 이들이 갖는 중심성을 입증한다. 카펜터(Carpenter, 목수), 쿠퍼(Cooper, 통 제조업자), 커틀러(Cutler, 칼 만드는 사람), 파울러(Fowler, 새 사냥꾼), 말러(Marler, 점토 채취 노동자), 포터(Potter, 도공), 소여(Sawyer, 톱질하는 사람), 스미스(Smith, 대장장이)와 그 변형들, 테일러(Taylor, 재봉사), 터너(Turner, 컵처럼 돌려깎는 도구 제작자), 휠러(Wheeler, 짐수레꾼), 라이트(Wright, 장인).[11] 그때나 지금이나, 우리는 우리가 하는 일과 다른 사람들과 맺는 관계에 따라 스스로를 규정한다.

삼림헌장은 공유자를 궁핍과 의지할 것 없는 상태로부터 보호한 것만이 아니라 외부의 감시와 통제로부터도 보호했다. 19세기 초에 〔급진주의 정치가이자 언론인〕 윌리엄 코빗은 잉글랜드 시골을 여행하면서 "일하는 사람들이 (…) 한결같이 삼림지대, 숲, 황무지에서 열심히 일하고 있다. 힘 있는 통제자들이 모든 것을 감시하는 곳에서 그들은 별로 받는 게 없다"라고 썼다.[12]

삼림헌장은 재산 소유자와 그 대리인이 무엇을 할 수 없는지를 말함으로써, 그리고 재산 없는 사람에 대한 재산 소유자의 권력을 억제함으로써 '대리인의 권력'과 '체제의 권력' 모두에 제한을 가했다. 삼림헌장은 숲에서 '위험 없이' 공유권을 행사할 수 있다고 분명하게 밝힘으로써 실제 권력뿐만 아니라 잠재 권력도 제한했다. 이것이 이른바 '공화주의적 자유'의 원칙이다.(여기서 '공화주의적'이란 시민적 자유를 말하며 꼭 비군주제 정부를 의미하는 것은 아니다.)

누군가가 합법적인 어떤 것을 하는 데 허락을 구해야 한다면 공화주의적 자유가 존재하지 않는 것이다. 공화주의적 자유는 다른 누군가의 마음에 들지 않을 경우에도 보복의 두려움 없이 스스로 결정하는 것을 말한다. 이는 거의 대부분의 정책 입안자들이 존중하지 않는 형태의 자유다.

1225년 당시 18세였던 헨리 3세는 약간의 수정을 거친 삼림헌장에 인장을 찍어야만 했다. 이것은 마그나카르타와 함께 다시 공표되었고 결정본이 되었다. 1215년 자유대헌장의 주요 작성자였던 랭턴 대주교는 국왕 헨리에게 삼림헌장을 거부하라고 촉구한 귀족 윌리엄 브루어를 꾸짖으며 이렇게 말했다. "윌리엄, 그대가 국왕을 사랑한다면 왕국의 평화를 방해해서는 안 되네." 그는 공유자들이 왕가와 왕이 총애하는 귀족들이 토지를 횡령하는 시대가 다시 오는 것을 참지 않으리라는 것을 알았다. 그럼에도 헨리 3세는 왕좌에 있던 56년간 삼림헌장을 철폐하려는 시도를 수도 없이 했다. 그리고 그는 매번 실패했다. 1235년 머튼법(Statute of Merton)이 임차인에게 충분할 만큼 남겨야 한다는 모호한 조건을 달아 영주들에게 자기 영지에 있는 숲 공유지를 탈취할 수 있는 권리를 주었음에도 말이다.

그 이후의 군주와 지배 엘리트 들은 삼림헌장의 보호 조항과 원칙을 약화시키는 데 좀더 성공하긴 했다. 인클로저의 두번째 물결이 튜더 왕조, 특히 헨리 8세와 함께 시작되면서 그는 사냥터를 넓히기 위해, 또한 치솟는 부채 때문에 소득을 늘리기 위해 토지를 몰수했다. 역사책들은 그가 수도원을 파괴하고 교회가 소유한 1천만 에이커를 몰수했다는 데 초점을 맞춘다. 이 토지는 공유자들에게 생계수단과 피난처를 제공하던 곳이었다. 오늘날 영국의 풍경을 보면 수도원이 있던 자리가 마맛자국처럼 남아서 헨리 8세의 무자비한 군사 행동이 얼마나 광폭했는지를 증명하고 있다. 그러나 그가 엄청난 면적의 토지를 기사 지급금으로 총신들에게 준 것 또한 그에 못지않게 중요하다. 공유지 형태로 있던 것을 대규모로 독단적으로 이전한 것은 영국의 계급구조에 영구적으로 상처를 남겼다. 이것은 오늘날까지 이어져 영국에서는 특이할 정도로 토지 소유가 집중되어 있다.

튜더 왕조 시기 토지 소유권의 이전은 토지 소유자들이 대규모 목양을 위해 공유지를 인클로저함으로써 부를 얻을 수 있다는 사실을 알게 된 것과 동시에 일어났다. 그 결과로 시행된 인클로저는 시골 지역에서 광범위한 빈곤을 낳았고, 이는 토머스 모어가 그의 획기적인 저서 『유토피아』에서 맹렬히 비난한 것으로 유명하다.

당신들 나라의 양입니다. 양들은 언제나 온순하고 아주 적게 먹는 동물이었습니다. 그런데 이제는 양들이 너무나도 욕심 많고 난폭해져서 사람들까지 잡아먹는다고 들었습니다. 양들은 들과 집, 도시까지 황폐화해버립니다. 아주 부드럽고 비싼 양모를 얻을 수 있는 곳이라면 어디에서든지, 대귀족과 하급귀족, 심지어는 성무를 맡아야 하는 성직자들까지 옛날에 조상들이 받던 지대에 만족하지 않게 되었습니다. 그들은 이 사회에 아무런 좋은 일을 하지 않고 나태와 사치 속에서 사는 것만으로도 부족하다는 듯이 이제는 더 적극적으로 악행을 저지릅니다. 모든 땅을 자유롭게 경작하도록 내버려두지 않고 목축을 위해 울타리를 쳐서 막습니다. 이들은 집과 마을을 파괴해버리고 다만 양 우리로 쓰기 위해 교회만 남겨놓습니다.

상업적 필요도 숲을 침해하기 시작했다. 종이 사용이 증가했고, 영국 해군이 필요로 하는 목재도 늘어났다. 또다른 인클로저는 '개량'이라는 근거로 합리화되었다. 처음에는 목양이었고 나중에는 상업적 농업이었는데, 이것이 수세기 동안 지배적이던 지조(地條) 단위 개방경지제도*를 대체했다.

때로는 무력에 의해, 하지만 대개는 정치의 계급지배를 통해 꾸준히 진행된 공유지의 약탈이 이후 세기들의 특징이 되었다. 17세기 인클로저의 세번째 국면에서 올리버 크롬웰은 군주에게서 탈취한 공공토지의 상당 부분을 추종자들에게 넘겨주었다. 그리고 인클로저법에 의한 토지의 합법적 절도라는 네번째 국면이 1760년에서 1870년 사이에 있었다.

법원도 제 역할을 했다. 오랜 시간에 걸쳐 토지 소유자의 권리가 공유자의 권리를 밀어냈으며, 점점 더 소수의 사람만이 그런 권리를 갖게 되었다. 소유권이 재산의 이용과 처분에 대한 **배타적** 권리를 부여한다는 생각은, 비록 많은 논란이 있긴 했지만, 존 로크가 제공한 영향력 있는 철학적 정당화의 도움을 받아 17세기에 틀을 갖추었다. 인클로저는 공유자가 토지를 이용하지 못하게 하는 것만이 아니

---

* open field system, 봉건 시대에 유럽에서 널리 사용되던 제도로, 각 농민의 토지를 울타리나 길 등으로 명확히 구분하지 않았으며 경작·수확·방목 등이 촌락 전체의 계획 하에 이뤄졌다.

라, 1604년 인클로저법 이래 토지를 소유할 권리도 제한했다. 이것은 본질적으로 이전에는 배타적으로 이용할 수 있는 약간의 토지를 할당받은 농업노동자였던 소작인(cottager)의 재산을 박탈하는 것이었다.

이 모든 것 중 가장 계급에 기반한 조치는 1845년 8월, 귀족 토지 소유자가 압도적 다수를 차지하는 영국 의회가 일반 인클로저법을 통과시키고 예전과 달리 의회 승인 없이 토지를 구획할 수 있는 권한을 가진 인클로저 위원(Enclosure Commissioner)들을 임명한 것이었다. 하지만 이 일이 결정적이긴 했으나, 이 법은 공유지를 강탈하기 위해 만들어진 수많은 것들 가운데 하나였을 뿐이다. 17세기에서 20세기에 이르는 기간 동안 의회는 5천건이 넘는 인클로저법을 통과시켰고, 공유지와 공공토지였던 680만 에이커 이상을 인클로저 했다.[13]

인클로저법들이 토지 소유자가 공유지를 대규모로 침해하는 것을 합법화한 반면 1838년 정부는 삼림헌장이 권리로 인정한 활동을 포함해서 공유자들의 소규모 인클로저를 범죄화했다. 채석장을 만들고 소규모 오두막을 세우고 곡물을 심거나 가축에게 풀을 먹이는 행위에 대해 수많은 유죄 판결과 무거운 벌금형이 내려졌다. 왕실 삼림관리관의 법정이 기소를 담당했는데, 이는 삼림헌장에서 공유자의 권리를 보호하기 위해 세운 바로 그 기관이었다.

자연 공유지에 대한 지독한 인클로저 목록에 오늘날 하일랜드 원주민 청소(Highland Clearance)라고 알려져 있는, 스코틀랜드에서 벌어진 비열한 과정을 더해야 한다. 서덜랜드 공작 같은 인물들이 수천명의 소규모 소작농을 쫓아내고, 그들이 돌아오지 못하게 집들을 불태워버렸다. 수많은 사람들이 즉결심판으로 북아메리카와 오스트레일리아로 강제 추방을 당했다. 그 공작의 후손들은 100만 에이커 이상을 가진 영국에서 가장 큰 토지 소유자가 될 것이었다. 그 선조들은 그 토지의 상당 부분을 거래했고 현재의 공작은 이 나라에서 가장 규모가 큰 예술품 컬렉션을 모았다. 관대하게도 그는 그 가운데 일부를 대중이 볼 수 있게 허용하고 있다.*

19세기 말이 되면 영국의 토지 소유 집중은 극단적인 수준에 이르렀고 오늘날도 여전히 그러하다. 1873년의 조사에 따르면 인구의 5퍼센트 이하가 모든 토지를 소유하고 있으며, 나머지 사람들은 아무것도 소유하고 있지 않았다. 대규모 토지가 현재 공공소유이거나 공동소유(corporate ownership)이고 주택 소유가 널리 확산되어 있긴 하지만, 3분의 1 이상이 수천명의 귀족과 젠트리 손에 남아 있다. 이들은 대개 1873년에 토지를 소유하고 있던 가문의 후손들이다.

현재 공유지는 영국의 토지 가운데 겨우 5퍼센트를 차지하는데, 중세에는 거의 절반이었다. 그리고 중세 시대 나무가 우거졌던 숲의 겨우 2퍼센트만이 현재까지 남아 있다. 공유지 약탈의 다섯번째 물결이 진행 중이며, 이는 지구화 및 2007~08년의 금융위기 이후 강제된 긴축 체제에 의해 가속화되었다. 비단 토지만이 아니다. 우리가 공동으로 갖고 있거나 이용하던, 혹은 공익을 위한 모든 것 ― 공

---

* 에든버러의 스코틀랜드 내셔널갤러리가 서덜랜드 가문의 컬렉션 가운데 일부를 전시하고 있다.

원에서 경찰까지, 학교에서 하수도까지, 심지어 우리가 숨 쉬는 공
기까지 — 이 공격받고 있다.

인클로저, 야영, 그밖의 폭동들

그렇게 인클로저가 왔다 — 폐허가 인클로저의 지침이었다,
그러나 박수 치는 자유의 손들은 그 광경을 즐기고 있었다
안락한 오두막이 곧 밀려나겠지만
구빈원 감옥이 그 자리에 세워졌다.
─존 클레어 「쓰러진 느릅나무」

19세기 전반기에 '농민 시인' 존 클레어는 사라진 공유지에 대한
안타까움을 이렇게 집약했다. 그러나 공유지의 침식과 이를 합리화
하는 데 이용된 사적 소유권 이데올로기에 대한 반대가 없었던 것은
아니었다. 삼림헌장 이후 800년간 공유지를 지키려는 수많은 항의,
폭동, 청원, 운동 등이 있었다. 이는 억압받고 고립된 공유자들이 주
도했고, 종종 이 때문에 커다란 댓가를 치렀다.[14]

16세기 이래로 부상한 사유재산 소유자인 중간계급들이 귀족에
합류하여 전복적인 농촌 공유지를 게으르고 사악하고 방탕한 지역
으로 취급했다. 공유지의 사유화를 열렬히 지지했음이 분명한 17세
기의 한 관찰자는 (공유) 숲을 이렇게 비웃었다.

필요라는 추악한 괴물이 (⋯) 점점 더 게으름, 구걸, 무신론, 그리고 결국 신과 국왕에 대한 불복종을 낳을 것이다. (⋯) 그 속에 엄청나게 가난하지만 아주 게으른 거주민들이 몰려들어 법이나 종교 없이 은밀하게 살 것이고 본성에 따라 거칠고 고집스럽게 살 것인데, 이들 가운데에서 아주 게으른 잡것들이 양육되어 부랑자로 자라나 가장 위험한 나병으로 영국을 감염시킬 것이다.[15]

실제로 공유자들은 일할 자격, 공유지에서 적절한 생계수단을 얻을 자격을 박탈당한 채 투쟁하고 있었다. 공유지를 지키려는 폭동과 반란은 전국으로 확산되었다. 15세기 말과 16세기 초에 잉글랜드 전역의 도시와 소도시에서 도시 거주자들이 여전히 의존하고 있던 공유토지의 인클로저에 대한 불만이 터져나왔다.[16] 1549년 여름에 웨스트컨트리와 이스트앵글리아에서 두번의 반란이 일어났는데 수만명의 항의자들이 농촌 지역에 야영지를 세웠다. 이들은 '야영'의 시대로 기억되는 오큐파이 운동(Occupy Movement)의 16세기 선구자였다.[17]

'공유지'와 '공유자'라는 말이 존엄하고 보편적인 성격을 상실한 것이 이때였으며, 이제 이 말들은 하층계급과 열등한 것을 가리키기 시작했다. 이는 엘리트들이 공유자가 표현하는 견해와 이해관계를 무시하는 것을 정당화하는 데 도움이 되었다.[18] 튜더 시대가 되면 공유자들은 자신의 처지를 알아야 했으며, 공유지에서 스스로를 부양하는 대신 '국가'(commonwealth)를 뒷받침하기 위한 방편으로 사용자를 위한 일자리를 가져야 했다. 그러나 공유자들은 소리 없이 포기하지 않았다.

17세기 초 내전으로 이어지는 시기에 무르익은 사회적 불만은 영국혁명과 의회파의 승리를 뒷받침하는 데 기여했다. 찰스 1세가 왕실 숲을 새 소유주에게 판매해 인클로저하려 하자, 이는 '웨스턴 봉기'라고 알려진 일련의 폭동으로 이어졌다. 길링엄 포리스트 (Gillingham Forest), 브레이던 포리스트(Braydon Forest), 포리스트 오브딘(Forest of Dean)과 기타 지역의 폭동들이 그것이다. 숲에서 생계수단을 얻던, 대부분이 장인(과 포리스트오브딘의 광부)이었던 이들은 허수아비를 앞세우고 행진을 벌였고 새로 세워진 장벽을 부쉈다. 길링엄에서는 사슴을 죽이고 인클로저에 이용된 시설을 파괴했다. 더 폭력적인 항의가 포리스트오브딘에서 일어났는데, 총과 창으로 무장한 이들이 철광석 채취장으로 몰려들어 인클로저 노동자들의 숙소를 공격했다. 브레이던 폭동을 진압하기 위해 성실청(Star Chamber)이 보낸 관리들이 총을 맞았고 그 시체는 돌려보내졌다. 하지만 결국 숲의 판매와 인클로저는 대부분 진행되었고, 생계수단을 상실한 공유자에 대한 보상은 없었다.

1641년 12월 대간의서(Grand Remonstrance)는 204개의 '간의(諫議)'를 통해 찰스 1세의 정책에 대한 의회의 반대를 총괄한 것인데, 21번째 간의는 "삼림헌장에 반해 숲을 확대"한 것에 대해 언급하고 있다. 하지만 의회는 주로 가난한 사람들보다는 부자들의 이해관계에 관심을 기울였다. 국왕이 처형된 지 얼마 지나지 않아 의회는 남아 있는 모든 왕실 숲의 판매와 인클로저를 승인하는 법을 통과시켰다.

영국혁명 시기 수평파(Levellers)와 디거스(Diggers)는 공유인 남녀를 대표하여 가장 잘 조직된 항의세력이었다. 둘 모두 진압당했으며, 디거스는 학살당했다. 1649년 디거스는 잃어버린 공유지를 되찾으려는 운동을 벌이면서 서리에 있는 세인트조지 힐의 공유지에 파스닙, 당근, 콩 등을 심었고 다른 곳의 황무지를 점거했다. 그들은 공유지를 '노르만의 멍에'*에 의해 탈취당했다고 믿었다. 그들은 잉글랜드 대부분이 공유지였지만 1066년 노르만의 정복 이후 정복자 윌리엄, 그의 귀족과 후계자 들이 전유했다고 주장했다. 그들의 선언문은 이렇게 말한다.

대지(이는 짐승과 인간 모두를 구호하기 위해 만들어진 공동의 보고寶庫이다)는 설교자와 지배자 들에 의해 울타리가 쳐져 인클로저가 되었고 나머지 사람들은 머슴과 노예가 되었다. (…) 땅이 없는 가난한 사람들이 공유지를 갈고 일할 수 있는 자유로운 허가를 받아 지주들이 자신의 인클로저 내에서 편안히 살고 있는 것처럼 살기 전까지, 잉글랜드는 자유로운 사람들의 땅이 아니라는 것을 알라.

수평파도 공유지를 옹호했다. 수평파라는 이름은 인클로저 폭동에서 울타리를 무너뜨린(levelled) 사람들을 가리키는 것이었으며,

---

* Norman Yoke, 정복자 윌리엄(1028년경~1087)과 그의 가신들이 잉글랜드를 정복하면서 강제한 봉건제의 억압적 측면을 가리킨다.

이들의 목표는 "잉글랜드의 모든 남자, 여자, 아이 들의 권리, 자유, 안전, 안녕"이었다. 1648년 그들은 4만명이 서명한 청원을 의회에 제출했는데, 여기에는 "최근에 인클로저된 모든 소택지와 기타 공유지의 개방" 요구가 포함되었다.

1647년의 퍼트니 논쟁(Putney Debates)으로 알려지게 된 새로운 영국 헌법에 관한 논쟁에서 의회파의 신형군* 내 수평파는 성공하지는 못했지만 거의 보편적인 남성참정권을 주장했다. 이에 맞서 크롬웰과 그의 지지자들은 재산 소유 남성에게 투표권을 한정했으며, 권력을 잡자 대규모 토지를 사유화하여 재산 소유 중간계급 혹은 '젠트리'가 엄청나게 확대되었다. 잉글랜드 역사에서 여전히 수평파와 디거스는 관습적 권리와 경제적 자유를 용감하게 옹호한 사람들로 전해진다.

항의는 거기서 멈추지 않았다. 1680년 애시다운 포리스트(Ashdown Forest)의 인클로저가 닥쳐오자 공유자들은 가축에게 풀을 먹이고 땔감을 모으고 건축과 기타 목적을 위해 돌과 진흙을 채취하는 권리를 상실할 것에 맞서 청원을 제출했다.[19] 50년간 항의와 협상이 이어져 애시다운 포리스트의 대부분은 오늘날에도 공유지로 남아 있다. 그러나 이것은 드문 승리였다.

1660년 왕정복고 이후 오랜 관습적 권리는 불법이 되었고, 토지의 상업화와 상품화가 자본주의 사회의 필수적인 특징이 되었다. 금

---

* New Model Army, 영국혁명기인 1645년 의회파가 창설한 군대. 당시 병사 대부분이 일시 복무하는 민병대였던 것에 비해 상근 직업군인으로 구성되었다. 1660년 왕정복고와 함께 해산되었다.

지된 것은 토지에 대한 접근만이 아니었다. 1663년과 1671년의 의회 법령은 왕실 숲에서 목재를 채취하는 것을 범법 행위로 만들었다. 그리고 1766년에는 목재 시장의 성장을 반영하여 목재로 사용하기 위해 물푸레나무, 너도밤나무, 참나무를 자르거나 가지를 부러뜨리는 것이 범죄가 되었다.

18세기에 공유지의 인클로저화와 침해에 맞선 '블래킹' 항의 — 이렇게 불린 이유는 시위자들이 얼굴을 검게 칠했기 때문이다 — 에 놀란 귀족 엘리트들은 1723년 서둘러 의회에서 블랙법(Black Act)을 통과시켰다. 이 법은 숲에서 변장을 하고 발견되는 경우를 포함해 숲과 관련한 50개가 넘는 범법 행위에 대해 사형을 부과했다.[20] 이것으로는 충분치 않다는 듯 영국의 초대 총리 로버트 월폴은 공유자들이 금지된 영역에 들어오지 못하도록 리치먼드공원에 덫을 설치했다. 원래 찰스 1세가 사냥터로 구획한 — 그는 여러 교구에서 공유지를 탈취했다 — 이곳은 나중에 공원 관리인직을 맡은 사람들에게 수입이 좋은 한직이 되었는데, 월폴의 아들이 그런 경우였다. 월폴은 이 공원을 왕족과 귀족을 위한 리조트로 바꾸어 공유자와 일반 대중은 들어올 수 없도록 입장권 판매제를 도입했다.

1723년 이후 2년간 밀렵꾼과 사냥터지기 사이에 작은 충돌들이 일어나 최소한 두명의 밀렵꾼이 처형당했다. 하지만 공유자들은 통행권 상실에 대한 항의를 계속했다. 그들은 1752년 공원에 대규모로 쳐들어갔고 몇년 후에는 월폴의 후임 공원 관리인에 맞서 유명한 법적 승리를 거두었다. 법원이 리치먼드공원을 모두에게 개방하라고 명령했던 것이다.

19세기 전환기가 되면 공유토지는 이미 농촌 지역의 얼마 안 되는 부분으로 축소되었다. 하지만 인클로저는 계속되었고, 여기에 맞서는 산발적인 폭동이 있었지만 무력으로 진압당했다. 1831년 산업혁명 절정기에 포리스트오브딘에서 2천명이 넘는 광부들이 석탄과 목재 생산을 위해 인클로저된 수천 에이커의 울타리를 무너뜨렸다. 예전에 이곳은 가축을 먹이는 곳이었을 뿐만 아니라 석탄을 캐는 공유의 권리가 있던 곳이다. 군대가 소집되었고, 광부들의 지도자 워런 제임스는 체포당했다. 처음에 그는 사형을 선고받았으나 감형되어 오스트레일리아로 추방당했고 거기서 죽었다. 1832년 의회개혁법이 제정된 시기가 되면 잉글랜드와 웨일스의 거의 모든 토지가 인클로저되거나 사유화되었다. 스코틀랜드에서는 이 과정이 더욱 가혹했다. 하일랜드 원주민 청소로 인해 5만명의 소작농이 토지에서 강제로 밀려났고 그 대신 양이 자리 잡았다. 그것은 가장 잔인한 계급 정치였다.

그럼에도 공유자와 공유화의 에토스는 죽지 않았고, 계속되는 침해에 대한 저항도 죽지 않았다. 또한 19세기 중반이 되면 도시화한 부르주아지가 개발한 숲에 대한 좀더 낭만적인 이미지에 자극을 받아, 중간계급이 영국 내 줄어드는 공유지에 대한 공격을 막는 데 나서기 시작했다. 문학(월터 스콧 경의『아이반호』Ivanhoe), 미술(라파엘전파), 건축(고딕의 부활) 등에서 중세적 테마가 인기를 얻는 것을 반영하여 숲과 삼림헌장은 '푸른 숲'(greenwood)의 정신을 담고 있는 것으로 간주되었다. '푸른 숲'은 자유 지대이자『아이반호』에 묘사된 기사도와 궁정 연애의 배경이며, 점점 감성화되어가던 로

빈후드 이야기의 배경이 되었다.[21]

길었던 빅토리아 시대에 숲은 새로 조성되는 산업도시들의 소음, 혼잡, 공해로부터 사람들이 벗어날 수 있는 휴식의 장소가 되어갔다. 이는 자연보호와 생물학적 다양성을 포함해 자연사에 대한 대중의 관심으로 이어졌다. 1889년 왕립조류보호협회(Royal Society for the Protection of Birds)가 설립되었는데, 처음에는 여성용 모자의 깃털 장식 거래 — 이를 위해 수천마리의 새가 도륙당했다 — 를 막기 위한 것이었다. 1895년에는 영국의 가장 큰 자연보호 조직인 내셔널트러스트(National Trust)가 만들어졌다. 그러나 생태 보호라는 초창기 요구로서 자연에 대한 강조는 환영받았지만 삼림헌장의 핵심에서는 벗어나는 일이라는 것이 드러났다. 삼림헌장의 역할은 공유지에서의 활동과 자원을 통해 생계의 권리(right to subsistence)를 보장하는 것이다.

19세기와 20세기 초에 삼림헌장의 많은 원칙이 상실되거나 다른 법률에 묻어들어갔다. 그중 하나가 1876년의 공유지법인데, 이 법은 인클로저를 공공에 이익이 될 경우에만 허용한다고 규정하고 있다. 하지만 이는 안타깝게도 고무줄 같은 개념이다. 공유권이라는 근본적인 주장은 자연을 이용과 이윤을 위한 자원으로 전환한다는 일반화된 계획으로 바뀌었다. 공유자에게 시장 외부에서 생계수단을 허용하는, 공유자의 '탈상품화'라는 위대한 행위였던 삼림헌장의 기원은 점차 자연자원의 관리된 상품화를 위한 입법과 제도로 진화했다.

19세기 말의 항의와 캠페인은 대부분 남아 있는 자연 공유지를 다른 어떤 것 — 레크리에이션을 위한 공공 편의시설 — 으로 전환하려는 시도였다. 1860년대와 70년대에, 당시 설립된 지 얼마 안 된 공유지보존협회(Commons Preservation Society)의 지지를 받아 지역 공유자들은 에핑 포리스트(Epping Forest)의 일부에 대한 인클로저를 막는 데 성공했고, 이는 1879년 에핑 포리스트 법을 낳았다.[22] 이 법은 숲의 소유권과 숲에 대한 권리를 런던시로 이관했고, 런던시는 오늘날까지 이 숲을 휴식을 위한 장소로 유지하고 있다. 여전히 에핑 포리스트는 공유지가 바뀐 것으로 접근과 자원에 대한 권리는 공유자인 지역 거주민이라는 특정 집단에 한정되는데, 공공 편의시설은 (권리가 제한되긴 하지만) 모두가 누릴 수 있다.

이는 상징적인 것 이상의 변화였다. 공유지보존협회 설립을 주도했던 조지 쇼르페브르는 공유지를 "모두가 자유롭게 다닐 수 있는 자연 공원"이라고 말했다. 이것은 삼림헌장에 기술된 공유지의 역할에서 아주 멀어진 것이다. 삼림헌장에서 공유지는 사회적·정치적 목적뿐만 아니라 분명한 경제적 목적도 갖고 있었다. 생계 지역으로서의 자연 공유지가 깎여나간 것은 귀족과 다른 사람들의 토지 부동산이 확대된 것과 같이 일어난 일이다. 19세기 말이 되면 이 나라에서 가장 좋은 토지의 대부분은 소수가 소유하고 있었다. 1872년 대지주인 더비 경은 토지 소유가 너무 집중되어 있다는 자유당 의원 존 브라이트의 주장을 반박하고자 전국의 토지 보유 현황을 조사해달라고 정부에 요청했다. 그러나 제2의 둠스데이북이라고 알려진 조사 보고서 『토지 소유자들의 귀환, 1873』(*The Return of Owners of Land, 1873*)은 더비 경과 지배귀족층에게 당혹감을 주었다. 보고서에 따르면 710명의 귀족 ——즉 더비 경과 그의 친구들 —— 이 전국토의 4분의 1을 소유하고 있으며, 4천개 가문이 절반을 소유하고 있었다. 그 토지의 대부분은 공유지로부터, 그리고 군주들의 선물로 취득한 것이었다. 이런 사실은 서둘러 은폐되었고 보고서는 숨겨지거나 폐기되었다. 영국에서 토지 소유에 대한 공식 기록이 시도된 것은 이것이 마지막이었다.

20세기에도 삼림헌장의 영향력은 약해지긴 했지만 남아 있었다. 상징적인 저항행동이 있었는데, 1921년 7월 영국 최초의 여성 법정 출두 변호사 헬레나 노먼턴은 데이비드 로이드조지가 이끄는 연립정부가 13세기 이래 공유지로 지정된 러니미드 목초지를 경매에 내놓았다는 사실을 우연히 알게 되었다. 부동산 개발을 위한 것으로 이 목초지는 목록에 '품목 8'이라고만 적혀 있었는데, 경매 최저가에도 미치지 못했다. 노먼턴은 『타임스』 등등에 항의 편지를 보냈고 〔목초지를〕 팔아넘기려는 또다른 시도에 반대하는 공공 캠페인을 일으켰다. 그녀가 일으킨 캠페인에 힘입어 공중의 분노가 높아졌고, 한달 만에 정부는 러니미드를 절대 팔지 않겠다고 발표했다. 결국 러니미드 목초지와 그 주변 지역은 내셔널트러스트로 넘겨졌고, 99에이커에 달하는 이 지역은 오늘날까지 자연 공유지의 일부로 남아 있다. 오늘날 무심히 이 목초지를 거니는 사람들은 그가 한 일에 대해 헬레나 노먼턴에게 감사해야 한다.

1919년에 세워졌고 오늘날 영국에서 토지를 가장 많이 소유한 삼림위원회(Forestry Commission)는 공공 편의시설을 포함해 영국의 숲과 삼림지대를 보존하고 확대할 권한을 갖고 있다. 그러나 공유자의 권리나 공유지에서의 생계권을 보장해야 할 임무는 없다. 후속 입법 또한 삼림헌장의 핵심 내용인 공유화와 공유지의 경제적·사회적·정치적 가치보다는 자연, 휴식의 기능, 소유권 등을 강조하고 있다.

삼림헌장의 공식적인 종말은 조용히 왔다. 삼림헌장은 1971년의 야생생물 및 삼림법(Wild Creature and Forest Laws Act)으로 간단히 대체되었다.[23] 상업적 부르주아의 가치가 승리를 거둔 것이다. 처음부터 삼림헌장은 국가 및 상업화 세력에 맞서 공유지의 가치와 공유자의 권리를 확고히 하기 위한 수단이었다. 1971년에 삼림헌장을 대신한 법은 자연보호 및 천연자원의 상업화를 관리하는 데 관한 것이었다. 이 법은 삼림헌장을 그토록 중요하게 만들어준 급진적 에토스 — 어느정도의 동등자(equals)로서 시민들의 지속 가능한 생존을 보장하는 공유지의 보존 — 를 생략했다.

기념되지 않는 삼림헌장

법률이 남자나 여자를 가둔다
공유지에서 거위를 훔친 이들을,
그러나 더 큰 악당은 풀어준다,
거위에게서 공유지를 훔친 이들을.
— 애넌, 17세기[24]

2015년 6월 상원에서 자유민주당 의원인 칠슨 도머 지역 밀러 남작부인은 보수당 정부에 2017년 삼림헌장 800주년 행사를 할 것인지 질의했다. 같은 해 마그나카르타 800주년은 전국적인 전시회, 행사, 미디어 프로그램 등과 함께 대대적으로 축하행사가 열리고 있었다. 법무부 장관은 이렇게 대답했다. "삼림헌장의 조항들이 여러 세기 동안 시행되었지만, (마그나카르타와) 동일하게 지속적인 세계적 인정을 받지는 못했습니다. 따라서 정부는 삼림헌장 800주년을 기념하고 축하할 계획이 없습니다."

하지만 삼림헌장은 다른 어떤 입법보다 오래 법령집에 있었고, 2015년에도 삼림헌장에서 나온 규정과 절차에 따르는 몇몇 지역이 이 나라에 있었다. 삼림헌장을 강제하고 숲 자원의 지속 가능한 관리를 보장하는 왕실 삼림관리관의 법정도 여전히 뉴포리스트(New Forest)와 포리스트오브딘에 존재한다. 이곳에서는 공유자들이 가축에게 풀을 먹이고 땔감을 가져오는 것을 포함해 '공유지의 권리'를 계속해서 누리고 있다.[25] 삼림헌장의 영속적인 유산은 공유자의 권리를 마그나카르타보다 훨씬 더 구체적이고 의미 있는 방식으로 인정한 데 있다. 삼림헌장은 한나 아렌트 때문에 유명해진 말 "권리들을 가질 권리"로서 시민권을 규정했다. 삼림헌장은 모든 공유자가 언제라도 중단될 수 있는 공유지에 대한 접근권과 이용권만이 아니라 공유지에서의 권리도 가진다는 것을 분명히 했다. 철회될 수 없는 권리를 강조하는 것은 공유지에 대한 정의의 일부를 이룬다. 삼림헌장은 또한 전복적이었다. 삼림헌장은 가난한 사람들의 권리에 관한 것이 아니라 자유민의 권리에 관한 것이었다. 삼림헌장이 성립된 시대와 장소를 감안할 때 그것은 자유의 보편성, 자유의 공통성에 대한 급진적인 주장이었다.

삼림헌장 그 자체는 공유지나 공유자에 대한 완벽한 방어가 아니었다. 그러나 삼림헌장은 공유지를 만들고 지키는 데 있어 선구적 존재이자 한결같은 방어벽, 첫걸음이자 기준이었다.

2장

공유지, 공유자, 공유화

자연에는 주권이 없다.
— 휘호 흐로티위스 『자유로운 바다』(1609)

삼림헌장은 재구성되고 있던 사회에서 공유지와 공유자에 대한 존경을 표하는 기념물이었다. 하지만 삼림헌장을 공유토지를 둘러싼 오랜 싸움과 관련된 흥미로운 역사적 문서로만 보아서는 안 된다. 삼림헌장은 마그나카르타와 마찬가지로 영원한 보편적 가치를 표현한 것이다. 번성하는 공유지 ─ 자연환경과 그 이용 및 자원뿐만 아니라 우리의 공공 서비스와 편의시설, 사회적·법적 체제, 문화적·지적 삶을 망라하여 ─ 는 중세 시대에 공유지에 접근할 수 있는 것이 그랬던 것과 마찬가지로 오늘날에도 좋은 사회에 필수적이다. 이런 이유로 우리는 지금 벌어지고 있는 공유지에 대한 공격에 저항해야 한다. 이런 공격은 생활수준을 저하시키고, 삶의 질을 떨어뜨리며, 연대·공유·공동체의 가치를 침식하고 있다.

공유지, 공유화, 공유자

'공유지'(common)는 초기 영어의 '공동체'(commune)에서 왔으며, 일반적이거나 보편적이거나 함께 쓰고 있는 어떤 것을 의미했다. 오늘날에는 거의 사용되지 않지만 옛날 동사 'to common'과 이와 연관된 '공유화'(commoning)는 공유지에서 벌어지는 집단적 노동활동을 말한다. 17세기 초에 마그나카르타를 망각과 무시에서 구해낸 법학자 에드워드 코크는 공유자가 집단적인 관습적 활동을 수행하는 장소로서 공유지의 공유적 측면을 강조했다.[1] 이런 의미에서 공유지는 공유화 — 참여적이고 집단적인 활동 — 가 일어나는 배경일 수 있다. 이것은 공동체를 규정하는 것이다. 공유지와 공유화가 없다면 공동체는 없다. 공동체가 없다면 공유지는 있을 수 없다.[2]

공유지를 바라보는 또다른 방식은 지정된 집단, 즉 공유자가 이용하는 공동자원으로 보는 것이다. 공유자는 누가 공유자원에 접근할 수 있고 누가 이용하며 어떻게 나눌 수 있는지, 어떻게 유지하고 보존하고 재생산해야 하는지를 결정할 수 있다. 혹은 지정된 대리자가 결정하게 할 수 있다.

저명한 사회평론가 이반 일리치는 오래전에 공유지로서의 환경은 자원으로서의 환경과 구별되어야 한다고 안타깝게 하는 말을 했다. 전자는 사람들의 생계를 위한 것이며, 후자는 상품 생산을 위한 것이라고 말이다.[3] 그는 영어에서 이런 구별이 상실된 것을 안타까워했다. 하지만 생계는 환경의 보존을 포함해야 하며, 점점 더 인간종과 다른 자연 종 사이의 미묘한 균형을 포함해야 한다. 공유지는 경제성장과 이윤 추구를 위해 자원을 고갈시키는 것이 아닌, 자원의 재생산에 관한 것이다.

공유지는 어느정도의 동등자들이 함께 접근할 수 있다는 의미에서 언제나 협동적인 생활방식을 대변했다. 공유지는 이용의 면에서 공적인 것일 뿐만 아니라 사적인 제한과 가정으로부터도 자유로운 지대다. 세대를 거쳐 전해내려온 공유지는 사회를 위해 획득된 것을 대변한다. 많은 것들이 후대를 위해 만들어지고 취득된 권리로 유증되었는데, 빅토리아 여왕이 나라에 기증한 왕립공원들 혹은 1918년에 그 소유자가 나라에 기증한 스톤헨지 같은 것이 그러하다. 공유지는 공유자들의 민주적 승인이 선행되지 않는 한 사적 이해관계자들이 이를 합법적으로 탈취할 수 없으며, 사적 이윤을 위해 이용하거나 판매하거나 상업화할 수 없다.

'공유자'(commoner)라는 단어 또한 세월이 흐르면서 다른 의미를 지니게 되었다. 이제 이 말은 토지에 기대어 살아가는 사람, 특히 영주의 토지에서 살아가는 사람의 이미지를 갖고 있고, 토머스 하디의 전원소설에서 감상적으로 묘사되었으며 전원생활을 보여주는 초기 사진에서 찬양받았다.[4] 그러나 '공유자'의 의미는 지역적으로 볼 때 잉글랜드의 초기 소도시에서 유래하기도 했다.[5] 때때로 이 말은 평민(common people) 일반과 도시의 거리, 광장, 초지에 대한 접근권을 포함했다. 그러나 종종 공동의 권리 ── 예를 들어 도시 성벽 외부에 있는 공유토지에서 가축에게 풀을 먹이는 것 ── 는 '도시의 자유'를 부여받은 시민들에게 국한되었다. 공유자에 대한 이런 이미지는 시티오브런던(City of London)의 동업자조합을 통해 여전히 찾아볼 수 있는데, 여기서 이 말은 특별한 시민권이 있는 사람을 의미한다.

공유자는 공유지에 접근할 수 있고, 생계나 생활방식을 공유지에 의존하며, 공유지의 관리, 보존, 재생산에 참여하는 모두를 가리키는 것으로 넓게 규정할 수 있다. 우리 모두는 몇몇 종류의, 대개는 여러 종류의 공유지에 접근할 수 있다는 의미에서 공유자다. 우리 대부분은 좀더 깊은 의미에서 공유자가 되기를 열망한다. 우리는 우리와 다른 사람들이 보존해온 것에 속하기를 원하고, 함께 나누기를 원하며, 그것의 소멸에 대해 생각하기를 원한다. 우리는 최소한 우리보다 앞선 사람들이 만들어서 우리에게 넘겨준 상태만큼 좋은 상태로 자원, 환경, 경관을 넘겨줄 책임이 있다. 기껏해야 우리는 관리인(custodian)이다.

이 공유지라는 생각은 우리 문화에 새겨져 있으며, 우리 역사를 반영하고 상기시킨다. 공유지는 반시장이자 반정부다. 혹은 적어도 경쟁과 개인주의를 심화시키는 시장에 반대하며, 선천적 관료제와 가부장주의가 있는 정부에 반대한다. 공유지는 공동소유 혹은 집단소유만을 가리키는 것이 아니다. 공유지는 (비소유자인) 공유자가 접근하고 이용할 수 있는 권리(용익권)가 있는 사유재산도 포괄한다. 어떤 사람들은 공유지를 "토지를 소유하지 않은 사람들이 가축에게 풀을 먹이거나 연료를 구하고 동물이 쉴 수 있게 하는 권리를 나누어 가진 지역"으로 간주한다.[6] 그러나 삼림헌장은 이러한 좁은 정의를 넘어섰다. 중요한 점은 공유지를 소유하지 않은 사람들이 이를 나누어 가질 권리가 있다는 것이다.

공유지는 관습적으로든 기타 방식으로든 누구도 권리를 갖지 않는 순수한 자연 상태가 아니다. 또한 공유지는 국가가 자신의 목적을 위해 취득한 재산도 아니다. 예를 들어 관공서나 군대 막사는 정부가 적절하다고 생각하는 대로 사용할 수 있다. 공유자의 권리를 침해하는 것이 아니기 때문이다. 이에 반해 공유지의 축소 혹은 상업화는 우리의 공유권을 침해한다.

공유지의 경계를 규정하는 데는 어느정도 임의성이 존재한다. 미국의 작가이자 공유지 활동가 데이비드 볼리어는 "공공 숲과 광물 같은 유형자산, 저작권과 특허 같은 무형자산, 인터넷과 정부 연구 같은 중요한 인프라, 방송 전파와 공공장소 같은 문화적 자원"을 포함시킨다. 이는 세금으로 비용을 대거나 이전 세대로부터 물려받은 자원, 사회제도, 문화적 전통 등이다.[7] 하지만 이런 자산 가운데 많은 부분은 사유화되었고 더이상 공유지의 범주에 속하지 않는다. 예를 들어 특허와 저작권은 지적 공유지를 **부정하는** 강력한 수단이며, 공익(a public good) — 아이디어 — 을 사유재산으로 바꾼다.

공유지를 정의하는 또다른 방식은 집단적 거버넌스와 공유자원의 관리에 초점을 맞추는 것인데, 특히 동등한 접근, 이용, 관리권(stewardship)을 고려한다.[8] 여기서도 경계라는 쟁점이 있다. 이 책에서는 전기와 물 같은 공공사업을 공유지로 다루고 있지만, 일부 저자들은 공유자들이 직접 관리하지 않는다는 이유로 이것들을 배제한다.

『이코노미스트』는 공유지를 정의하면서 공유지가 사유재산과 공공재의 요소를 모두 갖고 있다고 주장했다.[9] 가로등 같은 공공재의 경우 그것의 이용에서 사람들을 쉽게 배제할 수 없다. 그러나 사유재산과 마찬가지로 한 사람이 이용하면 다른 사람의 접근이 축소, 즉 '차감'된다. 다시 말해서 이것은 논쟁적이다. 전통적으로 비공유자는 공유토지에 대한 접근을 거부당했다. 공유토지에서는 지정된 공유자만이 권리를 가지며, 오늘날에도 일부 공유토지에서 그러하다. 노인 돌봄 같은 지역 공공서비스도 통상 지역 거주자에게 한정되어 있다. 따라서 공유지는 '배제적일 수' 있다. 하지만 접근의 제한은 종종 현실과 어긋난다. 많은 휴식용 공유지가 원래는 지역민만 이용하도록 되어 있지만 누구도 이용자의 주소지를 확인하지 않는다.

공유지는 '차감되지' 않을 수 있다. 이것은 특히 지적 공유지, 즉 사상과 지식의 영역에 적용된다. 우리가 어떤 것을 알고 있다고 해서 다른 사람도 그것을 알 가능성이 차감되지 않으며, 차감되어서도 안 된다. 또한 어떤 공유지가 '차감될 수' 있다면, 보통 '공유'(common pool)자원이라고 하는 것에 대한 접근과 이용은 통상 사전에 규정된 방식으로 공유되며, 무료이거나 돈을 낸다 하더라도 사적 이익을 낳지 않는다.

공유지 관리에 관한 연구로 노벨경제학상을 받은 엘리너 오스트럼은 처음에 스위스의 산골 마을 퇴르벨에 여전히 존재하는 관개 공유지에서 깊은 인상을 받았다. 농업용수로에서 나오는 물은 15세기부터 마을 사람들을 위해 공유자원으로 저장되었다. 수로에서 물을 끌어오는 권리에 대한 보답으로 공유자들은 수로를 유지하는 데 자신들의 시간을 투여해야 했고 개인별 물 할당량 이상을 사용해서는

안 되었다.[10]

'배제성'과 '차감성'이라는 순전히 경제적인 용어로 공유지를 정의하는 것은 공유지의 다양성을 인식할 수 없게 하며, 공유지가 어떻게 이용되고 어떻게 존재하는지를 인식할 수 없게 한다. 공유지는 또한 유산이나 오랜 시간에 걸쳐 확립된 관습적 이용으로 정의될 수 있다. 공유지에 관해 위로가 되는 것이 한가지 있다. 공유지는 그저 그곳 ─ 우리 사회의 일부 ─ 에 있다는 특성으로 우리의 소속감을 높여준다는 점이다.

공유지는 공유자에게 '속하며' 공유자 집단은 전통적으로 관습에 의해 규정된다. 그러나 현대에 와서는 종종 일반 대중에 의해 규정되기도 한다. 공유자는 공유지를 이용할 수 있지만 알려진 규칙과 절차에 따라야 한다. 공유자는 공유지를 자기 마음대로 할 수 없다. 삼림헌장에서 지속되고 있는 한가지 유산은 공유지를 보존할 의무와 함께 집단행동과 공유지 거버넌스의 조건을 규정하고 있다는 점이다. 개릿 하딘의 "공유지의 비극"이 근본적으로 공유지의 본질을 잘못 이해한 이유가 여기에 있다. 즉 공유한 자원을 관리하기 위해 합의한 규칙과 실천이 공유지의 본질이다. 하딘은 그 유명한 1968년 논문에서 모든 이용자가 공유지에서 가져갈 수 있는 것을 최대화하려는 유인이 있기 때문에 공유지는 고갈될 운명이라고 주장했다. 이런 주장은 이전에도 있었지만 신자유주의 경제학자들은 사영화를 정당화하기 위해 이를 이용했다. 하지만 이런 주장은 언제나 논박당했다. 사실 하딘은 죽기 얼마 전에 자신의 논문을 **관리되지 않은 공유지의 비극**"으로 불렀어야 한다고 고백했다.

공유지의 핵심적 특징은 접근과 이용의 통제, 관리권과 권리 이전이나 권리 제거의 규칙 등에 관한 통제다.[11] 우선, 어떤 공유자산에 대한 접근 혹은 이용의 권리가 누구에게 있는가에 관한 규칙이 있어야 한다. 지속가능성을 보장하고 과도한 이용을 막으려면 이 권리가 언제나 '오픈 액세스'일 수는 없다. 엘리너 오스트럼이 강조한 것처럼 대개는 누가 언제 공유자원을 이용할 수 있는지를 규정하는 관례가 있다.[12] 공유 어장과 방목지가 종종 그 사례가 되긴 하지만 그 원칙은 더 넓게 적용된다. 삼림헌장의 남은 2개 원본이 자유롭고 무제한적으로 공개되어 있었다고 상상해보자. 그럴 경우 과도하게 노출되어 훼손되었을 것이고 장기적으로는 더 적은 사람들만이 볼 수 있었을 것이다.[13]

공유자가 공유지에서 무엇을 가져올 수 있는지를 결정하는 '인출의 권리'(right of withdrawal)에 관한 규칙도 있어야 한다. 많은 공유지에는 공유자산에서 얼마나 '수확'해야 하는가에 관한 제한이 있다. 어장과 풀을 먹이는 가축이 먼저 생각나지만, 동일한 원칙이 물의 소비나 공공도서관 이용에도 적용된다. 지속가능성이라는 규칙이 핵심이다. 이상적으로는 더이상 이용하면 지속가능성이나 자산의 재생산이 위협받는 지점까지만 수확이 허용되어야 한다. 이는 광산의 경우처럼 소유자가 자원을 다 없어질 때까지 이용하기로 선택할 수 있는 사유재산과 비교된다.

'관리의 권리'(right of management)는 공유지에서 허용된 이용을 규제할 수 있는 권리를 의미하며 개선과 변형을 할 수 있는 권리를 포함한다. 일부 사람들은 공유자가 공유지를 직접 관리할 필요는 없다고 주장한다.[14] 그 대신 선발된 대리자 혹은 공유자의 일부에게 위임할 수 있으며, 이들이 공유자 전체에 대해 책임을 진다. 그러나 관리는 민주적이어야 한다. 공유자와 협의해야 하며 공유자는 그 결과에 대해 발언권이 있어야 한다.

마지막으로, 판매, 기증, 임대를 통해 공유권을 이전하는 '양도의 권리'(right of alienation)에 관한 규칙이 필요하다. 소유권 또는 관리권의 이전을 불허한다고 간단히 명시할 수 있다. 역사적으로 볼 때 공유지의 진정한 비극은 종종 규칙이 너무 모호해서 권력자들이 취약한 사람들을 이용해 공유지를 인클로저하고 사유화하고 상업화하고 축소해왔다는 것이다. 17세기에 장원의 영주는 사적인 용도로 공유지를 탈취하는 것을 정당화하기 위해 기록 문서를 다루는 데 능숙한 측량사를 고용했다. 반면에 문맹인 공유자들은 관습적 권리에 대한 기억에만 의존해야 했다. 그러나 국가와 시장 메커니즘은 모두 공유자를 소외시키고 보호 규제를 완화함으로써 집단적 공유지를 침식하는 데 이용되었다.[15]

공유지를 지속 가능하게 하는 원칙은 다음과 같이 요약할 수 있다.

1. 적절히 규정된 경계가 있어야 한다. 중세 시대에 이 경계는 정기적인 순시 혹은 '교구 경계의 검분'(beating the bounds)을 통해 확인되고 강제되었다. 공유자들은 공유토지의 관습적 경계를 돌면서 은밀한 침해를 확인하고 바로잡았다.

2. '집단적 선택 방식과 과정', 즉 민주적 거버넌스가 있어야 한다. 공유자는 접근과 이용을 관리하는 규칙에서 발언권을 가져야 한다.

그러나 종종 규칙이 너무 모호해서 특정 이해관계자들이 상업적 이득을 위해 공유지를 빼앗고 이용할 수 있었다. 극단적인 예로 광물의 추출과 생물자원 수탈 — 제약회사들이 돈이 되는 약품을 만들어 팔기 위해 의학적으로 이용되는 식물에 대한 토착민의 지식을 강탈하는 것을 들 수 있다.

3. 공유지는 감시되어야 한다. 이것은 거버넌스 혹은 관리와 동일한 것이 아니며 동일한 사람들이 참여해서도 안 된다. 접근과 이용을 감시하기 위해 지명된 사람들 —'문지기'— 은 정부나 토지 소유자 같은 기관이 아니라 공유자에게 책임 있는 역할을 해야 한다.

4. 공유자에 의한 침해를 다루는 규칙이 있어야 한다. 입증된 침해에 대해서는 미리 공지된 적절한 벌칙이 있어야 하며 명확하고 적절한 처리 절차 또한 필요하다. 제재에는 해당 공유지에 대한 접근 중지나 이용 중지가 포함된다. 예를 들어 도서관의 책을 반납하지 않은 사람은 벌금을 내야 하고 그 책을 반납하기 전까지는 더이상 대출할 수 없다.

5. 갈등을 해결하는 메커니즘이 있어야 한다. 공유지 거버넌스에서 신뢰와 동등성을 유지하기 위해 이 메커니즘은 지역 맞춤형이어야 하고 비용이 적게 들어야 한다.

6. 더 높은 단위의 행정당국과 관리자들은 규칙을 만드는 데 참여할 권리를 포함해 공유자의 권리를 인정하고 존중해야 한다.

7. 지역의 공유지는 전국적인 체제의 일부일 수 있지만 그 공유지가 지역 상황과 전통에 따라 규칙을 조정할 수 있어야 한다. 이는 보충성의 원칙 가운데 하나다.

이 기본적인 원칙을 준수하고 실행하지 못하는 데 공유지 약탈의 뿌리가 있다. 역사적으로도 그렇고 오늘날에도 그러하다.

생계권

삼림헌장은 생계와 관습적 생활방식이 내전과 '조림(造林)' 사업으로 위협받던 때에 등장했다. 삼림헌장은 공유지에 대한 접근권뿐만 아니라 공유자가 공유지 내에서 생계수단을 얻을 권리도 주장했다. 이것이 다음과 같이 시작하는 제9조의 함의다.

모든 자유민은 짐의 삼림에 있는 자신의 숲을 마음대로 개방하여 방목료를 받을 수 있다. 또한 짐은 모든 자유민에게 돼지들을 자신의 숲에서, 혹은 다른 어떤 곳이든 원하는 곳에서 방목하기 위해 짐의 숲을 통과하여 방해받지 않고 자유롭게 몰고 가는 것을 허용한다.

이것이 공유자가 생계수단을 얻는 방식이었으며, 삼림헌장은 그것을 경제적 권리로 서술했다. 마그나카르타에도 들어 있는 핵심어들은 이미 오래전에 영어에서 사라졌지만, 군주(국가로서의)가 공유자(재산이 없는 사람들)에게 공유권으로 허락한 것이라는 그 관행은 공유지에 중심적인 것이었다. 그러한 권리들이 그 시대와 장소를 반영한 것이긴 하지만, 그 권리들을 떠받치는 원칙들은 영원하다.

제1조는 '목초의 공유권'(common of herbage)을 말하고 있다. 공유자는 숲에서 가축에게 풀을 먹일 권리가 있었으며, 이는 '위탁 사육의 권리'(right of agistment) ─ 가축을 방목할 권리 ─ 와 연결되어 있었다. '어업권'(right to piscary)은 강과 호수에서 물고기를 잡을 권리였다. 다른 생계권과 마찬가지로 이것은 보통 쿼터를 제한해 관리했다. 생선은 언제나 우리 음식의 중요한 일부였으며, 그 자원을 지속 가능하게 하려면 협동적으로 관리해야 한다는 것이 일찍부터 인정되었다. '양돈용 열매'(pawnage or pannage)는 돼지를 방목하기 위해 따로 떼어둔 도토리, 밤, 너도밤나무 열매 등을 말한다. 이는 '돼지 사료 공유권'(common of mast)이라고도 알려져 있다. 가을에 숲에 돼지를 풀어놓는 권리에는 보통 장원의 영주에게 내는 요금이 따랐다. 공유자는 무상 접근을 위해 싸웠고 경제 상황의 변화 및 지주의 필요에 따라 이길 때도, 질 때도 있었다. 중세 잉글랜드에서 양돈용 열매의 가치는 삼림지대의 가치를 결정하는 요소였으며, 1086년 둠스데이북에 기록된 일부 삼림지대는 그 안에 있는 돼지 수에 따라 가치가 측정되었다.

'에스토버의 권리'(right to estover)는 일상의 필요를 위해 땔감과 나무, 고사리와 헤더를 채집할 권리였다. 집 수리재료 채취권(housebote), 마차 수리재료 채취권(cartbote), 땔감 채취권(firebote) 덕분에 목재를 가져올 수 있었는데, 대개 동등성과 재생산을 보장하기 위한 쿼터가 있었다. 에스토버의 권리는 아마도 삼림헌장에서 가장 중요한 것이었는데, 에스토버는 노르만계 프랑스어에서 온 말로 생활필수품에 대한 접근을 의미했다. 삼림헌장이 봉인된 이후 수세기 동안 에스토버의 권리는 '이삭줍기'에 대한 공동체의 권리에 합쳐졌다. 이는 수확이 끝난 후 밭에서 낟알이나 기타 유용한 산출물을 줍는 것을 말한다. 선례가 성서 시대까지 거슬러 올라가는[16] 이 '공유화' 관행은 거의 예외 없이 여성, 종종 아이가 있는 여성을 돕기 위한 것이었다. '토탄 채굴의 권리'(right to turbary)는 연료로 쓰기 위해 토탄을 가져올 수 있는 권리였다. 이것은 오늘날까지 다양한 곳에서 지속되고 있는데, 특히 스코틀랜드에서 두드러진다. 스코틀랜드는 1707년 연합왕국이 수립될 때 삼림헌장의 보호하에 들어오게 되었다. 그리고 '이회토에 대한 권리'(right to marl) ─ 진흙을 파고 이용할 권리 ─ 는 종종 평가되는 것보다 더 중요했다.[17] 자유민은 이회토 채취장을 만들어 진흙을 이용해서 연못에 경계를 짓고 가정용 솥을 만들 수 있었고, 집을 보호하기 위해 (벽토처럼) 벽을 세울 수 있었다.

오늘날에는 공유지가 축소됨에 따라 이런 역사적인 생계권이 별로 행사되지 않지만 원칙은 공유자가 공유지에서 생계권을 갖는다는 것이다.[18] 그러나 20세기에 국가는 꾸준히 공유권을 노동에 기반한 권리로 바꾸었다. 권리가 모든 공유자에게 확대되는 것이 아니라, 노동을 수행하는 사람들과 그들의 직접적인 가족에게만 이런 권리가 제공되었다. 이것은 중대한 변화였다. 공유지를 어떤 방어물도 없이 노출시켰기 때문이다.

사회소득

생계권을 논의하게 되면 소득의 의미를 고려해야만 한다. 소득을 생각할 때 우리 대부분은 그것을 돈으로 생각한다. 실제로 주류 경제학은 소득을 돈으로 측정하는 것으로 축소했으며, 국가 통계는 이를 반영했다. 돈을 받지 않는 노동, 즉 아동 돌봄이나 노인 돌봄 혹은 공동체 내의 자발적 노동은 눈에 보이지 않으며, 가치가 없는 것이 된다. 이로 인한 정치적 결과는 정부가 돈을 받는 일자리에 있는 사람들의 수를 최대로 늘리기 위해 노력하고 이것이 가치 있는 비지불 노동을 축소할 수 있다는 점에 신경 쓰지 않는 것이다. 우리는 생활 수준과 삶의 질에 기여하는, 우리가 이용할 수 있는 모든 자원을 포괄하는 것으로 소득의 개념을 확대해야 한다. 소득은 돈만이 아니다.

'사회소득'(social income)의 더 넓은 개념은 일곱가지 구성요소로 나눠볼 수 있다. 일부 사람은 이 소득 원천 가운데 한가지만 있으며, 일곱가지를 모두 갖고 있는 사람은 별로 없다. 자신의 먹거리를 기르는 자가생산, 화폐임금, 연금기여금·유급휴가·병가같이 사용자가 지급하는 비임금급여(non-wage benefit), (공유지의 한 형태인) 직업 공동체에 속한 사람이 지급받거나 이용할 수 있는 직업급여, 연금·실업급여·장애급여 같은 국가급여, 저축이나 투자의 이자 같은 사적 급여, 공동체 급여의 일곱가지가 그것이다.

마지막 소득원은 가족·친구·이웃·공동체에서 받는 사회적 지원과 공유지에서 얻는 생계의 원천 같은 공유지 급여로 나눌 수 있다. 이것은 공유지 자원에서 생산할 수 있는 기회(예컨대 시민농장처럼)이거나 공공 서비스와 편의시설처럼 생활비를 줄여주거나 삶의 질을 개선하는 공유지의 어떤 측면일 수도 있다.

공유지가 제공하는 사회소득은 사람들에게 무상이나 낮은 비용으로 서비스, 편의시설, 지원 등에 동등하게 접근하게 함으로써 불평등과 불안전을 완화할 수 있다. 사회소득은 모든 사람을 사회에서 동등하게 가치 있는 구성원으로 대우함으로써 궁핍에 빠지거나 사회적으로 따돌림당할 위험을 줄인다. 삼림헌장이 인정하듯이 공유지는 이상기후, 충격, 위험 등에 대해 개인과 공동체가 가진 회복력을 증가시켜주는 생명줄을 제공한다. 공유지를 탈취하는 것은 사회를 더 취약하게 만들고 사회소득을 낮추는데, 직접적으로, 또한 사회보험을 폐지함으로써 그렇게 만든다. 공유지의 아름다움은 그것이 이용되지 않는 동안에도 필요하면 이용할 수 있도록 거기 있다는 것이다.

최근 수십년간 사회소득의 구성요소 대부분은 더 불평등해졌다. 부유층은 봉급, 특전, 자본소득이 상승했으며, 대다수는 임금과 국가급여가 정체하거나 하락했다. 이 책의 중심 전제는 이 시기에 일어난 공유지의 침식이 사회소득 불평등을 증대했다는 것이다. 그러나 전통적인 소득 통계들은 이런 추세를 은폐해왔다.

공유지는 어떻게 창출되고 보존되는가

아득한 옛날 오랜 관습 중에서

(…)

오랜 관습이 침해받지 않고 이용되었다. (…) 아득한 옛날부터

—16세기 잠언[19]

모든 공유지에는 역사가 있다. 자연자원 — 토지, 물, 공기, 에너지원, 광물 — 은 우리 모두에게 속하며, 자연 공유지의 일부이기 때문에 공유자가 물려받는다. 하지만 공유지는 또한 유산에 의해 창출되기도 하는데, 이 유산은 수세대에 걸친 공유지의 개발과 보존 덕분에, 혹은 후대나 특정 공동체에 주어진 증여를 통해 물려받은 것이다. 공유지는 또한 재산 소유자와 주변 공동체 간의 협상을 통해 창출될 수도 있다. 중세에 마을 사람들은 종종 공유권에 대한 보상으로 용역을 제공하는 데 동의하기도 했다.

어떻게 창출되었건 공유지는 — 잉글랜드 전역의 마을, 장원, 소도시 등에서 수백년간 공유자들이 사용한 말을 보면—'태곳적'부터 혹은 '아득한 옛날'부터 그런 방식으로 있어왔기 때문에 존재하게 되었다. 그러나 공유지를 보장하기 위해서는 그러한 기억이 장기간 논란이 없어야 하며, 논란이 있는 경우 공유권에 유리한 합법적인 방식으로 해소되어야 한다.

중세 초기에 일반적으로 인정되던 관습의 준거는 주로 구전에 기초하거나 나이 든 사람들의 회상에 의존했는데, 그것은 공유지가 '태곳적'부터 — 누군가 기억하거나 전해들을 수 있었던 것보다 훨씬 더 먼 옛날부터 있었다는 것이다. 처음에 법적인 의미의 '태곳적'은 정복자 윌리엄이 모든 토지가 국왕에게 속한다고 선포했던

1066년 노르만의 정복 이전을 의미했다. 이 시기가 더 과거로 멀어질수록 요구를 내걸기가 점점 더 어려워졌다. 1275년 에드워드 1세는 첫번째 공소시효법(Statute of Limitations)을 받아들였는데, 여기서는 태곳적을 리처드 1세가 즉위한 해인 1189년 이전에 이루어져 일반적으로 인정된 것으로 정했다. 관습이나 공유지가 그 시기 이전에 존재했다는 주장이 있을 경우 그것은 '태곳적'부터 존재했다고 인정되었다. 논란이 있는 경우에는 공동체 내의 연장자를 증인으로 소환할 수 있었고 그 증언이 적절한 증거로 채택되었다. 훨씬 나중인 1623년의 공소시효법에서는 '관례'(customary)가 덜 정확한 규정을 갖게 되어 최소한 20년간 논란이 없었던 관행을 의미했다.

공유지가 공유지로서 인정되면 개인이건 정부건 공공기관이건 그 소유자는 사유재산과 연관된 모든 권리를 가진 완전한 소유자가 아닌, 기껏해야 공유지의 신탁 관리자 내지 '관리인'(steward)이 되었다. 공유지의 어떤 부분도 공유자의 사전 승인과 적절한 보상 없이 '양도'—매매나 상업화—해서는 안 되었다. 이 헌법적 원칙은 삼림헌장에 소중히 간직되었으며, 지배적 이해관계자와 그에 봉사하는 사람들이 삼림헌장을 영국 역사에서 지워버리려 애쓴 이유가 바로 여기에 있다. 공유지는 보편적이고 평등한 생계권에 실체를 부여하며, 생활수준과 삶의 질에 기여한다. 공유지는 합법적으로 처분할 수 있거나 공유지의 목적을 위해 사용되는 것을 막을 수 있는 재산이 아니다.

공유지의 창출은 공유지의 보존과 구별해야 한다. 역사적으로 볼 때 보존은 주로 상징적인 집단행동으로 이루어졌는데, 이는 사회화

행위이자 세대 간 유대의 행위이기도 했다. 연례 순시와 '경계의 검분'은 정당성과 사회적 연대를 보여주는 방법이었고, 공유지에 수반하는 것을 후속 세대에게 가르치는 일이었으며, 장차 공유지를 침해하고 인클로저하고 사유화하려는 사람들에게 공유지는 침해될 수 없음을 말하는 것이었다. 이것은 잉글랜드 전역에서 수백년간 지속되어왔으나 현재는 거의 기억되지 않는 예수 승천 주간의 기도일(Rogationtide)에 잘 담겨 있다.[20] 공동체 구성원은 며칠간 행렬과 순시에 참가하며, 이는 대개 '케이크와 에일'로 마무리되었다.

공유지는 또한 입법으로 창출되기도 한다. 예를 들어 2000년의 시골과 통행권 법(Countryside and Rights of Way Act 2000)은 공중이 지도에 '개활지'로 표시된 토지에 접근할 수 있도록 했다. 그러나 법은 철폐되거나 수정될 수 있으며, 역설적으로 관습에 기대는 것보다 공유지를 덜 보호할 수 있다.

공유지는 어떻게 상실되는가

인클로저가 시작되었고 무덤을 짓밟는다
노동의 권리의 무덤을 그리고 가난한 자들은 노예가 되었다.
—존 클레어 「관습」(1815년경)

노샘프턴셔의 농민 시인으로 생애를 보낸 것으로 알려진 존 클레어는 19세기 공유지의 곤경을 포착했지만, 공유지의 상실을 한탄한 것이 그만은 아니었다. 존 버거가 1979년에 소설 『피그 어스』(*Pig Earth*)에서 쓴 것처럼 "진보의 문화"가 "생존의 문화"를 대체하고 있었다. 그것은 계속되었다. 공산주의, 사회주의, 자유주의 모두 공유지를 불필요한 것으로 보았으며, 경제성장은 신성불가침한 것이었다. 진보는 전통과 공유권에 대한 존중을 별로 허용하지 않았다.

공유지는 여러가지 수단에 의해 상실될 수 있으며, 모든 공유지가 개발과 유지를 위한 투쟁의 역사를 갖고 있다. 삼림헌장이 봉인되던 시기 전후로 공유자가 가장 우려했던 것은 단순한 침범이었다. 특히 경계, 울타리 위치, 경계석 등을 옮기는 방식으로 몰래 빼앗기는 경우가 있었다. 이로 인해 앞서 언급한 순시의 전통이 생겨났다. 공동체 전체가 전통적 경계가 위치한 곳의 지식을 공유할 수 있다면 경계를 옮기려는 은밀한 시도에 맞설 수 있었고, 공유자들은 그럴 수 있기를 바랐다.

공유지는 또한 명백한 절도에 의해서도 상실되거나 침식될 수 있다. 공유지는 알려진 가치나 가격이 없기 때문에 보통 사람들에게 경제적으로 눈에 띄지 않을 수 있다. 공유지는 공유자들이 그곳에 무슨 일이 일어났는지 알아차리거나 인식하지 못한 채 사유재산이 될 수도 있다. 공유자들이 필요가 생겨서 접근하려 할 때에야 비로소 이를 상실한 것을 알게 되는 것이다. 이와 유사하게, 분명하게 문서화되어 있지 않다는 점 때문에 공유지를 약화시키려는 정부 대표와 사적인 상업적 이해관계자 간에 얼른 파악하기 어려운 관행이 허용될 수도 있다.

역사적으로 볼 때 인클로저는 공유지가 상실되어온 가장 체계적인 방법이었으며, 공유자로부터 자연 공유지를 탈취하는 주요한 방법이었음이 분명하다. 종종 토지를 인클로저한 것은 형식적 소유자들로, 예전에는 공유자가 최소한 토지의 일부에서 수익권을 누리는 것을 인정했던 이들이었다. '독점하기'(engrossing), '매점하기'(regrating), '매석하기'(forestalling) 등은 튜더 시대에 공유지를 인클로저하는 여러 방법을 가리키는 말로 등장했다. 독점하기는 소유권이나 통제권을 독점하는 것을 말한다. 매점하기는 재판매를 위해 상품을 구매하는 것이며, 매석하기는 가격을 올리기 위해 상품을 시장에 내놓지 않는 것을 의미한다. 이제 이 모든 방법은 오늘날 지대 자본주의의 핵심을 이루고 있다. 여기서 소득과 부는 물리적·금융적·지적 재산의 소유자에게로 흐른다.[21]

하지만 인클로저가 20세기 말 이래 공유지를 강탈하는 주요한 방법인 사영화와 동일한 것은 아니다.[22] 상업화는 서서히 진행되는 현대의 또다른 침식 형태이며, 특히 긴축과 연계되어 있다. 상업화는 중세에도 중요한 역할을 했다. 목재 생산을 장려하기 위해 삼림법이 수정된 것이 그 예다.[23] 그러나 오늘날 이런 흐름은 훨씬 더 강하다.

이러한 흐름에서 서서히 퍼져나온 한가지 결과는 식민화라고 표현하는 것이 가장 좋겠다. 공유지였던 것이 점점 더 많이 민간 상업의 손아귀에 들어갔을 뿐만 아니라 외국인의 통제로 넘어갔다. 그 소유자들은 지역 공동체나 국가 공동체에 관심이 없으며 책임도 지지 않는다.

공유지는 방치에 의해서도 침식되었는데, 최근 이는 긴축에 따른 예산 삭감으로 가속화되었다. 종종 침식은 의도적인 관리의 방기로 일어난다. 이는 초기 대처주의자들이 채택했던 '사영화의 미시정치'로 알려진 전략의 일부다. 공공서비스와 국유산업은 투자 부족에 시달렸으며, 공공의 무관심과 사영화에 대한 공공의 지지를 끌어내기 위해 축소되었다.

그러한 전략은 영국에만 한정되지 않는다. 미국의 설득력 있는 예를 보자면, 2018년 1월 미국 국립공원자문위원회의 위원 다수가 항의의 표시로 사임했다. 이들은 당시 (도널드 트럼프 대통령이 임명한) 내무부 장관 라이언 징키가 자신들을 만나주지 않았으며, 자신들의 조언을 무시하고 공원을 방치하는 전략을 관장했다고 말했다.[24] 징키의 행동은 미 행정부가 수백만 에이커의 땅을 석유 채굴과 탄광 사업에 개방하기에 앞서 공유지의 문지기 역할을 약화시키려는 의도에서 나온 것이었다.

일부 공유지는 공유지를 유지하려는 공유자들의 투쟁이 약화되면서 상실되었다. 수세기 동안 많은 도시 거주자를 포함해 농촌의 소규모 자영농과 무토지 농민은 공유지가 소득의 원천, 사회보호의 수단, 문화적 유대의 제도라는 것을 이해했다. 공유자는 호혜적 관계 및 사회적 연대에 높은 가치를 부여했으며, 이는 공유지에서 실현되었다. 그러나 진보에 대한 숭배가 커지고 — '향상'은 19세기의 슬로건이었다 — 대중이 기본적으로 도시 프롤레타리아트가 되자 예전에 공유자였던 사람들은 그 대신 사용자를, 자신들의 사회소득의 일부를 제공할 국가를 찾게 되었다. 그들은 공유지를 지키는 일에 대한 관심을 잃어버렸다. 국가 가부장주의가 공유지의 사회보장 기능을 탈취했고, 계급에 기반한 공유지 옹호는 약해지다가 거의 죽어버렸다.

신자유주의와 긴축

공유지는 공적 부(public wealth)이다. 그러나 공유지에는 가격이 없다. 신자유주의자들에게 이것은 공유지가 가치가 없다는 뜻이다. 따라서 공유지는 상업적 이해관계자들이 공짜로 사용할 수 있다. 이러한 견해에 따르면 자원은 상품을 생산하기 위해 사용될 때(고갈될 때)에만 가치를 가진다. 이것이 전통적인 경제학에서 정의하는 성장이다. 공유지의 상실은 계산에 넣지 않는다.

이상적으로 볼 때 공유지는 재생산과 지속가능성에 강조점을 두면서 생산, 재생산, 휴식과 레저 등의 균형을 잡아주는 상호 연관된 유기체다. 만약 상업화나 사유화에 종속될 경우 그러한 균형은 희생된다. 이윤 및 단기이득의 추구는 자원이나 자산이나 지원 체제에 대한 존중을 배제한다. 이러한 어긋남은 소유권이 외국 자본에 넘어갈 경우 더욱 두드러진다. 당연히 외국 자본은 영국 공유지의 관리자가 되는 데 관심이 없다. 사유화와 '식민화'는 소유권의 이전에 관한 것만이 아니다. 역사적으로 볼 때 많은 공유지는 사적으로 소유된 토지에 있었다. 사유화는 공유지의 가치 및 기능의 관리권을 소유자에게 넘기는 것인데, 소유자의 최우선적인 관심은 이윤을 내는 것이다.

지구화된 경제가 2007~08년에 금융위기로 휘청거리고 그 결과

'대침체'에 들어섰을 때, 각국 정부는 곧 일상적인 말이 된 '긴축' 정책으로 대응했다. 각국 정부는 사람들이 수입 이상으로 살아왔으며, 따라서 정부는 공공지출의 낭비에 책임이 없다고 주장했다. 이것은 잘못된 전제에 대한 적절한 반응이라고도 할 수 있을 조치들로 이어졌는데, 한나 아렌트가 파시즘의 '악의 평범성'이라고 본 것에 비할 만하다. 각각의 작은 발걸음이 가차 없이 끔찍하게 커다란 공포로 이어지는 것 말이다.

'긴축'은 쌍둥이 거짓말을 통해 악을 행했다. 즉 정부는 예산 균형을 맞추고 공적 부채를 줄여야 한다는 것과, 예산 균형을 맞추기 위해서는 공유지를 축소하는 조치를 포함해 대규모로, 지속적으로 공적 지출을 삭감해야 한다는 것이다. 첫번째 주장을 뒷받침하기 위해 영국 정부는 높은 공적 부채가 경제성장을 늦추고 있다고 말했는데, 이는 미국 경제학자 두명의 영향력 있는 연구에 기초한 주장이었다. 이후 그 연구는 잘못된 것으로 판명되었다. 경제성장을 늦추는 것은 높은 **사적** 부채다. 그러나 당시에는 그 거짓말이 받아들여졌다.

두번째 오류는 공적 부채를 줄이려면 공적 지출을 대규모로 삭감해 예산 균형을 맞추어야 한다는 것이었다. 이것은 긴축 전략의 수치스러운 부분이었다. 적자는 지출이 수익을 초과할 때 발생한다. 균형예산이 정부가 추구해야 할 가치 있는 목표인가의 문제는 차치하더라도 ― 이는 미심쩍은 것이다 ― 균형은 지출을 줄이거나 수입을 늘려서도 달성할 수 있다. 그러나 정부는 세금을 낮추고 특권층에게 대폭 세금감면을 해줌으로써 수입을 **삭감**했고, 그런 다음 인위적으로 커진 구멍을 메우기 위해 지출을 후려쳤다.

정부는 법인세율을 2010년의 28퍼센트에서 2020년 17퍼센트를 목표로 인하했다. 또한 상속세를 삭감해서 100만 파운드에 달하는 주택을 세금 한푼 내지 않고 상속할 수 있도록 했으며, 소득세 인적공제를 늘렸고, 상대적 부유층을 위한 추가적인 세금감면을 도입했다. 이러한 조치 가운데 그 어떤 것도 경제성장을 높인다는 증거가 없다. 경제성장은 장기적인 평균보다 뒤처졌다. 그러나 공유지의 핵심적인 부분을 없애버림으로써 긴축은 불평등을 증대했고, 우리의 사회구조를 취약하게 만들었다.

공유지는 극적으로 축소되었는데, 이는 정부가 공적 지출을 체계적으로 삭감한 것 외에도 지방정부가 그에 대해 가장 큰 부담을 져야 했고 앞으로도 그럴 것이기 때문이기도 했다. 모든 형태의 공유지 대부분을 유지하기 위해 돈을 대는 것은 지방정부인데, 지출은 점점 더 사회적 돌봄과 쓰레기 처리라는 법적(의무적) 기능에 집중되고 그밖의 다른 것에는 신경 쓰지 않게 되었다.

로더데일 역설

공유지는 본질적으로 희소하지 않다. 사회 공유지를 구성하는 토지, 물, 공기, 아이디어, 자연, 예술, 공공 편의시설은 잠재적으로 풍부하다. 일부는 자연과 기후의 변덕에 종속되어 있지만 희소성을 만들어내는 것은 주로 사회다.

1804년 8대 로더데일 백작이자 아마추어 정치경제학자 제임스 메이틀랜드는 인상적인 제목의 논문 「공적 부의 성격과 기원, 그리고 그것을 증대하는 수단과 원인에 대한 연구」를 집필했다. 그 주요 주제는 로더데일 역설(Lauderdale Paradox)로 알려지게 되었는데, 수 세대 동안 경제학자들은 이를 풀기 위해 고심했지만 현대의 경제학자들은 단호하게 이를 무시했다. 그 역설이란 사적 부가 증가하면 공적 부가 줄어든다는 것이다. 현대의 신고전파 경제학자들에게 그것은 불가능한 일이었다. 왜냐하면 그들의 사고방식에서는 사적 소득과 부만 계산되기 때문이다. 그러나 공유지는 우리의 공적 부의 상당 부분을 이루고 있다. 이 역설은 불편한 진실을 드러낸다. 사적 부는 본질적으로 가격이 있으며 사고팔 수 있는 상품에서 나온다. 그러나 무한정 풍부한 것은 가격이 없다. 따라서 사적 부는 '고안된 희소성'(contrived scarcity)에 의해 늘어나며, 공적 부를 상품으로 전환시킨다. 이것이 '탈공유화(de-commoning)의 비극'이다.

로더데일은 "공적 부는 유용한 것이든 기쁨을 주는 것이든 인간이 욕망하는 것으로 구성된다고 정확하게 규정할 수 있"는 반면에 사적 부는 "희소성의 정도"에 의존한다고 말했다. 이어 그는 "상식을 가진 인류"는 "인간에게 일반적으로 유용하고 필요한 어떤 상품의 희소성을 창출함"으로써 사적 부를 증대하려는 조치에 "반란을 일으킬 것"이라고 주장했다. 그러나 이것이 상업적 이해관계자가 하는 바로 그것이다. 더 나아가 로더데일은 공적 부를 독점하려는 사적 소유자들이 결탁하지 못하게 하는 것이 "사적 탐욕의 광포함에 맞서" 공적 부를 지키는 유일한 길이라고 주장했다. 오늘날 이 귀족 백작이 금권정치 및 금권정치 기업이 정부의 도움을 받으면서 자신이 불가능하다고 생각했던 바로 그것을 하고 있는 것을 본다면 매우 슬퍼할 것이다. 그것은 '사영화의 비극'이다.

공유지를 어떻게 구할 것인가

최근 전세계적으로 공유지를 옹호하는 많은 운동이 출현했다. 규모가 가장 큰 것 가운데 하나는 '농민의 길'(La Via Campesina)로 알려진 국제적인 농민운동으로서 공유자의 토지 권리 보호를 목표로 한다. 그외에도 강, 호수, 공원에서부터 사회주택(social housing), 공공서비스, 도서관과 박물관까지 지역 공유지를 지키기 위해 투쟁하는 활동가 집단들이 있다. 영국에서는 공공용지협회(Open Space Society)가 공유토지와 공유권을 보존하기 위한 캠페인을 벌이고 있다. 그러나 공유지 침식을 막는 데 성공하는 경우는 매우 적다. 주된 활동은 소셜미디어에서 진행되는 것을 포함한 공적 항의인데, 영국의 38도(38 Degrees)와 미국의 아바즈(Avaaz)가 조직하는 청원이 그런 것이다.

공유지의 보존은 세 집단에 달려 있다. 관리인(steward), 후견인(custodian), 문지기(gatekeeper). 관리인은 공유자를 대신하여 공유지의 통합성을 지켜야 하거나 지킬 것이라고 기대되는 공유지의 명목상 소유자다. 관리인에게는 자원에 대한 책임 있는 계획과 관리를 체현하는 윤리가 요구된다. 하지만 소유권이 상업화될 경우 공유지의 통합성은 취약해지고 불확실해지며, 명목상의 관리인은 공유지를 보존하는 그의 기능을 충족할 수 없다는 제도적 의미에서 타락한다.

후견인은 공유지에 있던 어떤 것을 획득했고 공유지를 위해 이를 보존해야 한다고 생각하는 사람이다. 미국의 유명한 독지가인 억만장자 데이비드 루벤스타인은 세계에서 가장 큰 사모펀드 가운데 하나인 칼라일 그룹을 세운 사람인데, 마그나카르타를 문화 공유지의 일부로 유지하기 위해 그것의 13세기 판본을 구입했다. 그는 이것을 워싱턴DC에 있는 스미스소니언박물관에 대여해 모든 방문객이 무료로 볼 수 있게 했다. 하지만 그는 언제든 대여를 중단할 수 있으며, 그가 다른 선택을 한다면 그에게는 그것을 공유지로 둘 의무가 없다. 그것은 관리인이 되는 것과 같은 것이 아니다. 관리인은 공유지를 유지하고 지킬 도덕적·헌법적 의무가 있다.

문지기의 역할은 관리인이 그 책임을 다하도록 하는 것이다. 문지기는 공유지에 무슨 일이 일어나는지를 추적하고, 공유자와 사적 소유자 및 공유지를 상품화하려는 사람들 사이에서 협상을 중재하기 때문에 공유지에 반드시 필요하다. 문지기는 한 걸음 더 나아가 공유지의 소유자가 됨으로써 공유지를 지키려는 조직들을 포함한다. 두드러진 예가 영국의 내셔널트러스트인데, 해안선과 시골의 25만 헥타르, 500채가 넘는 역사적 건물, 공원, 자연보호 구역과 세계에서 가장 규모가 큰 예술품 컬렉션 가운데 하나를 소유하고 있다. 그러나 문지기가 관리인이 되면 대개 그들이 헌법적 원칙을 지키도록 하기 위해 새로운 문지기가 필요하다. 능력 있는 문지기가 없는 것은 많은 공유지의 골칫거리다. 관리인은 공유자의 권리를 제한하거나 계속해서 조금씩 상업화함으로써 공유지의 원칙에서 벗어나거나 그것을 버릴 수 있다. 공유지는 현세대의 공유자에게 유증된 것이며, 우리는 현세대가 미래 세대를 위해 이를 지킬 것이라고 기대한다. 강력한 문지기가 없을 경우 이는 어려운 일이다.

사회적 기억

기억은 모든 지혜의 어머니다.
—아이스킬로스

기억은 만물의 보고이자 수호자다.
—키케로

사회적 기억 — 공유된 과거, 전통, 관습의 기억 — 은 우리의 사회적 정체성 감각을 형성한다. 공유지는 사회적 기억에서 유래하며, 공유지의 집단적 회상과 가치와 비공식적 규칙이 공유지를 관리한다.[25] 공유지는 사회적 기억으로 주조된 가치를 체현하며, 사회의 유대로서의 사회적 기억을 강화한다. 공유지가 더 풍요롭고 더 널리 확산되어 있을수록 사회적 기억의 네트워크는 더 강해질 수 있다.

공유지에 대한 사회적 기억은 상품화와 개인화라는 신자유주의적 힘과 충돌한다. 공유(sharing)와 보존의 전통은 단기이윤 추구의 길을 막아선다. 공유지를 고갈시키는 것은 사회적 기억을 약화시키고 희미하게 한다는 것을 말하며, 관습을 공동체 정체성과 연대를 강화하는 사회적 호혜성의 복잡한 망이 아니라 습관의 문제로서 낮추어본다는 것이다. 강건한 공동체가 없고 사회적 기억이 취약한 사회는 나르시시즘적인 개인주의를 강화하고 보편주의의 감각을 약화시킨다. 이는 바로 신자유주의가 원하는 것이다.

하지만 신자유주의는 자신이 가진 특별한 자만심 때문에 어려움을 겪고 있다. 공유지가 파괴되고 이를 뒷받침하는 사회적 기억을 잃어버린다면 광포한 상업화는 공유지가 키워낸 사회적 가치의 희석화로 이어질 것이다. 여기에는 공감, 이타주의, 호혜성, 연대, 타자와 이방인에 대한 관용이 포함된다. 공유지의 상실은 모든 것의 상업화에 사람들이 저항할 수 없게 하며, '부유층 주도 경제'(plutonomy)에 기여한다. 이때 경제는 독점기업이 지배하며 정치적 결정은 부유층과 권력자에 의해 금권적·포퓰리즘적 방향으로 조작된다. 이러한 금권정치는 정부가 세금을 삭감하도록 압력을 가할 수 있으며, 따라서 공적 수입을 줄이고 정부의 모든 수준에서 긴축정책을 시행하도록 한다. 이는 다시 남아 있는 공유지에 대한 지출을 막고 공유지를 사영화하는 압력을 증대시키며, 그리하여 법적 지출 의무와 더 많은 세금삭감을 감추어 초과수입을 증가시킨다.

사회적 기억의 반대편인 '사회적 망각' 또한 공유지에 대한 위협이다. 공유지는 구전 전통과 사회적 규범에 크게 의존하기 때문이다. 망각은 (사회적 기억이) 폐기되거나, 공유지의 침식으로 상실되거나, 사회적 기억의 일부였던 것들이 국가의 억압을 받을 때 일어난다.[26] 공유지는 망각될 수 있으며, 따라서 상실될 수 있다. 공유지를 당연한 것으로 간주해서는 안 된다.

하트윅 규칙

1977년에 경제학자 존 하트윅은 세대 간 공평을 보장하기 위해 사회는 채굴과 자연적으로 희소한 고갈 자원의 사용에서 나오는 지대 소득 가운데 충분한 양을 투자하여 미래 세대가 현세대와 마찬가지로 혜택을 볼 수 있도록 해야 한다고 주장했다. 이것은 세대 간 공평에 관한 하트윅 규칙(Hartwick Rule)으로 알려지게 되었다. 세계은행이 말하는 것처럼 "하트윅 규칙은 재생 가능하지 않은 자원에서 나오는 지대가 소비를 위해 쓰이지 않고 지속적으로 투자될 경우에만 소비가 유지될 수 있다 — 지속 가능한 발전의 정의 — 는 주장이다."[27]

이 규칙을 뒷받침하고 있는 원칙은 공유지는 우리 모두에게 평등하게 속하지만 우리는 공유지의 일시적 소유자일 뿐이라는 것이다. 누구에게도 배타적 권리가 없으며, 누구도 영구적 권리를 갖지 않는다. 에드먼드 버크가 우아하게 썼듯이 우리는 "일시적인 소유자이자 평생의 임차인"이며 "(우리) 권리 가운데 한사상속*을 해제하거

---

* 限嗣相續, entail, 상속인이 상속받은 것을 배분하거나 달리 처분하는 것을 금지하는 상속 방식.

나 유산을 낭비할 권리가 있다고 생각해서는 안 된다". 전체로서의 사회는 시장가격에 반영되지 않는 오염 같은 '외부성'으로 인한 손해를 보상하기 위해서만이 아니라 모두의 복지와 생활수준에 기여하기 위해 자연자원의 상업적 이용에서 소득을 얻어야 한다. 공유지는 공유자에게 속하며, 상업적 이용에 따른 보상은 현재의 공유자와 미래의 공유자에게 가야 한다. 공유지의 약탈이 지속되는 가운데 하트윅 규칙은 고의적으로 오용되어왔다. 이 규칙은 [원래의 의도에 따라] 무엇을 해야 하는지를 결정하기 위해 사용되어야 한다.

하지만 모든 공유지가 고갈되거나 재생 불가능한 자원으로 이루어져 있는 것은 아니다. 많은 공유지는 적절하게 관리될 경우 재생이 가능하거나 고갈되지 않을 수 있다. 자연 공유지에 속하는 숲과 물이 그러한 예에 속하며, 사회·시민·문화·지식 공유지에 있는 모든 것이 그러하다. 이러한 공유지는 공공서비스, 제도와 편의시설로 구성되어 있으며, 사용한다고 해서 고갈되는 것이 아니다. 이런 경우 공유지 자체가 제대로 유증되는 한 세대 간 공평을 위해 하트윅 규칙을 적용할 필요는 없다.

공유지 내의 평등

공유지는 대체로 평등의 영역이다. 혹은 그래야 한다. 모든 공유자는 장기간에 걸쳐 논란의 여지가 없는 것으로 판명된 관습에 따라 평등하고 정당하게 대우받아야 하며, 자원에 대한 동등한 접근과 동등한 이득을 누려야 한다고 간주된다. 이 분명한 평등의 원칙은 어떤 공유지가 양도되거나 사영화되거나 일부가 상업화될 경우 관련 공유자 모두가 동등하게 보상받아야 한다는 것을 의미한다.

정부가 공유지를 팔아치우고 그 수익을 이용해 부유한 소수에 대한 세금삭감을 벌충할 경우 공유지 원칙은 여러가지 면에서 파괴된다. 정부는 공유지를 팔아치울 권리가 없다. 공유자만이 그러한 권리가 있다. 사유재산이 사적 소유자에게 속한 것처럼 공유지는 공유자에게 속하기 때문이다. 중간계급 주택 소유자는 정부가 그들의 집을 팔아 그 수익을 세금감면에 사용할 경우 분개하여 맞설 것이다. 소수에게 보상하기 위해 정부는 공유지의 평등 원칙을 파괴하려 든다. 그리고 이는 미래 세대가 동등하게 이득을 보도록 보장하지 않음으로써 하트윅 규칙을 무시하는 것이 된다.

프레카리아트: 현대의 공유자

현대 영국을 비롯한 모든 곳에서, 모든 형태의 공유지에서의 변화로 다른 누구보다 더 크게 영향을 받은 집단이 있다. 이 집단은 프레카리아트(precariat)로, 지난 40년 사이에 지구화, 디지털 혁명, 경제정책과 사회정책의 변화로 만들어진, 새로 등장한 계급이다. 전세계적으로 수백만명에 달하는 프레카리아트는 노동과 일에서 독특한 유형이 있으며, 사회소득의 구조가 독특하며, 시민적 권리를 상실하고 있다.[28]

프레카리아트에 속하는 사람들은 임시 일자리, 파견노동(agency labour), 디지털 플랫폼을 통한 '과업 부여'(tasking), 유연한 스케줄, 호출 대기와 0시간 계약 등을 통해 불안정한 노동의 삶을 강제당하고 있다. 그들은 또한 무급·미인정 노동을 많이 해야 하는데, 재교육, 새로운 기술 습득, 이력서 수정, 네트워킹, 서류 작성, 줄서기 등 노동시장에서 자신을 팔기 위해 수행해야 하는 활동이 여기에 포함되며, 보잘것없는 급여나 서비스를 받기 위해 수행해야 하는 기타 활동도 있다. 그들은 정해진 작업장과 표준 노동시간 내부에서뿐만 아니라 외부에서도 일하고 노동해야 한다. 다른 무엇보다 이런 이유로 프레카리아트는 접근 가능하고 이용 가능한 공공 편의시설과 공간이라는 다양한 공유지가 필요하다.

프레카리아트는 기업 내 대부분의 직무와 대부분의 층위에 존재한다. 예를 들어 법률 전문직 내부에는 큰 몫의 사회소득을 가진 엘리트, 쥐어짜이고 있는 살라리아트(salariat, 급여생활자), 준법률가인 프레카리아트가 있다. 유사한 분할이 의료 전문직과 교육 전문직에도 존재하는데, 준의료인과 기능직(풀타임〔노동〕의 일부에 대해서만 보수를 받는다)이 있다. 프레카리아트는 (조지 클루니가 「인 디 에어」Up in the Air〔2009〕에서 보여준) '임시직 관리자'의 형태로 기업 경영진까지 퍼져 있다. 그 결과 프레카리아트는 연대적 공동체나 사회 공유지에서 벗어나 있다. 하지만 이들은 여전히 비공식적 지원 체제로서 이를 필요로 한다.

이 집단은 독특한 사회소득 구조를 갖고 있는데, 이로써 필수적이진 않더라도 중요한 공유지에 접근할 수 있다. 이 집단은 비임금 급여를 상실해왔으며 일자리 관련 급여가 없다. 경제적으로 어려운 시기에 받는 도움을 포함한 일자리 관련 급여는 전문직 협회나 장인 길드에 속할 때 있는 것이다. 프레카리아트에 속하는 사람들은 화폐임금에만 의존해야 하는데, 이 화폐임금은 지난 30년간 인플레이션으로 조정된 실질 수준에서 정체해 있으며 더욱 불안정해지고 있다. 이에 따라 소득 보장이 어렵다. 또한 무급노동을 많이 하게 되면서 프레카리아트의 임금은 보이는 것보다 더 낮다. 이런 추세는 앞으로 온라인 플랫폼을 통한 '과업 부여'가 확산되면서 더욱 강화될 것이다.

프레카리아트는 또한 권리에 기반한 국가급여 자격도 상실했다. 영국을 비롯한 모든 복지국가는 남성 다수가 안정적인 풀타임 고용으로 일하고 있다는 전제 위에 서 있었다. 사회보장과 경제보장은 피고용인과 사용자가 내는 기여금으로 이루어진 사회보험에 기반한 것으로, '벌이의 일시적 중단'이 있을 경우 사회보험에서 급여를 받게 된다. 그 모델은 사멸해가고 있다.

자산심사와 행위심사로 기우는 국제적 추세는 급여를 받기 위해 다양한 형태의 무급노동을 수행하게 함으로써 프레카리아트에게 타격을 주고 노동연계복지* 체제 내에 있는 많은 사람들에게 영향을 미쳤다. 자산심사는 빈곤의 덫을 만들어냈다. 왜냐하면 벌어들이는 소득이 올라갈 경우 노동연계복지 급여가 중단되기 때문이다. 프레카리아트는 또한 '불안정의 덫'에 직면했다. 급여를 받으려면 오래 기다려야 하고, 이 시간 동안 그들은 소득이 없다. 일단 급여를 받게 되면 저임금 단기 일자리를 갖는 것은 재정적으로 비합리적인 일이 될 것이다. 계속해서 급여를 받는 것이 낫다.

비임금 형태의 고용 관련 급여와 권리 기반 국가급여를 상실한 프레카리아트는 가족과 공동체의 지원에 의존해야만 했다. 그러나 프레카리아트는 이러한 지원뿐만 아니라 공유자원과 편의시설에 대한 접근도 상실했는데, 이는 대대로 저임금 집단에게 소득 보장의 자원이었지만 아주 저평가되는 것들이다. 그 대신 프레카리아트에 속하는 많은 사람은 무료급식소와 자선단체로 가야 했다.

프레카리아트의 소득이 보장되지 않는 핵심적인 이유는 불확실성 때문이다. 불확실성은 실업, 임신과 질병 등의 우연적인 위험 요소와는 다르다. 우연적 위험 요소는 복지국가의 중심적인 관심사였다. 그러한 일이 발생할 가능성을 계산하고 그 위험을 사회화할 보험제도를 개발할 수 있으며, 영국의 국민보험(National Insurance)이 그런 의도를 갖고 있었다. 그러나 불확실성은 보험화될 수 없다. 그것은 우리가 모른다는 사실 자체를 모르는 것이다. 소득지원이 필요한 대다수가 프레카리아트에 속할 경우 다른 소득지원 체제가 필요하다.

과거의 산업 프롤레타리아트가 권리가 거의 없는 상태에서 더 많은 ― 문화적·시민적·사회적·정치적·경제적 ― 권리를 갖게 되는

---

* workfare, 과거 복지국가의 복지급여는 구직 노력 같은 조건 혹은 일할 수 없는 수급자의 처지 같은 기준에 따라 지급되었다. 이에 반해 노동연계복지는 급여를 계속해서 받기 위해 몇가지 요구조건을 충족해야 하는데, 여기에는 훈련과 재활 혹은 사회에 필요하다고 생각되는 기여 등이 포함된다. 이 개념은 1960년대 미국에서 처음 등장했으며 신자유주의하에서 전세계로 확산되었다.

방향으로 나아간 반면, 프레카리아트는 그런 권리들을 상실해왔다. 예를 들어 그들은 문화적 권리가 없다. 왜냐하면 그들은 보장제도와 정체성을 부여해주는 사회 공유지의 한 형태인 직업길드 같은 공동체에 속할 수 없기 때문이다. 그들은 시민적 권리가 없다. 왜냐하면 법적 대표가 없으며, 적절한 절차가 사라졌기 때문이다. 그들은 공정한 해명 기회 없이 처벌받고 있는데, 무책임한 관료들의 변덕으로 국가급여에 대한 자격을 상실했기 때문이다. 그들은 경제적 권리를 상실하고 있다. 왜냐하면 자격에 걸맞은 일자리에서 일할 수 없기 때문이다. 그들의 교육 수준은 종종 그들이 얻을 수 있는 종류의 일자리에 요구되는 것보다 높다.

권리의 상실은 가장 규정적인 특징과 함께 간다. 프레카리아트는 탄원자이다. '프리케어리어스'(precarious, 불안정한)의 라틴어 의미는 '기도를 통해 얻다'이다. 이것은 프레카리아트가 무엇을 해야 하는지를 보여준다. 일부 관료, 대리인, 친척, 친구 등에게 호의, 도움, 휴식, 재량적 판단을 요청해야 한다. 프레카리아트인 것은 모래 수렁 위에서 달리는 것과 같다.

공유지에서는 그 누구도 탄원자가 아니다. 프레카리아트는 다른 누구보다 더 공유지와 공유자의 권리가 필요하다. 사회보장과 경제보장 비슷한 것이라도 얻기 위해서 그들은 공유화의 본질인 상조와 공유의 네트워크를 가져야 한다. 그들은 일과 노동에서 얻는 얼마 안 되는 불확실한 돈을 보충하기 위해 서비스와 편의시설이라는 공유지를 필요로 한다. 그들은 대개 소유한 재산이 없으며, 공원 같은 공적 공간에 대한 접근에 기대야 한다. 자연·사회·시민·문화·지식 공유지를 고갈시키는 것은 무엇보다 프레카리아트에게 해를 입히는 것이다. 슬프게도 이것이 바로 지금 벌어지고 있는 일이다.

공유지 헌장

역사 속에서 공유지는 사회소득의 필수적인 부분이었다. '생계권'을 부여하고 사회 내의 구조적 불평등을 줄였다. 우리의 현대 공유지도 마찬가지로 중요하다. 그러나 공유지는 인클로저, 상업화, 사영화, 식민화, 방치 등으로 상실되는 중이며, 공식적인 소득과 부의 불평등 통계가 보여주는 것보다 훨씬 더 사회적·경제적 불평등을 증대시키고 있다. 우리는 공유지를 회복해야 하며, 공유·연대·보편성의 원칙을 되살려야 하며, 공유자 — 우리 인민 — 가 공유지의 상실에 대해 적절하게 보상받도록 보장해야 한다.

이 책은 영국에서 모든 형태의 공유지의 약탈에 대한 대응의 핵심인 삼림헌장의 정신에 따라 공유지 헌장의 개요를 서술한다. 그 목적은 공유지를 공유자가 이용할 수 있는 '공공 편의시설'과 '자원'으로 회복해야 한다는 것, 그뿐 아니라 집단적이고 협동적인 활동인 공유화를 고무해야 한다는 것이다. 공유지 헌장은 삼림헌장에 담겨 있는 것 같은 '생계권'을 현대적 의미에서 보장함으로써 사회소득의 불평등을 줄이는 개혁을 요구한다. 그 개혁은 책임 있는 관리권, 문지기 활동, 의사결정에 대한 공유자의 참여 등의 메커니즘을 통해 공유지에 대한 민주적 관리를 강화하는 것이어야 한다. 여기에는 공유적 형태의 관리에 참여하기 위해 지역의 녹지, 병원, 박물관 같은 특정 공유지에서 '관심의 공동체'(communities of interest)를 장려하는 것이 포함된다.[29]

많은 공유지에서 이러한 원칙은 거버넌스와 소유권의 다중이해관계자 협동조합(multi-stakeholder cooperative, MSC) 모델을 뒷받침한다. 이는 '공공-공유지 제휴'(public-commons partnership)라고 부르는 것이 더 나을 텐데, 이 모델에서는 공유지를 운영하는 데 노동자와, 관련이 있을 경우 외부 투자자뿐만 아니라 사용자와 지역 공동체의 이해관계자가 참여한다. MSC 모델 — 종종 '사회적 협동조합'이라고도 한다 — 은 이탈리아에서 번성해 돌봄 서비스를 제공하는 1만 4천개 이상의 협동조합이 있다.[30] 조합원은 전통적인 노동자조합의 노동자나 소비자조합의 소비자뿐만 아니라 서비스 이용자, 자원활동가, 지방정부의 대표자 등등으로 구성되어 있다.

공유지 헌장은 가치에 기초한 일련의 요구여야 한다. 역사 속에서 성공한 대부분의 헌장은 계급에 기반을 둔 것이었다. 그 헌장들이 한 계급의 이해만을 증진하는 것이었다는 의미는 아니다. 그러나 그 헌장들은 대개 성장하면서 압력을 받고 있던 특정 계급들의 필요와 열망에 의해 추동되었다. 이는 1217년 삼림헌장과 1830년대의 위대한 차티스트 운동이 그랬던 것처럼 1948년 세계인권선언 — 20세기의 헌장 — 에서도 마찬가지였다.

삼림헌장은 공유자로서 귀족과 농민의 일시적 동맹을 반영했으며, 1948년 세계인권선언은 2차대전 이후 다시 등장한 부르주아지와 산업 프롤레타리아트의 일시적 동맹을 반영했다. 오늘날 공유지

헌장은 최근에 등장한 대중계급인 프레카리아트의 필요와 열망에 의해 추동되어야 한다. 삼림헌장이 국가가 새로운 사회적 합의를 추구하던 때의 사회적·경제적·정치적 위기에 대한 대응이었던 것과 마찬가지로 오늘날에도 유사한 필요성이 있다. 이는 좋은 사회의 기초로서 공유지의 재생을 촉진할 수 있다.

현대의 공유지 헌장은 1217년에 봉인될 때 '영원히 지속될' 헌법적 원칙을 수립한 삼림헌장을 존중해야 한다. 삼림헌장은 역사상 최초의 환경 헌장으로 기념될 만하다. 공유토지에 시행된 인클로저를 되돌려야 한다고 주장한 최초의 것이며, 공유지는 인클로저에 종속되어서는 안 된다고 주장한 최초의 것이며, 공유자 — 우리 모두 — 가 생계의 권리, 일할 권리, 거처할 집을 가질 권리가 있음을 주장한 최초의 것이다. 오랫동안 오용되어온 이 원칙은 이제 갱신되고 존중받아야 한다.

따라서 공유지 헌장은 다음과 같은 전문(前文)으로 시작할 수 있을 것이다.

공유지는 사회 속에서 우리의 집단적 유산이며, 우리 공동의 부이고, 우리 공동의 지식이자 우리가 공유하고 있는 전통이다. 공유지는 소득이 낮은 사람, '재산이 없는 사람', 프레카리아트에게 큰 가치가 있다. 공유지의 축소는 이들의 생활수준을 저하시키고 불평등을 악화시킨다. 불평등을 줄이고 시민권을 강화하기 위해서는 공유지를 재생하는 것이 반드시 필요하다.

세대 간 공평이라는 하트윅 규칙 — 미래 세대는 현세대와 마찬가지로 공유지에서 혜택을 받아야 한다 —— 은 존중받아야 한다. 정책은 동등한 공유를 증진하고 뒷받침해야 하며, 공유지의 침해, 인클로저, 사영화, 정부의 방치로 인해 생긴 '고안된 희소성'을 방지하고 철회하기 위해 노력해야 한다.

공유지의 에토스를 되살리기 위해 우리는 관심의 공동체와 공동경영 형태에 기초한 새로운 공유지를 만들고 다음 세대에게 넘겨주기 위해 분투해야 한다. 이 새로운 공유지는 자연·사회·문화·시민·지식 자원을 공유하고 보존하는 관습을 존중한다.

공유지는 강력한 민주적 거버넌스가 있을 경우에만 안전할 수 있다. 공유지의 모든 영역에는 공유지 운영과 보존에 책임이 있는, 확인된 관리인이 있어야 하며, 적절하게 재원을 마련해 문지기를 두어야 한다. 문지기가 없을 경우 관리인은 책임을 지지 않을 수 있다.

이 전문은 공유의 원칙을 제시하고 능력 있는 관리인, 감시인(monitor), 문지기의 필요성을 보여준다. 이들이 없다면 공유지는 안전할 수 없다. 그리고 이 전문은 공유지가 지속가능성, 자유, 평등의 영역이라는 것을 일깨워준다.

3장

자연 공유지

지금부터 모든 자유민은 이웃에게 피해를 끼치지 않는 조건에서 짐의 삼림 안에 있는 자신의 숲이나 땅에 물방앗간, 샘, 연못, 이회토 채취장, 도랑을 만들거나 둘러막지 않은 경지를 만들어도 짐이 문제 삼지 않을 것이다.

— 삼림헌장 제12조(1217)

삼림헌장은 공유자들에게 생계를 제공하는 자연 공유지(natural commons)에 초점을 맞췄다. 이것이 대중적 이미지 속에 있는 공유지다. 공유지의 총체성이 자연은 아니지만 공유지의 핵심은 자연이다. 자연 공유지는 근본적으로 공간적이다. 토지, 토지의 아래와 위에 있는 광물과 기타 자연물, 삼림, 숲, 야생생물, 강과 호수, 해안, 우리가 숨 쉬는 공기, 우리에게 보이거나 보게 되는 하늘.

환경파괴, 기후변화, 빈발하는 자연재해의 시대에 자연 공유지의 모든 부분은 심각한 위협을 받고 있다. 그러나 이 위협은 지배자들, 공유지를 사적 이득을 위해 찬탈하는 정부와 부유층과 권력자의 의도적인 행위 때문에 훨씬 커져왔다. 또한 광범위한 사영화는 공유자의 권리나 이해에 관심이 없는 외국인들이 공유지를 식민화할 수 있게 허용했다.

수세기에 걸쳐 영국에서는 자연 공유지의 많은 부분이 상실되었다. 이 시기 내내 공유자들은 종종 자신과 가족, 공동체에 큰 댓가를 치르면서까지 이러한 쇠퇴에 맞서 저항했다. 그러나 역사에서 배울 수 있는 한가지 교훈은 분명하다. 공유지는 한번 상실되면 재생하거나 회복하기가 극도로 어렵다는 것이다.

토지와 '재산권'

요즘은 많은 사람이 재산과 재산권(property rights)을 사적 소유권(private ownership)으로, 그 재산을 마음대로 사용할 수 있는 소유자의 법적 권리로 생각한다. 그러나 재산권은 이보다 더 복잡하다. 토지의 경우 소유권과 '재산권'은 여러가지 다른 의미가 있다. 엄격하게 말하자면 영국에 있는 그 누구도 자신이 갖고(possess) 있는 토지를 소유하고(own) 있지 않다. 궁극적인 소유자는 국왕이며, 토지 보유자(landholder)에게 보유권(tenure)을 준 것이다.[1]

오늘날 영국에서 보유권의 주된 형태는 자유 보유권(freehold), 임차권(leasehold), 임대차(renting)다. 그러나 이전 시기에는 '등본 보유권'(copyhold)이라는 또다른 형태의 보유권 —— 1925년에 최종적으로 폐지되었다 —— 이 널리 퍼져 있었다. 등본 보유권이 15세기 말에 처음 기록되었을 때 그것은 소규모 자영농에게 수여된 장원의 토지에 대한 것이었다. 이는 장원의 관습에 따라서만 이용할 수 있는 토지였고 평생 이용하거나 상속 같은 것도 할 수 있었다. 등본 보유농은 가축을 먹이거나 자신이 등본 보유한 토지에서 생산한 것을 보충하기 위해 공유지에 접근할 수 있었다. 그러나 19세기 인클로저법들과 중복되면서 일련의 등본 보유 법률을 통해 이 권리가 줄어들었고, 공유자라는 주요 집단의 권리가 박탈되었다.

과거와 마찬가지로 오늘날에도 토지를 소유한 사람이라도 이를 사용하는 데는 제약이 있다. 중세 시절 군주를 포함한 소유자는 삼림헌장에 따라 자기 토지에 있는 공유지를 공유자가 사용할 수 있도록 허용해야만 했다. 현대에도 토지 양도에는 종종 그 이웃에 대한 소유자의 의무를 규정하는 제약 사항이 수반되는데, 여기에는 토지의 전부 혹은 일부에 건물을 짓지 않는다든가 나무를 베지 않는다든가 울타리를 치지 않는 것과 같은 행위가 포함된다. 계획 규제 또한 소유자가 자기 토지에서 할 수 있는 일에 제한을 가한다. 반대로 누군가는 토지를 공식적으로 소유하지 않으면서 그 토지의 일부에 대해 용익권을 가질 수 있다. 소작농이 하나의 예이며, 시민농장 농부가 또다른 예다. 임차권의 재산권은 단기 혹은 장기 임대에 의해 유지되는데, 일반적으로 임차인이 그 토지로 무엇을 할 수 있고 무엇을 할 수 없는지를 규정하는 조건이 붙는다. 임차 기간이 끝나면 그 토지는 누구든 자유 보유권을 가진 사람에게 귀속된다.

재산권을 처음에 가졌던 생각처럼 단순하게 보지 않게 되었다면 삼림헌장에 담겨 있는 재산권 원칙으로 돌아가보자. 삼림헌장은 세 가지 형태의 토지를 언급하고 있다. 국왕(혹은 국유) 토지, (귀족과 교회에 수여된) 사유 토지, 공유 토지(공유지). 처음부터 공유지는 소유자가 없었다. 도리어 공유지는 토지 소유자에게 제한을 가했고 정해진 공유자 집단에게 지정된 권리를 부여했다. 삼림헌장이 나온 시기에 오늘날 생각하는 사적 소유권이라는 개념은 낯선 것이었다.

귀족의 장원에서조차 영주는 관리인이 되어 승계된 관습에 기초해 공유의 원칙을 준수하고 존중하고 실시해야 했다.

역사적으로 많은 철학자들이 토지를 자연 공유지로 간주했다. 사적 소유권의 옹호자로 간주되는 존 로크도 "신이 세상을 인간에게 공유로 주셨다"라고 주장했다.[2] 그는 사적 소유를 옹호하면서 세가지 주의사항을 언급했는데, 이를 '로크의 단서'라고 한다. 첫째로, 개인은 '여전히 많은 토지가' 다른 사람들에게도 남아 있는 경우에만 공유지에서 토지나 자원을 수취할 수 있다. 토지가 인구에 비해 상대적으로 희소할 경우 수취는 제한되어야 한다. 로크가 쓴 것처럼 "화폐를 매개로 하여 상업에 종사하는 많은 사람이 일정한 정부하에 살고 있는 곳에서는 누구든지 공유지의 일부분을 다른 모든 동료 공유자의 동의 없이 인클로저하거나 수취할 수 없다". 둘째는 '생활유지의 단서'(sustenance proviso)라고 알려져 있는데, 기본적으로 재산 소유자는 재산이 없는 사람들에게 '극단적 궁핍'을 피할 수 있을 정도로 충분한 것을 제공할 도덕적 의무가 있다는 것이다. 셋째는 '부패의 단서'로, 재산 소유자는 공유지에서 "자신이 원하는 대로 독점해서는" 안 되며 '향유'하거나 실질적으로 이용할 수 있는 만큼 가져가야 한다고 명시하고 있다. 이들 단서는 오늘날 사유재산권 옹호자들이 거의 언급하지 않는 것들이다.

삼림헌장 이후 수세기 동안 공유지는 공유자가 운영하는 농업 체제를 통해 진화했다. 여러 세대 동안 지배적인 방식은 개방경지 농업이었는데, 개인이나 집단이 다른 개인이나 집단의 지조와 나란히 경작했다.[3] 이 경우 대부분은 협동노동으로 이루어졌다. 예를 들어 잉글랜드의 토양은 진흙이 많이 섞인 점토질이어서 황소가 끄는 쟁기가 필요했는데, 때로는 이를 끌기 위해 여덟마리까지 필요하기도 했다. 그러나 황소가 그만큼 있는 공유자가 거의 없었기 때문에 그들은 각자의 땅을 가는 데 비용과 노동을 분담했다. 토지를 질이 좋은 지조와 질이 나쁜 지조로 분할하는 것은 평등한 체제를 용이하게 했는데, 이 평등한 체제는 토지를 어떻게 관리해야 하는가에 대해 공유자들이 공유하고 있는 관례적인 집단행동 및 합의에 의존했다.

영국에서 공유토지는 신석기 시대까지 거슬러 올라가며 보드민 무어와 코츠월즈의 청동기 시대와 철기 시대 정착지에서 확인할 수 있다. 649년의 앵글로색슨 법전은 공유토지에 대해 명백하게 언급하고 있다.[4] 중세에는 잉글랜드 토지의 대략 절반이 공유지였던 것으로 보인다. 오늘날 공유자가 여전히 지정된 권리를 갖는 지역으로 규정된 공유지는 잉글랜드 전체 토지의 겨우 3퍼센트, 웨일스의 8퍼센트, 스코틀랜드의 7퍼센트이며, 영국 전체의 대략 5퍼센트다(표1).[5]

잉글랜드, 스코틀랜드, 웨일스 전역에서 공유지였던 것의 대부분이 인클로저되었고, 전세계에서 가장 집중된 토지 소유권 구조를 만들어냈다. 과거의 인클로저가 주된 원인이긴 하지만 오늘날까지도 종종 상업적 이해관계자들의 조력하에 인클로저가 계속되고 있다.

수세대 동안 상업농에게 주어진 보조금이 소규모 자영농의 필요를 압도하면서 산업적 농업을 장려했다. 유럽연합의 공동농업정책(CAP)은 이런 편향을 강화했다. 매년 30억 파운드에 달하는 공동농업정책 보조금이 불균형하게도 소수의 토지 소유자에게 간다. 이들은 영국 토지의 절반 이상을 소유하고 있다. 이에 반해 농업 부문의

표1 영국의 공유토지 지역(2017)

	면적(헥타르)	토지 지역의 비율(%)
공동 방목지		
스코틀랜드	591,901	7
등기된 공유토지		
웨일스	173,366	8
잉글랜드	372,941	3
등기가 면제된 공유지		
뉴포리스트	21,995	
에핑 포리스트	2,458	
명령에 의한 면제	1,020	
포리스트오브딘	3,100	
영국의 공유지 총면적	1,166,781	5

임금소득자는 매년 다 합해서 겨우 24억 파운드를 받는다. 이 보조금으로 인해 대토지 소유자들은 더 많은 토지를 인클로저하려고 하며, 이 과정에서 생울타리, 삼림지대, 야생생물 등을 쓸어버리고 이와 함께 얼마 안 되는 공유지도 없애버린다. 보조금은 또한 농업용지 일반에서 어떤 일을 해야 하는지를 결정할 때 대토지 소유자의 지배권을 강화하며, 소규모 농민이 농업 관행을 바꾸거나 토지를 팔아버리도록 만든다. 2000년대 중반 이래 3만 3천개의 중소규모 농장이 문을 닫았다.[6]

영국의 제10대 버클루 공작은 영국에서 가장 큰 사유지의 소유자다. 찰스 2세의 혼외 자식의 후손인 그는 27만 7천 에이커를 상속받았는데, 여기서 단 하루도 일한 적이 없다. 이 글을 쓰고 있던 2015년에 나온 최신 데이터에 따르면 그는 160만 파운드의 공동농업정책 보조금을 받았으며, (자신의 재정 상태를 공개해야 하는 25명 가운데) 20명의 공작이 다 합해서 매년 800만 파운드 이상의 보조금을 받았다.[7] 보수당의 주요 후원자인 배서스트 경은 1만 5천 에이커의 영지를 갖고 있으며 최근 보조금으로 900만 파운드 이상을 받았다. 그가 자신의 영지 일부의 소유권을 조세도피처인 버뮤다로 옮긴 것은 의심할 바 없이 자신의 불로소득을 유지하기 위해서였다.

이처럼 불합리한 역진적 체제는 토지 소유권의 집중을 강화하고 유지한다. 이것은 도덕적으로나 경제적으로나 정당성이 없는 일이며, 이 토지의 많은 부분이 애초에 공유지에서 탈취당한 수상한 방법을 생각하면 특히 그러하다. 이 체제는 또한 생울타리와 삼림을 파괴할 뿐만 아니라 단작을 장려하고 생물다양성을 축소하기 때문에 환경에 해를 입힌다. 소규모 토지와 공유지 정서를 지닌 농업 공동체는 덜 '효율적'이지만(물론 이는 논쟁의 여지가 있다) 다양한 곡물, 종자, 가축 품종을 기르고 보존하는 경향이 있다. 산업적 농업은 단기간에 소출을 극대화할지는 모르지만 장기적으로 더 취약하고 덜 탄력적인 생산체제를 만들어냄으로써 지속가능성을 약화시킨다.[8]

영국에 상처를 입힌 인클로저의 물결 시기에도 논란이 없었던 것은 아니지만, 공유지를 옹호하는 첫번째 입법 움직임은 19세기 후반에 가서야 나타났다. 이것은 우선적으로 산업화와 도시의 팽창에 대한 대응이었다. 늘어난 도시 인구는 휴식을 위한 개방된 공간과 신선한 공기를 필요로 했다. 1865년 의회는 "런던 지역의 숲, 공유지, 개방된 공간을 공중이 이용할 수 있도록 보존하는 최선의 방법을 연구하는" 위원회를 설립했다. 이것은 같은 해 공유지보존협회(Commons Preservation Society, 설립자들의 표현으로는 "인민의 감시기구")[9]가 설립되고 1866년 런던 공유지법(Metropolitan Commons Act)을 통과시키는 데 촉매가 되었다. 이 법은 런던광역경찰청 관할 구역 — 채링크로스에서 반경 15마일 — 내에 있는 어떤 공유지도 인클로저하는 것을 금지했으며, 런던의 각 구에서 [공유지에] 공중의 접근을 보장하기 위한 관리 계획을 시행하는 것을 허용했다. 이 법은 또한 공유토지의 상실이 불가피할 경우 — 예를 들어 도로 확장처럼 — 그에 맞먹는 다른 공간으로 대체해야 한다는 교환 원칙을 수립했다. 1876년의 공유지법은 공유토지 내 공공편의시설의 중요성을 최초로 인정한 입법으로서 휴식과 놀이를 위해 '지역 거주자'의 접근권을 제공했다. 지역 주민에게만 접근권을 한정하는 것은 불가능했기에 이것은 본질상 모두가 휴식을 위해 접근할 수 있다는 것을 의미했다.

1895년 공중의 이익을 위해 개방된 공간을 취득하고 관리하기 위해 내셔널트러스트가 설립되었으며, 1925년의 재산권법(Law of Property Act)은 모든 사람이 '바람 쐬기와 운동'을 위해 런던의 모든 공유지에 무상으로 접근할 수 있도록 했다. 이 법은 또한 행정부의 동의가 없을 경우 인클로저나 건축을 금지함으로써 침해와 개발로부터 수많은 공유지를 보호했다.

모든 토지 소유권을 등기하는 임무를 맡은 토지등기소가 1862년 설립됨에 따라 1862년부터 1925년 사이에 인클로저된 토지가 어느

정도인지가 더 투명하게 드러났다. 하지만 소유권은 토지 소유자가 바뀔 경우에만 등기되기 때문에 대규모 상속 영지는 등기부에 잘 나타나지 않았으며, 여전히 그러하다. 그리고 1925년까지 등기는 무계획적이었기 때문에 많은 토지가 등기되지 않고 이전되었다.

1925년 토지등기법이 만들어지고 등기 요건을 확대하면서 이때 이후로 거의 모든 이전이 기록되었다. 그러나 오늘날에도 토지 소유권 등기는 여전히 불완전하다. 2018년까지 토지등기소의 결연한 노력으로 잉글랜드와 웨일스의 토지 가운데 85퍼센트로 추산되는 토지가 등기되었다. 나머지 6분의 1은 세대를 거치면서 이전될 것이다.

2000년의 시골과 통행권 법은 모든 사람에게 모든 공유토지에서 통행할 수 있는 권리를 부여한 최초의 입법이었다. 이 법은 또한 개방형 용지(Open Access land)라는 새로운 범주를 만들어 잉글랜드의 모든 '산, 황야(moor), 히스, 고원'과 이미 등기된 공유지를 여기에 포함시켰다. 후일 노동당 정부는 삼림위원회가 소유한 모든 토지를 여기에 더했다. 2000년의 법은 공유지와 개방된 시골에서 통행할 수 있는 책임성 있는 자유를 부여함으로써 공유지를 강화했다. 2006년의 공유지법은 더 나아가 침해 및 허가받지 않은 개발로부터 공유토지 보호를 강화했다. 그 전신인 1965년의 공유지 규제법은 공유지 등기를 단 3년간만 허용했고, 이 때문에 많은 공유지가 보호받지 못했던 것이다. 2006년 법은 대개 지방의회인 공유지 등기 당국이 등기를 갱신하고 수정하며, 소도시와 마을 녹지의 등기 기준을 명확히 하도록 요구했다. 덧붙여 이 법은 공유지를 관리하는 공유지 위원회의 설립을 허용하여 공유자와 토지 소유자를 화합하게 했으며, 가축 기르기와 기타 농업활동을 규제할 권한을 주어 공공 접근권과 자연 및 경관의 보존에 신경 쓰도록 했다.

하지만 이런 공유지 옹호를 뒤집기 위해 2013년 연립정부는 성장과 기반시설 법(Growth and Infrastructure Act)을 통과시켰다. 이 법은 이미 개발 대상이 된 소도시나 마을 녹지 같은 토지를 등기하는 것을 불법으로 규정했다. 등기 절차가 새로운 주택건설 계획을 막는 데 이용될 수 있다는 것이 그 이유였다. 2017년 3월 정부는 "16만 호의 새로운 주택을 짓기 위해 충분한 토지를 해제"하겠다고 발표했으며, 테리사 메이 총리는 영국이 "비즈니스에 개방되어" 있으며, "가장 비즈니스 친화적인 환경을 만들기 위해 더 노력하겠다"라고 말했다.[10] 이렇게 공유지의 체계적인 상실은 정부가 촉발했으며, 민주적 절차에 따르지 않았다.

공유토지가 줄어들면서 공유지 사용에 대한 다양한 권리도 줄어들었다. 오늘날 남아 있는 공유지에 등재된 가장 광범위한 권리는 '방목권'(pasturage), 즉 가축에게 풀을 먹일 수 있는 권리다.[11] 양에게 풀을 먹일 수 있는 권리는 웨일스 공유지의 53퍼센트에, 잉글랜드 공유지의 16퍼센트에 등재되어 있다. 소에게 풀을 먹일 수 있는 권리는 웨일스에서 35퍼센트, 잉글랜드에서 20퍼센트의 공유지에, 말에게 풀을 먹일 수 있는 권리는 웨일스에서 27퍼센트, 잉글랜드에서 13퍼센트의 공유지에 등재되어 있다. 일부 공유지에서는 여전히 염소, 거위, 오리 등을 키울 수 있는 권리가 등재되어 있으며, 몇몇 경우에는 가축의 종류가 정해져 있지 않다.

삼림헌장의 중심적인 부분인 에스토버의 권리는 덜 보호되어왔다. 에스토버에 따르면 공유자는 나뭇가지와 부러진 줄기를 소소한 건축 작업에, 농기구와 울타리를 만들기 위해 가져갈 수 있으며, 죽은 나무는 연료로, 고사리와 헤더는 침구에 쓰기 위해 가져갈 수 있다. 오늘날에도 이 권리가 등재되어 있는 곳은 웨일스에서 공유지의 22퍼센트 미만, 잉글랜드에서는 공유지의 10퍼센트 미만이다. 18세기 말에는 **권리**로서의 이삭줍기가 사라졌다. 물론 이는 여전히 사유지 소유자의 허락을 받아 농촌 지역에서 활동가 그룹이 실행하고 있기는 하다.[12]

하지만 '토탄 채굴'에 대한 공유권 — 연료용으로 토탄을 채취하는 것 — 은 예전보다 줄긴 했지만 스코틀랜드에서는 여전히 실행되고 있다. 실제로 이루어지지는 않더라도 웨일스 공유지의 12퍼센트, 잉글랜드 공유지의 8퍼센트에 남아 있기도 하다. 오늘날 많은 이들이 잘 알지 못하는 '양돈용 열매'의 권리, 즉 가을에 삼림지대에서 돼지에게 도토리나 너도밤나무 열매를 먹일 수 있는 권리는 웨일스 공유지와 잉글랜드 공유지의 겨우 2퍼센트에만 등재되어 있다. 이 권리는 뉴포리스트 같은 오래된 몇몇 사냥터를 제외하면 거의 이용되지 않는다.

'토양의 공유'는 공유자들에게 공유토지에서 모래, 자갈, 이회토(진흙), 석벽용 돌, 석회 같은 광물을 채취할 권리를 준다. 이 권리 역시 희미해져서 현재는 웨일스 공유지와 잉글랜드 공유지의 겨우 5퍼센트에서만 보장하고 있으며 주로 스완지 근처의 몇몇 지역에 집중되어 있다. '무상 채굴'이라 알려져 있는, 공유자가 석탄과 철광석을 채굴할 수 있는 권리는 포리스트오브딘에 여전히 존재한다.

물고기를 잡을 수 있는 '어업권'은 여전히 잉글랜드와 웨일스의 262개 공유지에 존재하는데, 이것 역시 스완지 주변 일대가 많다. 끝으로 지역화된 권리들이 있다. 잉글랜드에 있는 850개 이상의 공유토지에는 몇가지 부가적 권리가 있는데, 야생동물(ferae naturae)을 잡을 권리 같은 것이다. 이는 대개 판매용이나 스포츠용이 아니라 개인적으로 소비하기 위한 것이다. 스코틀랜드에서는 야생조류 사냥 — 절벽에 둥지를 튼 새, 어린 새, 알 등을 가져오는 것 — 이 전통적인 공유권이었다. 노퍽에서는 일부 해안 지역이 야생조류 사냥권이 있는 곳으로 등재되어 있다. 그리고 지붕을 얹기 위해 갈대를 가져오거나, 해초, 조개, 갯질경이, 샘파이어(samphire) 등 먹을 수 있는 모든 것을 가져올 권리가 있다. 이 권리들은 공유자들이 장기간에 걸쳐 수행해왔기 때문에 권리가 되었고 또한 권리로 남아 있는 것이라 할 수 있다.

공유토지의 강탈은 전지구적 현상이다. 유럽을 포함한 전세계에서 국제적인 기업들이 공유토지를 취득하는 경우가 크게 늘었다.[13] 종종 원주민 공동체를 포함해 지역민들은 자신들의 사유지나 공유토지에서 축출되었다. 우간다에서는 정부가 상업적인 삼림 플랜테이션을 위한 길을 만들려고 2만 2,500명 이상의 사람들을 쫓아냈다.[14] 이러한 글로벌 기업들이 떠나고 나면 오염된 죽은 땅만 남을 수도 있다. 높은 수확량과 빠른 이윤 획득을 추구하는 이들은 토지에 비료, 살충제, 항생제 등을 과도하게 사용하며, 이는 슈퍼 잡초, 척박한 토양 등등의 결과를 가져오기 때문이다. 파라과이는 그 나라 경지의 80퍼센트에서 콩을 단작하며 농화학물을 과도하게 사용하고 있다. 이는 땅을 오염시키고 인간과 동물의 건강에 해를 끼치며 소농의 생계를 위협한다.[15] 이런 방식으로 일단 상업화가 되고 나면 공유지의 가치는 떨어진다.

공격받는 숲

다른 많은 나라에서도 마찬가지지만 숲은 영국의 지정학에서 언제나 특별한 위치를 차지했으며, 삼림헌장 이래 국가는 숲의 보호와 이용에 관여했다. '에스토버' 및 '양돈용 열매'처럼 숲에서 공유자들이 누리던 전통적인 권리가 약화되긴 했지만, 지구적 공유지와 공유자의 권리를 보호하는 데 숲, 삼림지대, 나무가 중요한 역할을 한다는 인식은 더 커졌다. 숲의 사회적·환경적 혜택에는 휴식과 놀이만이 아니라 대기오염 물질을 흡수하고, 탄소를 가두어 기후변화를 완화하고, 야생생물 서식지와 생물다양성을 보존하며 토양 침식과 홍수를 막는 것이 포함된다.[16]

1919년에 만들어진 삼림위원회는 현재 스코틀랜드, 웨일스, 북아일랜드에도 있으며, 영국에서 가장 큰 단일 토지 소유자다. 처음에 이 위원회가 강조점을 둔 것은 영국 내 목재 생산과 삼림지대의 확대였다. 영국의 삼림지대는 13퍼센트로 유럽에서 가장 낮은 편에 속한다. 하지만 최근에는 이른바 '생태계 서비스'에 점점 더 초점을 맞추고 있다. 잉글랜드에서는 공공삼림부동산(Public Forest Estate)이 모든 삼림지대의 5분의 1을 소유하고 있으며 이는 공중이 접근할 수 있는 삼림지대의 5분의 2 이상이다. 총 소유 면적 25만 헥타르 가운데 80퍼센트는 공중이 접근할 수 있는 곳이기 때문에 야외 레저와 휴식 활동의 가장 큰 공급자라고 할 수 있다.[17]

2011년 연립정부는 이 위원회를 사영화하고 삼림 토지를 사적 운영자에게 매각하자고 제안했다. 이에 내셔널트러스트가 조직한 엄청난 반발이 일어났고, 정부는 이를 철회할 수밖에 없었다. 그러나 상업화의 증가 및 토지 매각을 통해 사유화는 은밀하게 계속되고 있다. 정부의 긴축 프로그램으로 인해 삼림위원회로 가는 돈이 삭감되었고, 위원회는 다른 수입을 늘려야만 했다. 한때 토지의 순매입자였던 위원회는 이제 순매각자가 되었고, 보유 토지는 2013년 87만 4천 헥타르에서 2017년 86만 3천 헥타르가 되었다. 그사이 상업화는 빠른 속도로 계속되었다. 위원회는 민간기업이 그 토지에 호화 통나무집을 지어 임대해 꽤 많은 이윤을 얻도록 허용하고 있다. 위원회는 1970년대에 포리스트 홀리데이스(Forest Holidays)를 만들어 사람들이 수수한 통나무집과 텐트에서 '숲을 즐길 수 있도록' 했다. 그러나 2018년까지 위원회는 그 비중을 14퍼센트로 줄였고,[18] 2017년에는 그 대부분을 사모펀드 회사인 피닉스 이쿼티 파트너스(Phoenix Equity Partners)가 취득했다.

기본만 갖춘 통나무집이 호화 숙소로 바뀌었고, 이 회사는 이를 '데카당스 그 자체'라고 광고했다. 어떤 통나무집에는 침실 5개, 개인용 덱, 장작 난로, 온수 욕조, 평판스크린 텔레비전이 있다. 이 티비를 통해 손님들은 룸서비스를 주문하거나 '숙소 내 셰프 체험'을 예약할 수 있다. 현재 10개 지역에서 600개의 통나무집으로 운영되고 있는 포리스트 홀리데이스는 최소한 5개 이상의 지역에서 각기 90개의 호화 통나무집 운영을 확대할 계획이다. 이 회사와 삼림위원회는 계획된 부지가 어디인지를 밝히지 않으려 해왔는데, 이는 저항운동이 조직되는 것을 막기 위한 것으로 보인다. 2012년 『타임스』가 입수한 목록에 따르면 〔그 부지에는〕 레이크 디스트릭트, 사우스다운스 국립공원, 네스호 등 영국에서 가장 경치가 좋은 몇몇 지역이 포함되어 있다.

2018년 현재 삼림위원회는 새로운 홀리데이스 지역 각각에서 매년 20만 파운드를 받을 것으로 예상된다. 그러나 위원회가 통나무집 하나당 매년 3천 파운드를 얻는 데 반해 포리스트 홀리데이스는 이 통나무집을 일주일에 4천 파운드에 빌려준다. 또한 위원회는 이 회사의 임대 기간을 125년으로 연장해주었다. 『타임스』에 실린 기사에 따르면 위원회는 이렇게 주장했다. "이것은 명백히 사영화가 아니다. 숲은 여전히 공공이 소유하고 있고, 삼림위원회는 사업계약서와 개별 부지의 임대차 계약을 통해 이 땅에서 무엇을 할 수 있는지에 관한 통제권을 보유하고 있다." 하지만 공유지를 보존할 책임이 있는 기관이 민간 상업회사에 공유지를 상업적 이익을 위해 사용할 수 있도록 임대해주고, 공유자가 이를 사용하는 것을 막고 있는 것이다. 임대된 토지를 차치하더라도 그 주변 환경이 영향을 받는다. 통나무집은 생태계, 경관, 대기를 악화시키고 일반 대중이 숲을 향유할 수 있는 권리를 축소한다.

숲의 파괴는 전세계 곳곳에서 벌어지고 있으며, 종종 상업적 이해관계자에 의해 추동되고 부패한 정치가들이 이를 후원한다. 그런데 폴란드의 사례를 볼 필요가 있다. 폴란드에서는 여당인 법과정의당이 이 나라의 나무를 학살하는 것을 고의적으로 허용하고 있다. 여기에는 유럽에 남은 가장 넓은 원시림으로 폴란드와 벨라루스에 걸쳐 있는 비아워비에자숲(Puszcza Białowieska)이 포함된다. 폴란드 정부가 상업적 벌목을 세배까지 늘리도록 결정함으로써 이 숲은 거의 사라질 지경까지 갔다. 이는 숲이 스스로를 재생산하고 멸종 위기에 처한 수많은 종을 포함해 아주 다양한 야생생물의 안전한 피난처를 제공하는 것을 막는 일이다.[19] 이곳은 유네스코 세계자연유산인데, 이 개념은 '탈규제'라는 신자유주의자들의 의도에 대한 경고장이 되고 있다. 신자유주의자들의 의도는 표면상으로는 경제성장과 일자리를 위한 것이지만 실제로는 언제나 불평등을 증대하는 것이다.

'폴란드 우선'이라는 민족주의적 기치를 내세우는 폴란드 정부는 이 숲의 80퍼센트 이상의 지역에서 상업적 벌목을 허용했고, 상대적으로 좁은 지역만 자연보호 구역으로 지정해 예외로 두었다. 2018년 4월 유럽사법재판소는 벌목을 불법으로 판결하고 이를 중단할 것을 명령했다. 이 명령을 무시할 경우 폴란드 정부는 수백만 유로의 벌금을 내야 하게 되었다. 그러나 수천 그루의 나무, 이와 함께 유럽 공유지의 큰 부분이 이미 상실되었다.

2017년 11월 6일 삼림헌장 800주년을 기념하기 위해 영국의 우들랜드 트러스트(Woodland Trust)는 나무, 삼림, 인간을 위한 헌장(Charter for Trees, Woods and People)을 새로 만들었다. 이 헌장은 나무와 삼림지대를 더 강력하게 보호하고 그 혜택을 더 인정할 것을 요구하고 있다. 이 헌장을 발표하기 몇달 전부터 나무, 삼림, 인간을 위한 헌장이 온라인으로 회람되었고, 13만명이 서명했으며, 많은 학교와 300개 지역 공동체 집단을 포함한 수백개의 조직이 이를 지지했다. 이 헌장의 10개 원칙은 다음과 같다.

1. 다양한 종이 번성할 수 있는 서식지
2. 미래를 위한 식목
3. 나무의 문화적 효과 찬양
4. 번성을 위한 삼림 관리 부문
5. 나무와 삼림지대에 대한 더 나은 보호
6. 나무와 함께하는 새로운 발전의 제고
7. 나무의 자연적인 건강 효과에 대한 이해와 이용
8. 나무에 대한 모두의 접근권
9. 훌륭한 관리를 통한 삼림지대와 나무에 대한 위협 해결
10. 삼림지대와 나무를 통한 경관의 개선

이처럼 탁월하게 합리적인 원칙은 지지받아 마땅하다. 하지만 이 원칙에는 삼림헌장이 갖고 있는 급진적인 전환적 성격이 빠져 있다. 또한 이 헌장에는 사회소득의 진보적 부분으로서 공유지를 회복하는 데 필수적인 관리자와 문지기에 대한 메커니즘, 책임과 시행에 대한 제안이 누락되었다.

국립공원에 대한 위협

영국에는 국토의 8퍼센트가 넘는 15군데의 국립공원이 있으며 이들은 1949년 국립공원과 전원 지역 접근법(National Parks and Access to the Countryside Act)에 따라 보호받는다. 국립공원은 영국에서 가장 아름다운 풍경을 이루고 있으며, 희귀종 야생생물의 보금자리일 뿐만 아니라 국립공원이 농업과 관광을 통해 생계수단을 제공하는 농촌 공동체의 보금자리이기도 하다. 각각의 국립공원은 자연유산과 문화유산을 지킬 책임을 맡은 독자적인 기구가 운영한다. 그러나 대부분의 토지가 사적 소유이거나 내셔널트러스트 같은 단체의 소유다. 예를 들어 레이크 디스트릭트 국립공원관리청은 그들이 감독하는 토지의 겨우 4퍼센트만 소유하고 있다.

역대 정부는 국립공원이 이 붐비는 나라에서 '영국의 숨 쉴 공간'을 제공하는 역할을 한다는 것을 인정하면서도 공원관리청에 대한 예산을 삭감했고, 길과 숲을 유지하는 데 드는 비용을 대기 위해 토지를 팔거나 상업화하도록 압력을 가했다. 레이크 디스트릭트는 2010년에서 2015년 사이에 예산이 38퍼센트 삭감되었으며, 공원관리청은 이 자연 공유지의 상징적인 부분에서 소중한 구역을 팔 수밖에 없었다. 이는 상업적 압력 때문에 생태적 악화가 더 심해지는 결과를 낳았다.

작가이자 환경운동가 조지 몬비오는 대규모 상업적 목양업자들이 오랫동안 로비를 한 뒤로 레이크 디스트릭트가 2017년 유네스코가 지정한 세계유산 지역에 걸맞지 못하게 되었다고 강력하게 주장했다. 목양업자들은 이 지역을 대규모 목양 지대에 불과한 곳으로 바꾸어버렸고, 이 지역의 특성인 생물다양성을 없애버렸다.[20]

역사적으로 볼 때 레이크 디스트릭트의 400만 헥타르에 달하는 고지대에는 야생생물과 나무들과 공동 식량원이 매우 다양하게 존재했다. 그러나 점차 이 지역은 목양업자들에 의해 인클로저되었으며, 이들은 이렇게 차지한 땅의 통제권을 강화했고, 양을 키우고 필요한 인프라를 건설하는 데 필요한 정부 보조금을 따냈다. 이 토지는 목양업자들에게 속하지 않지만 그들이 이에 대한 통제권을 얻은 것이다. 그 결과 양이 생태계를 파괴했고, 묘목과 양 이외의 동물이 먹어야 하는 자양분을 야금야금 먹어치웠다. 공유지는 이름뿐인 공유지가 되었다.

이러한 생태 파괴는 공적 자금으로 가능했다. 일반 납세자가 내는 돈에서 나온 보조금으로 산악 지역 목양을 유지해온 것이다. 내셔널트러스트, 왕립조류보호협회, 레이크 디스트릭트 국립공원관리청, 컴브리아 야생생물 트러스트(Cumbria Wildlife Trust) 등이 이 국립공원이 세계유산 지위를 얻어야 한다고 로비를 했지만, 그래봤자 고작 보잘것없는 모조품을 지지하는 것일 뿐이라는 몬비오의 주장을 반박하기는 어렵다. 이들은 심지어 실제로 어떤 레이크 디스트릭트 목양업자가 소유하고 운영하는 자문회사의 로비를 뒷받침하는 경제적 가치 평가를 의뢰하기도 했다. 이해충돌은 자명한 일이었다. 공유지 헌장은 국립공원의 성실한 보호를 법적 의무로 요구해야 한다.

미국에서는 도널드 트럼프 대통령 집권기 동안 지독할 정도로 자연 공유지에 대한 강탈이 이루어지고 있다. 시어도어 루스벨트 대통령의 보존주의의 유산으로 간주되는 1906년의 국가문화유산관리법(Antiquities Act)이 생긴 이래 미국 대통령은 특정 지역을 '국립기념물'로 선포해서 상업적 활동을 금지하는 공유지로 전환할 일방적인 권한을 가졌다. 트럼프가 대통령으로서 취한 첫번째 조치 가운데 하나가 국립기념물 지위가 주어진 지역을 대대적으로 없애겠다는 의도를 드러낸 것이었다. 2018년까지 300만 에이커가 넘는 국립기념물 지역이 상업화의 표적이 되었으며, 더 많은 지역이 그렇게 될 것이다. 그렇게 할 수 있는 대통령의 권한을 다투는 법적 소송이 분명 있겠지만, 2017년 12월 트럼프는 유타주의 2군데 국립기념물에서 200만 에이커를 떼어냈다. 그랜드 스테어케이스에스컬랜티(Grand Staircase-Escalante)에서는 80만 에이커가 넘는데 이는 전체 지역의 거의 절반이며, 베어스 이어스(Bears Ears)에서는 110만 에이커로 이는 전체 지역의 85퍼센트에 달한다. 트럼프의 내무부 장관은 또한 다른 8군데의 국립기념물도 축소되어야 한다고 권고했다.

같은 달에 미국 의회 내 공화당은 북극권국립야생보호구역(Arctic National Wildlife Refuge)의 해안 평지에서 석유 채굴을 승인하는 법안을 추진함으로써 이러한 흐름을 더 밀어붙였다.[21] 이 지역은 『뉴욕타임스』가 사설을 통해 "야생생물로 가득하며, 환경주의자들에게는 신비한 의미가 있고, 아메리카 원주민에게는 경제적 중요성이 큰 지역"이라고 묘사한 곳이다. 종종 아메리카의 세렝게티라고도 불리는 이곳은 다양한 야생생물의 서식지로 700여종의 동식물이 살고 있다. 여기에는 북미 순록 카리부, 북극곰, 회색곰, 늑대, 울버린, 사향소, 북극해 어류와 (주로 철새인) 200종의 조류가 포함된다. 이제까지 상업적 이용에서 보호받던 150만 에이커가 미국의 자연 공유지에서 상실될 것이다.

이렇게 〔국립공원〕 보호를 철폐한 일이 공화당의 대규모 세금감면 정책인 2017년의 세금감면과 일자리 법에 슬그머니 끼어들어갔는데, 이는 보호지역에서 채굴을 가능하게 하려 했던 공화당의 오랜 캠페인을 완성하는 일이었다. 알래스카주 상원의원 리사 머카우스키와 (마찬가지로 상원의원이었던) 그의 아버지가 이 캠페인에 앞장섰다. 채굴에서 나오는 수익은 아마도 연방정부와 알래스카 주정부가 나누게 될 것이다. 알래스카주 공화당이 주 소득세를 0으로 삭감하고 판매세를 부과하지 않기로 한 이래 알래스카주는 석유 수입에 의존하고 있다. 북극 지역의 석유 생산에서 나오는 연방 수입은 미미할 것으로 예측된다. 억지로 만들어낸 재정의 구멍을 메우기 위해 자연이 희생되고 있다.

오스트레일리아에서는 국립공원이 상업화되고 있다.[22] 태즈메이니아 주정부는 국립공원 내 호화 관광이라는 야심찬 계획을 시작했는데, 이는 '야생'의 경험을 파괴할 것이라고 비판받는다. 여기에는 유네스코 세계유산 지역인 말베나호수(Lake Malbena)의 홀스 아일랜드에 만들어진 호화 상설 캠프도 있으며, 헬기 착륙장과 개인 숙소를 따라 난 유료 하이킹 트랙이 포함될 것이다. 이전에는 캠핑을 해야만 하이킹 트랙에 접근할 수 있었다. 뉴사우스웨일스 국립공원 야생생물관리국에서는 시드니하버 국립공원과 기타 국립공원에 있는 건물과 장소를 결혼식과 기타 행사를 위해 빌려주고 있다. 공공

시설을 돈을 낼 수 있는 사람들만 독점적으로 이용할 수 있게 된 것이다. 또한 크리스마스 아일랜드에서 진행되는 호화 생태숙소 개발은 매년 이루어지는 게의 이동에 위협을 가하고 있는데, 〔박물학자이자 방송인인〕데이비드 애튼버러 경은 이를 지구에서 벌어지는 열가지 자연의 경이 가운데 하나로 꼽은 바 있다.

국립공원 및 그와 유사한 지역의 고갈과 상업화는 지구적 현상이다. 이는 지구화와 통합되어 있으며, 저항은 약하다. 그러나 레이크 디스트릭트의 쟁점에도 불구하고 유네스코 세계유산 지역의 보호 체제는 대단할 정도로 방벽 역할을 하고 있다. 그것은 국제적으로 중요하다고 간주되는 지역의 인상적인 목록을 만들어왔다. 2014년 신자유주의적인 오스트레일리아 정부는 상업적 벌목권을 갱신해주기 위해 태즈메이니아의 숲 7만 4천 헥타르를 보호에서 제외하려 했다. 유네스코는 이 '수용할 수 없는 전례'를 거부하면서 이러한 조치가 다른 나라들이 유사한 행동을 할 수 있는 길을 열어줄 것이라고 주장했다. 그러나 세계유산 지역은 현재 위협받고 있는 지구적 공유지의 극히 일부다.

'돌아다닐 권리'

'돌아다닐 권리'(right to roam)는 원하는 곳을 걸을 수 있는 오래된 권리다. 영국에서는 1925년의 재산권법에 따라 모든 사람이 14만 마일에 달하는 공인된 공공 오솔길에서 걸을 수 있는 권리를 얻었다. 오늘날 잉글랜드에서는 11만 7천 마일이, 웨일스에서는 2만 600마일 정도가 걸을 권리가 있는 길로 추정된다. 스코틀랜드는 수치가 확실하지 않은데, 잉글랜드 및 웨일스와 달리 스코틀랜드 지방 정부는 확정판 지도를 만들어야 하는 법적 의무가 없기 때문이다.[23]

통행권(rights of way)은 관습과 관습적 이용에 기초하고 있다. 핵심적인 기준은 길이나 공공도로를 '권리로서', 제지당하지 않고 '강제 없이, 공공연하게, 허가 없이' 사용할 수 있어야 한다는 것이다. 허가라는 관념은 공유자에게 자발적으로 길을 사용할 권리를 부여했지만 이를 철회하기를 원하는 토지 소유자를 보호하는 것이다. 토지의 일부를 허가에 의해 비소유자가 사용할 수 있도록 한다면 통행권은 성립할 수 없다. 1932년의 통행권법에서는 공중이 20년간 그런 식으로 사용했을 경우 통행권이 성립했다는 적절한 증거라고 보았다. 그러나 이는 종종 그러한 주장을 뒷받침하는 법적 증거를 제공하기가 어려웠다.

신노동당 정부는 아직 지도에 포함되지 않은 모든 역사적 통행권을 2000년 시골과 통행권 법으로 갱신된 등기부에 포함시킬 시한을 2026년으로 정했다. 정해진 시간 안에 이 모든 오래된 통행권을 확인하고 등기하는 것은 큰 도전일 것이며, 잘못될 경우 공중은 이를 영원히 상실할 것이다. 대부분의 사람들은 무엇이 공중의 통행권이고 무엇이 아닌지를 알지 못하며, 어떤 것이 그런 통행권으로 등록되어 있는지를 아는 사람도 드물다. 종종 부유한 토지 소유자들이 큰돈을 들여 법적 이의를 제기해오면,[24] 사람들은 길, 승마로, 샛길 등을 확인해야 할 뿐만 아니라 이것이 공유지라는 것도 증명해야 한다.

개방형 용지는 모두에게 걸어다닐 수 있는 권리를 부여한다. 기타 공유지는 말이나 자전거를 타는 것을 허용하기도 한다. 그러나 개방형 용지 중 면적이 큰 부분은 영국 국립지리원 지도에 표시되어 있지만 그외 많은 공유지는 너무 작아서 대부분의 지도에 표시되어 있지 않으며, 지방정부 웹사이트에서도 확인하기 어렵다.

돌아다닐 권리는 법적인 문제 이상의 것이다. 영국에서 이루어진 조사에 따르면 지난 40년 사이에 '돌아다닐 수 있는 범위'(roaming range) ─ 아이들이 보호자 없이 놀 수 있도록 허용된 구역 ─ 가 90퍼센트 이상 줄어들었다. 이는 교통량 증가, 학교의 압박, 아이들의 안전에 대한 부모의 우려, 녹지의 축소 때문이다. 이렇게 신체활동이 줄면서 비만율이 올라갔다. 오늘날 아이들이 야외활동에 쓰는 시간은 수감자들보다 더 적다.[25]

사람들은 돌아다닐 권리와 오솔길을 사용할 권리를 위해 오랫동안 싸워야 했다. 전국오솔길보존협회(National Footpaths Preservation Society)는 빅토리아 시대에 만들어졌고, 후일 1899년에 공유지보존협회와 합쳐서 공유지와 오솔길 보존협회(Commons and Footpaths Preservation Society)가 되었다. 전국도보자연맹회의(National Council of Ramblers' Federation)는 1931년에 만들어졌으며 그 유명한 킨더 스카우트(Kinder Scout) '대규모 무단침입' 이후인 1935년에 좀더 공세적인 도보자협회(Ramblers' Association, 현재는 '도보자들'The Ramblers)가 되었다.

1932년에 피크 디스트릭트의 황야 지대 킨더 스카우트의 사적 관리를 둘러싸고 긴장이 고조되었다. 힘 있는 토지 소유자들이 사냥을 위해 토지를 사실상 인클로저했고 도보자들은 사냥터 관리인 때문에 돌아가야 했다. 이 일로 수백명의 도보자들이 '점거' 운동을 시작했으며, 다섯명의 항의자들이 최장 6개월 동안 수감되었다. 그 결과 대중적 공분이 확산되어 1만명의 도보자들이 인접한 황야 지대의 개방 이용을 지지하는 집회를 열었다. 단기적으로 이 캠페인은 실패로 돌아갔지만, 2000년 시골과 통행권 법으로 절정에 달한 2차대전 이래의 일련의 입법을 통해 공유지에 대한 공동이용과 통행권에 합법적 권리가 부여되었다.

돌아다닐 권리는 모든 도시와 소도시, 마을에 있는 도로에도 해당한다. 제인 제이컵스는 1961년에 나온 영향력 있는 책 『미국 대도시의 삶과 죽음』(*The Death and Life of Great American Cities*)에서 보행로 및 그 이용자들을 도시의 '문명 대 야만의 드라마'에서 무질서에 맞서는 핵심 전투원으로 보았다. 그는 사람들이 만나고 수다 떨고 어떤 일이 일어나는지 지켜보는 거리가 도시를 안전하게 만들고 공동체 감각을 강화하는 데 핵심적이라고 주장했다. 하지만 이 장의 뒷부분에서 밝히듯이, 사적으로 소유한 공적 공간 혹은 공적 공간의 사영화(POPS)가 확산되면서 사영화와 인클로저는 점점 우리 도시의 도로와 보행로에까지 확장되고 있다.

2015년 영국 보수당은 선거 공약에서 공중이 자유롭게 이용할 수 있는 개방형 녹지의 지도를 제공하도록 노력하겠다고 말했다. 2018년까지 그 약속은 여전히 지켜지지 않았다. 그러한 지도는 누구에게 접근권이 있으며 어떤 활동이 허용되는지에 관한 상세한 정보를 제공해야 한다. 농민과 기타 토지 소유자들도 사람들이 시골 지역에 접근할 수 있도록 자기 토지에 있는 길을 유지할 법적 의무가 있다. 이것은 공공 부문 계약을 맺거나 정부 보조를 받는 조건이 되어야 한다.

압박받고 있는 마을과 소도시의 녹지

이 녹지를 야만인과 공리주의자에게서 구한
허버트 화이트 목사를 기억하며, 1853년
―워버러 녹지, 크리킷 파빌리온의 명판

잉글랜드에서 마을 녹지는 휴식, 스포츠, 피크닉, 산책 등을 위해 수세대 동안 따로 확보해온 고전적인 공공용지다. 그것은 평등과 공동체를 내포하며, 사용되는 것만큼이나 눈에 보이는 어떤 것이다. 오늘날 녹지는 전적으로 휴식을 위한 것으로 규정되어 있기 때문에 진정한 공유지가 아니지만 과거에 녹지와 기타 공유토지는 겹쳐 있었다. 원래 많은 녹지가 가난한 사람들이 식량을 재배하거나 가축에게 먹이를 주는 데 이용할 수 있도록 따로 확보되어 있었다. 다치거나 병든 동물이 더 큰 초원으로 돌아갈 수 있을 때까지 공유자들이 그 동물을 보호하는 데 이용되기도 했다. 이처럼 녹지는 사회적 기능뿐만 아니라 경제적 기능도 했다.

중세 시대에 녹지는 보통 '태곳적부터', 즉 누구도 기억할 수 없이 오래전부터 녹지로 존재했다는 사실에 따라 규정되었다. 오늘날 녹지로 규정되기 위해서는 그 토지가 최소 20년간 '권리로서의' 휴식을 위해 쓰였어야 한다. 돌아다닐 권리와 마찬가지로 강제력이나 이의 제기나 허가 없이 말이다. 허가는 언제나 철회될 수 있기 때문에 지방의회가 제공하는 휴식용 토지는 통상 〔녹지로〕 등기될 수 없지만 20년 이상 이의 제기 없이 통상적으로 사용된 지역은 등기가 가능하다.[26] 2018년 현재 잉글랜드에는 등기된 3,650군데의 녹지가 있으며, 웨일스에는 220군데가 있고, 등기되지 않은 녹지의 수는 추산할 수 없다. 이들 녹지는 규모와 모양이 각양각색이다. 글로스터셔 프램턴온세번에 있는 로저먼드 녹지(Rosamund's Green)는 반 마일 정도이지만 가장 큰 위트스터블의 던컨 다운(Duncan Down)은 52에이커에 달한다. 하지만 오늘날 녹지의 수는 중세에 있던 것의 일부에 불과하다.

수많은 마을 녹지가 수세기 넘게 진행된 공유지 인클로저 운동 속에서 상실되었다. 녹지에 대한 집단적 방어는 1865년 공유지보존협회가 형성되면서 시작되었으며, 이 협회는 1866년에 녹지가 더 망가지는 것을 막기 위한 첫번째 대규모 행동을 했다. 같은 해에 런던 주변의 공유지가 더이상 인클로저되지 못하도록 하는 런던 공유지법이 만들어졌다. 마을 녹지는 1965년의 공유지 등기법으로 공식적인 보호를 받을 수 있게 되었고, 이후 대략 3천곳의 녹지가 성공적으로 등기되었다. 그러나 여전히 많은 녹지가 등기 마감 시한 때문에 등기되지 못했으며 계속해서 상실되었다. 1990년에 녹지 등기가 재개되었고, 현재 공공용지협회로 이름을 바꾼 공유지보존협회의 승계 조직이 전통적으로 휴식과 스포츠를 위해 사용된 토지의 등기를 성공적으로 진행하여 개발로부터 녹지를 보호하고 있다.

2006년의 공유지법이 개정되면서 녹지 등기를 위한 절차가 명확해졌고, 이로 인해 녹지가 더 망가지는 것을 막는 데 도움이 되었다. "해당 장소 혹은 해당 장소 내 어떤 지역 주민의 상당수가 최소 20년간 해당 토지에서 합법적인 스포츠와 레저를 권리로서 즐긴" 녹지는 소도시 녹지나 마을 녹지로 등기될 수 있다. 이 법은 또한 등기된 녹지를 인클로저하거나 침해하는 것을 범죄로 규정하고 있으며, 이 때문에 개발을 막기 위한 수단으로 녹지로 등기하려는 신청 건수가 증가했다. 이렇게 되자 역사적으로 인클로저와 사영화의 지지자 역할을 계속해온 보수당은 2013년에 성장과 기반시설 법을 통과시켰는데, 이 법은 이미 개발계획에 포함된 토지의 등기를 거부할 수 있도록 하고 있다.

모임 장소로서의 마을 녹지는 역사적으로 사회적 저항이 벌어질 때 중요한 역할을 했는데, 이는 높은 세금과 농노제에 맞섰던 1381년 농민반란까지 거슬러 올라간다. 에식스에는 현재 농민반란 지도자를 기념하는 와트 타일러 녹지(Wat Tyler Green)가 있다. 녹지는 또한 유명한 톨퍼들 순교자들(Tolpuddle Martyrs)과도 관련이 있다. 1834년 톨퍼들 마을 녹지에서 노동조합 결성을 요구한 여섯명의 노동자들이 7년의 오스트레일리아 중노동형에 처해졌는데, 이런 불의에 맞서 시위가 일어났고 결국 1836년에 사면된 사건이다.

마을과 소도시 녹지는 언제나 정원과 녹음이 우거진 지역에 별장을 가진 부유층보다는 저소득층에게 더 가치가 있었다. 녹지나 공유지가 인클로저될 때 가난한 사람들의 생계를 위해 작은 땅은 제외하는 경우가 있었다는 것에서 이를 알 수 있다. 고전적 예는 런던에 있는 트위크넘 녹지(Twickenham Green)인데, 이는 1800년과 1818년에 인클로저가 끝난 대규모 공유지 가운데 남은 부분이다. 작은 삼각형 모양의 땅이 극빈층을 위해 남겨진 것이다. 이는 이들이 공유지에 대해 갖고 있던 연료의 권리를 상실한 것에 대한 보상이었고, 인근 구빈원이 사용하기 위한 농장이기도 했다.

최근 들어 마을과 소도시 녹지는 공유자보다는 토지 소유자에게 우호적이며 녹지의 보존이 주택 개발과 경제성장에 방해가 된다고 생각하는 정부의 주도하에 거의 지속적으로 공격받고 있다. 여전히 우리의 녹지를 보존하기 위한 싸움은 계속된다. 이는 관습적 이용이 권리를 수립하는 기초라는 오래고 단순한 관념에 기초한 것이다.[27]

쇠퇴하는 공원

현대 공원의 기원은 인클로저로 전유당한 공유토지의 기원과 유사하다. 오래된 용어인 '공원으로 만들다'(impark)는 지주나 영주가 탈취한 공유토지 지역을 의미했다.[28] 어떤 의미에서 공원은 숲의 반대인데, 공원이 조성된 방식이 인공의 창조물이기 때문이다. 생계를 위해 이용된 전통적인 숲과 달리 공원은 길들여진 자연으로, 질서가 있고 규칙이 통용되며 주로 휴식을 위한 것이다.

여전히 현대인에게 공원은 공유지의 일부다. 영국에서 공원의 성립은 특히 도시 지역에서 공유지를 인정하고 보호하려는 움직임과 함께 이루어졌다. 1851년에 빅토리아 여왕이 대중의 '조용한 향유'를 위해 국가에 기증한 런던의 8개 왕립공원은 부자든 가난한 사람이든 모두가 자유롭게 이용할 수 있는 녹지 공간을 만들자는 것이었다. 다른 도시들에도 유명한 공원들이 유증되었다. 83에이커의 삼림, 언덕, 운동장 등이 있는 셰필드의 그레이브스공원(Graves Park)은 시의원을 지낸 존 그레이브스가 1920년에 공유지로 기증한 것이다. 이런 행동은 사적 부가 공적 부로 재분배된 드문 예다.

영국에 대략 2만 7천개가 있는 공원은[29] 도시에서 건강한 삶을 누리는 데 필수적이다. 모든 연령대의 남자, 여자, 아이 들을 공원에서 만날 수 있다. 산책하는 연인들, 노는 아이들, 조깅하거나 걷는 사람들, 산책하는 노인들. 이 모든 자유로운 행동은 커다란 가치가 있다. 공원 근처에 살면 신체적·정신적 건강이 증진되며 좋은 삶을 살고 있다는 생각이 커진다. 어떤 연구에 따르면 공원 때문에 의사를 찾는 환자가 줄어들어 NHS가 연간 1억 1,300만 파운드를 절약한다고 한다.[30] 공원은 또한 건물로 가득 찬 지역의 열을 줄여주며, 폭우로 인한 홍수를 관리하는 데 도움이 된다.

하지만 오늘날 영국에서 공원은 전례 없는 위협을 받고 있다. 2016년 실시된 공원 관리인 조사(표2)에 따르면 거의 모든 공원이 지난 3년간 예산 삭감을 경험했으며, 이후 3년간 더 많이 삭감될 것이라 예상했다. 겨우 절반의 공원만이 좋은 상태라고 했다. 이 조사는 또한 인원 감축으로 인해 원예, 조경, 야생생물 관리기술 등에서 심각한 저하가 있다는 것을 보여준다.

공원에 대한 지출은 중앙정부에서 지방의회에 주는 재원에서 불

표2 2016년 영국 공원 현황

공원 이용	퍼센트	2014년 이래의 변화
지역 공원을 일주일에 1회 이상 이용하는 성인	35	동일
공원을 한달에 1회 이상 이용하는 성인	57	+3
지역 공원을 최소한 한달에 1회 이상 이용하는 5세 이하 아동을 둔 가구	90	+7
공원 상태		
공원 관리인이 좋은 상태라고 보고	53	-7
공원 관리인이 지난 3년 사이에 개선되었다고 보고	27	-14
공원 관리인이 향후 3년 사이에 개선될 것이라고 예상	20	-1
공원 관리인이 지난 3년 사이에 악화되었다고 보고	18	-1
공원 관리인이 향후 3년 사이에 나빠질 것이라고 예상	39	+2
공원 예산		
공원 관리인이 지난 3년 사이에 예산이 삭감되었다고 보고	92	+6
공원 관리인이 향후 3년 사이에 삭감이 이뤄질 것이라고 예상	95	+8
공원 관리인이 10~20퍼센트의 삭감을 예상	55	+17
공원 관리인이 20퍼센트 이상의 삭감을 예상	21	-11
지난 3년 사이에 관리직원 감축 보고	75	-6
지난 3년 사이에 운영직원 감축 보고	71	-6
예상되는 변화		
지방정부가 공원/녹지를 매매하거나 양도할 것을 고려	50	+5

자료: Heritage Lottery Fund, *State of UK Public Parks*, 2016.

균형할 만큼 크게 줄었다. 2017년 런던시의회 교통환경위원회는 예산 삭감으로 런던의 공원을 사기업에 분할 매각하는 일이 발생할 수 있다고 경고했다. 지방의회는 홈리스와 사회적 돌봄이 필요한 사람들에 대한 지출을 우선해야 하기 때문이다.

같은 해에 브리스톨시의회는 공원에 대한 시의 지출을 2019년에는 완전히 없애겠다고 발표했다. 물론 대중의 격렬한 항의가 있은 후 철회할 수밖에 없었지만 말이다. 뉴캐슬은 이전 7년간 공원 예산을 90퍼센트까지 삭감했다. 스톡포트는 시골에 있는 공원에 70채의 주택 건설을 허용하는 결정을 내렸다. 한편 리버풀은 공원 관리를 사영화할 것을 고려하고 있다. 리버풀은 이미 관리 비용을 삭감했고, 캘더스톤스공원(Calderstones Park)에 호화 주택 건설을 허용했다. 이 공원에는 신석기 시대 유물과 천년 된 참나무 앨러턴 오크(Allerton oak)가 있다.

예산 삭감은 수입을 늘리기 위한 공원의 상업화와 함께 이루어졌다. 이는 공유지를 더 침식하는 것으로, 공원의 질에 나쁜 영향을 미치고 공원의 성격을 바꾸었다. 상업 행사에 공원을 빌려주는 '이벤트주의'로 인해 평화롭고 조용한 장소에 소음과 군중이 몰려들었다. 2016년 런던의 배터시공원(Battersea Park)에서는 600개 이상의 행사가 열렸는데, 1991년에 약 100개가 열린 것과 대비된다. 2018년 여름 북런던의 핀즈버리공원(Finsbury Park)은 거의 쉬지 않고 페스티벌이 점령해서 지역민의 이용이 제한되고 바닥이 짓밟혔으며 놀란 새들이 사라졌다.[31]

재정 압박은 런던의 왕립공원에도 상업화를 강요했다. 2009년에서 2014년 사이에 정부는 왕립공원 유지 재원을 4분의 1까지 삭감했고 공원 수입의 60퍼센트를 스스로 만들어내도록 의무화했다. 하이드파크에서 진행되는 프로그램인 윈터 원더랜드, 프롬스 인 더 파크와 록 콘서트들로 인해 좋은 공간과 대중의 '조용한 향유'가 방해받았으며, 공원 내 상당한 지역이 행사 기간은 말할 것도 없고 잔디가 회복되도록 행사 이후에도 오랫동안 봉쇄되었다. 록 콘서트 같은 행사가 대중적인 것이라는 바로 그 이유로 공유지를 이런 행사를 위한 장소로 바꾸는 것은 정당화될 수 없다. 구명보트를 관광객을 태우는 데 이용하면 더 많은 돈을 벌 수 있고 더 즐거움을 줄 수 있다고 말할지도 모르겠다. (하지만) 구명보트는 그것을 위해 존재하는 것이 아니다.

한가지 형태의 상업화가 허용되면 다른 형태가 따라올 것이다. 그리고 입장료를 내야 하는 더 많은 행사로 인해 공원 내 더 넓은 지역은 프레카리아트와 다른 사람들의 손에서 멀어지게 된다. 상업화는 전통적인 공유지에 대한 존중을 침식하고 공유지를 지키겠다는 시민의 결의를 약화시킨다. 물론 이런 일이 저항 없이 이루어지지는 않는다. 런던의 빅토리아 임뱅크먼트 가든(Victoria Embankment Gardens)을 이벤트회사가 사용할 수 있도록 면허를 주자는 제안은 지역 주민들의 반대로 철회되었다. 런던 해링게이구는 핀즈버리공원을 상업적으로 임대하는 것에 제한을 두어야 한다는 소송에 직면했다. 그러나 공원 내 행사 허가에 대한 반대는 결국 허가에 책임이 있는 동일한 당국이 그런 허가를 통해 재정 수입을 올리고 있다는 사실과 충돌하게 된다.

그러는 사이 이벤트주의가 확산되고 긴축의 악영향이 나타나면서 우리의 공원은 더 쇠락하고 더 지저분해졌으며, 반사회적 행위가 벌어질 위험이 증가했다. 지역 공원이 더이상 매력적이거나 안전하지 않다고 생각해서 사람들이 이용하기를 주저하게 되면 지역 공원을 지킬 생각도 덜 하게 될 것이다. 현재 공원은 여전히 사랑받고 있으며 사회소득의 중요한 원천이다. 그러나 공원의 질 저하는 사회소득을 낮추는데, 특히 개인 정원과 자신만의 녹지 공간이 없는 저소득층과 공동체에게 그러하다. 이들은 신선한 공기, 공용 공간, 운동과 자연의 아름다움에 대한 경험 등을 공원에 의지하고 있다.

공적 공간의 사영화

역대 정부는 예고 없이, 거의 알리지도 않은 채 이전에 공공토지였던 것을 사영화해왔다. 이는 1979년에 대처 정부가 들어서면서 시작되었고, 보수당, 신노동당, 연립정부 등에서 지속되었다. 모든 유형의 토지가 지방정부와 중앙정부에 의해 매각되었는데, NHS와 기타 공공기관도 이런 매각에 가담했다. 이전에는 국영이던 산업 ─ 전화, 수도, 전기, 가스, 철도, 우편 ─ 의 사영화로 인해 많은 토지가 사기업에 양도되었다. 대략 200만 헥타르의 공공토지가 1979년 이래 사유화되었다. 이는 놀랍게도 전체 영국 토지의 10퍼센트이며, 40년 전에 공공기관이 소유한 전체 토지의 대략 절반이다. 이렇게 매각된 토지는 현재 시가로 4천억 파운드로 추정된다. 놀랄 만한 강탈이다.[32] 이는 도시 공유지에 대한 지속적인 사유화 및 상업화와 함께 이루어졌다. 여기에는 모든 주거지역과 비주거 공공재산뿐만 아니라 도로와 광장도 포함된다. 전세계적으로 도시의 공공광장은 사적 소유로 바뀌고 있으며, 이는 종종 '재생'이나 재개발 계획의 일부로 이루어진다.[33]

〔2013년에〕 터키 정부가 이스탄불의 탁심 게지 공원(Taksim Gezi Park)에 쇼핑몰을 지으려 했을 때 350만명이 참여한 것으로 추산되는 거대한 항의 운동이 일어났다. 이는 정부에 대한 훨씬 더 큰 불만을 표현하는 촉매가 되었다. 개발안에는 작은 공원을 없애는 것이 포함되었는데, 이는 이스탄불에 몇군데 안 되는 휴식 공간 가운데 하나였다. 공원과 정원은 이스탄불 전체 면적의 겨우 2퍼센트에 불과한데, 이는 런던의 33퍼센트와 대비된다. 34개 도시를 조사한 가운데 두바이만이 공원과 정원의 수가 이스탄불보다 적다.[34]

영국, 특히 런던에서는 종종 외국계인 사적 자본이 도시 공유지를 침식하는 일이 만연해 있다.[35] 2007년에 왕립감정인협회(Royal Institution of Chartered Surveyors)는 공적 공간의 사유화를 '토지 소유권의 혁명'이라고 불렀다. 이는 인클로저나 다름없다.

런던은 고유한 성격을 상실했고, 평범한 런던 사람들이 자유롭게 이용할 수 있었던 공간은 축소되고 있다. 도시 공유지의 사유화는 이제 비공식 약자인 POPS(사적으로 소유된 공적 공간privatization of public spaces)로 불리게 되었는데, 공적인 것으로 보이는 광장, 정원, 공원이 점점 늘어나지만 실제로는 공적인 것이 아니라는 것을 의미한다. 런던의 킹스크로스역 근처에 새로 만들어진 그래너리광장(Granary Square)은 주변에 최신 카페와 레스토랑이 있는, 유럽에서 가장 큰 공용 공간 가운데 하나지만 상업 행사를 위해 임대할 수 있는 사적 부동산이다. 동부 런던 스피털필즈의 시장과 역사적 거리를 포함하는 비숍광장(Bishops Square)은 이제 J.P.모건 자산운용사 소유다. 템스강 남쪽 제방을 따라 561에이커의 나인 엘름스(Nine

Elms)를 150억 파운드를 들여 재개발하게 되면 이 지역의 광장과 녹지는 말레이시아 개발업자 손에 들어가게 될 것이다. 그리고 배터시 발전소가 상점, 사무실, 호화 아파트로 — 애플의 영국 본사로 — 바뀌게 되면 중심부는 말레이시아광장이 될 것인데, 이는 말레이시아 풍경과 지질에서 영감을 얻은 계획이다.

2009년 당시 런던 시장 보리스 존슨은 거리와 공적 공간의 '기업화'를 한탄했다. 그가 말하길, 이는 런던 사람들이 자기 도시에서 무단침입자처럼 느끼도록 만들었다. 시장의 본부인 시청과 그 부지 13에이커의 경우도 부동산 관리회사인 모어 런던(More London) 소유인데, 이 회사는 런던의 알짜 부동산을 소유한 쿠웨이트 자산그룹 세인트마틴스(St Martins)가 2013년에 사들였다. 하지만 존슨은 그가 했던 멋진 말과 달리 사영화와 기업화를 전례 없는 수준으로 확대했다. 그는 나인 엘름스 개발과 템스강에 엄청난 돈을 들여 사적 소유물로 건설될 가든 브리지까지 관심을 두었다(이 계획은 후임자에 의해 폐기되었다). 이렇게 되었다면 공중의 통행권이 사라졌을 것이고 기업이 행사를 할 경우 대중은 그곳에 들어가지 못했을 것이다.

웨스트민스터 공작의 그로브너(Grosvenor) 부동산이 소유하고 있는 영국의 다른 곳들, 즉 버밍엄의 브린들리플레이스, 포츠머스의 건워프 부두, 리버풀 원 등은 모두 사유화된 공적 공간이다. 엑서터의 프린세스헤이는 미국 자산그룹 누벤 부동산(Nuveen Real Estate)과 군주의 자산 포트폴리오를 관리하는 크라운 이스테이트(Crown Estate)가 소유하고 있다. 개발업자들은 새로운 공적 공간을 개발하고 있다고 — 예를 들어 버려진 토지를 개간함으로써 — 말하지만 이런 지역들은 자산과 소매상점들을 통해 임대소득을 극대화하려는 상업적 이익을 목적으로 바뀌고 있는 것이다.

1980년대 이래 런던에서 이루어진 거의 모든 주요한 부동산 재개발은 그때까지 공적 공간이던 공적 소유 토지를 사유화하는 방식이었다.[36] 긴축정책을 실시한 정권은 사태를 더욱 악화시켰다. 전국의 지방의회가 필사적으로 유지 비용과 부채를 줄이려 하면서 더 많은 토지를 내놓았다.[37] 하지만 많은 지방의회가 자신들이 소유한 토지가 무엇인지, 어떤 토지가 민간 개발업자에게 팔렸는지 명확하게 알지 못했다.[38]

독특하게 이례적인 경우가 크라운 이스테이트의 토지, 즉 명목상 군주가 소유한 토지와 자산이다. 삼림헌장이 표명하는 원칙에 따르면 군주의 토지는 상업화될 수 없다. 하지만 크라운 이스테이트는 수익을 많이 내는 자산운용사가 되어 2017년에 124억 파운드의 자산 포트폴리오에서 3억 2,900만 파운드의 순익을 올렸다.

최근에 『프라이빗 아이』(*Private Eye*)의 탐사보도 전문기자들과 '영국을 누가 소유하는가'(WhoOwnsEngland.org)의 가이 슈럽솔과 애나 파월스미스가 훌륭하게 드러낸 것처럼 런던의 핵심 지역에 있는 크라운 이스테이트 자산의 임대권은 조세도피처에 있는 역외 회사들에 팔렸으며, 소수의 금권정치가와 재벌의 통제를 받는다.[39] 여기에는 세인트제임스공원을 내려다보는 칼턴하우스 테라스(Carlton House Terrace)에 대한 125년 임대권이 포함되는데, 이는 2006년에 조세도피처인 건지섬의 한 회사를 통해 억만장자인 힌두자 형제들에게 팔렸다가 나중에 또다른 조세도피처인 영국령 버진아일랜드의 한 회사에 1억 5천만 파운드에 양도되었다. 2012년에는 리전트공원에 붙어 있는 예전 왕실 소유 자산이 러시아 금융가 블라디미르 체르누킨에게 1,800만 파운드에 팔렸는데, 이때도 영국령 버진아일랜드에 있는 한 회사를 통해 거래되었다. 전체적으로 볼 때 4만개가 넘는 런던의 부동산을 해외 기업이 소유하고 있으며, 이 가운데 4분의 1이 영국령 버진아일랜드에 등록되어 있다.[40]

공적 공간의 사유화는 무미건조한 기업의 이익을 위해 지역의 전통과 특색을 없애버리는 것이며, 한때 거리정치와 거리예술로 불렸던 형태로 나타나는 창조성과 표현에 대해 장벽을 세우는 일이다. 상업적인 초대형 프로젝트는 도시의 세포를 죽이고 도시 생활을 탈도시화한다.[41] 공적 공간의 사적 소유자는 사람들이 할 수 있는 것 — 먹고 마시고, 자전거나 스케이트보드를 타고, 버스킹하고, 잠깐 졸고, 심지어 사진을 찍는 것까지 — 을 금지하거나 규제할 수 있으며, 마음만 먹으면 모든 접근을 거부할 수 있다. 이런 공간은 지방정부의 조례를 따르지 않고 독자적인 규제가 적용되는데, 대개 민간 보안회사가 이를 집행한다.

사유화는 필연적으로 사회적·정치적 활동을 제약한다. 2011년에(그리고 이후까지) '오큐파이 런던' 항의자들은 패터노스터광장(Paternoster Square)에 있는 증권거래소 앞에서 시위를 벌이는 것을 금지당했다. 왜냐하면 법원의 금지 명령이 명시했듯이 "전적으로 사적 자산인 광장에서 항의자들이 시위를 벌이거나 항의행동을 할 권리가 없기" 때문이다.[42] 세인트폴성당 가까이 있는 패터노스터

광장은 일본의 미쓰비시 부동산회사(Mitsubishi Estate Company) 소유이며, 이 회사는 여기 있는 자산에서 상당한 임대수익을 올리고 있다. 여기에는 투자은행인 골드만삭스(Goldman Sachs), 메릴린치(Merrill Lynch), 노무라증권(Nomura Securities) 건물 등이 포함된다. 〔금융 중심지〕 시티오브런던의 상당 부분은 현재 사적 소유이며, 따라서 정당한 항의를 할 수 없는 곳이다. 항의는 모어 런던이 관리하는 시청 외부에서도 금지되어 있다.

런던의 또다른 곳인 비숍게이트와 리버풀 스트리트 주변의 브로드게이트 지구에서는 시위를 막는 또다른 금지 명령이 내려졌는데, 이에 찬성하는 증인 진술은 이렇게 말한다. "공동 부분에 대한 공적 권리는 없습니다. 이 지역으로 들어가는 문들은 일년에 한번 상징적으로 닫히는데, 이는 규정에 따라 그러한 권리가 발생할 수 없다는 것을 확실히 하기 위해서입니다."⁴³ 다른 말로 하자면 고대 그리스인들이 아고라라고 불렀던 시민들의 중심적인 모임 장소에서 시위와 파업을 벌이고 공적 생활에 참여하는 오래된 권리가 공유지의 상품화에 의해 빼앗기고 있다는 것이다. 이것은 신자유주의적 기획의 최종 국면이다.

지리학자이자 POPS 활동가 브래들리 개릿은 1932년 킨더 스카우트에서 벌어졌던 대규모 무단침입을 떠올리게 하는 제안을 꺼냈는데, 이 무단침입은 〔노동당 정치가〕 로이 해터슬리가 "영국 역사에서 가장 성공적인 직접행동"이라고 서술했던 것이다. 이전 시기에 더 고통스러운 일들이 있었다는 것을 감안하면 누군가에게는 이런 서술이 과장되고 공정하지 못한 것일 수 있지만, 이 무단침입은 눈

시울이 뜨거워지는 성과를 낳았다. 오늘날 진행 중인 도시 공적 공간의 인클로저와 사유화를 멈추기 위해서는 직접행동이라는 관점에서 이에 비견할 만한 어떤 것이 필요할 것이다.

도시 나무의 대량학살

자연 공유지를 주로 농촌 지역의 것으로 생각하는 경향이 있지만 도시와 소도시는 점차 이 논쟁적인 영역의 일부가 되고 있다. 공원 이외에 거리와 광장을 생각해보자. 가로수는 우리 공유지의 일부다. 가로수는 거리에 아름다움을 더해주며, 신체적·정신적 건강을 증진하는 것으로 여겨진다. 토론토에서 이루어진 조사는 가로수가 늘어선 거리에서 사는 것은 사람들에게 더 젊고 더 풍요롭다고 느끼게 하며 정신건강을 증진한다는 결론을 내렸다.[44] 나무는 또한 오염 물질을 흡수함으로써 공기를 정화한다. 나무는 여름에 대기의 온도를 낮추고 홍수를 완화하는 데 도움이 된다. 또한 나무는 언제나 우리의 상상력과 정체성에 영향을 미치는 상징성이 있다.[45]

하지만 신자유주의 시대에 도시에 있는 수백만 그루의 나무는 공유지의 약탈 속에서 희생당하고 있다. 미국에서 2018년에 산림청이 수행한 연구에 따르면 소도시와 도시에서 매년 3,600만 그루의 나무가 사라지고 있는데, 이는 매년 17만 5천 에이커의 '도시 숲'이 없어지는 것이다. 이런 땅의 대부분은 콘크리트로 덮이고 있다.[46] 도시 숲에서 얻는 이득은 오염 완화와 건물의 에너지 소비 절감 등의 면

에서 보아 매년 180억 달러로 추산된다.[47]

영국에서도 가로수는 위험에 처해 있다. 2015년에서 2018년 사이에 11만 그루 이상이 상실되었고, 지속적으로 베이고 있다.[48] 삼림위원회가 정부 소유 삼림을 관리하는 것과 달리 도시의 나무를 관리하는 책임을 맡은 정부 부처는 없다. 그 대신 도시의 나무는 지방정부의 책임인데, 2010년 이후 중앙정부가 강요한 긴축정책 체제의 결과로 지방정부는 나무를 유지하고 보존하고 이식하는 데 들어가는 비용을 엄청나게 삭감했다.

뉴캐슬어폰타인에서 더 많은 나무를 베어버리긴 했지만 가장 악명 높은 사례는 셰필드다. 여기서는 2012년 예산 삭감 후에 나무 관리를 부분적으로 사영화하는 일이 벌어졌다. 시의회는 시의 가로수 3만 6천 그루를 포함해 도로를 관리하기 위해 스페인 다국적기업의 자회사 에이미(Amey)와 25년의 민간자본유치* 계약을 통해 민관 제휴를 맺었다. 에이미는 즉각 다 자란 나무를 없애기 시작했는데, 2012년에서 2018년 3월 사이에 대략 5,500그루를 베어버렸다. 2018년 3월에 시의회는 거주자들의 항의에 따라 일시 중지를 요청했다. 외국 기업이 영국의 나무를 베어내는 일은 식민주의 냄새를 풍긴다. 이를 반대하는 사람들을 극성스러운 환경운동가로 취급하는 것이다.

---

* private finance initiative, 민간자본유치, 민간주도투자, 민간자본을 활용한 사회자본 정비 등으로 번역된다. 도로, 철도, 병원 등의 건설과 운영, 유지 관리, 사업자금 도입 등 전과정을 민간기업에 맡기는 새로운 사회간접자본 구축 방식으로, 1992년 영국에서 시작되었다.

에이미와 시의회는 나무들이 죽어가고 있으며 위험하거나 통행을 방해한다고 주장했지만, 비판자들은 에이미가 가지치기 비용을 최소화하려 가장 값싸고 이윤이 나는 선택을 했으며 이는 보행로에 해를 끼친다고 말했다. 공유지의 더 많은 부분이 상실되고 있다. 여기에는 잉글랜드 첼시 로드의 희귀한 느릅나무가 포함되는데, 마찬가지로 희귀한 까마귀부전나비가 여기 살고 있다.[49] 캠페인 단체 세이브 셰필드 트리스(Save Sheffield Trees)는 "그들은 25년 계약 기간의 첫번째 5년간 도시의 나무를 공격했기 때문에 남은 20년 동안 훨씬 낮은 관리 비용을 부담할 수 있을 것이다"라고 비통하게 말했다.[50] 민간자본유치 계약하에서는 오래된 나무에 활력을 불어넣고 안전하게 만드는 가장 좋은 방법인 가지치기가 '무료' 옵션으로 허용되지 않았다. 시의회가 특정한 나무를 '살리기' 위해 개입할 경우에는 추가 비용을 내야 했다. 시의회는 자신의 무능력의 결과 뒤에 숨어서 "대안적인 공학적 해결책은 (…) 계약 내에서 가능하지 않다"라고 말했다.[51]

런던 남부의 원즈워스에서 시의회는 전통유산복권기금(Heritage Lottery Fund)에서 나온 돈을 써서 체스트너트 애비뉴의 잘 가꾸어진 밤나무를 관리하는 데 돈이 덜 드는 어린 라임나무로 교체했다. 원래 이 돈은 투팅 공유지(Tooting Common)를 '재생'하기 위한 것이었다. 5천명이 넘는 사람들이 항의 청원에 서명했음에도 이런 일이 벌어졌다. 시의회는 밤나무가 안전하지 않았다고 말했지만 독립적인 나무 자문관은 겨우 몇그루만 문제일 뿐 나머지는 관리할 수 있다고 말했다. 그의 전문성은 아무 소용이 없었다.

잘 가꾸어진 나무를 없애기를 원하는 시의회와 청부업자들에게 앞으로 반격을 가하기 위해서는 생활시설 나무에 대한 자본자산 가치평가(CAVAT)라고 알려진, 수목 재배가들이 개발한 방법을 사용해 도시에 있는 나무들의 가치를 평가하는 것이 중요하다. 이것은 유사한 연령과 상태의 나무를 대체하는 데 어느 정도의 비용이 드는지를 추산하는 것이다. 이 평가에 따르면 체스트너트 애비뉴는 260만 파운드의 가치가 있지만 밤나무를 대체하기로 한 어린 라임 나무의 가치는 10만 파운드 이하다. 같은 방법을 사용하면 2012년에서 2017년 사이에 베어낸 셰필드의 나무는 6,600만 파운드의 가치가 있다. 그런 나무들을 제멋대로 베어내는 일은 긴축과 나무 관리의 사영화에서 비롯한 도시 반달리즘이다.

물의 '식민화'

나라의 (…) 부를 증대하는 수단으로 물 부족을 낳을 수밖에 없는 제안을 하는 남자에 대해 어떤 생각을 가져야 할까? 물이 풍부한 것은 공동체에 가장 커다란 축복 가운데 하나라고 생각하는데 말이다. 하지만 이러한 수단을 사용하는 그런 프로젝트는 개인의 부를 증대하는 데에는 성공할 것이다.

一로더데일 백작(1804)[52]

현재 진행되고 있는 공유지의 약탈 가운데 세계적으로 벌어지는 물의 인클로저와 사영화보다 더 논쟁을 불러일으키는 것은 없다. 이것은 최전선에 있는 쟁점이다. 물을 공공재로 보는 원칙은 고대 세계까지 거슬러 올라가며, 현재 파키스탄과 인도가 된 지역에서는 기원전 3000년까지 거슬러 올라간다. 로마인들은 공공 수도와 위생시설을 건설했다. 물에 대한 접근권은 시민의 권리로 간주되었다. 하지만 최근 수십년간 물은 법인자본이 이윤을 낼 수 있는 희소한 상품으로 바뀌었다.

물의 사영화는 전세계적으로 1980년대에 시작되었다. 미국의 수많은 도시가 시의 물 공급을 사영화했고, 세계은행은 개발도상국에 물 공급을 사영화하라고 압력을 가했다. 세계은행이 볼리비아 정부에 개발차관을 계속 주는 조건으로 볼리비아 코차밤바시가 물 공급 체계를 사영화해야 한다고 주장한 것은 악명 높은 일이다. 1999년에는 미국, 영국, 스페인 회사들로 구성된 국제 컨소시엄의 민간업자가 물 가격을 세배로 올리면서 나중에 '물 전쟁'이라고 불린 폭력적인 항의가 일어나기도 했다. 몇달 동안 거리 시위, 도로 봉쇄, 총파업 등이 벌어졌으며 정부는 이로 인해 '계엄령'까지 선포했다. 시위를 진압하기 위해 군대와 경찰이 동원되었고 여러명이 사망했다. 2000년 4월 사영화는 철회되었다.

1989년 잉글랜드와 웨일스에서 벌어진 물 공급의 사영화로 깨끗한 물과 하수 설비 공급만이 아니라 광대한 토지도 10개의 지역 독점기업에 양도되었다. 이 물 기업들은 2017년 현재 42만 4천 에이커를 소유하고 있으며, 이 가운데 8개사는 잉글랜드와 웨일스에서 토지를 많이 소유한 50대 기업에 들어간다. 몇몇 기업은 토지 소유 지도를 공개하기를 거부했다.[53] 지도를 공개한 기업들의 경우 소유한 토지가 여러 곳에 흩어져 있으며, 어떤 토지는 수원(水源) 근처에도 있지 않았다.

사영화 당시 정부가 물 기업들에 막대한 보조금을 주었다는 것은 국가적인 추문으로 다뤄져야 한다. 정부는 이전 회사가 갖고 있던 49억 파운드의 부채를 탕감해주었고 여기에다 '녹색 지참금'(green dowry)이라고 그럴싸하게 이름 붙인 15억 파운드를 더해주었다. 투자자들은 주식에 76억 파운드를 지불했지만 보조금 덕분에 순지불액은 10억 파운드가 조금 넘었을 뿐이다.[54]

물 공급의 독점적 통제로 인해 기업들은 물 공급을 제한함으로써 희소성을 만들어낼 수 있으며, 이윤을 극대화하고 가격을 올릴 수 있게 되었다. 이들은 장기적인 부족을 만들어내는 댓가로 단기이윤을 취할 수 있다. 대부분의 유럽 국가는 현명하게도 물 공급을 공공사업으로 하고 있다. 사영화에 대한 잉글랜드의 경험 ─ 웰시 워터(Welsh Water)는 2001년에 비영리조직이 되었다 ─ 이 그들의 생각을 바꾸지는 못한 것으로 보인다.

대처 정부는 물을 사기업이 다루는 것이 공공사업보다 더 효율적이며, 경우에 따라 빅토리아 시대에 만들어진 낡은 배수관을 대체하고 저수시설을 개선하기 위해 필요한 인프라 투자에 더 많은 돈을 낼 수 있다고 주장했다. 그 어떤 주장도 진실이 아닌 것으로 드러났다.[55] 또한 전국적으로 통합된 공적 체계를 사적인 지역 독점체로 바꿔버렸기 때문에 오래전부터 준비해온 복합적인 계획, 즉 홍수가 많이 나는 북부에서 가뭄이 자주 나는 남부로 도수관과 저수지를 통해 물을 전달하려는 계획이 파탄났다.

공공기관으로 남아 있는 스코티시 워터(Scottish Water)는 잉글랜드의 다른 어떤 사기업보다 더 많이 투자하고 소비자에게 요금은 더 적게 부과한다. 잉글랜드의 기업들은 현재 수입으로 운영과 투자를 위한 자금을 조달할 수 있었음에도[56] 부채를 늘려갔는데, 부분적으로 이는 세금을 줄이기 위해서였고 그 돈은 경영진에 두둑한 보너스를 지급하고 주주들에게 후한 배당을 주는 데 사용되었다. 점점 더 많은 사모펀드 그룹이 이들 기업에 주주로 참여하고 있다. 2017년까지 10년간 9개의 잉글랜드 물 기업이 188억 파운드의 세후 이윤을 올렸으며, 이 가운데 181억 파운드가 배당으로 나갔다.[57] 사영화 이후 배당은 매년 한 기업을 제외하고 회사의 현금 잔고를 초과했다.[58]

아이러니하게도 외국의 국가자본이 잉글랜드 물 사영화의 주요 수혜자들이었다. 중국, 싱가포르, 중동 등의 국부펀드가 도드라진다. 이 외국 투자자들은 공유지의 보존에 관심이 없다. 그들의 관심은 순수한 투기다. 실제로 사영화는 식민화의 기초공사였다. 2010년까지 지방과 지역의 기업을 살펴보면 잉글랜드와 웨일스의 23개 물 기업 가운데 10개가 외국인 소유이며, 다른 8개는 실질적으로 외국에서 투자받은 사모펀드 그룹이 소유하고 있다.[59]

사모펀드 그룹이 물 같은 공익사업을 취득할 수 있게 허용한 것은 사영화의 가장 무책임한 측면 가운데 하나다. 사모펀드는 7년에서 10년 정도 주기의 바이아웃 펀드다. 이 기간이 지나면 펀드는 청산되고 이윤은 투자자들에게 지급된다. 영국 정부는 장기적인 시간 지평을 가져야 하는 공공사업을 단기이윤을 위해 만들어진 기업체가 취득할 수 있도록 허용한 것이다. 이것은 혼란스러운 해결책이며 결국 납세자 부담으로 공적 구제자금을 쓰는 일이 되었다.

런던에 물을 공급하는 템스 워터(Thames Water)는 사모펀드 컨소시엄이 소유하고 있으며, 소비자에게 내미는 요금이 계속해서 올랐음에도 부채를 져서 만성적인 누수 문제를 해결하기 위한 인프라 개선에 정부의 도움을 요청했다. 한편 사우스웨스트 워터(South West Water)는 요금을 너무 올려서 정부가 각 가구에 청구하는 요금을 낮추도록 이 기업에 보조금을 주어야 한다고 생각할 정도다. 결국 기업과 주주 들을 살찌우기 위해 납세자가 보조금을 지불하는 셈이다.

2017년 3월에 템스 워터는 템스강 상류에 미처리 하수 14억 톤(42억 리터)을 방류한 것에 대해 2,030만 파운드의 벌금을 물게 되었다. 판사는 이 일이 "충격적이고 수치스러운" 것이며, "심히 의도적인" 것이라고 말했다. 템스강을 이용하는 사람들이 장염으로 쓰러졌고, 물고기와 새 들이 오염으로 죽었다. 강에는 탐폰, 콘돔, 생리대 등이 버려져 떠다니고 있었다. 하수를 버려 사람, 물고기, 야생생물의 생명과 건강을 위험에 빠뜨린 것을 감안하면 벌금은 새 발의 피였다. 템스강을 오염시킨 책임이 있는 사람들을 기소했어야 했다.

같은 해에 템스 워터는 누수를 줄이지 못한 것 때문에 850만 파운드의 벌금을 내야 했다. 누수가 너무 커서 이 기업이 물을 공급하는 모든 건물마다 매일 180리터가 사라졌다.[60] 2018년에는 1억 2천만 파운드의 벌금을 내야 했는데, 그 액수는 누수를 막지 못한 손해에 따라 소비자가 되돌려받아야 하는 돈이었다. 이 기업은 누수 정도가 자신들이 처리해서 수도관으로 공급해야 하는 물 총량의 4분의 1에 해당한다는 것을 인정했다. 그럼에도 이 기업은 그 정도 벌금은 쉽게 감당할 수 있다. 이 이윤 많이 내는 기업은 2016년까지 10년 넘게 주주들에게 배당금으로 16억 파운드를 지불했다.

템스 워터의 지저분한 행위는 우연한 일이 아니다. 2016년에 요크셔 워터(Yorkshire Water)는 웨이크필드 근처의 호수와 우스강 일부를 오염시킨 것 때문에 170만 파운드의 벌금을 내야 했다. 하수 방류 이후 템스 워터 CEO는 연봉이 60퍼센트 올라 2015년에 200만 파운드를 받았고, 요크셔 워터의 CEO는 120만 파운드를 받았다.[61]

2017년 현재 런던의 오래된 하수 체계로 매년 물과 미처리 하수 400억 톤 이상이 템스강에 버려지는 것으로 추산된다.[62] 한편 템스 워터는 새로운 '슈퍼 하수관'을 설계하고 재원을 마련해 건설, 유지하는 별도의 회사인 템스 조류 터널(Thames Tideway Tunnel)을 세워 하수 오염을 방지할 책임을 회피했다. 이것은 템스 워터의 이윤에 반하는 자본비용이었을 것이다. 그 대신 런던 사람들은 높은 수도 요금으로 하수 프로젝트의 비용을 대게 될 것이며, 이에 반해 새로운 회사는 비용이 30퍼센트를 초과할 경우 정부로부터 부가금 지급을 보장받았다.[63]

템스 워터가 런던 동부 레아강 유역에 있는, 유럽에서 가장 크다고 하는 습지의 소유권을 가진 것은 마지막 아이러니다. 런던 야생 생물 트러스트, 월섬 포리스트 위원회(Waltham Forest Council), 전통유산복권기금의 자금 지원을 받아 템스 워터는 이 지역을 월섬스토 습지(Walthamstow Wetland)로 바꾸었으며 현재는 무료로 방문할 수 있다. 아름답게 만들어진 곳이다. 그러나 이것은 공유지에 속해야 하지 않을까?

몇몇 물 기업은 오랫동안 공유지로 간주되어오던 곳들을 관리하지 않고 내버려두었다. 압박을 받자 예전에 시민농장이던 지역을 소유한 서던 워터(Southern Water)는 지역 단체가 지역의 식량 재배와 양봉에 이 땅을 사용하도록 허가했다. 이 결정은 찬사를 받았지만, 이러한 결정은 사기업이 법인 차원에서 발휘하는 재량의 문제가 되어서는 안 된다. 토지는 공유의 권리를 위해 회복되어야 한다. 물 기업은 물 공유지의 관리자로서 책임을 다하지 못했으며, 문지기의 규제 감독은 명백하게 실패했다. 공유지 소유권은 회복되어야 하며 사적 소유자는 자신의 자본투자에 대해서만 보상받아야 하는데, 그것도 최소한에 그쳐야 한다. 하지만 물의 공유지 성격을 회복하고 낡은 방식의 국유화 및 사영화 모두가 가진 단점을 극복하기 위해서는 새로운 거버넌스 체제가 필요하다. 공동체 기반 소유 형태가 필요한 것이다.[64]

예를 들어 1600년대 이래 미국의 뉴멕시코를 포함해서 아메리카 대륙의 예전 스페인 식민지에서는 히스패닉 아메리칸들이 아세키아스(acequias)라고 알려진 공동체 기반 관개수로를 통해 물에 대한 공동의 통제권을 보유하고 있었다.[65] 이는 건조한 지역에서도 잘 작동했으며, 공유지가 공동체의 물 이용과 생태적 한계를 어떻게 조화시킬 수 있는지를 보여준다. 아세키아스는 멕시코 주법으로 승인받았으며, 모든 아세키아스 구성원이 관리 책임을 함께 지는 것으로 되어 있다. 공동체 자신이 물 공급을 관리하고 보호한다.

유사하지만 더 오래된 체제가 스위스 발레에 있는 여러 공동체에서 여전히 작동하고 있다.[66] 만약 이런 체제가 영국으로 수입된다면 보존을 지지하면서 수질을 개선하고 깨끗한 물의 이용 가능성을 높이는 노력에 공동체 전체가 관여하는 멋진 방법이 될 것이다. 현재 같은 사영화 모델과 달리 누구도 실제로든 인위적으로든 희소성을 만들어내는 데 관심을 기울이지 않을 것이다.

위험에 처한 해변

크루즈선은 지구적인 위협이다. 수천명의 승객을 태우는 이 거대한 선박들이 베네치아의 석호 같은 상징적인 수로에 진입하면서 기업과 공공기관에 단기수익을 가져다주는 대신 어마어마한 생태적 댓가를 치르고 있다. 베네치아는 지구적 유산의 일부다. 이미 해수면이 높아져 위협받고 있으며, 크루즈선의 역류 세척과 기름 오염으로 더 큰 피해를 입고 있다. 운하를 따라 늘어선 교회와 궁전 들 위로 높이 솟은 선박 때문에 스카이라인이 망쳐진 것은 말할 것도 없다.

베네치아는 아니지만 크루즈선이 선호하는 기항지인 사우샘프턴은 이 문제를 집약적으로 보여준다. 항구에 머물 때조차 선박 한척당 이 소도시 전체가 쓰는 만큼의 연료를 사용한다. 계속해서 엔진을 돌리고 가장 오염이 심한 디젤 종류를 사용하기 때문인데, 이 연료는 차량용보다 유황이 더 함유되어 있다. 이 때문에 대기질이 아주 형편없어지는데, 국제 지침을 무시하는 수준이다. 영국 정부는 현재 자동차에 디젤 연료 사용을 금지하는 조치를 취하고 있지만 정박하는 크루즈선에 대해서는 아무런 규제도 하지 않는다.[67] 프랑스 지중해 연안의 마르세유에서는 호화 크루즈선의 증가로 인후암 발병이 늘고 있다.[68] 또다른 조사에 따르면 유럽에서 매년 대략 5만명이 선박에 의한 해양 오염으로 인해 조기 사망한다고 한다.[69]

영국의 해안은 강, 강둑, 자연호수 등과 함께 이 나라의 영구적인 자연 공유지의 일부가 되어야 한다. 일부 나라에서는 이런 자연 공유지를 사적으로 소유할 수 없다. 그러나 영국에서는 점점 증가하는 민간 정박지가 해안과 강둑을 막고 오염시키고 있다. 이 가운데 일부는 국제 금융사들에 의해 식민화되었다. 2005년에 미국의 거대 금융그룹 블랙록(Blackrock)은 남부 해안을 따라 여러 정박지를 운영하고 있는 프리미어 마리나스(Premier Marinas)를 사들였다. 이윤을 많이 낸 뒤 2015년에 블랙록은 프리미어 마리나스를 국제적인 건강 자선단체 웰컴 트러스트(Wellcome Trust)에 2억 파운드를 받고 팔았다. 웨일스만이 해안 전체를 망라하는 공공 해안길을 갖고 있다. 잉글랜드도 그렇게 해야 한다.

전세계적으로 자연 모래 해변이 사라지고 있는데, 부분적으로는 해수면 상승과 더 거세진 폭풍 때문이다. 그러나 개발로 인해 대규모로 침식되고 있기 때문이기도 하다. 게다가 콘크리트를 만들기 위한 모래 수요로 전지구적으로 모래 채취 붐이 일어 남은 해변을 파괴하고 있는데, 특히 가난한 나라들에서 그러하며, 곧 모래 부족 상황이 닥쳐올 것이다.[70]

공기, 하늘, 바람

우리가 숨 쉬고 이를 통해 세상을 보는 공기는 자연 공유지의 일부다. 최근에 공기는 침식, 인클로저, 상업화와 상품화로 인해 고갈되고 있으며, 우리가 무관심해서도 그렇다.

하늘, 특히 밤하늘이 사유화되고 있다. 어두워진 후 우리는 우리 마음을 길들이려는 네온사인 상업광고의 폭탄 세례를 받는다.[71] 낮 시간의 최악의 사례를 보려면 바르샤바로 가야 한다. 고층 빌딩 위의 30제곱미터짜리 속옷 광고판을 보면 처음에는 재미있게 느껴지지만, 이는 문화적 빈곤과 스카이라인에 대한 침해다. 한편 빛 공해는 우리의 수많은 소도시와 도시에서 더이상 별을 볼 수 없음을 뜻한다.

역사적으로 볼 때 공기와 하늘은 공유지로 치지 않았는데, 과거에는 그것이 상업적 소리와 경관에 의해 망가지지 않았기 때문이다. 하지만 17세기 초 지구적 공유지의 중요한 옹호자 휘호 흐로티위스는 공기를 태고 이래의 자연 공유지로 간주했다. 그는 공기가 '점거' 될 수 없으며, 모든 인간을 위해 자연에 의해 구성되었기 때문에 그렇다고 주장했다. 그러나 공동자원으로서의 공기에 대해 걱정하는 사람은 거의 없었다. 그러다 산업혁명이 시작되었고, 공기가 오염되어 생명과 건강을 위험에 빠뜨리고 있다는 것을 깨닫게 되었다. 오늘날 많은 곳의 공기가 유독하다. 대기오염은 암과 폐질환을 일으키며 지구적으로 볼 때 매년 수백만명이 조기 사망하는 것과 직접적으로 연관되어 있다. 영국에서 그 수는 4만명으로 추산된다.

규제는 상황을 따라가지 못했다. 2018년에 법원은 세번째로 영국 정부에 대기오염이 불법적인 수준에 이른 것에 대처하지 못했다는 선고를 내렸다. 런던 사람들이 숨 쉬는 공기는 국제보건기구가 정한 안전치를 훨씬 넘어섰다.[72] 2017년에 수도의 거의 95퍼센트 지역이 안전치를 50퍼센트 넘어서는 오염 수준이었다. 영국에서는 대부분 저소득층 지역에 사는 450만명 이상의 아동이 위험한 오염 수준에 노출되어 있다.[73] 신체 건강만 아니라 두뇌 발달과 교육적 성취에도 영향을 미치는 대기오염은 불평등의 또다른 원인이다.[74] 연령 분포의 한쪽 극단을 보면 고오염 지역에 사는 55세 이상은 저오염 지역에 사는 사람들보다 치매 발병 위험이 40퍼센트 더 높다.[75] 높은 수준의 대기오염은 모든 연령 집단에서 지능을 약화시킨다.[76] 영국과 전세계적으로 유독한 대기오염에 대한 노출은 화폐소득보다 더 불평등하다.[77] 공유지의 부식이 '사회소득' 불평등을 얼마나 악화시키는지를 보여주는 또다른 사례다.

자연 공유지의 궁극적인 상품화는 2015년 중국에서 있었는데, 이는 너무나 우스꽝스러운 일이었다. 중국 도시들은 지대자본주의의 최전선에 있으며, 세계에서 가장 큰 규모의 프레카리아트뿐만 아니라 억만장자의 금권정치가 급속도로 성장하고 있다. 이들 도시는 유독한 스모그로 극심하게 오염되어 외부에서 숨 쉬기 위험할 정도인 날이 많다. 신선한 공기는 희소한 상품이 되었고, 캐나다의 스타트업 기업이 이 상황을 기꺼이 이용해서 로키산맥의 신선한 공기를 병에 넣어 스모그의 영향을 받는 중국의 여러 도시에 팔았다. 한병에 24달러인데 시장 수요가 공급을 훨씬 초과했다. 이 회사는 이제 인도를 겨냥하고 있다. 오스트레일리아와 스위스 회사들도 여기에 끼어들었다.

한 나라에 부는 바람은 우리의 자연 공유지의 일부다. 영국에서는 풍력이 재생에너지로 개발되면서 새로운 필수 공유자원이 되었다. 2017년에 이르면 영국은 다른 어느 나라보다 풍력으로 더 많은 에너지를 생산하고 있으며, 유럽 전체에 설치된 풍력 발전시설의 대략 40퍼센트를 차지한다. 바다에 설치한 풍력 발전기가 영국 전력의 거의 6퍼센트를 생산하고 있으며, 이 수치는 2021년이 되면 두배가 될 것으로 예상된다. 풍력 발전 지지자들은 해상풍력 발전이 영국 전력 수요의 여섯배 이상을 공급할 수 있을 것이라고 주장한다.[78]

하지만 영국 풍력 발전 능력의 거의 7퍼센트를 외국인이 소유하고 있다.[79] 외국 자본이 영국의 바람에서 이윤을 내고 있는 것이다. 가장 큰 외국 소유자는 영국 해상풍력 에너지의 31.5퍼센트를 담당하는 덴마크 기업 외르스테드(Ørsted, 예전의 동에너지DONG Energy)로, 지분의 50.1퍼센트가 국가 소유이고 어디나 등장하는 골드만삭스가 18퍼센트를 소유하고 있다. 영국의 바람은 사유화되고 식민화되었다.

공유지로서의 공기는 침묵이라는 보석, 혹은 자연의 부드러운 소리들 사이에 끼어 있는 침묵이라는 보석도 포함한다. 여명의 코러스, 잎사귀의 바스락거리는 소리, 빗물 떨어지는 소리. 우리는 '침묵의 소리'라는 치유법을 상실할 위험에 처해 있다. 그 대신 낯선 소음, 낯설게 하는 소음에 시달리는데, 교통 소음에서부터 사람들을 더 많이 소비하도록 불러들이려 상점가에서 흘러나오는 배경음악까지,

대부분 상업적 이익 때문에 발생하는 것들이다. 소음은 이를 좋아하지 않는 사람들에게만 반갑지 않은 것이 아니다. 우리의 공기 중에 이런 소음이 침입하는 것은 사람들의 건강에 해를 끼친다.[80] 여기서도 소득이 낮은 사람들이 가장 많이 영향을 받는다. 왜냐하면 이들은 혼잡한 도로 근처, 항공로 아래, 시끄러운 공장이나 건설현장 근처에 살 가능성이 높기 때문이다. 소음은 스트레스 호르몬인 코르티솔 방출을 자극하며, 이는 혈관에 해를 끼친다. 도로의 교통 소음에 장기간 노출되는 것은 심장마비 위험을 높이며 2형 당뇨병이 증가하는 것과 연관이 있다.

지하의 공유지: 식민화의 전망

삼림헌장은 공유자들이 땅에서 유용한 물질을 추출할 권리를 확인해주었지만 이 원칙은 남용되어왔다. 오늘날 자연 공유지의 약탈은 전지구적인 규모로 이뤄지고 있다. 많은 나라의 신자유주의 정부는 '인민의 토지'를 사유화했을 뿐만 아니라 그 토지 표면이나 아래에 있는 자원도 사유화했다. 스마트폰 같은 기기를 생산하는 전자산업에 사용되는 금, 구리, 기타 광물에 대한 수요가 세계적으로 치솟으면서 채굴이 엄청나게 증가했는데, 이는 종종 원주민 토지의 몰수나 찬탈을 통해 이루어졌다. 그 결과 환경이 황폐화되었다. 어떤 연구에 따르면 물, 토지, 유출물, 오염, 건강, 이전, 폐기물, 토지 수탈, 홍수 등을 둘러싸고 국제 광업 및 석유 회사들이 관여된 갈등이

1,500건 이상 있다.[81] 필리핀의 탐파칸 구리광산과 금광산을 개발하려는 계획으로 인해 5천명이 강제로 이주해야 했고, 지역 부족들이 벌인 저항을 군대가 진압해 수많은 사망자를 낳았다.

영국에서 가장 지독한 사례는 북해 석유와 관련된 것이다. 이 석유가 영국의(British) 것인가, 스코틀랜드의 것인가 하는 뜨거운 쟁점을 제쳐놓더라도 이 석유는 사회 전체의 이익을 위해 개발되었어야 한다. 하트윅 규칙을 적용하면 미래 세대도 이익을 얻어야 한다. 하지만 세금감면의 형태로 엘리트 계층에게 엄청난 지대 이전이 있었고, 중산층에게는 뜻밖의 소득이 있었다.

석유 판매에서 나온 수익으로 국부펀드를 세우고 하트윅 규칙을 적용한 노르웨이와 달리 대처 정부는 시추권을 급매로 몇몇 다국적 기업에 허가해주었다. 이 부유한 기업들이 생산을 확대할 수 있도록 보조금을 더 주었으며, 여기서 나온 이윤 가운데 많은 부분은 국외로 흘러나갔다. 아이러니하게도 여러 해 뒤에 북해 석유 생산의 큰 부분은 중국 국영기업들 손에 들어갔다. 그리고 마지막 반전으로 영국 정부는 쓸모없어진 석유 시추 장비를 해체하는 데 드는 비용을 보조해주고 있다. 이 장비는 석유 기업들에 엄청난 이윤을 가져다주었다.

이렇게 석유를 갖다바친 데에서 아무것도 배우지 못했다는 듯이, 수압파쇄법(fracking)에서 우리는 공유지 약탈의 또다른 분명한 예를 볼 수 있다. 최근의 영국 정부들은 다른 나라의 정부들과 마찬가지로 강력한 이익집단의 체계적인 로비를 받아 몇몇 기업을 선별하여 셰일가스를 채굴해서 지대 수입을 올릴 수 있도록 공유지에 대한 소유권과 상업적 용익권을 주었다. 수압파쇄법을 중단시킨 스코틀랜드는 예외다. 데이비드 캐머런이 총리이던 시절 정부는 "셰일가스에 온 힘을" 쏟을 것이라고 말했다. 영국지질조사국(British Geological Survey)은 영국(Britain)에 50년 이상 이 나라에 공급할 수 있는 셰일가스 매장층이 있다고 추정했다. 그렇다면 이 매장층은 자연 공유지의 일부이며 모든 공유자가 여기서 혜택을 얻을 자격이 있다.

하지만 수압파쇄법의 환경적·사회적 비용을 부정할 사람은 아무도 없으며, 이 비용에는 경관의 훼손, 건설과 교통에서 오는 소음과 파괴, 공기와 물의 오염, 지반 흔들림의 위험 등이 포함된다.[82] 이 비용은 공유자가 부담하는데, 해당 지역 사람들만 부담하는 것이 아니다. 현실적으로 이윤은 사유화될 가능성이 높으며 공유자원 고갈의 비용은 사회화될 것이다. 하지만 이런 우려에도 불구하고 토지 소유자와 지방정부는 자기 땅에서 수압파쇄법을 허용한 댓가로 상당한 보조금을 받고 있다.

2014년에 보수당과 자유민주당의 연립정부는 셰일가스 기업들이 토지 소유자들의 땅속에서 채굴할 수 있도록 유서 깊은 무단침입법을 개정했다. 이는 공론화에도 불구하고 진행되었는데, 공론화 과정에서 모든 응답자의 99퍼센트에 해당하는 4만 명이 넘는 사람들이 반대했다. 하지만 정부는 이미 결론을 내려놓은 것이 분명했다. 이후 수압파쇄법 기업은 정부가 승인할 경우 토지 소유자의 허락 없이 지하를 이용할 수 있게 되었다. 정부는 "우리의 정책 접근법 전반이 최상의 것이 아니라는 것을 확인할 수 있는 어떤 쟁점도 없다"라는 성명을 발표했다. 이런 변화로 인해 지하 300미터 이하에서의 가스와 석유 개발이 자동적으로 실행 가능해졌고, 고지와 보상은 기업 자율에 맡겨졌다. 당시 업계 이익단체인 영국내륙석유가스협회(UK Onshore Oil and Gas) 회장은 "지표면 위의 토지 소유자들은 (대개 1마일 아래에서 벌어지는) 이 지하 활동을 알아채지 못할 것이며, 그들의 일상생활에도 영향을 미치지 않을 것이다"라고 말했다. 전통적 토지 소유권과 공유지 권리의 상실은 침묵의 희생자였다.

영국에서 셰일가스 채굴권을 가장 많이 갖고 있는 기업 이네오스 (Ineos)는 수압파쇄법 장소를 점거하는 항의자들을 막기 위해 제기한 법적 소송에서 항의자들이 위험한 발암물질에 노출될 수 있다고 주장했다. 하지만 이들은 모든 기업 홍보에서 수압파쇄법이 안전하다고 주장해왔다. 이네오스의 CEO 짐 랫클리프(『선데이 타임스』가 2018년 영국에서 가장 부자라고 발표했다)는 "반대의 상당수는 소문과 유언비어에 기초해 있다"라고 주장했다. 그러나 2009년에서 2015년 말 사이에 간행된 7천편에 가까운 학술 논문 가운데 압도적 다수가 물과 대기오염, 31가지 공중보건 위험과 그 결과를 보여주는 현장 데이터를 담고 있었다.[83] 미국 펜실베이니아에서 시추가 심하게 이루어진 군(county)들에 대한 연구는 수압파쇄법이 출산아의 저체중과 연관되어 있다는 증거를 찾아냈는데, 연구자들은 이것이 대기오염 때문이라고 보았다.[84]

2015년에 영국 정부의 대기질 전문가 그룹은 내각에 셰일가스 채굴이 대기오염을 증가시킨다는 보고서를 제출했다. 그러나 이것은 2018년 7월까지 발표되지 않다가, 정부가 첫번째 수압파쇄법 작업을 승인하고 사흘 후에야 조용히 발표되었다. 수압파쇄법이 오염과 지역의 주택 가격에 영향을 미칠 수 있음을 보여주는 이전 보고서도 지방정부가 승인하기 전까지 발표가 지연되었다.

이들 기업은 영국 국립공원 지하와 주변을 채굴할 수 있는 허가를 받는 중이다. 2015년 총선 전에 에너지부 장관 앰버 러드가 귀중한 야생 지역을 보호할 것이라고 약속했음에도 이런 일이 벌어지고 있다. 그는 "우리는 국립공원 (그리고) 특별한 과학적 관심이 있는 지역에서 수압파쇄법을 명백히 금지하기로 동의했다"라고 말했었다. 그러나 총선이 끝나자마자 장관은 그런 지역 주변에서 수압파쇄법을 허용할 것이며, 기업들은 그 지하를 파낼 수 있을 것이라고 발표했다.

이후 정부는 공동체부 장관이 수압파쇄법 계획에 대한 최종 결정권을 갖도록 결정했고, 이로써 지역의 민주적 통제권을 제거해버렸다. 이제 지방정부는 수압파쇄법 신청을 신속처리 안건으로 다뤄야 하며, 시의회에 입장을 정리할 시간을 부족하게 주어 일 처리를 대충 할 수밖에 없게 만들었다. 장관은 그 거부 근거가 부적절하다고 볼 경우 시의회의 결정을 기각할 수 있는데, 블랙풀 근처의 굴착에서 이런 일이 벌어졌다. 그리고 〔시의회의〕 거부에 대해 모든 기업이 항소할 수 있으며, 이는 장관이 결정하게 되었다. 즉 기술적 근거가 아니라 정치적 근거로 결정하는 것이다. 공동체부에서 말한 것처럼 "장관은 이로써 감독관을 대신해 이 항소를 결정할 것이라고 명했다". 기술적 고려나 환경적 고려가 우선해야 한다고 말하는 법적 지시는 없다.

모호한 재산권 규칙 때문에 기업들은 지역의 토지 소유자들을 매수해 수압파쇄법을 지지하게 만들 수 있다. 2018년 랭커셔의 수압파쇄법 지역에서 최초로 정부의 동의를 얻어낸 회사 콰드릴라(Cuadrilla)는 해당 지역 반경 1킬로미터 내에 있는 27개 가구에 2,070파운드를 지불했고, 1킬로미터에서 1.5킬로미터 내에 살고 있는 259개 가구에는 150파운드를 지불했다. 이 돈은 공동체 이득기금(community benefit fund)이라고 부르는 것에서 나온다.[85] 매수는 기업이 원하는 결과를 낳을 수 있지만 지역의 몇 안 되는 토지 소유자들이 올바른 의미에서 공유자인지, 이들이 토지를 이런 방식으로 양도할 권리를 갖고 있는지는 전혀 분명치 않다. 수압파쇄법의 댓가는 토지 소유자들만 지는 것이 아니다. 이들만이 영향을 받는 공유자는 아니다.

몇몇 지역의 토지 소유자들은 돈을 받지 않음으로써 도덕적 입장을 분명히 했다. 2,070파운드를 거부한 어떤 농민은 이렇게 말했다. "그건 정말로 가장 끔찍한 일입니다. 어떻게 사람들의 건강에 영향을 미치고 환경을 파괴하는 데 대한 보상으로 돈을 줄 수 있단 말입니까? 우리가 원하는 건 우리의 건강입니다. 그건 피로 물든 돈이에요." 이 회사의 매수는 만약 회사가 시추에서 상업 생산으로 완전히 전환할 경우 정부가 셰일가스 유정 근처에 살고 있는 가구들에 1만 파운드에 달하는 '프랙폿'* 지불금을 준다는 약속으로 이어졌다. 이

---

* frackpot, 수압파쇄법을 뜻하는 프래킹(fracking)과 거액의 상금을 뜻하는 잭폿(jackpot)의 합성어.

금액은 해당 가구들뿐만 아니라 회사에도 어마어마한 보조금으로, 지역 토지 소유자 공동체로부터 쉽게 동의를 얻어내도록 해줄 것이다. 그러나 왜 지역 가구들만이 보상금을 받아야 하는가?

이런 방식으로 공유지를 인클로저하는 것은 공유지의 에토스에 반하는 것이며, 토지 소유자가 아닌 모든 사람과 미래 세대에게 미치는 위험과 영향을 무시하는 것이다. 물려받은 우리의 자산을 소수에게 횡재가 되는 식으로 취급하는 것은 말도 안 되는 정책이다. 그리고 불평등은 정부가 2018년에 도입한 국가계획정책기본틀(National Planning Policy Framework) 수정안에 의해 심해질 것이다. 공론화 과정에서의 압도적인 반대에도 불구하고 이 기본틀은 "에너지 안보의 관점"에서 잉글랜드 "내륙 석유와 가스 개발의 이득을 인정"하고 "시추와 채굴을 용이하게 할 수 있는" 위원회가 필요하다고 주장했다. 다른 말로 하자면 위원회는 어떤 댓가를 치르더라도 수압파쇄법에 대해 '예스'라고 대답하라는 지시를 받을 것이다.

수압파쇄법만이 아니다. 2015년에 노스요크 무어스 국립공원관리청은 광산회사 시리우스 미네랄스(Sirius Minerals)에 비료 생산 목적으로 세계 최대의 탄산칼륨 광산 가운데 하나를 개발하는 계획을 제한적으로 사전 승인했다. 이는 황야 밑으로 1.5킬로미터 깊이의 수직 갱도를 내고 퇴적물을 운반하기 위해 37킬로미터의 터널을 뚫는 것이다. 이외에 공원 안팎에 필요한 시설물도 만든다. 관리들이 준비한 보고서는 "경제적 이득 (…) 그리고 제안한 완화/보상의 정도가 (…) 손실보다 크지 않다"라고 밝혔다. 그리고 "현재와 미래 세대의 향유를 위해 노스요크 무어스를 보존하고 향상시킬" 공원관리청의 법적 책임에 대해 명시했다.[86] 이상하게 이런 상황에서도 관리들은 (승인을) 거부하라고 권고하지 않았다.

이것은 아마 수십억 파운드가 들어가는 이 프로젝트를 지역에서 지지했기 때문일 것이다. 시리우스는 진위를 알 수 없는 가정을 근거로 이 프로젝트로 일자리 수천개가 만들어지고 수출이 늘어나고 침체된 스카버러 지역의 경제를 변화시킬 것이라고 주장했다. 몇몇 지역 농민과 다른 토지 소유자 들도 자기 토지 아래에서 채굴되는 탄산칼륨으로 상당한 액수의 이득을 얻을 것을 기대했다. 따라서 보존단체들의 항변에도 불구하고 정부가 공개 조사를 거부한 것은 놀랄 일이 아니다. 거대한 상업적 힘을 누구도 통제하지 못하다보니, 대중을 대신해 공유지를 지킬 책임이 있는 바로 그 당국의 비호 아래 (공유지는) 계속 짓밟혔다.

시리우스의 최고경영자 크리스 프레이저와 그 동료들이 영국에서 가장 큰 광산 개발이라는 이 프로젝트를 위해 재정적 위험을 감수했다는 것은 의심할 여지가 없다.[87] 그러나 국립공원과 채굴을 앞둔 두께 70미터, 넓이 775제곱킬로미터가 넘는 폴리할라이트 광상(鑛床)은 자연 공유지의 일부다. 그 광상은 그것이 거기에 있는지도 몰랐고 그래서 재정적 위험을 감수할 일도 없었던 토지 소유자들의 것이 아니다. 하지만 보도에 따르면 (크라운 이스테이트와 랭커스터 공작령을 포함해서) 지역 토지의 소유자들은 10년 이상 40억 파운드가 넘는 횡재를 할 예정이다. 한편 시리우스는 탐사 단계에서 생긴 어마어마한 부채를 지원해달라며 정부에 20억 파운드를 요구하고 있다. 이는 납세자가 돈을 대는 위험 보조금의 전형이다. 그리고 국립공원과 그 주변 지역에 대한 환경 비용이 있다. 이는 지역 주민의 유산일 뿐만 아니라 전국의 현재 생존해 있는 사람과 미래 세대 공유자의 유산이기도 하다. 쟁점은 공유지 논쟁의 핵심으로 다가간다.

영국에서 (국왕에게 속하는 금, 은, 석유, 기타 석유화학 제품 이외의) 광물은 그 광물이 있는 토지를 소유한 사람에게 속한다.[88] 이것은 토지 소유의 극단적 불평등을 악화시킨다. 영국의 자연자원과 그 개발에서 나오는 소득은 시민에게 속해야 한다. 현재 상황에서는 탄산칼륨 광산에서 나오는 이득의 가장 큰 수혜자는, 시리우스의 주주들을 제외하면 애초에 공유지에서 토지를 탈취한 사람들의 후손이 될 것이다.

광물자산은 사회 전반의 부의 일부다. 이것은 상속될 수 있으며, 고갈될 경우 세대 간 공평이라는 하트윅 규칙에 부합해야 한다. 정부는 이 나라의 현재 시민과 미래 시민을 위한 자원 관리자 내지 신탁 관리자여야 한다. 하트윅 규칙에 따라 자연자원의 거버넌스에는 지역 공동체에 사는 사람들을 포함해 모든 '이해관계자' (stakeholders)가 참여해야 한다.

자연자본위원회

자연 공유지의 상품화와 사영화는 자연을 착취할 수 있는 또다른 경제적 자원으로 취급하는 공식적인 어휘로 이루어지고 있다. 신노동당 정부는 10만 파운드의 예산을 들여 리서치 기업에 '잉글랜드 생태계의 연간 가격' 계산을 의뢰했다.[89] 이는 무의미한 활동이었다. 충분히 예상할 수 있는 일이지만 돈을 받은 이 기업은 다음과 같은 결론을 내렸다. "생태계의 일부는 무한한 가치가 있다." 이 때문에 연립정부가 '기업 주도의 독립적인' 생태계 시장 태스크포스(Ecosystem Markets Task Force)를 세우지 못한 것은 아니다. 이 태스크포스는 킹피셔(Kingfisher)의 회장 이언 체셔가 이끌었다. 킹피셔는 DIY 스토어 B&Q 체인을 소유하고 있는 다국적 소매업체다.

태스크포스는 2013년 3월에 낸 최종 보고서에서 "매년 연간 수십억 파운드에 달할 정도로 자연 관련 시장의 잠재적 성장가능성이 상당하다는 것"을 확인했다고 주장했다. 이 보고서는 '자연자본' '생태계 서비스' '녹색 사회기반시설' '자산군'(asset class, 자산 영역이라고도 한다), 즉 '생태계 시장' 내에 있는 모든 것을 언급하고 있다. 이 보고서에 조응해 정부는 토지 소유자를 "생태계 서비스의 제공자"라고 불렀다. 그러한 '서비스'를 제공하는 데 대해 보상을 받거나 보조금을 받을 수 있는 사람들이라는 의미다. 태스크포스는 또한 "시티오브런던의 금융 전문가들이 이 혼합된 수입 흐름과 증권화가 환경채권 투자수익을 증대시킬 수 있는 방법을 평가하도록 해야 한다"라고 말하면서 최종적인 지대수익자에게 관심을 보이라고 권고했다.

이 태스크포스에서 파생된 기관인 자연자본위원회(Natural Capital Committee)는 '국가 자연자본 장부'(national natural capital accounts)를 개발해서 영국에 있는 모든 자연에 가치를 부여하려 하고 있다.

어떤 정의에 따르면 "'자연자본'은 생태계의 모든 생명 구성요소와 비생명 구성요소 ─ 인간과 인간이 제조한 것 이외의 것 ─ 를 말하며, 인간을 위해 가치 있는 재화와 서비스를 만들어내는 데 기여하는 것이다".[90] 그러나 자연은 상업적 이용을 위해 전환되지 않는 한 자본이 아니다. 자연을 자연자본이라고 부르는 것은 자연이 더이상 공유지의 일부가 아님을 의미하는 것이다. 위원회의 누군가가 말했던 것처럼 세계의 산맥을 자연자본이라고 서술하는 것은 무의미하다.[91] 자본은 생산관계를 가리키며, 이윤을 내는 것을 말한다. 위원회는 자연을 상품화할 방법을 찾고 있다. 그것도 어떤 민주적 결정이나 공유자에 대해 책임지는 시스템 없이 말이다.

정부는 자연의 모든 부분에 가격을 부여하지 않을 경우 가치를 지닌 것으로 간주되지 못할 것이라고 주장한다. 그러나 가격은 어떤 것이 판매를 위한 것일 때, 즉 상품이 되었을 때 생겨난다. 업무 연한이 2020년까지인 자연자본위원회는 그 이데올로기와 함께 존재 자체가 웃음거리다. 그런 상황에서 위원회는 2017년에 다음과 같이 보고했다. "현재 영국의 자연자본은 현존 상태를 유지하는 것조차 어렵다. 자연자본은 쇠퇴하고 있다."

지구적 공유지의 비극

국내 사법권이 미치지 못하는 외부 ─ 대양, 대기, 남극, 우주공간 ─ 는 국제법이 인정하는 우리의 지구적 공유지다. 하지만 모든 것이 위협받고 있다. 세계 대양의 약 3.5퍼센트만이 시민을 대신해서 국가 소유로 보호받는 바다 공유지다. 나머지는 기본적으로 모두에게 개방되어 있으며 관리인의 규제를 받지 않기 때문에 통제 없이 착취되며 재생산은 노골적으로 무시되고 있다. 국제협약이 통과되는 데 필요한 3분의 2를 넘는 수인 140개 이상의 나라들이 2020년까지 공해조약(High Seas Treaty)을 작성하기로 원칙적으로 합의했다.[92] 그러나 미국도 러시아도 여기에 동의하지 않았으며, 이 조약이 언제 발효될지는 불확실하다.

대기도 우리의 지구적 공유지의 일부지만 사람들의 무관심과 상업화로 위협받고 있다. 기후변화에 대한 대응은 지연되고 있기만 한 게 아니다. 현재까지 취해진 온실가스 배출을 억제하기 위한 제한적인 조치는 '배출권 거래'(cap-and-trade) 같은 시장 메커니즘을 활용하고 있는데, 이는 기업에 허가권을 구입해 '오염시킬 권리'를 주는 것이다. 이보다는 기업을 처벌하거나 규제를 통해 배출을 줄이도록 강제해야 한다. 우리의 대기조차 상품으로 바뀌어왔다. 시민들이 그 가격을 지불하고 있다. 게다가 허가권은 별로 오염을 줄일 유인이 되지 못할 정도로 낮은 가격에 팔리고 있다.[93]

1990년대에 기후변화에 맞서 싸우기 위한 국제적 운동은 지구온난화를 일으키는 탄소를 허용치를 초과해 배출하는 기업들에 벌금을 물릴 것을 제안했다. 말이 되는 얘기다. 벌금을 내는 것은 사회적 규칙을 위반한 데 대한 댓가를 지불하는 것만을 의미하지 않는다. 그것은 기업의 명성에 금이 가게 하고, 위반이 반복될 경우 더 가혹한 제재가 있음을 함축한다. 벌금 체제는 지구적 공유지의 파괴가 나쁜 일이라는 낙인을 찍는 것이다.

하지만 1997년 교토의정서로 가는 협상에서 기업 로비스트의 영향을 받은 미 행정부는 제안된 벌금 체제를 탄소배출권에 대한 가격 체제로 바꾸고자 노력했다. 이 벌금은 원래 새로운 청정개발기금(Clean Development Fund)으로 사용될 예정이었다.[94] 탄소배출권 가격 체제는 배출권을 예상 가능한 비용으로 바꾸는 것이며, 가격을 높여 소비자에게 전가할 수 있게 한다.

영국에서는 2017년 보수당의 선거 공약에 유럽의 가구들 가운데 가장 낮은 에너지 요금을 부과한다는 목표가 포함되었다. 이것은 암암리에 환경보호와 지구적 공유지를 희생하겠다는 말과 같다. 화석연료를 태우는 총비용을 고려하면 지구온난화를 일으키는 배출을 제재하기 위한 적절한 탄소세가 필요하다. 탄소세는 현재의 탄소 가격 지지 메커니즘이 적용되는 발전소는 말할 것도 없이 모든 에너지 사용자에게 확대되어야 한다.

탄소세는 그 자체로 보면 불평등할 것이다. 〔그러므로〕 탄소세는 소득이 낮은 사람들에 대한 보상 조치와 결합되어야 한다. 소득이 낮은 사람들은 화석연료를 이용한 에너지를 더 적게 쓰고 상품과 서비스를 더 적게 소비한다. 그러나 탄소세로 인한 가격 인상으로 피해를 더 많이 입는 것은 바로 이들이다.[95] 이를 어떻게 해야 할지에 대해서는 8장에서 다룰 것이다.

1967년에 유엔은 우주조약(Outer Space Treaty)을 통과시켰다. 이 조약은 달과 기타 천체가 "인류의 영역(province)이 될 것"이며 "주권의 주장, 이용이나 점령, 기타 다른 법을 통해 국가가 전유할 수 없다"라고 선언했다. 이 내용은 1979년의 달조약(Moon Agreement)에서도 반복되어 이 조약은 "달과 그 자연자원은 인류 공동의 유산"이라고 밝혔다. 하지만 2017년 12월 미국 국가우주위원회(National Space Council)의 상임이사 스콧 페이스는 이렇게 말했다.

거듭 말하겠다. 우주공간은 '지구적 공유지'가 아니며, '인류 공동의 유산'도 아니며, '공동의 것'(res communis)도, 공공재도 아니다. 이런 개념은 우주조약에 들어 있지 않으며, 미국은 이런 생각이 우주공간의 법적 지위를 규정하지 않는다는 입장을 일관되게 가져왔다. (…) 우주의 가능성을 열고 인간 활동의 경제적 영역을 지구 너머로 확장하기 위해서는 우주에 적용되지 않는 법적 제약에 우리 스스로를 구속하지 말아야 한다.[96]

이는 세계를 위한 공동의 협력을 노골적으로 거부하는 것이다. 페이스는 더 나아가 미국 시민이 "소행성과 우주의 자원을 사유재산으로 소유할 자격이" 있다고 주장하기까지 했다. 러시아를 포함한 다른 나라들은 우주공간이 사유재산의 영역이 되어서는 안 된다고 주장했다. 그러나 미국이 이런 태도를 취함에 따라 상업적 경쟁과 그에 내포된 군사적 적대의 가능성이 점점 현실이 되고 있다는 것에 전세계가 놀랐다.

우리는 어디에 서 있는가

자연이 여위어갈수록 자연에 대한 우리의 기억도 그렇게 된다.
―로버트 맥팔레인(2017)

현대에 벌어지고 있는 자연 공유지의 약탈은 1980년대 마거릿 대처가 촉발한 사유화 광풍으로부터 시작되었다. 2013년 대처의 국장이 모든 엘리트가 참석한 가운데 치러질 때 이 땅에 있는 모든 사람은 공유자가 무엇을 상실했는가에 대해 잠시 숙고했어야 했다.

사유화는 공유지였던 것에 대한 식민화의 길을 곳곳에서 열었다. 소도시와 도시의 공공장소를 포함해 더 많은 토지와 건물이 외국 부동산 개발업체와 금융자본에 매각되었으며, 수상쩍은 소수(oligarchs)가 많은 것을 사들였다. 물 공급과 풍력이 식민화되었고, 북해 석유도 마찬가지였다. 또한 광물자원이 같은 길을 가고 있다. 그리고 이는 공유자와 협의하는 어떤 민주적 과정도 없이 이루어졌다. 오히려 정치가들 덕에 공유자원이었던 것에 대한 주권의 상실이 용이해졌는데, 이들 가운데 일부는 '국가 주권을 회복'하기 위해 브렉시트를 지지했다. 그 위선에 숨이 막힐 지경이다.

자연 공유지의 침식으로 사회는 감지하기 어려운 손실을 입는다. 자연을 접함으로써 아이들은 자연에 대해 배우고 고마워할 수 있게 된다. 오늘날 영국에는 '자연 이해력'(natural literacy)이 부족한 아이들이 점점 많아지고 있다. 어떤 조사에서는 "자연세계에 대한 지식의 상실을 자연으로부터 점점 더 고립되어가는 것"과 관련지었다.[97] 무지는 아이들에게만 한정된 것이 아니다. 2017년 '조류 관찰' 조사에서 왕립조류보호협회는 표본으로 조사한 2천명의 성인 가운데 절반이 참새를 알지 못한다는 것을 발견했다. 같은 해에 있었던 또다른 조사에서는 성인의 3분의 2가 자연과의 접촉을 상실했다는 느낌이 있다고 대답했다. 저 끔찍한 자연자본위원회가 이런 자연에 가격을 매기도록 내버려두라.

한편 자연 공유지를 지키는 공유자들의 가슴 따뜻한 이야기도 있다. 웨스트요크셔에서는 오래된 제조업 소도시 토드모든에 사는 일군의 사람들이 좌충우돌을 겪으며 놀라운 먹거리 토드모든(Incredible Edible Todmorden)을 세웠다. 2008년부터 이들은 소도시 안팎의 공공토지를 찾아보았고, 그 가운에 70여곳에서 공동체에 공급할 식량을 재배했다. 이 모델은 현재 다른 여러 지역에서 모방하고 있고, 지역 먹거리 구매가 폭증하게 되었다. 이러한 시도가 번성한다면 자연 공유지는, 슬프게도 약화되긴 하겠지만 상실되지는 않을 것이다.

헌장: 자연 공유지

자연 공유지의 상태에 대한 지금까지의 평가를 바탕으로 공유지 헌장 초안에 들어갈 조항을 다음과 같이 제안할 수 있겠다.

1조 영국 내 모든 토지의 소유권은 관련 고지가 나온 뒤 일년 이내에 토지등기소에 등기해야 한다. 등기하지 않을 경우 벌칙은 해당 토지를 공동소유로 돌리는 것을 포함한다.

2조 토지의 공적 소유와 사적 소유에 대해 포괄적으로 기록한 새로운 둠스데이북을 편찬해야 한다. 이는 모든 공유지와 공동이용 토지를 나타내는 지도를 포함해야 한다.

3조 토지 소유 규모에 기초한 농업 보조금은 폐지해야 한다.

4조 지방정부는 토지를 취득해 소농에게 임대할 수 있는 권한을 회복해야 한다.

5조 삼림헌장의 정신을 유지하면서 삼림위원회가 국가의 숲을 공유지로 보존할 수 있도록 해야 한다. 이는 사유화와 상업화를 멈추고 철회시키는 것, 환경을 보호하면서 공중의 접근을 최대화하는 것을 의미한다.

6조 각급 정부는 2017년 우들랜드 트러스트가 초안을 작성한 나무, 삼림, 인간을 위한 헌장을 지지해야 한다.

7조 국립공원은 생물다양성 지역으로서 보존해야 하며, 상업화는 철회되어야 한다.

8조 돌아다닐 수 있는 오랜 권리를 보존해야 한다. 길과 인도는 2026년으로 예정된 중단 조치 이후에도 확대되어야 한다. 모든 개방형 녹지가 표시된 지도를 모든 사람이 무료로 이용할 수 있어야 한다.

9조 공원을 보호하고 적절한 재원을 투입해야 한다.

10조 도시와 소도시의 도로 및 광장의 사유화를 중단해야 한다. 사적으로 소유된 공적 공간(POPS)은 되돌려야 하며, 공동이용권을 회복해야 한다. POPS를 포함한 모든 도시의 공적 공간에 대한 지도를 만들어야 하고 공중이 이를 이용할 수 있어야 한다.

11조 도시의 나무를 보존하고 수적으로 늘려야 한다. 다 자란 나무는 사람이나 건물에 해가 되지 않을 경우 베어서는 안 된다. 나무 관리의 사영화는 철회해야 한다.

12조 사영화된 물 기업은 공동소유로 회복되어야 한다.

13조 스카이라인은 공유지의 일부다. 옥외 광고판과 광고물로 도시 스카이라인을 막거나 망치는 사람들은 공유지에 부담금을 내야 한다. 누구나 누릴 수 있는 시골을 손상하는 공장, 대형 물류창고, 슈퍼마켓, 기타 비농업 건축물도 마찬가지다.

14조 대기오염은 공유지에 심각한 위협이 된다. 이를 규제하고 세금을 부과해야 한다.

15조 풍력은 자연 공유지로서, 공동소유로 바꾸어야 한다.

16조 지상과 지하, 바다에 있는 모든 자원은 공유지에 속해야 하며, 모든 공유자가 이득을 볼 수 있는 공유지 원칙에 따라 개발해야 한다.

17조 국립공원 같은 공적 공유지 내부와 지하에서 수압파쇄법이나 기타 자원 채굴을 진행해서는 안 된다.

18조 탄소세는 영국이 기후변화에 맞서기 위해 이행하겠다고 약속한 의무를 충족할 수 있는 수준에서 온실가스 배출을 줄이기 위해 부과해야 한다. 저소득층은 더 높아질 에너지 가격에 대해 보상받아야 한다.

19조 자연자본위원회는 폐지해야 한다. 자연은 자본이 아니다.

4장

사회 공유지

모든 자유민은 (…) 자신의 삼림 내에서 발견되는 꿀도 갖게 될 것이다.
— 삼림헌장 제13조

사회 공유지(social commons)는 정상적인 생활에 필수적인 기관들과 생활 편의시설을 포함하는데, 이것들은 사적 시장 외부에서 제공되며, 여러 세대에 걸쳐 만들어졌고, 이것들을 건설하고 유지하는 데에는 세금과 기부금, 그리고 가끔은 자발적 공유화를 통해 돈이 들어갔다. 사회 공유지에는 치안, 우편, 대중교통과 도로, 하수도 체계, 홍수 예방, 공원 등의 기본적인 인프라뿐만 아니라 공공주택, 아이와 노인 돌봄, 보건의료와 사회서비스 같은 복지국가의 많은 서비스가 포함된다.

사회 공유지는 어느정도의 생활수준에 도달하는 비용이나 이를 유지하는 비용을 낮추고 삶의 질을 높임으로써 개인의 사회소득에 기여한다. 공공 생활시설은 삼림헌장이 작성되던 시기의 숲과 마찬가지로 '가난한 자들의 보호막'의 많은 부분을 이룬다. 하지만 사회 공유지는 모든 방면에서 공격받고 있다. 긴축의 영향이 특히 치명적이었다.

집, 집들, 집 없음

주택은 그 사회적 기능을 상실했고 그 대신 부와 자산의 증대를 위한 수단으로 간주된다. 주택은 금융상품이 되었고, 공동체와의 연관, 존엄, 집(home)이라는 느낌을 박탈당했다.

—유엔 주거권 특별보고관 레일라니 파르하(2017)

집은 마음이 있는 곳이라는 속담이 있다. 그럼에도 영국을 포함한 많은 나라에서 점점 더 많은 사람들이 특정한 시점에 어디에선가 살고 있고 잠자고 있음에도 집이 없다고 느끼고 있다. 공유지와 집이라는 느낌은 직접적으로 연결된다. 삼림헌장의 핵심 요구는 모두가 집에 대한 권리를 가져야 하며, 많은 사람에게 공유지는 그 권리가 보장되는 곳이라는 것이다. 하지만 집이라는 개념은 두가지 의미를 갖는데, 하나는 사는 장소를 말하며, 다른 하나는 강한 애착과 지속적인 소속감을 갖는 장소를 말한다.

집의 결여는 '거류민'(denizen)이 되는 것과 연관이 있다. 이 말은 중세 시대에 소도시에 들어와 교역을 하고자 원하는 외부인을 가리키는 것이었다. 적절한 절차에 따라 신청하면 그 사람은 머물면서 사업을 할 허가를 받을 수 있지만 소도시 시민이 가진 완전한 권리는 주어지지 않았다. 거류민으로서 이들은 외부인의 지위에 머물러 있었으며, 완전히 '편안한'(at home) 느낌을 받지 못했다.

이런 상황은 오늘날 프레카리아트에 속하는 사람들에게 적용된다.[1] 많은 사람이 어디에서도 '편안하다'고 느끼지 못한다. 머물 곳이 있음에도 심리적으로 집이 없다는 느낌은 새로운 것이 아니지만, 우리는 사회 공유지가 강해질수록 집이라는 느낌과 소속감이 더해질 수 있다는 것을 인정해야 한다. 지역 공유지가 쇠퇴하면 사람들은 공유자의 권리를 상실하기 시작하고 시민이 아니라 거류민이 된다.

하지만 오늘날 가장 눈에 띄는 문제는 문자 그대로의 의미에서 집 없음이 증가하고 있다는 것이다. 대중적 현상이라는 점에서 이것은 현대의 병폐다. 로빈 후드와 그 부하들은 문자적 의미에서나 인류학적 의미에서나 집 없는 사람(homeless)이 아니었다. 그들은 누울 장소만 있었던 것이 아니다. 그들은 셔우드숲에 속한다고 느꼈고, 숲이 자신들에게 속한다고 느꼈다. 대중적 현상으로서 주거 상실 문제는 도시화 및 산업화와 함께 도래했다. 19세기에 현대 국가로 발전하면서 영국은 처음에는 토지 인클로저 및 잉여산업노동 시장에 의해 희생된 사람들의 집을 대신하는 것으로서 무시무시한 구빈원에 의존했다. 이 대체물은 잔인하고 아주 모욕적인 것이었다. 이어 20세기 초에 국가는 일부 공유자——프롤레타리아트——에게 지역 공영주택(local council housing)을 제공함으로써 집에 대한 권리를 주고자 했다. 이것은 사회주택(social housing) 및 부담 가능한 주택(affordable housing)이라는 더 모호한 개념으로 발전했다.*

---

* 사회주택은 국가나 비영리단체가 소유, 관리하는 임대주택이며 대개 부담 가능한 주택을 공급하는 것을 목표로 한다. 부담 가능한 주택이란 중앙정부나 지방정부가 보통 중위소득 이하 가구가 부담할 수 있을 정도의 임대료를 설정하는 주택이다. 나라나 지역에 따라 임대료 결정에 소득 외의 다양한 요소를 고려한다. 한국의 경우 주거기본법

최근 몇년간 집에 대한 사회적 권리는 상실되어왔다. 이는 부분적으로는 취약계층의 소득 감소 및 사회보호 지원의 감소 때문이며, 부분적으로는 낮은 가격의 주택 공급 감소로 이어진 정부 정책 때문이다. 1981년에는 잉글랜드 가구의 거의 3분의 1이 사회주택을 임차하고 있었고, 그 대부분은 지방정부가 공급한 것이었다. 이후 그 비율은 절반이 되었으며 사적으로 임대하는 주택 비율은 두배가 되었다. 한편 주택 관련 자선단체 셸터(Shelter)는 2018년 영국에서 집이 없거나 영구적으로 살 곳이 없는 사람이 32만명이라고 추산했는데, 이는 기록적인 숫자다. 반면 2010년 이래 노숙자(rough sleeper)는 두배 이상이 되었다. 셸터는 지방정부의 주택 지원이 더 삭감되기 시작하면서 그 수는 증가할 것이라고 예측했다.

주거 상실은 사회 공유지 축소의 결과다. 지금 영국은 그 어느 때보다 부유하지만 기록적인 홈리스 수에 더해 무료급식소의 수도 기록적인데, 2017년 기준으로 최소한 2천곳이 운영 중이다.[2] 무료급식소가 홈리스에게만 음식을 제공하는 것은 아니지만 홈리스와 무료급식소의 증가는 연동되어 있다. 영국에서 가장 큰 무료급식소 체인 트러셀 트러스트(Trussell Trust)는 2016~17년에 기록적으로 120만개의 식품 꾸러미를 제공했다고 보고했다. 9년 연속 수요가 늘어났다. 영국에는 이외에도 650개 이상의 무료급식소 기관이 있으며, 모두가 구호 수요의 증가에 직면해 있다.

제3조 1항에서 "소득수준·생애주기 등에 따른 주택 공급 및 주거비 지원을 통하여 국민의 주거비가 부담 가능한 수준으로 유지되도록 할 것"이라고 규정하고 있으며, 이에 따라 국토교통부는 부담 가능한 주택 공급을 부처 업무의 하나로 규정하고 있다.

2017년 12월 하원 공공회계위원회(Public Accounts Committee)가 낸 보고서에 따르면 잉글랜드에서 12만명의 아동을 포함한 7만 8천 가구가 특정 시점에 홈리스였고 임시거주시설에 살고 있었는데, 2010년 이래 60퍼센트 이상이 증가했다고 한다. 이 보고서가 지적한 것처럼 이 수치는 가족이나 친구에게 얹혀사는 '숨은 홈리스'를 계산에 넣지 않은 것이기 때문에 상당히 과소추정된 것이다. 이에 더해 9,100명에 달하는 사람들이 거리에서 자거나 호텔이나 쉼터(shelter)에서 잔다.

주거 상실은 개인과 가족에게 끔찍한 영향을 미친다. 아이들은 학교에 가지 못하고 뒤떨어진다. 노숙자는 평균 47세에 사망하는데, 집이 있는 동시대 사람들에 비해 30년 빠른 수치다. 또한 통상의 이해와 달리 주거 상실은 성격 결함이나 정신적·신체적 손상을 가진 사람들에게만 한정되는 게 아니다. 2017년 12월 지방정부 옴부즈맨은 보고서에서 이렇게 말했다. "점차 (홈리스가) 정상적인 가족이 되어간다. 과거에는 이들이 이런 상황에 처할 것이라고 예상하지 못했다."

주거 상실은 간호사, 병원 직원, 지방정부 소속 노동자, 택시 운전사 같은 풀타임 일자리를 가진 사람들 사이에서 빠르게 증가했다. 이들은 더 높은 임대료를 원하는 사적 토지 소유자들에게 쫓겨났다.[3] 현재는 민간 임대의 종결이 주거 상실의 가장 일반적인 이유다.[4] 셸터에 따르면 2011년에서 2017년 사이에 늘어난 홈리스의 78퍼센트가 민간 임대주택에서 쫓겨난 것 때문이었다.[5]

2017년부터 2027년까지 노숙을 근절하는 데 노력하겠다고 한 정부는 주거 상실 감소법(Homelessness Reduction Act)을 통과시켰다. 이는 지방의회가 자기 지역의 홈리스 문제에 대해 더 많은 일을 하도록 의무화한 것이다. 하지만 동시에 정부는 취약계층의 주택 지원 서비스에 쓸 수 있는 재원을 삭감했다.[6] 또한 주거 상실과 노숙은 특히 런던 같은 대도시에 집중되어 있긴 하지만 농촌 지역에서도 증가하고 있다. 이곳에서는 받을 수 있는 지원이 더 적다.[7]

사회 공유지의 핵심적인 부분 한가지는 가정폭력을 피해 나온 여성과 아동을 위한 피난 네트워크로, 잉글랜드에만 약 270개가 있다. 이곳 또한 긴축의 희생양으로, 재원을 상실했고 따라서 사회적 지원을 제공할 수단을 상실했다. 2018년 1월 정부는 주거급여(housing benefit) 형태로 여성에게 지급되던 직접 지원을 없애고 그 대신 이 돈을 어떻게 사용해야 할지 지방정부에서 결정하도록 하겠다고 발표했다.[8] 피신한 사람들은 전반적인 재원 삭감이라는 상황 속에서 다른 서비스와 경쟁까지 해야 하게 된 것이다. 위민스 에이드(Women's Aid)에 따르면 여성들은 종종 가정폭력범으로부터 멀리 떨어지기 위해 자신이 살았고 학대받았던 지방정부의 행정구역에서 이사를 한다. 그러므로 쉼터가 축소되거나 문을 닫으면 수천명의 여성과 아동이 결국 홈리스가 될 것이라고 예측했다. 다행히도 이에 반대하는 여러 힘들이 모여 정부가 주거급여를 되살리도록 만들었다. 그러나 지방의회가 돈에 쪼들리면서 쉼터에 대한 지출은 급격히 줄어들었다.

여성이 학대받는 사람들의 대다수를 차지하긴 하지만, 2017년 가정폭력 피해자라고 말한 잉글랜드와 웨일스의 성인 190만명 중 거의 40퍼센트, 70만명이 동성애 관계에 있는 남성을 포함한 남성이었다. 이들을 위한 쉼터 형태의 도움은 사실상 하나도 없다.

신자유주의 시대에 공영주택 재고는 대폭 줄어들었고, 그 결과 부담 가능한 주택이라는 개념도 쉽게 왜곡되었다. 처음 타격을 받은 것은 마거릿 대처가 공영주택 임차인에게 그 집을 할인된 가격으로 살 수 있는 권리를 준다고 결정했을 때였다. 즉각 사회 공유지 — 공유자 일반에 의해, 그리고 이들을 위해 만들어진 — 의 대부분이 사유화된 상품이 되었다. 정부로부터 불평등하면서도 큰 보조금이라는 도움을 받는 행운을 누린 소수는 단기이득을 얻은 반면, 사회주택 재고는 급감했다. 2018년 초를 기준으로 잉글랜드에서는 1980년 10월 매입권이 도입된 이래 200만개가 약간 안 되는 공영 부동산이 팔렸다.[9] 공영주택 재고는 1981년 500만채에서 2017년 160만채로 3분의 2가 줄어 가장 낮은 수준까지 떨어졌다. 이런 감소는 사회주택협회에 양도된 집까지 반영한 것이다.[10]

연립정부는 살고 있는 집을 구매하기를 원하는 임차인에게 할인폭을 더 늘려줌으로써 대처의 원래 매입권 정책을 강화했고, 이는 공영주택 매매를 장려하는 것이었다. 잉글랜드에서 매매는 2011~12년의 2,638건에서 2016~17년의 13,416건으로 늘어났다.[11] 한편 5채의 공영주택이 매매될 때 지어지는 공영주택은 겨우 1채뿐이었으며, 이로써 이제 '사회적' 임대료(대개 시장 임대료의 50퍼센트)가 아니라 '부담 가능한' 임대료(시장 임대료의 80퍼센트)로 임대하게 되었다. 몇몇 경우에 임차인은 시장가치의 절반 이하로 자신이 살고 있는 집을 살 수 있었다. 이는 공영주택을 구매하여 민간에 임대해 훨씬 더 높은 임대료를 받는 필연적인 결과로 이어졌다. 매입권으로 매매된 10개의 부동산 가운데 4개는 이제 민간 임대회사들이 소유하고 있다. 그리고 한술 더 떠서 지방의회는 점점 더 증가하는 홈리스 가족에게 거처를 제공하느라 예전에 공영주택이던 것에 대해 매년 수천만 파운드를 지불하고 있다.[12]

이어서 집권한 보수당 정부는 잉글랜드의 130만 주택협회 임차인 모두에게 동일한 할인을 미끼로 살고 있는 집을 매입하도록 하는 안을 제시했는데, 이는 사회 공유지의 계획된 사유화에서 더 나아간 조치였다. 지속적인 반대에 부딪힌 보수당 정부는 (이 제안을) 자발적인 계획으로 바꾸는 데 동의했다. 하지만 이는 지방의회가 가진 부동산 가운데 가장 가치 있는 상위 3분의 1을 팔아 재원을 마련한다는 새로운 요구조건을 담은 것으로, 가장 빠르면 2019년에 시작될 것이다.* 많은 지방의회에서 주장해왔듯이 이것은 지방의회가 건설한 모든 신축 공영주택을 매각한다는 것을 의미하며, 추가로 공영주택을 짓는 것이 어려워질 것은 명백하다.

사회 공유지인 사회주택의 재고는 의도적으로 축소되고 있으며, 이는 더욱 희소성을 유발해 더 많은 가족들이 비싼 민간 임대주택에 들어가거나 주거 상실 상태에 빠지도록 몰아넣고 있다. 바로 이런 이유로 스코틀랜드 정부와 웨일스 정부는 매입권을 없애기로 결정했으며, 스코틀랜드에서는 2016년, 웨일스에서는 2019년 1월부터 효력을 발휘한다. 그러나 런던의 보수당 정부는 이를 따를 기미를 보

---

* 현재 시행 중이다.

이지 않았다.

이른바 '침실세'(bedroom-tax) 같은 정책 — 사회주택에 사는 사람이 필요한 최소 개수 이상의 '여분의' 방이 있는 경우 주거급여를 삭감하는 정책 — 은 주거 상실의 위기를 강화했다. 어머니가 여분의 침실을 포기해야 할 경우 당신은 어머니 집에 가서 살 수 없다.

주택 공유지의 축소는 노동시장의 성격이 변화하고 프레카리아트가 증가하면서 두드러졌다. 민간 임대회사와 민간 중개업자는 단기계약 노동자나 0시간 계약 노동자에게는 임대를 거부했고, 주거급여 수급자나 이른바 유니버설 크레디트* 수급자는 더 싫어했다. 이들은 무능할 뿐만 아니라 거의 아무 때나 수급 자격을 박탈당할 수 있다는 이유에서였다. 불안정한 급여는 사회 공유지의 상실을 심화시켰다.

도시의 사회주택은 짜임새 있는 공동체의 보존에 핵심적이다. 부동산 가격 상승 및 실질임금의 정체와 함께 더 많은 노동자가 일자리가 있는 도시에서 살기 위해 사회주택에 의존하고 있다. 그러나 지방의회와 주택협회가 자금 마련을 위해 비싼 지역에 있는 부동산을 매각하면서 이들이 제공하는 사회주택의 질과 유용성은 떨어졌다. 그리고 지방정부는 젠트리피케이션과 민간 부문의 부동산 가격 상승으로 이득을 보게 되면서 사회주택에 사는 사람들에게는 관심

---

* Universal Credit, 영국의 사회보장 급여로 기존에 저소득 노동 가능 연령에게 제공되던 여섯가지 급여, 즉 고용지원수당, 구직수당, 소득지원, 아동세액공제, 노동세액공제, 주택급여를 통합한 것이다. 2012년 복지개혁법을 통해 입법화되었지만 기존 급여의 통합은 여전히 진행 중이다.

을 적게 두고 있으며, 따라서 이들은 점점 더 주변화되고 있다.

비극적 결과의 하나가 2017년 6월 켄징턴 앤드 첼시 왕립구에서 일어난 그렌펠타워 화재였다. 고층건물이 화염과 연기로 휩싸이면서 70명이 넘는 사람들이 사망했다. 지방정부가 값싼 가연성 외장재를 사용할 수 있도록 승인해준 것이 원인이었는데, 이런 외장재는 인근에 사는 부유층 주민들의 전망에 흉물스러운 외관이 보이지 않도록 하기 위한 것이었다.[13] 그렌펠의 임차인들은 이 건물이 안전하지 않다고 지방정부 ─ 너무나 명백히 부조리하게 들리는 이름인 임차인관리협회 ─ 에 계속해서 문제를 제기해왔다. 그러나 모멸적으로 무시당했다. 사실상 두 단어가 이들이 이런 대우를 받았을 때 느낀 감정을 요약해준다. '보이지 않음'과 '경멸'이 그것이다. 임차인들은 집을 가질 권리를 가진 게 아니라 '수용'되었던 것이다. 한 거주자가 『파이낸셜 타임스』에 말한 것처럼 "우리가 침묵했던 것이 아닙니다. 그러나 그들은 반응을 보이지 않았어요. 그들은 우리를 무시했을 뿐만 아니라 경멸의 시선으로 바라보았습니다".[14] 후일 드러난 것에 따르면 이 구에 있는 1,652개 부동산을 올리가르히*, 외국의 왕가, 대부호인 재계 인사들이 소유하고 있다. 이들은 이곳에 거주하지 않으면서 투기적인 투자로 이 부동산을 이용하고 있었다.[15] 3분의 1 이상이 2년 넘게 비어 있었다.

사회주택의 감소는 '국가 주도 젠트리피케이션'이라고 부르는 것에 의해서도 이루어졌다. 다시금 런던은 극단적인 사례다. 런던의

---

* oligarch, 러시아 등의 국가에서 정권과 결탁해 부를 축적한 신흥 재벌.

여러 구에서는 '재생' 계획을 시작했는데, 상업적 개발업자들이 공공주택 지구를 정비하고 건물을 새로 짓도록 하는 것이었다. 여기에는 노동당이 운영하는 21개 자치구의 195개 시 주택지구가 포함되었다.[16] 개발업자들은 대개 비싼 부동산을 많이 짓고 '부담 가능한' 주택은 적게 지었다. 런던의 엘리펀트 앤드 캐슬 지역에 있는 헤이게이트 지구는 한때 3천명의 저소득층이 살았지만 철거되어 부동산 회사에 팔렸고, 이 회사는 2,500채의 주택을 지었지만 그 가운데 사회주택은 겨우 79채였다.

이런 유형의 계획 가운데 눈에 띄는 것은, 현재는 지역 주민들의 큰 반대에 부딪혀 취소되긴 했지만, 개발업체 렌드리스(LendLease)와 런던 해링게이구가 50대 50으로 합작 투자한 토트넘의 노섬벌랜드파크 지구 재개발이었다. 이것은 토지와 부동산을 새로운 민간기업에 양도하는 것이었으며, 개발 프로젝트 자체뿐만 아니라 해링게이의 상업적 포트폴리오를 관리하기 위해 렌드리스에 상당한 금액을 지불하는 것이기도 했다.

한편 런던 부동산 시장의 큰 부분은 외국 투자자에게 넘어갔다. 2015년까지 약 3만채의 주택에 해당하는 부지를 중국, 홍콩, 말레이시아, 오스트레일리아, 싱가포르, 스웨덴 등지의 투자자가 소유하게 되었다.[17] 계획된 건물의 대부분은 호화 주택이며, 이는 평균적인 런던 사람이 들어갈 수 있는 곳이 아니다. 크라운 이스테이트도 매각에 동참하여 가치 있는 부동산을 전력이 의심스러운 유명한 러시아(와 그밖의) 올리가르히들에게 양도했다. 이렇게 외국인 사업자들이 취득한 많은 부동산은 수년째 비어 있다. 지방의회가 빈집관리명령(Empty Dwelling Management Orders)을 발동해서 이 부동산을 매입할 수 있음에도 말이다.

게다가 중앙정부는 공공토지를 분석이나 감독 없이 대규모로 민간 주택용으로 매각하기 시작했다. 하원 공공회계위원회가 낸 보고서에 따르면 10만채의 주택에 해당하는 거의 950개 부지가 2011년에서 2015년 사이에 매각되었는데, 정부는 얼마나 많은 토지가 팔렸는지, 시장가격으로 팔렸는지, 실제로 얼마나 많은 주택이 지어졌는지에 대해 모르고 있었다.[18] 이 보고서의 결론처럼 "납세자가 그 토지의 매각으로 인해 이득을 보았는지는 알 수 없다". 그럼에도 더 많은 공공토지의 매각이 예정되어 있었는데, 2015년에서 2020년 사이에 15만채의 주택을 지을 수 있는 규모였다. 이에 공공회계위원회는 정부가 독단적으로 세운 목표를 달성하려고 서두르다가 토지를 대폭 할인된 가격으로 매도해 공공비용으로 부동산 개발업자의 배를 불리게 되는 것 아닌가 하는 당연한 우려를 표명했다.

주택 공유지를 축소하는 최근 특유의 또다른 요인으로 에어비앤비 현상이 있다. 2016~17년에만 영국에서 온라인 단기임대 플랫폼 이용자 수가 81퍼센트 성장했다. 이것은 공유지의 상업화라는 추세가 지속된다는 것을 보여준다. 역대 정부는 민간 임대주택 공급을 늘리기 위해 '임대용' 부동산을 매입하는 상대적으로 부유한 사람들에게 후한 보조금을 주었다. 2017년까지 전국적으로 약 200만명의 임대업자가 500만 세대를 임대하고 있었다.[19] 하지만 10명의 임대업자 가운데 6명은 1개의 부동산만 소유하고 있었으며, 민간 임대주택의 거의 30퍼센트는 최소 기준을 충족하지 못하는 것으로 분류

되었다. 이는 사회주택의 두배에 달하는 비율이다.[20]

임대용 부동산에 대한 보조금이 2016년 예산에서 대규모로 삭감되긴 했지만 임대업자는 여전히 에어비앤비를 통해 잠재 수익성 높은 소득 원천을 찾고 있다. 2017년에 어떤 에어비앤비 '호스트'는 거의 900개의 임대용 부동산을 등록해서 1,200만 파운드를 벌었다. 임대료 지불 능력이 불확실한 프레카리아트와 국가급여에 의존하는 사람들에게 임대하는 대신 임대업자들은 단기임대 손님에게, 유사 호텔처럼 '관광객'에게 한번에 며칠씩 임대할 수 있다. 이로써 더 많은 주택과 아파트가 주택이 아니라 상품으로 전환되었으며, 이웃과 공동체라는 개념은 약화되고 있다. 3층짜리 임대 아파트를 생각해보자. 임대업자가 2층을 에어비앤비로 바꾸면 나머지 임차인은 숙박업소에 있는 것과 마찬가지가 되며, 그 주택을 자기 집으로 생각하는 사람들에 대해 어떤 책임감도 없이 오고 가는 사람들의 변덕에 좌우되게 된다.

집에 대한 권리에 대한 삼림헌장의 약속이 오랜 세월 동안 계속해서 나빠지긴 했지만, 지금은 적어도 19세기 구빈원 시대 이래 최악의 시기인 것으로 보인다. 그러나 여기서 훨씬 더 나빠질 것이다. 주거 상실은 점점 더 범죄로 취급되고 있다. 1824년의 부랑자 단속법(Vagrancy Act) 이래 거리에서 노숙이나 구걸을 하는 것은 범죄였지만, 비교적 최근까지도 유죄 판결을 받는 경우는 별로 없었다. 그러나 블레어 정부하에서 반사회적 행위 금지 명령(Anti-Social Behaviour Orders)이 도입되면서 홈리스를 괴롭히는 일이 심화되었으며, 2014년 반사회적 행위, 범죄 및 치안에 관한 법(Anti-Social

Behaviour, Crime and Policing Act)으로 더욱 심화되었다. 이 법은 반사회적 행위 금지 명령을 더 가혹한 조치를 가진 범죄행위 금지 명령으로 대체했다.

2014년의 법으로 지방의회는 공공장소 보호 명령(Public Spaces Protection Orders)에 의거해 노숙자를 표적으로 삼을 수 있게 되었는데, 이 명령에 따르면 당국은 지역의 삶의 질에 해로운 영향을 미친다고 간주하는 어떤 행위도 금지할 수 있다. 이 명령을 위반했다는 혐의를 받은 사람은 누구라도 100파운드의 벌금을 내야 한다. 내지 않을 경우 1천 파운드의 벌금이 부과되며 범죄 기록이 남는다. 범죄행위 금지 명령을 어길 경우(예를 들어 반복해서 구걸할 경우)에는 최대 5년간 수감될 수 있다. 2018년 현재 잉글랜드와 웨일스에서 50개 이상의 지방정부가 공공장소 보호 명령을 사용한다고 알려져 있으며, 2014년 법이 시행된 이래 수백건의 범칙금 고지서가 발부되었다.[21]

더 가혹한 방식을 보자면, 윈저 앤드 메이든헤드 왕립구의 보수당 의원은 2018년 1월 미국에서 스키 휴가를 즐기는 동안 윈저 경찰에 편지를 보냈다. 5월에 열릴 해리 왕자와 메건 마클의 결혼식까지 부랑자 단속법과 2014년 법에 따른 권한으로 걸인과 홈리스를 소도시에서 없앨 수 있는지 묻는 내용이었다. 홈리스 자선단체와 심지어 테리사 메이 총리까지 나서서 비판했기 때문에 표현을 누그러뜨리기는 했지만, 지방의회는 '홈리스 지원 전략'이라고 부르는 것을 통해 일을 진행했다. 이는 공공장소 보호 명령을 이용해 거리에서 '공격적인' 구걸과 '임자 없는' 침구를 놓아두는 것을 금지하는 것이었다. 이 계획은 많은 지역 주민들이 지지할 만한 도덕적 근거가 있었다. 홈리스들은 주택, 의료와 중독치료 서비스를 제공받게 될 것이었다. 그러나 이들은 이 제안을 56일 이내에 받아들이지 않을 경우 기소당하게 되어 있었다.

도시와 소도시의 주거 상실을 서서히 범죄화하는 것은 세계적인 경향이다. 헝가리는 2013년에 주거 상실을 형사범죄로 만들었으며 2018년에는 이를 헌법에 명시했다. 2014년 플로리다의 포트로더데일에서는 홈리스에게 먹을 것을 주려 했다는 이유로 90세의 아널드 애벗이 체포, 구금되었고 500달러의 벌금도 물어야 했다. 시장은 홈리스에게 먹을 것을 주는 것은 지역의 부동산 소유자들을 화나게 하는 일이기 때문에 체포는 정당하다고 말했다. 오늘날 이런 행동은 최소한 미국의 34개 도시에서 범죄다.

2017년 오스트레일리아 멜버른 — 최근에 주거 상실이 가파르게 늘어난 곳이다 — 에서는 시의회가 모든 공적 공간에서 '야영'을 금지하도록 지방조례를 개정하자는 제안을 했다. 다시금 유엔 주거권 특별보고관은 이렇게 밝혔다.

특별히 홈리스를 언급하고 있지는 않지만 그들이 표적인 것은 분명하다. 이 수정안은 지난달 도심에서 홈리스 캠프를 강제 철거한 이후에 나왔다. 주거 상실을 범죄화하는 것은 깊은 우려를 낳고 있으며, 국제인권법을 침해하는 것이다. 홈리스가 시 공무원들에 의해 거리에서 쫓겨나는 것은 아주 나쁜 일이다. 제안된 법은 더 나아가 차별적이다. 사람들이 생명을 유지하는 활동을 못 하게

하고, 가난하고 살 곳이 없다는 이유로 그들을 처벌한다.[22]

제안된 수정안은 이후 폐기되었지만 그 대신 시의회가 기존 지방 조례 부칙을 활용할 수 있다고 결정함으로써 거의 동일한 결과를 낳게 되었다.

집에 대한 권리는 신자유주의 정책과 긴축에 의해 심각하게 약화되었다. 주거 상실은 많은 사람에게 현대의 악몽이 되었고, 놀랄 만한 수의 사람들에게는 현실이 되었다. 삼림헌장의 정신에 따라 진짜로 부담 가능한 임대료의 사회주택을 우선시하는 정책으로 주택 위기에 맞서야 하며, 착취적인 민간 임대업자를 단속해야 하고, 더 부유한 사람에게 혜택이 가는 보조금을 종식시켜야 한다. 공동체 집단과 소규모 지역 건설업자, 이상적으로 말해서 공동체 전통과 풍경에 푹 빠진 사람들이 참여해 지역 공동체가 주택 공급을 다시 손에 넣어야 한다. 지역사회 토지신탁, 코하우징 계획, 협동조합 등에 관한 더 넓은 전망도 필요하다.[23]

학생 기숙사: 공유지에서 상업으로

학생 기숙사는 놀라울 정도로 증가한 또다른 형태의 사회소득 불평등을 보여준다. 이원적인 변화가 있었는데, 저소득층 학생은 허름하지만 가격은 높은 시설에서, 부유층 출신 학생은 점점 더 호화로운 시설에서 살게 되었다.

처음부터 학생용으로 지어진 숙소는 영국 부동산 시장에서 가장 빨리 성장하고 가장 수익이 높은 부문이며, 영국에서 가장 못생긴 건물 후보를 다수 배출하고 있다.[24] 한편 이윤을 극대화하고 비용 압박을 극복하는 데 열심인 대학들은 예전에 대학이 갖고 있던 낮은 임대료의 학생 기숙사를 사적 투자자에게 팔고 있다. 2013년까지 학생 기숙사의 80퍼센트 이상이 이윤을 추구하는 회사에 의해 제공되었고 임대료가 치솟았다. 학생 기숙사 '산업'은 글로벌 금융이 선호하는 부문이 되었고, 공급을 훨씬 앞지르는 수요가 지속될 것이기 때문에 높은 수익을 올릴 것이라는 점에서 매력적이다. 투자의 대부분은 해외에서 오는데, 특히 북아메리카, 러시아, 중동 나라들이 눈에 띈다. 한편 골드만삭스와 웰컴 트러스트는 합작해서 학생 기숙사 벤처기업 베로 그룹(Vero Group)을 세웠다. 이 그룹의 목표는 영국의 주도적인 학생 기숙사 공급자가 되는 것이다. 현재 가장 큰 회사인 유나이트 그룹(Unite Group)은 영국 전역에 5만개의 침상을 갖고 있다.

학생 기숙사는 공식적인 주택 규제의 대상이 아니다. 부동산 개발업자는 일반적인 주택의 안전, 조명, 소음, 공간 기준 등을 따를 필요가 없다. 실제로 60개 이상의 학생 기숙사용 타워형 건물들은 그렌펠타워 참사 이후에 실시된 안전진단에 어긋나는 외장재를 사용하고 있다.[25] (2018년 10월 정부는 학생 기숙사를 포함해서 모든 고층건물에 가연성 외장재 사용을 금지할 것이라고 말했다.) 대학 또한 학생 기숙사의 질을 보장할 책임이 없으며, 해외 투자자들은 주택 시장을 떠받치고 있고 여기에 추잡하게 개입해 이득을 얻고 있음에도 자신들의 돈이 만들어내는 사태를 살필 의무가 없다.

국민건강서비스: 서서히 진행되는 사영화

국민건강서비스(NHS)는 사회 환경에서 사실상 필적할 것이 없는 한 부분으로서 1968년에 영국의 사회 공유지의 일부가 되었는데, 이때는 탄생한 지 20년이 넘어가는 중요한 때였다. NHS는 줄곧 영국에서 가장 인기 있는 공공서비스였다. 2017년에는 유권자의 83퍼센트가 여기에 돈을 더 많이 써야 한다고 말했다.[26] 하지만 1980년대 이래 역대 정부는 NHS의 보존에 힘쓰겠다고 말했음에도 공유지의 성격을 차츰 없애갔다. 2018년이 되면 NHS는 솔직히 말해 더이상 국립화된 공공서비스라고 할 수 없게 되었다.

1990년대 초부터 진행된 개혁으로 잉글랜드의 NHS(스코틀랜드와 웨일스에서는 독립적으로 운영된다)는 많은 수의 경쟁적인 유사독립 부문으로 이전되고 파편화되어 7,500개소의 일반 의원, 233개의 '트러스트'(병원 및 기타 직접 제공자를 포괄한다), NHS를 대신해 돌봄을 제공하는 약 850개의 회사와 자선단체가 있다.[27]

NHS 사영화는 마거릿 대처 시절 시작되긴 했지만 결정적인 변화는 2007년 블레어 정부에 의해 이루어졌다. 은밀한 방식으로 사영화가 진행되었는데, 주로 NHS 병원들이 서비스를 외주 계약하도록 하는 식이었다.[28] 연립정부하에서는 2012년 건강과 사회적 돌봄법(Health and Social Care Act)에 의해 사영화가 가속화되었는데,

이는 국가 보건의료 서비스를 제공해야 하는 정부의 책임을 거의 다 없애버리는 이름에 불과했다. 이후 응급치료와 앰뷸런스를 제외하고 포괄적인 보건의료 서비스를 제공할 법적 보장이 사라졌으며, NHS 계약은 무제한적인 사영화에 개방되었다.[29]

2018년이 되자 지역 간호, 방문 건강관리, 작업치료 같은 지역 사회서비스에 들어가는 NHS 지출의 거의 절반을 비NHS 제공자가 차지하게 되었다.[30] 종종 이러한 서비스의 감독기관과 연결된 민간 서비스 계약자는 점점 돈이 쪼들리는 (세금에서 돈이 나오는) NHS가 지불하는 계약으로 큰 이윤을 올리고 있다. 계약 조건에 따라 NHS는 제한된 예산에서 다른 의료 서비스를 희생하더라도 이들에게 가장 먼저 비용을 지급해야 한다.

가장 충격적인 예는 잉글랜드의 100개 이상의 NHS 병원신탁*과 계약을 맺은 민간자본유치 병원들과 관련이 있는데, 이 계약에 따르면 이들 신탁은 병원의 설립과 유지에 드는 비용을 사적 투자자에게 상환해야 한다. 이런 계약은 존 메이저의 보수당 정부하에서 계획된 것이긴 하지만 민간자본유치 계약의 대다수는 1997년에서 2010년 사이에 신노동당 정부하에서 이루어졌다. 차입 조건에 매여 있던 정부가 프로젝트 비용을 떠넘기려 했던 것이다. 역대 보수당 주도 정부들은 이를 계속 진행했으며, 여러번의 실패 끝에 2018년 10월 예산안을 낼 때에야 중단하겠다고 발표했다.

그때까지 병원신탁들은 새로운 병원을 건설하고 운영하고 낡은

---

* NHS 내의 조직단위.

병원을 개조하기 위해 사기업에 매년 20억 파운드를 지불했으며, 이는 더 늘어날 예정이었다. 이런 계약으로 병원을 건설하는 데 130억 파운드를 조달했지만 신탁들은 향후 25~30년의 계약 기간 동안 790억 파운드를 상환해야 하는 계약에 묶인 셈이다. 이는 건설 비용의 여섯배에 해당하며, 그들을 대표해 정부가 돈을 차입했을 경우보다 훨씬 큰 액수다. 단 4개의 회사가 앞으로 390억 파운드를 받게 될 것이다.[31] 한편 NHS 병원들은 집단적으로 심한 적자에 빠져 있으며, 환자가 계속해서 늘어나는 데 힘겹게 대처하고 있다.

영국 전역에서 돈이 많이 드는 민간자본유치 계약은 학교, 도로, 가로등, 교도소, 경찰서, 요양원 등에서 이용되어 중앙정부와 지방정부가 금융자본에 막대한 부채를 지도록 만들었다. 약 600억 파운드의 자본가치가 있는 기존 716건의 민간금융 계약에 매년 들어가는 돈이 2016~17년에 103억 파운드에 달했으며, 약 1천억 파운드가 이미 지불되었고 앞으로 2040년대까지 지불해야 할 것은 2천억 파운드에 달한다.[32]

민간자본유치를 이용해 학교를 건설하는 데는 공적 자본을 이용하는 것보다 40퍼센트, 병원의 경우 60퍼센트의 비용이 더 든다. 결과적으로 이러한 공공서비스는 중앙정부의 긴축으로 인한 삭감 때문에 예산이 줄어든 시기에 민간자본유치 계약으로 터무니없이 높은 비용을 지불하게 된 것인데, 이는 필수 지출에 대한 이중의 압박이다. 이 돈의 대부분은 조세도피처에 있는 수익성 좋은 투자펀드로 갔다.[33] 하지만 정부는 캐릴리언(Carillion)의 파산으로 장래의 프로젝트 계획이 끝나버려 망신을 당하기 전까지 민간자본유치 계약을 계속해서 이용할 계획이었다.

민간자본유치가 어리석은 시도였다는 것은 2018년 1월 거대 건설 및 외주 회사 캐릴리언이 파산하기 이전부터 많은 실패 징후에서 찾아볼 수 있었다. 정부는 계약을 가격에 의존해 결정했고, 질은 두번째 고려 사항이었다. 계약을 따내기 위해 기업들은 남들보다 싸게 입찰했는데 종종 서비스 제공 비용보다 낮은 가격을 제시했으며, 적절한 비용을 대지 못해 건설 프로젝트에서 초과 비용이 발생하고 공사가 지연되었다. 캐릴리언은 낮은 입찰가를 제시해 도로, 병원, 학교 등을 건설하고 교도소 관리부터 NHS 청소와 학교 급식까지 여러 서비스를 제공하는 수백건의 계약을 따냈다. 공공서비스가 형편없어지고 회사가 지속적인 손실에 처한 것은 필연적인 결과였으며, 결국 회사는 막대한 부채를 지게 되었다. 그럼에도 회사 임원들은 막대한 보너스를 챙겼고 주주들에게는 후한 배당금이 돌아갔다.

회사의 손실에 대한 경고가 계속되었음에도 정부는 캐릴리언에 사회적으로 민감한 대규모 계약을 안겼다. 이 회사가 결국 파산함으로써 민간기업은 위험을 감수하기 때문에 추가 비용을 지급해야 한다는 흔한 주장이 사기임이 판명되었다. 캐릴리언이 파산하자 정부는 병원과 도로 건설을 마무리하고 학교 급식과 기타 등등의 서비스를 제공하기 위한 재원을 마련해야 했다. 그런데 너무 낮은 입찰가로 계약을 따낸 것이 캐릴리언만은 아니었다. 2016년 1월부터 18개월 동안 정부는 공공서비스를 계속 운영하기 위해 1,200만 파운드가 넘는 규모의 계약을 재협상해야 했다. 애초에 너무 낮은 가격으로 외주를 주었기 때문이다.[34]

사영화된 보건의료 서비스가 효율성을 증대시킨다는 주장을 뒷받침할 증거도 없었다. NHS 개혁으로 인해 다양한 층위의 고액 연봉 경영진이 더 많아졌는데, 이들은 관료제를 도입하고 점점 늘어나는 불안정 노동자를 감독했으며 환자 돌봄보다 이윤과 지대를 추구하는 민간기업이 계약을 쉽게 딸 수 있도록 해주었다. 2018년 영국 국가감사원이 낸 보고서에 따르면 또다른 거대 기업 카피타(Capita)에 기본적인 돌봄 행정 서비스를 외주한 데 따라 환자들은 위험에 처했고 회사는 손실을 최소화하기 위해 서비스를 중지하려 했다.[35] 2019년 초에 NHS 고위관리들은 2012년의 건강과 사회적 돌봄법의 일부를 철폐하라고 요구했다. NHS 계약의 자동 입찰을 없애고, 사영화로 돌봄 서비스가 파편화되면서 가로막힌 보건의료와 돌봄 서비스의 통합을 용이하게 하려는 목적이었다.[36]

한편 NHS에 대한 정부의 자원 배분은 노령화, 만성질환의 증가, 인력·약품·장비 비용의 증가 등으로 인해 보건의료 및 돌봄 수요가 늘어난 데 보조를 맞추지 못하고 있다. 또한 NHS 개혁은 부유한 지역보다 가난한 지역의 보건의료 서비스를 더 많이 삭감하면서 불평등을 증대했다. 일부 지역에서는 빡빡한 예산 때문에 체외수정, 고관절과 무릎 수술에 들어가는 돈이 삭감되었고, 심지어 백내장 수술의 경우 두 눈이 아니라 한쪽 눈만 수술하는 등 처치를 임의적으로 제한하게 되었다. 많은 지역에서 이제 명목상 '독립 계약자'가 된 일반의가 약국에서 처방전 없이 살 수 있는 진통제 같은 의약품 처방을 내릴 수 없게 되어, 이전에는 무료 처방을 받을 수 있었던 저소득층 가구들이 심각한 타격을 받았다.[37]

2017년 현재 NHS는 4만 명의 간호사와 6천 명의 의사가 부족하다. 400만 명이 병원 대기자 명단에 올라 있다. 영국 적십자사는 환자 과밀과 인력 부족으로 인해 NHS 병원에서 '인도주의적 위기'가 발생할 것이라고 경고했다.[38] 미드스태퍼드셔 NHS재단신탁이 인력 부족과 과로로 환자를 잘못 처치하여 불필요한 사망에 이르게 한 사건에 대해 공적 조사를 벌일 당시 위원장이었던 왕실 변호사 로버트 프랜시스 경은 NHS가 '존재론적 위기'에 처해 있다고 말했다. NHS는 사회 공유지의 일부이기를 멈추었다.

서서히 진행되는 NHS의 사영화는 지구적 추세를 반영한다. 매우 다른 구조에서 출발했지만 다른 나라들에서도 신자유주의 시대에 보건의료의 사영화가 확대되었다. 미국의 변화는 특히 퇴행적이었다. 2018년 1월 트럼프 행정부는 보건복지부 내에 양심과 종교의 자유 부서를 설치했다. 이는 모든 간호사와 의사가 자신의 종교적 신념에 배치되는 낙태와 기타 조치를 수행하기를 거부할 수 있도록 한 것이다. 여기에는 합법화된 조력자살, 성전환을 위한 치료, 심지어 LGBT를 위한 전통적인 의료적 처치도 포함될 수 있다. 이런 움직임은 명백히 차별적이며, 보건의료 공유지를 협소하게 만드는 일이다.

2018년에 미국의 몇몇 주는 트럼프 행정부의 승인하에 저소득층을 위한 보건의료 서비스인 메디케이드(Medicaid) 수급자에게 노동 요건을 확대하기로 결정했다. 그 결과 매달 법정 최저노동시간을 채울 수 없는 비정규 노동자를 포함하여 많은 가난한 사람들이 의료보장을 받지 못할 전망이다.

그러나 영국에서 펼쳐진 비극은 더 나쁜데, 1948년 이래 NHS는 사회 공유지를 체현한 것이었기 때문이다. NHS는 보편 서비스—가난한 사람들을 위한 안전망이 아니라—로 설계된 것으로, 모든 시민을 동등하게 치료하며, 지불 능력이 아니라 필요에 기초하여 모든 사람이 최상의 서비스를 받을 권리가 있었다. NHS는 진정한 의미에서 보편주의적인 것이었으며, 시민들이 의료 서비스를 받고자 할 때 보편적인 서비스를 무상으로 제공할 뿐만 아니라 이용자로서의 공유자와 제공자로서의 공유자 사이의 연대를 표명해왔다. 환자와 서비스 제공자—외과의사든 의사든 간호사든 보조 인력이든—는 서로를 집단적 노력을 동등하게 공유하는 사람으로 바라볼 수 있었다. 그러나 2018년에 이르면 서비스 제공자들은 경쟁적 환경에서 분투하면서 점점 프레카리아트의 일부로 취급받았고, 보편주의에 대한 공유의 감각은 위험에 처했다. 새로운 사회협약이 필요한 위기의 시간이었다.

노인 돌봄: 공유적 삶의 상업화

고령화되고 있는 우리 사회에서 노인을 위한 사회적 돌봄은 사회 공유지에서 가장 부담 가는 부분이 되었다. 잉글랜드에서 노인에 대한 사회적 돌봄은 지방정부에 법적 책임이 있다. 서비스에 대한 지방의회의 지출이 유례없이 삭감되고 돌봄 수요는 증가하고 있는 시대인 지금, 노인 돌봄은 지방의회 예산의 대략 3분의 1을 차지한다.

다른 사회서비스와 마찬가지로 노인 돌봄도 꾸준히 사영화되어 질과 신뢰도가 손상되었다. 요양원은 이윤을 추구하는 기업이 운영하고 있다. 가장 큰 상업 체인 3개 — HC-One, Four Seasons, Care UK — 는 사모펀드 회사가 소유하고 있다. 이윤을 충분히 내지 못할 경우 요양원은 폐쇄되거나 황폐화된 상태에서 지방정부가 떠맡아야 한다.

최근 폐쇄와 파산이 이어지면서 수천명의 노인과 취약계층이 제대로 돌봄을 받지 못하는 상태가 되거나 옮겨가야 하는 상황이 벌어졌다. 요양원 소유자들은 요양원 거주자에 대한 자금의 60퍼센트를 책임지는 지방의회가 재정을 삭감한 것과 '생활임금'(living wage)이 높아져 비용에 부담을 주는 것을 비난했다.[39] 하지만 노인 돌봄은 사람에 대한 책임보다 돈 버는 데 더 관심이 많은 민간기업의 손에 맡겨져서는 안 된다.

돌봄의 사영화와 상품화는 1990년의 NHS와 지역사회 돌봄법(NHS and Community Care Act)으로 가속화되었다. 이 법에서 지방정부는 돌봄 서비스의 '구매자'가 되어야 하며, 민간 상업 부문과 비영리 부문이 '제공자'가 된다. 이 개혁으로 경쟁 입찰이 도입되어 가장 낮은 입찰가를 써낸 사람이 계약을 따내게 되었다. 비용 삭감은 부분적으로는 최전선 서비스 제공자의 임금과 노동조건을 끌어내림으로써 공공서비스의 질을 낮추었다.[40] 증가하는 '돌봄노동자' 프레카리아트와 높은 보수를 받는 고위 경영진 사이의 격차가 커지고 있다. 한편 지방정부의 계약에 의존하는 NGO는 사회 공유지를 옹호하는 집단이나 사회 공유지의 일부이기를 멈추었다.

2009~10년부터 2016~17년 사이에 지방의회의 제한된 예산에 대한 수요를 줄이기 위해 수급 자격 기준을 강화하면서 사회적 돌봄을 받는 노인의 수는 40만명도 채 되지 않는다.[41] 2018년 현재 잉글랜드에 있는 120만명의 노인과 장애인이 필요한 돌봄을 받을 수 없는데, 이는 2010년에 비해 두배나 늘어난 것이다.[42] 많은 사람이 달리 갈 곳이 없기 때문에 병원에 있을 수밖에 없으며, 이 때문에 필요한 병상이 부족해지고 NHS 비용에 부담을 주고 있다. 돌봄은 상품화되었고, 나이 든 시민을 돌볼 공동체의 책임은 가치절하되어 사회 공유지를 침식하고 있다.

놀이터

무료이고 모두에게 열려 있는 아이들의 공공 놀이터는 사회 공유지에서 필수적인 일부다. 놀이터의 공유지 지위는 그 오랜 역사와, 놀이터가 모든 출신 배경의 아이들이 모여 노는 어릴 때부터 공유된 활동으로서의 공유화를 반영한다는 사실과 굳게 결합되어 있다. 그러나 놀이터는 긴축으로 사회 공유지 축소의 압박을 받는 시의회와 기타 조직들에는 손쉬운 목표였다. 잉글랜드에 있는 수백개의 공공 놀이터가 문을 닫았으며, 다른 놀이터들은 상업적 사업으로 바뀌었다.[43]

어린이들이 직접 칠한 기구들로 채워졌던 런던 남부 배터시공원의 공공 무료 모험 놀이터는 이제 불도저로 철거되어 더 어린 아이들의 '그네와 미끄럼틀' 공원으로 대체되었다. 그네와 미끄럼틀 바로 위로는 민간 '트리톱 어드벤처 회사'인 고 에이프(Go Ape)의 집라인과 출렁다리가 지나는데, 아동 한명당 21~36파운드의 비용으로 클라이밍 훈련을 제공한다. 이는 저소득층 가정에서 부담할 수 있는 수준이 아니다.[44]

빅토리아 여왕은 배터시공원을 무상의 공적 공간으로 국가에 제공했다. 그러나 정비 작업과 새로운 설치물에 25만 파운드의 공적 자금을 지출한 후 그 일부를 임대함으로써 분할된 풍경을 만들어냈고, 가난한 아이들은 부유한 친구들을 문자 그대로 올려다보게 되었다. 이는 사회 공유지의 약탈을 상징적으로 보여주는 것으로, 작지만 잔인한 방식으로 사회소득 불평등을 두드러지게 드러내고, 사회적 연대를 침식하고 있다.

우편

우편 서비스는 사회 공유지 가운데 종종 간과되는 부분이다. 많은 사람들, 특히 빠른 인터넷 서비스에 접근할 수 없거나 사용할 수 없는 노인과 저소득층은 재래식 우편제도에 의존하고 있다.

영국우정공사(Royal Mail)는 1516년에 설립되었는데, 이때는 헨리 8세가 '우편 책임자'(Master of the Posts)를 임명했으며, 한 세기가 조금 넘어가면서 공공서비스가 되었다. 우정공사는 사회 공유지에서 존중받는 일부였다. 그러나 2013년 연립정부는 영국의 우편 서비스를 사영화했고, 우정공사의 새로운 소유자들은 이 과정에서 막대한 보조금을 받았다.

시장을 신뢰하는 대신 — 시장에서는 신규 발행 주식이 가장 신뢰할 만한 입찰자에게 가도록 공개 매매했을 것이다 — 정부는 신규 발행 주식 가격을 시장가치보다 훨씬 낮은 330페니로 했다. 하루 만에 이 가격은 445페니로 올랐고 주식 보유자들은 상장으로 7억 5천만 파운드를 횡재했다. 이 가운데 대부분은 연금이나 헤지펀드 같은 거액 투자자들에게 돌아갔다. 주요 수혜자 가운데는 정부에 매매가를 자문해준 금융기관들이 있었다. 그들은 상당한 자문료 이외에 자신들이 정한 가격으로 상당량의 주식을 매입할 수 있었다. 그리고 주식 가격이 오르자마자 이를 팔아서 막대한 이윤을 올렸다. 이후 주식 가격은 더 올랐고, 정부는 10억 파운드 이상의 공적인 사회 공유지를 선물로 준 셈이 되었다.[45]

2015년 영국의 규제기관 오프컴(Ofcom)은 우정공사를 경쟁법 위반으로 기소했는데, 우정공사가 대량 우편배달 서비스를 하는 경쟁 업체에 제안한 요금과 관련해서였다. 오프컴은 이전에 제기되었던 편지와 소포에 대한 과도한 요금 문제를 포함해 우정공사가 독점에 가까운 지위를 남용하는 것을 막기 위해 기존 규제를 더 강화해야 하는지에 대해 '근본적인 검토'를 시작했다. 또다른 쟁점은 우정공사가 영국의 모든 지역에 우편배달을 하는 보편적 서비스 의무(2021년에 만료된다)를 연장하는 것이다. 사영화 이후 비용 절감을 위해 52개 우체국이 문을 닫았고 대중에 대한 우편 서비스는 더 악화되었다.[46] 공공서비스가 민간의 상업적 이해관계자의 손에 넘어간 것이다. 독점에 가까운 민간기업이 이렇게 행동한다고 해서 놀랄 사람은 없을 것이다.

교통 서비스

대중교통 서비스는 핵심적인 것이다. 대중교통이 있어야 사람들은 일터, 학교, 상점, 도서관, 병원, 사회적·문화적 활동 장소에 갈 수 있다. 그러나 영국의 교통 인프라 수준은 2010년 긴축 전략이 시작된 이래 심각하게 떨어졌다. 공공 부문 투자는 2010년 GDP의 3.2퍼센트에서 2020년 1.4퍼센트로 축소될 예정이다.[47] 지방도로를 위한 재원은 2010년에서 2016년 사이에 20퍼센트 삭감되었다. 런던이 재원 전체에서 가장 큰 몫을 받았기 때문에 인프라는 런던 외곽에서 더 심각한 타격을 받았다.

1993년 이래 영국의 철도 사영화 기록은 물 사영화의 경험에 필적할 만하다. 투자가 증가했고 서비스 수도 늘었으며 승객 수는 두배 이상이 되었지만, 정부가 계속해서 막대한 보조금을 주었음에도 요금은 치솟았고 이윤의 많은 부분은 해외로 빠져나갔다. 철도회사는 2012~13년에서 2015~16년 사이에 8억 6,800만 파운드의 운영 수익을 배당금으로 지불했다. 서비스 질을 개선하기 위해 재투자를 해야 할 필요가 상당했는데도 말이다.[48] 어떤 사영화도 효율성을 높이지 못했다. 운영 비용은 유럽의 다른 어떤 곳보다 높았으며, 네트워크의 집약적 이용에도 불구하고 승객당 비용은 사영화를 도입할 당시와 같았다.

이러한 상황의 대부분은 정부가 영국철도를 선로, 차량, 운영 등으로 분리하기로 결정하고 1995년에서 1997년 사이에 100개로 나누어 매각했기 때문이다. 『파이낸셜 타임스』의 어떤 논평가는 이렇게 말했다. "당신이 타는 기차는 은행이 소유하고 있고, 교통부에서 운영권을 따낸 민간기업이 리스한 것이며, 그 기차가 달리는 선로는 네트워크 레일(Network Rail) 소유이고, 이 모든 것은 또다른 정부 부처의 규제를 받으며, 이 모든 비용은 납세자나 승객이 지불하고 있다."[49] 시스템의 각 부분은 각자의 이윤을 우선시하며, 이는 네트워크 전체에 해를 끼친다.

한편 물 사영화와 마찬가지로 철도 사영화의 경험은 민간 운영자가 사업상의 위험을 감수하는 데 대해 보상받아야 한다는 주장이 헛소리라는 것을 폭로했다. 정부가 사영화의 실패를 인정하지 않고 운영자를 구제하거나 상당한 불이익 없이 계약 해지를 허용해주면서 이들이 져야 할 위험은 최소화되었다. 2009년에는 이스트코스트 노선이 재국유화되었는데, 이후 5년간 티켓 판매가 증가했고 고객 만족도가 유례없이 높았으며, 재무부에 약 10억 파운드의 수익을 올려주었다. 하지만 그럼에도 정부는 이 노선을 재사영화하는 결정을 했다가, 2018년에 운영사인 버진(Virgin)과 스테이지코치(Stagecoach)가 더이상 계약 조건을 충족하지 못하게 되어서야 재국유화했다. 예상대로 이 회사들은 정부에 빚진 금액을 지불하지 않고 계약에서 해지되었다.

아이러니하게도 1993년의 철도법(Railway Act) 25조는 영국철도를 소유할 수 없는 유일한 정부가 영국 정부라고 사실상 명시하고 있다. 이는 자초한 식민화다. 오늘날 영국철도 운영자의 3분의 2는 외국 기업이며, 여기에는 독일, 네덜란드, 프랑스의 국영철도가 포함되어 있다. 그런데 이들 기업은 국유화된 산업보다 더 많은 보조금을 필요로 한다. 사영화 이전인 1993년에 영국철도는 보조금으로 13억 파운드를 받았다.[50] 2016~17년이 되면 정부는 매년 68억 파운드에 달하는 금액을 민간 운영자들에게 보조했다.

잉글랜드 내 이동의 겨우 2퍼센트만이 철도로 이루어지긴 하지만, 이러한 이동의 절반 이상은 일터에 가거나 적절한 가격에 신뢰할 만한 서비스를 받기 위한 것이기 때문에 필수적이다. 잉글랜드 북서부에서는 노던 레일(Northern Rail)이 2018년에 서비스를 줄이면서 형편없어졌기 때문에 어떤 사람들은 회사에 항상 지각하게 되었고, 또 어떤 사람들은 아예 일을 그만두었다. 기차 승객들은 진료 시간과 항공편을 놓치고, 결혼식, 장례식, 모임 등에 가지 못하게 되었다. 장애인은 기차역에서 '동물처럼' 헤매야 했다고 한다. 이것은 사회 공유지의 핵심적인 부분을 상실하는 개인적·경제적·사회적 손실이다.

철도 사영화는 또한 수세대 동안 세워진 4,455개의 철로 아치 아래에서 번성한 수많은 소기업과 스타트업에 영향을 미쳤다.* 2000년 대 초 철도 인프라에 대한 책임을 다시 맡은 국영 네트워크 레일은 2018년에 철로 아치의 대부분을 구성하는 5,200개 부동산을 2개

---

* 영국에서는 철로가 부설된 아래쪽 아치형 구조물에 상점·기업 들이 입주해 있다.

투자사에 팔았다. 영국 부동산 그룹 텔레리얼 트릴리엄(Telereal Trillium)과 미국의 사모펀드 회사 블랙스톤 프로퍼티 파트너스(Blackstone Property Partners)가 그들이다.[51] 이제 소규모 기업은 감당할 수 없는 임대료 때문에 쫓겨날까 두려워하고 있다.

기차보다 더 많은 사람들이 이용하는 버스 서비스는 20세기 초에 도입된 이래 중요한 사회적 기능을 수행해왔다. 영국 대부분의 지역에서, 특히 농촌 지역에서 버스는 이용할 수 있는 유일한 대중교통이며, 수익성 없는 노선은 필수 서비스를 보장하기 위해 보조금을 받기도 한다. 저소득층 가구의 절반을 포함해서 영국 가구의 4분의 1은 자동차가 없다. 청년과 노인층은 특히 버스 서비스에 의존하고 있다.

대처 정부 시기의 탈규제는 가장 이윤이 많이 나는 노선만을 원하는 수많은 경쟁자들을 만들어냈다. 런던의 경우 런던교통공사(Transport for London)가 특정 노선들을 하나의 운영자와 위탁 계약을 맺는 프랜차이즈 체제를 도입하고 나서야 상황이 정리되었다. 그러나 다른 대부분의 지역에서는 버스 시스템이 엉망이 되어, 전반적인 협조 체계도 없고 다른 교통 서비스와의 연계도 이루어지지 않으며 책임도 지지 않는다. 운영자는 수익성 없는 노선을 없앴고, 승객수는 떨어졌다.

하지만 긴축의 시대에 핵심적인 버스 서비스의 상실은 엄청난 패배로 귀결되었다. 정부의 재원 삭감으로 잉글랜드와 웨일스에서는 2010년에서 2017년 사이에 대부분이 농촌 지역에 있는 3천개 이상의 버스 서비스와 노선이 축소되거나 폐지되었고, 2018년에는 더 많이 폐지하기로 결정되었다.[52] 같은 시기에 버스 재원의 3분의 1이 삭감되었는데, 저소득층이 이용할 필요가 가장 큰 지역에서 가장 많이 삭감되었다. 11개 지방정부는 이제 버스 지원에 한푼도 지출하지 않고 있는데, 스톡턴온티스, 스톡턴온트렌트, 블랙풀, 사우스엔드, 루턴 등이 여기에 포함된다.

자동차와 택시 이용이 증가하면서 늘어난 환경 비용을 제외하더라도, 이런 식의 삭감으로 사회 공유지가 침식되는 것은 더 큰 불평등으로 이어진다. 청년, 노인, 저소득층, 프레카리아트는 인상된 요금과 형편없는 서비스로 가장 큰 피해를 보고 있다. 이는 삶의 다른 측면으로까지 파급효과를 미치며, 버스 서비스의 상실보다 더 큰 개인적 상실을 낳는다. 농촌 지역에 사는 노인들 사이에서 고립감이 커지는 것도 이에 포함된다. 이들은 친구과 가족을 방문하는(또는 그들의 방문을 받는) 것뿐만 아니라 의료기관, 사회활동, 지역사회 행사, 상점에 가기 위해 버스에 의존한다. 버스가 운행되지 않으면 버스 무료 이용권은 소용이 없다. 그리고 역설적으로, 연금생활자를 위해 이용자가 적은 시간에 주어지는 버스 무료 이용권은 노인들이 주로 이용하는 노선에서 줄어들었다. 운영자들이 적절한 보상을 받지 못한다고 주장했기 때문이다.

다른 교통수단보다 버스를 이용해 출퇴근하는 사람들이 더 많기 때문에 서비스 악화는 일터에 가는 것을 더 힘들게 하고 스트레스 받게 만들며 심지어 출근이 불가능해지기도 한다. 한편 버스 서비스 축소는 복지 청구인들이 구직을 하고 의무적인 방문을 위해 고용사무소에 가는 것을 더 힘들게 한다. 이들은 5분만 지각해도 제재를 받으며 주거급여를 포함해 한달치 급여를 잃을 수도 있다. 이는 부채의 증가, 임대료 연체, 퇴거로 이어질 수 있다. 버스 서비스 축소는 박탈이라는 연쇄의 일부분인 것이다.

농촌 지역의 버스 서비스 축소는 문화적 궁핍화이기도 하다. 농촌 지역의 많은 버스 노선이 요즘에는 저녁 6시에 운행을 중단하며, 이로 인해 버스에 의존하는 사람들이 영화관, 극장, 성가대, 어린이 음악센터, 빙고, 스포츠 시설과 기타 레크리에이션 시설에 가는 것이 불가능해졌다.[53] 심지어 국립공원조차 점점 더 대중교통으로 갈 수 없게 되었으며, 수백여곳의 전국적인 명소와 수천 마일의 해안도 마찬가지다. 여기에는 또한 계급적 함의가 있는데, 그런 장소에 갈 수 없는 사람들은 프레카리아트와 프롤레타리아트이기 때문이다. 내셔널트러스트 같은 조직이 대개 중산층과 부유층에 의해 운영된다는 것은 놀랄 일이 아니다.

일부 사람들은 2017년의 버스 서비스법(Bus Services Act)에 희망을 걸었다. 이 법에 따르면 지방정부가 운영자와의 제휴나 런던식 프랜차이즈 체제를 통해 해당 지역 버스 서비스에 대해 더 많은 권한을 갖게 된다. 그러나 계속해서 긴축의 길을 간다면 버스 서비스는 사회 공유지로서 지켜지지 못할 수도 있다.

노동시장 서비스: 지원에서 강제로

실업자가 일자리를 찾고 사용자가 일손을 찾는 것을 도와주는 직업소개소는 '태곳적'부터 존재했다. 영국에서 직업소개소가 처음 세워진 것은 1911년이었다. 직업소개소는 일자리를 찾는 비용과 실업의 비용을 줄여주었다. 그러나 사회 공유지의 일부로서 노동시장 서비스의 에토스와 모델은 약화되기 시작한 지 오래다. 일부 서비스는 임시직 직업소개소와 민간 직업훈련원을 통해 사영화되었다. 남아 있던 나머지 직업소개소도 노동자의 필요가 아니라 사용자와 국가의 요구에 봉사하는 지시적이고 선별적인 기구로 바뀌었다. 과거의 직업소개소는 '구직센터'가 되었는데, 실업자들에게 사회적 급여를 상실하게 될 것이라고 위협하면서 적절하지 않은 일자리라도 받아들이도록 강제하는 곳이다. 이는 삼림헌장에 들어 있는 일할 권리에 명백히 위반되는 것이다.

유니버설 크레디트 ─ 유니버설하지도 않고 크레디트 형태도 아니다 ─ 의 배후에 명시된 의도는 복지 '청구인들'에게 재무 '관리'나 '규율'을 가르치고 유니버설 크레디트의 경험을 가능한 한 일자리를 갖고 있는 것과 유사하게 만드는 것이다. 청구인은 유니버설 크레디트를 받을 때까지 청구일로부터 6주를 기다려야 하며, 구직센터의 '어드바이저'가 지시한 방식으로 행동하지 않을 경우 급여는 중단된다. 6주의 대기 기간(실제로는 종종 더 길다)으로 인해 절망적인 청구인이 더 어려운 처지에 빠진다는 증거가 쌓이면서 대기기간은 5주로 줄어들었다. 직장에서 월급을 받기까지 한달 이상을 기다려야 하고 일한 첫달에 돈을 전혀 받지 못하는 사람이 얼마나 많은가? 이 서비스의 성격은 사회 공유지의 일부가 아닌 쪽으로 계속해서 변해왔다. 바로 재무관리 기술과 노동 규율을 결여했다고 여겨지는 — 증거는 없다 — 사람들을 개조하는 것이다.

한편 구직센터 어드바이저의 행동은 최악의 사용자가 하는 행동 보다 더 자의적이고 징벌적이다. 아무 때나, 예고 없이 멀리 떨어져 사는 청구인에게 면담을 요구하는 것은 급여가 중단될 수 있다는 위협 속에 사는 사람에게는 남아 있는 공적 사회서비스를 깎아먹는 일이다. 우리가 분명히 상기해야 할 것은 공적 사회서비스는 '청구인'이 원하고 필요로 하는 어떤 것을 공급하는 것을 의미한다는 점이다.

고용과 복지 서비스는 공적 영역에서 필수적인 부분이었다. 그러나 공공서비스의 사영화와 함께 실업자, 장애인, 취약계층이 상품으로 취급되고 있다고 해도 과언은 아니다. 이는 영국에만 특유한 일이 아니다. 덴마크, 독일, 네덜란드, 스웨덴, 오스트레일리아, 미국도 모두 이런 서비스를 민간 공급자에게 위탁하고 있다. 고용과 복지 서비스의 공적 에토스는 침식되고 있다.

2018년 현재 영국의 주요 민간 고용 프로그램은 실업자를 일자리로 밀어넣는 것을 목표로 하는 노동 프로그램(Work Programme)과 장애인이 고용될 수 있는지 없는지를 결정하는 노동능력평가(Work Capability Assessment)다. 2017년까지 총 30억 파운드에서 50억 파운드로 추산되는 노동 프로그램 계약은 원칙적으로 더 많은 사람을 더 빨리 일자리로 투입함으로써 그로부터 절약되는 급여에서 재원을 마련하게 되어 있다. 민간의 상업적 공급자는 일자리에 배치한 사람의 수에 따라 돈을 받는다. 그런데 이 서비스는 사람들이 급여를 받기 위해서는 의무적으로 이용해야 하는 것이다. 민간기업이 국가가 만든 포로 시장에서 돈을 벌고 있는 셈이다.

연립정부가 현재의 노동 프로그램을 도입하기 이전에도, 다른 나라의 경험을 볼 때 민간 공급자의 결함은 명백한 것이었다. 지급 체계 때문에 민간 공급자는 사람들을 배치하기 가장 어려운 곳(parking)은 무시하고 배치하기 가장 쉬운 곳(creaming)에 자원을 집중하게 되었고, 실업자 본인이 찾은 일자리를 자신들의 성과로 돌려 지급을 요구하거나 고용 유지 증거를 조작함으로써 이 체제를 악용했다. 공식적인 수치를 따르더라도 노동 프로그램은 작동하지 않고 있다. 실업자들이 이 프로그램을 통해서가 아니라 스스로 일자리를 찾는다는 증거가 있으며, 이 프로그램을 통해 능력에 맞는 일자리를 찾는 경우는 거의 없다. 정부의 관점에서 볼 때 이 서비스는 사람들에게 일자리를 찾아주는 것을 통해 돈을 버는 게 아니라 사람들이 사소한 규칙 위반을 반복하게 하여 급여를 받지 못하게 하는 것을 통해 돈을 벌고 있다. 마찬가지로 장애인에게 적용되는 민간 노동능력평가 — 장애인이 받아야 하는 모든 종류의 장애급여를 결정한다 — 는 합리적인 기준으로는 노동할 수 없는 많은 사람에게 '노동에 적합하다'는 판정을 내렸다. 그 결과는 극빈, 조기 사망, 자살이었다.

　　2년이 채 안 되는 기간 동안 노동연금부는 '노동 적합' 판정을 받은 장애인들이 제기한 행정심리와 항소에 1억 800만 파운드를 썼다.[54] 2016~17년 사회보장과 아동지원 법원에 1억 300만 파운드를 써야 했던 법무부는 민간 계약업체들이 급여 지급 거부 결정을 했기 때문에 이에 대처하느라 비용이 더 늘어났다.

　　한 세기가 넘는 동안 공공 훈련 서비스는 기업, 공공 부문 사용자,

전문직, 기술직 등의 직업훈련 활동을 보완했다. 이는 20세기 사회 공유지의 일부가 되었고, 칼리지와 '폴리테크닉'(polytechnics)의 확대로 요약된다. 이들은 대처 정부하에서 '대학'(university)으로 바뀌었는데, 과거 대학의 계몽주의적 가치가 침식된 것에 상응하는 일이었다. 하지만 2011년에 연립정부는 런디렉트(Learndirect)*의 성인 훈련 및 견습 서비스를 로이드은행(Lloyds Bank)의 사모펀드에 팔아버렸다. 그럼에도 런디렉트는 거의 전적으로 정부 계약에 의존해서 2017년 상반기에만 1억 5,800만 파운드를 받았으며, 2011년 이래 6억 3,100만 파운드를 받았다. 그럼에도 처음에 부채가 없던 이 기관은 2015년 중반까지 현금 보유액이 80퍼센트가량 줄어든 반면 9천만 파운드의 부채를 지게 되었다. 이는 운영 현금 흐름의 열배가 넘는 액수이며 총수입의 일곱배가 넘는다. 또한 직전 3년간 이윤이 줄어드는 추세였음에도 지주회사에 2천만 파운드의 배당금을 지불했다.[55]

감독기관인 교육기준청(Ofsted)이 2017년 발간한 보고서에 따르면 런디렉트의 교육과정에 참가한 7만 3천명 가운데 다수가 어떤 교육도 받지 못했거나 초보적이고 불충분한 교육만 받았다. 런디렉트는 이 보고서를 은폐하고자 했다. 4년이 넘는 기간 동안 이 사업으로 생긴 현금의 84퍼센트가 경영진과 금융업계로 갔으며, 모회사는 자신의 투자회사가 후원하는 별 볼 일 없는 포뮬러 원 팀에 50만 파운드를 대주었다. 이는 사영화가 효율성을 높인다는 주장이 엉터리라는 것을 보여주는 증거다.

---

* 잉글랜드와 웨일스의 각급 단위 훈련·교육 네트워크 기관.

이렇게 증거들이 쌓이자 교육부는 2018년에 런디렉트와의 현행 계약이 끝나면 자금 지원을 중단할 것이라고 말했다. 그러나 같은 투자회사가 소유한 런디렉트 어프렌티스십(Learndirect Apprenticeships)과 계약을 종결한다는 계획은 없었다. 이는 2017년 5월 정부가 시작한 새로운 계획에 따라 견습 훈련을 제공하는 것이다. 한편 진정한 패배자는 이른바 제공된 교육을 이용하도록 꾐을 당한 공유자들이었다.

노동시장 서비스는 더이상 시민을 지원하기 위한 서비스가 아니다. 그 목적은 위협과 처벌을 통해 시민의 행동을 바꾸는 것이다. '서비스'는 이것을 이용하는 사람들이 원하는 것을 반영하고 거기에 조응한다. 서비스가 공유지라면 무엇이 제공되는가는 주로 이를 이용하는 사람들에 의해 결정된다. 그러나 오늘날에는 정부와 기업이 무엇을 제공하고 제공하지 않을 것인지를 결정한다. 공유지의 에토스를 유지하는 관리인이 없으며, 서비스를 이용해야 할 공유자를 대신해서 일하는 문지기가 없다. 설사 최일선의 상업적 공급자의 동기가 선의라 하더라도, 이들은 공유자가 이용해야 할 서비스에 대해 공유자가 발언권을 갖는 것을 부정하는 가부장적 국가의 일부인 것이다.

공유지로서의 길드

사회 공유지의 위대한 상징 가운데 하나는 직업길드였으며, 이는 고대로까지 거슬러 올라간다. 고대 중국과 로마에 있던 직업길드는

14세기 피렌체에서 절정에 달했다. 14세기 피렌체에서는 21개 직업 길드가 도시의 윤리적 삶과 노동생활을 형성했고 도시의 통치위원 회를 뒷받침했다. 피렌체와 기타 모든 곳에서 직업길드는, 언제나 길드 구성원의 수호자 역할을 하는 경향이 있긴 했지만 비교할 수 없는 공동체 및 사회적 연대감 속에서 사회 공유지를 상징했다.

역사적으로 직업길드는 공감의 윤리, 시민의 자부심, 장인정신, 전문직의 행동을 보호했고, 사회적 기억을 육성했다. 이런 이유로 사회적·경제적 전환의 시기에 국가는 직업길드를 해체하려 했다. 영국에서는 1530년대와 40년대에 직업길드가 금지되었으며, 프랑 스에서는 대혁명 이후인 1791년에 금지되었다. 직업길드는 생각이 비슷한 공유자 집단으로, 국가와 시장자본주의에 맞서는 것으로 인 식되었다. 이후로 직업길드는 사회 공유지를 체현하고 직업적 시민 권을 유지하기 위해 투쟁했다.[56]

길드는 여러가지 방식으로 언제나 '시장'에 맞섰다. 상품화, 표준 화, 상업적 기회주의에 맞섰던 것이다. 길드는 공동체 가치를 제공 하고 강화했으며, 어떤 댓가를 치르더라도 효율성보다는 〔전문적〕 '특성'을 찬미했다. 길드는 시민의 우애를 강조하면서 언제나 넓은 의미의 정의를 함양했다. 강건한 직업 공동체는 그 구성원 사이의 경쟁을 제한함으로써 기회주의적 시장의 힘에 대한 방벽이 된다.

1980년대에 신자유주의자들은 길드를 파괴하는 일에 착수했다. 길드가 경쟁을 제한하는 것으로 보았기 때문이다. 신자유주의자들 은 이 일에 대체로 성공했고, 사회에 해악을 끼쳤다. 밀턴 프리드먼 은 첫번째 책으로 미국의 의료길드 체제에 관해 썼으며, 길드 체제가 해체되어야 한다고 주장했다. 신자유주의 이데올로기가 새로운 정통으로 부상하자 직업과 기술에 대한 길드의 자율이 직업 면허를 통한 국가 규제로 추세가 바뀌었다. 미국에서는 약 1,100개의 직업이 최소한 1개 이상의 주에서 면허를 발급하는 외부 기관의 권한하에 있게 되었는데, 이 외부 기관의 다수는 보험산업과 금융기관의 지배를 받는다. 미국, 영국과 기타 여러 나라에서 이로 인한 한가지 결과는 직업 공유지의 파괴였다. 영국에서 이것은 2007년에 통과된 2개 법에 의해 추진되었는데, 이들 법은 법률 및 의료 관련 직업에 관한 것으로, 각각의 직업 공동체에서 통제권을 빼앗아 직업 내부에 있는 사람들보다는 '소비자'를 중시하는 위원회에 넘겨주는 것이었다. 이런 개혁은 국가 통제를 강화하고 사회적 기억의 힘을 저하시켰다.

면허에 대한 신자유주의적 전환은 직업들 내부의 임금 차이가 커지는 것과 연관이 있었다. 면허는 이른바 저숙련 노동자의 임금소득에는 별다른 영향을 미치지 않았지만 고소득층의 수입에는 상당한 부양책이 되었다. 하지만 겉으로 드러나는 수치는 저소득 노동자의 소득 상실을 축소하고 있다. 이제는 길드가 제공했던 복합적인 사회적 보호망까지 상실되었기 때문이다.

'기업 공유지'

19세기 산업자본주의의 초기 기업 가운데 일부는 프롤레타리아 노동력에 '공장 정원'을 제공했다. 그 선구적 예는 스코틀랜드의 뉴라나크 직물공장에 로버트 오언이 만든 '쾌적한 공장'(pleasant manufactory)이었다. 그의 아이디어는 몇몇 거대 가부장적 기업이 노동자의 생활과 노동조건을 개선하고자 한 운동에 영감을 주었으며, 19세기 말 버밍엄의 본빌에 조지 캐드베리의 시범 마을이 등장하면서 절정에 달했다.[57] 이러한 운동은 노동자들의 소득을 보완해 주고 이들이 안정적이고 열심히 일하는 피고용인이 되게 하려는 목적이 있었다. 따라서 이러한 회사의 노동자들은 다수는 갖지 못한 비임금 급여를 갖게 되었다. 더 좋아진 환경 덕분에 이들 노동자 가족 사이에서는 유아사망률이 떨어지기도 했다.

이러한 유형의 기업급여는 21세기 초에 다시 불평등의 주요한 원천이 되었다. 살라리아트와 프레카리아트의 사회소득 차이가 두드러진 것에서 이를 볼 수 있다. 예를 들어 킹스크로스에 있는 구글의 새로운 런던 캠퍼스에는 300미터 길이의 옥상 정원이 들어설 예정이며 여기에는 달리기를 할 수 있는 '트림트랙'(trim-track)도 있다고 한다. 이는 눈길을 사로잡는 고층건물이다. 노무라증권은 런던에 대규모 옥상 정원과 텃밭이 있는 강변 사무실이 있다. 이것은 특권화된 살라리아트의 사회소득의 원천이며, 다른 사람들에게는 거부된 사회 공유지다.

시민농장: 공유지에 대한 은유

시민농장(allotment)이라는 오래된 제도 ─ 혹은 미국에서는 공

218

동체 정원으로, 2차대전 기간에 영국에서는 빅토리 가든으로 불렸다—는 공유지에 대한 은유다. 시민농장은 이런저런 형태로 오랜 세대에 걸쳐 많은 나라와 문화에서 존재했다. 독일에서는 슈레버가르텐(Schrebergarten)으로 불리는데, 140만개의 시민농장이 있으며 베를린에만 833개 지구가 있다. 이탈리아에서는 2차대전 동안 시민농장이 번성했고 이런 이유로 이름이 오르티 디 게라(orti di guerra, 전시 채소밭)다. 시민농장은 덴마크, 네덜란드, 노르웨이(시민농장을 얻으려면 20년을 기다려야 한다), 스웨덴에서도 번성했다. 시민농장은 몇가지 사회경제적 역할과 이미지를 충족해주는데, 가족 식량의 원천으로 소득을 의미하며, 문화활동의 장소다.

시민농장은 공적으로 소유한 땅을 임대해 가족들이 채소나 과일을 길러 주로 자신과 가족, 친구들이 소비할 수 있도록 하는 것이다.(몇몇 장소에서는 닭, 벌, 토끼를 기를 수도 있다.) 시민농장은 공유지의 역사적 지속을 상징한다. 영국에서 시민농장은 파란만장한 역사가 있다. 18세기 말 스피넘랜드 제도* 당시 토머스 맬서스와 에드먼드 버크는 시민농장이 사용자에 대한 노동 공급을 줄이고 자본 축적을 느리게 한다며 반대했다. 그러나 시민농장은 살아남았으며, 19세기 동안 공중의 태도와 정치적 태도가 시민농장에 유리하게 바뀌었다. 1887년에서 1908년 사이에 만들어진 3개의 의회 입법은 지방정부에 땅을 취득해서 이를 시의 시민농장으로 바꿀 수 있는 권한

---

* Speenhamland system, 18세기 말~19세기 초 잉글랜드와 웨일스에서 농촌 지역의 빈곤 완화를 위해 시행한 구제책. 농촌의 저임금 노동자에게 가족구성원에 따라 최저생계비(곡물가) 부족분을 보충해주는 방식이었다. 1834년 구빈법 제정으로 폐지되었다.

을 주었으며, 농촌 지역에는 소규모 임차농이 싸게 빌릴 수 있는 주 (county) 농장이 있었다.

20세기에는 시민농장에 대한 태도도, 시민농장의 수도 변동을 거듭했다. 그러나 지대자본주의인 우리 시대에 시민농장은 지방의회가 시민농장 부지를 민간 개발업자에게 팔면서 계속해서 공격받고 있다. 오늘날 영국에는 25만개의 시민농장이 있는데, 2차대전 직후에는 130만개가 있었다. 거의 10만명 가까운 사람들이 대기 중이지만 시민농장의 수는 계속해서 줄어들고 있다. 2012년 런던올림픽 때 지어진 스트랫퍼드의 올림픽공원은 전쟁 이후 동부 런던 거주자들에게 주어진 수천개의 시민농장 위에 세운 것이다. 카운티 스몰홀딩스 이스테이트(County Smallholdings Estate, 주 농장으로 할당된 지역이다)도 대폭 감소했는데, 보수당 정부의 1995년 농촌 백서(정책문서)는 이의 부분 매각을 장려했다. 2015년이 되면 지방정부가 중앙정부에서 받는 재원이 줄어드는 데 따라 예산을 삭감함으로써 이곳의 면적은 3분의 1로 줄어들었다.

시민농장을 얻으려고 애쓰는 사람들에게 시민농장은 사회소득의 일부다. 시민농장은 또한 작은 정원과 마찬가지로 비공식적인 사회적 보호의 원천을 제공한다. 1990년대 초 소련의 붕괴 이후에 소련 시절 가장 큰 두 나라였던 러시아와 우크라이나는 끔찍할 정도의 하이퍼스태그플레이션 시기에 빠져, 국민소득은 곤두박질치고 하이퍼인플레이션이 닥쳤다. 러시아에서는 기대수명도 급락했다. 남성의 기대수명은 64세에서 58세로 떨어졌다. 경제적으로 러시아보다 더 가난했던 우크라이나에서는 비슷했던 기대수명이 별로 떨어지지 않았다. 우크라이나가 달랐던 점은 모든 도시 거주자가 채소 — 주로 감자 — 를 키울 수 있는 작은 밭을 가지고 있었다는 것이다. 그 밭들이 많은 생명을 살렸다. 비록 거기서 하는 노동은 생산활동으로 인정받지 않았지만 말이다.

모든 나라에서 시민농장은 가볍고 세련되며 여유로운 노동 혹은 노동 여가와 생산을 결합시키는 역할을 했다. 20세기 동안 어느정도까지는, 주말에 도시의 소란스러움에서 벗어나길 원했던 중간계급 가족들이 시민농장을 독점했다. 독일에서, 그리고 러시아와 우크라이나에서는 다차(dacha) 형태로 이를 가장 잘 볼 수 있었다. 좀더 최근에는 연금생활자들이 시민농장을 주로 이용했다. 그러나 시민농장의 진보적인 사회경제적·문화적 역할을 간과해서는 안 된다.

시민농장은 조용히 칩거할 수 있는 장소, 스트레스를 해소할 수 있는 장소를 제공하며, 안정감과 여러 세대의 보통 사람들과 이어져 있다는 느낌을 준다. 시민농장은 가족, 친구, 공동체를 위해 생산할 권리와 지역의 토지를 결합시키기 때문에 시민됨의 의미, 문화적·사회적·경제적 권리의 훌륭한 결합의 의미를 지닌다. 시민농장은 또한 상업화에 맞서서 공동체의 의미를 재생산하는 데 도움이 된다. 생산물의 49퍼센트 이상은 판매할 수 없지만 교환과 물물교환은 잘 이루어진다. 정원 가꾸기가 가져다주는 재생산 노동의 자긍심과 위상도 있다.

시민농장은 또한 정치적 역할이 있는데, 여기서 가족과 친구들은 상업적 압력이나 상사의 명령에 시달리지 않으면서 정치적 움직임에 대해 토론할 수 있고 성찰적인 대화를 나누기에도 편하다. 많은 나라에서 시민농장은 야외 비스트로 — 오노레 드 발자크의 인민의 회 — 에 해당하는 것으로 공생과 생동감 있는 정치토론이 꽃핀다.

프레카리아트에게 시민농장은 공유지 재생을 위한 투쟁의 전조다. 시민농장은 바람직한 좋은 삶의 요소들을 제공하는데, 영양학적 혜택뿐만 아니라 노동(labour)의 명령에 대해 재생산 노동(work)의 가치를 주장한다. 이유가 무엇이건 간에 시민농장에서 하는 일은 진짜 일이다. 최소한 슈퍼마켓에서 선반을 정리하는 것만큼 가치 있고 생산적인, 작은 공간을 재창조하는 일이다.

영국에서 시민농장 운동은, 18세기에 농촌 지역과 주변 소도시에 이미 존재하긴 했지만 산업화 및 도시화와 함께 본격적으로 시작되었다. 20세기 초에 대중의 요구가 커졌고 이는 1908년의 소규모 보유지와 시민농장법(Small Holdings and Allotments Act)으로 이어졌다. 이 법의 일부는 여전히 효력을 가진다. 이 법에 따르면 지방정부는 수요에 따라 시민농장을 제공할 의무가 있다. 그러나 수요는 언제나 토지 공급을 앞질렀다. 이는 어느정도는 시민농장이 공유지의 일부라는 생각을 존중해 공적 소유권의 가격을 낮게 유지했기 때문이다.

다른 곳과 마찬가지로 영국에서도 초기부터 시민농장을 배분하는 책임은 지방의회가 위임받았다. 1908년 이래 이용할 수 있는 토지 면적은 크게 변동했다. 1913년까지는 잉글랜드와 웨일스에 60만개의 시민농장이 있었다. 1차대전 시기에는 포위된 상태였기 때문에 식량 공급을 증대하기 위해 시민농장에 더 많은 토지가 필요했다. 이런 이유로 1918년이 되면 시민농장이 150만개가 되었다. 많은 토지가 원래 소유자에게 되돌아가긴 했지만, 이러한 시민농장의 급증은 공동사용을 위한 토지가 빠른 시간 내에 동원 가능하며, 그것이 일하는 사람들에 의해 생산적으로 쓰일 수 있음을, 또한 그것이 국가적 위기에 대한 적절한 대응이었다는 것을 보여주었다.

1920년대 초 시민농장의 수는 줄어들었다가 경제위기를 겪으면서 새롭게 늘어났다. 1925년에 지방정부는 행정적 동의 없이는 시민농장 토지를 팔거나 전용하지 못하도록 했다. 1926년에 퀘이커교도들은 남부 웨일스에서 '실업자를 위한 시민농장 정원'(Allotment Gardens for the Unemployed)이라는 계획을 시작했다. 이는 시민농장을 식량과 일의 원천으로 바라보는 것이었다. 이 계획이 성공하면서 영국 전역에서 시민농장이 새롭게 번성하게 되었으며, 사회적 불안을 막기 위해 정부는 이를 지원했다.(스웨덴에 시민농장이 도입된 이후 1917년 볼셰비키 혁명으로 이어진 프롤레타리아트의 혁명적 열기를 약화시켰다고 레닌이 비웃은 데는 그만한 이유가 있었다.) 시민농장은 2차대전 시기에 다시 유행했다가 전후에 토지 공급이 줄어들면서 축소되었다.

오늘날 시민농장이라는 사회적 제도는 그 어느 때보다 공격받고 있다. 영국 전역의 지방의회는 상업적 개발을 위해 시민농장 토지 매각을 고려 중이며, 이를 위해 성장과 일자리 창출이라는 닳고 닳은 논거를 이용하고 있다. 정당 금고에 기부금을 채워주고 장래에 각료들을 이사로 앉혀줄 부동산 개발업자들을 가깝게 생각하는 정부는, 시민농장을 '생산적'일 수 있고 일자리를 가져다줄 곳으로 보고 있다. 런던 서부 왓퍼드 근처에 있는 팜 테라스(Farm Terrace)를 예로 들어보자. 그곳의 비옥한 땅에 1896년에 조성된 팜 테라스는 2013년 당시 왓퍼드 종합병원이 굽어보는 60개의 작업공간으로 이루어져 있었다.[58] 그해에 왓퍼드 구의회는 부동산 개발회사와 제휴를 맺고 호텔, 레스토랑, 카페를 포함해 '건강 캠퍼스'와 '비즈니스 인큐베이터와 소매업 단지'를 만들고자 하는 개발업자에게 시민농장 지역을 매각하는 계획을 세웠다. 이 계획은 아주 신속하게 정부의 '공동체부' 장관의 승인을 받았다. 이 장관은 사영화 지지자로 유명했던 인물이다. 시민농장 보유자들은 2마일 떨어진 곳에 있는 더 열악한 토양의 토지를 대신 제공받았다. 그러나 오래된 경제적 권리는 짓밟히고 있었다. 5년간 보유한 땅에서 일해온 시민농장 보유자는 이를 잘 설명해주었다.

감정적으로 매우 힘들었습니다. 여기와 같은 것을 다른 어디서 다시 만들 수 있을까, 그게 문제죠. 그리고 이렇게 땅을 빼앗는 게 사람들의 건강에 해로운 영향을 미칠까 걱정스럽습니다. 우리 대부분에게 이것은 육체노동입니다. 하지만 감정의 해소 효과도 얻을 수 있지요.

유사한 방식의 침해가 이 나라 곳곳에서 벌어졌다. 2013년 초 전국시민농장협회(National Allotment Society)는 매일같이 시민농장에 대한 위협이 보고되고 있다고 밝혔으며, 한 설문조사에 따르면 시민농장 보유자의 4분의 3이 시민농장 매각에 대해 걱정하고 있었다. 정부가 '개발'을 위해 시민농장을 매각하면 수많은 공유자의 생활수준과 삶의 질이 낮아지는 것을 댓가로 사적인 부가 증가한다. 이러한 저하는 기록되지도, 인식되지도 않는다. 시민농장을 매각하는 것은 [GDP로] 측정되는 '경제성장'을 높일지 모르지만 '공적 부'에는 손실을 가져온다.

법적 보호를 받지 못하는 시민농장이 개발업자들에 의해 위협받고 있긴 하지만, 몇몇 고무적인 신호도 있다. 리버풀과 촐리 지역의 의회는 데번주 버들리 솔터턴의 주택 개발업자가 한 것과 마찬가지로 새로운 시민농장을 만들었다. 전국시민농장협회는 지역 주민 협동조합이 땅을 빌려 잉글랜드 남서부에 60개에 달하는 새로운 부지를 만드는 데 도움을 주었다. 이런 DIY 방식은 데번주 애시버턴에서도 채택되었다. 일군의 주민들이 구릉에 자신들의 시민농장을 만든 것이다.

다른 지역을 보면, 2001년에 지역 먹거리 운동가 집단 오가닉레아(OrganicLea)는 런던 동부, 레아강 유역 칭퍼드의 버려진 시민농장 토지를 경작할 수 있는 권리를 획득했다. 이들은 지방의회의 도움을 받아 시민농장을 12에이커에 달하는 부지로 확대하여 현재는 공동체 농원으로 기능하고 있으며, 노동자 협동조합으로 전환해 15명의 조합원을 고용하고 있다. 오가닉레아는 2017년까지 매년 8톤의 과일과 채소를 생산하고 있으며, '베지 박스'(veg box) 계획을 통해 330개 가구에 이를 공급하고 런던 전역의 시장 가판대에서도 판매하고 있다.

*

오가닉레아 운동이 시사하는 것처럼 시민농장과 지역 협동조합의 농업활동은 사회 공유지의 가장 사랑받는 측면 가운데 하나인 지역 먹거리 시장과 밀접한 관계가 있다. 이것은 역사를 통틀어 모든 생존 가능했던 공동체의 특징이다. 그러나 오늘날 이것은 슈퍼마켓 및 온라인 배달 시스템과 생존을 위한 투쟁을 벌이고 있다. 우리 가운데 많은 사람이 이것의 생존을 바라는 것은 단순히 감상적인 이유 때문만은 아니다. 이것은 공동체와 사회적 기억의 표현이며 소규모 생산자가 소박한 장인정신을 발휘할 수 있도록 해준다. 이것은 보존되어야 하고 부활해야 한다.

더 나아가 우리는 인민의 식량 정책(People's Food Policy) 원칙을 존중해야 한다. 이는 2017년 6월에 100개가 넘는 식량·농업·인권 조직들의 연합체인 식량주권운동(Food Sovereignty Movement)이 시작한 것이다. 이 원칙은 모두에게 식량 안보를 보장하는 것을 목표로 하며, 현세대와 미래 세대를 위해 환경과 농업인의 생계를 보호하고자 한다.[59] 그 여섯가지 원칙은 다음과 같다. 세계시장에서 상품으로 팔기 위해서가 아니라 인민을 부양하기 위한 식량 생산, 식량 생산자에 대한 적절한 보상과 존중, 가능한 곳에서의 지역 먹거리 공급, 식량 체계에 대한 민주적 통제, 미래 세대에게 물려줄 수 있는 지식과 숙련기술의 구축, 자연자원을 보호하고 환경 영향을 최소화하기 위한 자연과의 협력.

공유지 헌장을 위한 다음의 조항들은 사회 공유지 부활을 위해 우선적으로 해야 할 것들이라고 확인된 내용을 담고 있다.

20조 집에 대한 권리를 회복해야 한다. '(공영주택) 매입권'과 사회주택의 강제 매각은 없어져야 하며, 더 많은 사회주택을 지어야 한다. 지방정부는 거주하지 않는 주택을 징발할 권한을 가져야 한다. '침실세'는 철폐해야 한다.

21조 지역 공동체는 공동체 소유를 포함한 지역의 주택 공급과 관련해 계획 및 설계에서 더 많은 발언권을 가져야 한다.

22조 학생 기숙사는 모두가 부담 가능한 수준이어야 하며, 사회주택의 통상적인 규준에 부합해야 한다. 이는 안전, 적절한 생활 공간, 장애인 접근권 등을 포함한다.

23조 우리는 만연한 주거 상실과 싸워야 한다. 전통적인 호스텔과 쉼터는 '주택 공유지'로 대체되어야 하며, 여기서 사람들은 확실하게 주거와 음식을 보장받아야 하고 기본적인 안도감을 느낄 수 있어야 한다.

24조 공공서비스와 편의시설에 대한 지출 삭감을 철회해야 한다. 사영화되고 외주화된 서비스는 공동소유로 되돌리거나 사용자, 즉 공유자의 이익에 맞게 엄격하게 규제해야 한다.

25조 신체장애와 정신장애가 있는 사람들도 POPS를 포함한 공공 장소와 시설에 동등하게 접근할 수 있어야 하며, 동등한 사용권을 누려야 한다. 모든 공공 장소와 시설은 장애인이 접근할 수 있어야 한다.

26조 시민농장 수를 보존하고 확대해야 한다. 시민농장 부지를 사영화나 다른 용도로의 변경에서 보호해야 한다.

27조 신선한 지역 산물을 판매하는 지역 시장을 장려하고 보호해야 한다.

28조 생계권의 일부로서 모두에게 식량 안보를 보장하는 정책이 있어야 한다. 풍요로운 사회에는 굶주림이 있어선 안 된다.

29조 면허제 대신 인가제에 기초한 관행을 장려하고 직업 공동체를 부활시켜 길드의 공유지적 전통을 재생해야 한다.

결론적 성찰

사회 공유지의 약탈은 부유한 사람들보다 프레카리아트에게 더 큰 타격을 주어 삶의 질을 악화시키고 생활비를 상승시켰다. 이를 고려하지 않고서는 변화하는 불평등을 제대로 측정할 수 없다. 공공 서비스 축소, 상업화와 사영화로 나빠지는 것은 언제나 저소득층이다. 그것이 부담 가능한 사회주택이건 학생 기숙사이건, 의료 돌봄 서비스이건 소방 서비스이건, 놀이터나 노동시장 서비스이건 마찬가지다. 부분적으로는 상향 이동성의 내부 경로가 깨짐으로써 직업 공동체가 약화되었을 때 가장 많은 손실을 보는 것은 전문직과 기능직에 있는 프레카리아트다. 사회적 돌봄을 받기가 더 어려워지고 질이 떨어질 때 가장 고통받는 것은 저소득층이다. 이 모든 변화는 사회소득 불평등을 증대시킨다.

2018년에 국가감사원은 잉글랜드에서 지방정부로 가는 정부 교부금이 2010~11년에서 2016~17년 사이에 절반으로 줄었다는 보고서를 발표했다.[60] 법적 의무가 있는 사회적 돌봄 수요가 늘어나는 데 따라 지방정부는 다른 서비스를 3분의 1가량 줄였다. 감사원은 이런 상황에도 불구하고 사회적 돌봄에 대한 현재 지출 추세로 볼 때 잉글랜드에 있는 15개 지방정부(10퍼센트)가 2020년이 되면 서비스를 폐지하게 될 것이며 엄밀히 말해 파산할 것이라고 예측했다. 2018년 초 노샘프턴셔 주의회는 20년 만에 파산한 첫번째 지방의회가 되었다. 정부는 2020년으로 예정된 다음 지방선거 전까지 이곳 의회를 운영하기 위해 위원회를 보내야 했으며, 이곳 의회는 기본 사회서비스 지출에서 7천만 파운드 이상을 삭감해야 했다. 다른 지방의회들도 벼랑 끝에 서 있었다. 지방의회협의회 의장은 2015년에 이렇게 경고했다. "지방의회가 파인 도로 수리와 공원 유지 보수를 중단하고 모든 아동센터, 도서관, 박물관, 레저 센터의 문을 닫고 모든 가로등을 끈다 하더라도 2020년까지 직면할 재정적 블랙홀을 막는 데 충분한 돈을 마련하지 못할 것이다."[61] 그리고 잉글랜드 지방정부 가운데 가장 열악한 5분의 1 — 특히 북부 잉글랜드의 소도시와 도시의 — 이 가장 큰 타격을 받았다.[62]

긴축정책을 뒷받침하고 있는 '악의 평범성'이 끼치는 해악이 조금씩 커졌고, 병들고 가난해지거나 자살하는 취약계층이 늘어났다. 정치가나 공무원 들이 이것을 의도한 것은 아니었지만 정부가 선택한 경제 경로는 그러한 결과와 긴밀하게 연결되어 있다. 2010년에서 2018년 사이에 머지사이드주 소방구호청은 예산 삭감에 대응해서 소방서 5개의 문을 닫았으며, 소방관을 대략 1천명에서 620명으로 줄였다. 2007년에서 2017년까지 머지사이드 지역에서 발생한 주택 화재 사건으로 인한 사망자 83명을 분석해보면 희생자의 다수는 혼자 살거나 돌봄—이 역시 삭감되어온—이 필요한 사람들이었다. 많은 사람이 빈곤 때문에 살림이 나빠지면서 화재 위험이 명백한 양초를 사용하게 되었던 것이다.[63] 급여 삭감, 돌봄 결여, 빈곤, 양초 사용, 부족한 소방 서비스 등과 주택 화재로 인한 사망자 증가 사이에 연관성이 있다는 것은 부정할 수 없다. 긴축은 불평등한 보건의료를 만들어내는 위험 요소다.

사회 공유지의 사영화는 역사적 반달리즘의 한 형태다. 역대 정부—2010년에서 2015년까지 보수당과 자유민주당 정부, 2015년 이후 보수당 정부—는 필연적으로 사회 공유지를 파괴하게 될 거시경제 전략을 고의적으로 추진했다. 그것은 여러 선택지 가운데 신중하게 선택한 것이며, "대안은 없다"라는 말로 양해할 수 있는 것이 아니다. 그것은 정치적으로 취한 정책이며 이를 지지한 모든 사람이 책임을 져야 한다.

그런 결과 가운데 하나는 영국의 역사적 유산이 약화되었다는 것이다. 위대한 도시 셰필드를 보자. 중앙정부 교부금이 삭감되면서 발생한 대규모 예산 적자에 직면해서, 그리고 이런 일이 또 닥칠 것이라는 예상 속에서 시의회는 2등급 문화재인 중앙도서관을 중국 컨소시엄에 팔 수밖에 없었다. 이 도서관을 화려한 5성급 호텔로 바꾸는 것을 허가하면서까지 말이다. 결국 이 매각은 이루어지지 않았지만 그 이유는 구매자의 신용 문제 때문이었다.

한편 런던에서는 지방의회가 일링구에 있는 2등급 문화재인 시청의 일부를 호텔로 재개발하도록 허가했으며, 해링게이구는 예전 시청인 혼지 시청을 파이스턴 컨소시엄 인터내셔널(Far Eastern Consortium International)에 매각해서 호텔과 아파트 복합 건물로 바꿀 수 있도록 했다. 마치 정부가 사회적 기억을 파괴하려 작정한 것 같았다.

2018년 6월에 발간된 한 보고서는 잉글랜드에서 매년 4천개 이상의 공공 건물과 공적 공간이 지방정부에 의해 주로 민간 부동산 개발업자들에게 매각되고 있다고 추산했다.[64] 이런 추세는 2016년에 정부가 공공건물 매각 수익금을 지방정부가 당기 수입으로 사용할 수 있도록 허용하는 결정을 하면서 가속화되었다. 이는 미래 세대의 이익을 위해 그 자본가치를 보존해야 한다는 공유지의 본질을 암묵적으로 부정하는 것이다. 일차적으로 재무부가 지방정부의 수입을 빼앗았기 때문에 재무부 장관의 결정은 사회 공유지를 파괴하는 것과 다름없는 일이었다. 강요된 매각은 사실상 부자와 기업을 위한 세금감면에 돈을 대는 일이었다.

뻔뻔하게도 2018년 8월의 정부 문서는 자선단체와 자원조직이 공공서비스 제공에서 더 큰 역할을 하도록 돕는 조치를 취하겠다고 발표했다. 문화부 장관과 시민사회부 장관이 서명한 보고서 서문은 "새로운 공급자"가 지역 서비스에 대한 "책임을 떠맡을 것"이며, 덧붙여 "이 모든 것은 영국 국민의 자원이 풍부하기 때문에 가능하다"라고 밝히고 있다. 정부가 기존에 강행했던 예산 삭감과 비교해보자면, 정부는 지난 8년간 자신들의 삭감으로 인해 생긴 공백을 비영리기구가 메우도록 유도하면서 스스로는 아주 조금밖에 지출하지 않겠다고 공언하고 있는 셈이다. 공공 사회서비스의 도태가 지속될 것이라는 점을 말하는 매우 참신한 방식이었다.

5장

시민 공유지

사소한 위반에 대해서는 위반의 정도에 상응하는 만큼만 자유민에게 벌금을 부과한다. 중대한 위반에 대해서는 그에 상응하여 부과하지만 그의 생계를 박탈할 정도로 과하게 부과하지 않는다. (…) 벌금을 부과할 경우에는 반드시 지역의 존경할 만한 사람들이 맹세를 하고 그 액수를 산정한다.

— 마그나카르타 제20조

사법〔정의〕에 대한 권리(right to justice)는 공유지의 귀중한 형태다. 그것은 보편적이고, 정당한 법 절차에 기초하며, 법 앞에 평등한 것이다. 공유화 활동 또한 선례를 존중하면서 여러 세대에 걸쳐 정당한 행위라고 간주된 것을 바탕으로 만들어진 보통법(common law)의 관행에 녹아 있다.

시민 공유지(civil commons)는 마그나카르타에 소중히 간직되어 있었다. 앞에서 본 제20조는 범죄에 대한 처벌에서 비례 원칙을 수립했으며, 어떤 처벌이든 개인에게서 생계수단과 생존의 원천을 박탈해서는 안 된다는 핵심적인 주의사항을 말하고 있다. 제38조는 증인을 요구하고 있으며, 제39조는 피고가 동등자에 의해 판단받아야 함을, 제40조는 모두가 사법〔정의〕에 대한 권리를 가짐을 확인하고 있다.

제38조 앞으로 그 어떤 관리도 사건의 진실에 관한 믿을 만한 증

언을 제시함이 없이 자신의 입증되지 않은 진술을 근거로 해서 어떤 사람을 재판에 회부해서는 안 된다.

제39조 지위가 동등한 사람들의 합법적인 판단이나 나라의 법에 의한 것 말고는 그 어떤 자유민도 체포 또는 구금되거나, 점유한 것을 박탈당하거나, 법의 보호를 박탈당하거나 추방되거나, 어떤 식으로든 해를 입어서는 안 되며, 또한 짐도 직접 혹은 누군가를 보내서 그에게 강제로 법을 집행하지 않을 것이다.

제40조 짐은 권리나 정의〔사법〕를 누구에게도 팔지 않을 것이며, 누구에게도 권리나 정의〔사법〕를 베풀기를 거부하거나 지연하지 않을 것이다.

현대의 모든 정부는 이러한 약속에 대해 입에 발린 소리만 해왔다. 삼림헌장은 왕실 산림관리관 등이 집행하는 **지역** 보통법의 중요성을 강조함으로써 중대한 차원을 더했다. 이는 후일 지역의 치안판사 법정이 되었다. 〔이를 통해〕 지역 사람들은 공유지의 지역적 맥락과 전통을 이해할 수 있었다.

E. P. 톰슨은 1963년에 출판한 유명한 책 『영국 노동계급의 형성』(*The Making of the English Working Class*)에서 법의 지배를 공유지의 일부로 보았다. 보통법, 공유권, 그리고 관습에서 유래해 수용된 행위는 착취와 억압에 제약을 가했다. 시민 공유지에 대한 접근권은 궁극적으로 '가난한 자들의 보호막'이었다.

17세기와 18세기에 부자와 부르주아지는 이러한 보통법들 가운데 많은 것이 상업적 팽창의 걸림돌이라고 인식하게 되었다. 왜냐하면 이것들은 많은 공유자——당시 등장하던 프롤레타리아트——가 부자와 부르주아지를 위해 노동하지 않고 독립적으로 생존할 수 있도록 해주었기 때문이다. 공유자가 자연 공유지에 대한 접근권을 보유하고 있을 경우 이들은 '게으를' 것이라고 간주되었다. 따라서 지배 엘리트는 공유지를 축소하고 공유권을 줄여서 빈민이 처벌의 공포하에 노동하게 하려고 했다.[1]

이런 상황은 20세기 중반에도 반복되었다. '완전고용'이라는 신조에 집착하는 정부는 가능한 한 많은 공유자가 일자리를 가지도록 애썼고, 이것은 시민 공유지를 희생시키는 '노동연계복지' 같은 강압적 정책으로 가는 길을 열었던 것이다. 그러나 시민 공유지와 공유권의 침식은 긴축 시대에 들어서면서 더욱 강화되었다.

토트넘의 가혹한 처벌 대 화이트칼라에 대한 관대함

시민 공유지와 그것이 관습적 정의에서 갖는 가치, 즉 적법 절차, 비례주의, 보편주의 등이 얼마나 취약한 것인지를 보여주는 사건은 역사에 여러 차례 있었다. 1819년 맨체스터에서 있었던 피털루 학살, 1834년 톨퍼들의 순교자들, 1830년대 차티스트에 대한 탄압, 1926년 총파업에 맞서 악의적으로 이뤄진 계급 기반 조치 등은 모두 보편적 정의라는 기본 계율을 정부가 고의적으로 무시했다는 것을 보여준다. 여기에 우리는 토트넘 봉기를 더할 수 있다.

2011년 8월의 따사로운 여름날 저녁, 경찰은 체포 과정에서 비무장 흑인 남성을 총으로 쏴서 죽였다. 자연스럽게 촉발된 폭동과 방화 행위가 런던 북부 토트넘에서 시작해 잉글랜드 다른 지역으로 번졌다. 밤하늘에 솟구치는 불길을 보면서 정치가들과 텔레비전 시청자들은 충격을 받았고 혼란스러워했다.

즉각적인 영향으로 중간계급은 엘리트층과 함께 불안에 떨며 응징에 나섰다. 신속처리 법정이 기록적인 속도로 세워져 1,292명에게 도합 1,800년의 징역형을 선고했다. 지연된 정의가 정의에 대한 부정이라면 성급한 정의도 마찬가지다. 전과 기록이 없는 어떤 청년은 아이스크림을 가져간 혐의로 14개월 동안 수감되었다. 마찬가지로 전과 기록이 없는 또다른 청년은 가게의 깨진 유리창으로 3.5파운드짜리 음료수를 가져갔다는 이유로 4개월 동안 수감되었다. 그 유리창은 그가 깨뜨린 것도 아니었다. 비례주의의 원칙에 따르면 너무 과한 것이다.

십대들이 감옥에 있는 동안 이 봉기의 도화선이 된 마크 더건 살해에 대한 독립경찰고충처리위원회(Independent Police Complaints Commission)의 조사는 3년을 넘게 끌다가 치명상을 입힌 총격을 가한 경찰관에 대해, 예상할 수 있듯이 혐의 없음으로 결론을 내렸다. 누군가에게는 부적절하게 성급한 약식 재판을 했고, 누군가에게는 부적절하게 지연시켰다. 이러한 이중 기준은 시민 공유지의 에토스를 침해한다. 저소득 집단이 공유지의 권리를 상실함으로써 점점 더 범죄화되고 빈곤화될 위험에 처한 반면, 기업과 특권층에 속하는 개인들이 저지른 해로운 행위는 사실상 처벌받지 않는 경우가 흔하다. 〔영국 최대 백화점 체인〕BHS의 전 소유주 필립 그린 경은 회사

연기금에서 수억 파운드를 자기 호주머니에 집어넣었다. 그가 회사를 파산자로 알려진 사람에게 단돈 1파운드에 판 지 일년 후인 2016년, 피고용인들은 일자리를 잃었을 뿐만 아니라 노년을 가난하게 보내게 되었다는 사실을 알았다. 그는 마지못해 대부분의 돈을 돌려주는 데 합의했고 기소도 되지 않았다. 그는 회사 대표이사로 계속 일했고 기사 작위도 박탈당하지 않았다.

그린에게 보여준 관대함은 다른 화이트칼라의 비도덕성에 보여준 것과 같은 것이었다. 템스 워터가 인간과 자연을 위험에 처하게 할 미처리 하수 수백만 톤을 템스강에 방류했지만 누구도 기소되지 않았다. 그것은 분명 범죄였고 누군가는 책임을 져야 했다. 그것은 물 한병을 훔치는 것과는 비교할 수 없는 일이었다.

어떤 사람들은 기업 범죄를 관대하게 처리하는 것에 대해, 그것이 대개는 개인적 비행이 아니라 집단행동의 결과라는 것을 근거로 옹호한다.[2] 이는 고위 경영진에게 책임을 면해주는 것인데, 그들은 그 책임을 맡기 때문에 후한 보수를 받는 것이다. 기업에 벌금을 물리는 것도 충분하지 않다. 결정을 함께 한 개인들은 범죄의 규모에 비례해서 처벌받아야 한다. 이것이 마그나카르타에 제시되어 있는 원칙이다.

법의 여러 분야

30년 전에 비해 오늘날은 더 많은 행위가 범죄로 간주된다. 이것은 국제적 추세이긴 하지만 1990년대 이래 영국에서는 특히 그렇다. 존 메이저의 보수당 정부가 도입한 1994년의 형사사법 및 공공질서에 관한 법(Criminal Justice and Public Order Act)은 기존의 수많은 공유자의 권리를 제한하고 몇몇 '반사회적 행위'에 대한 처벌을 강화했다. 이 법은 무단침입, 점거, 허가받지 않은 야영 같은 행위를 범죄로 삼았으며, '합법적 행위'를 방해할 의도로 행하는 '반복적 무단침입'(aggravated trespass)을 금지했다. 이러한 변화는 수압파쇄법이나 벌목에 반대하여 공유지를 방어하는 행동을 포함해 많은 형태의 항의를 약화시키는 결과를 가져왔다. 이 법의 또다른 항목은 지방정부가 집시와 여행자가 사용할 장소를 제공해야 할 의무를 없애버렸다.

신노동당은 이런 범죄화 경향을 지속시켰으며, 집권기 동안 매일 하나씩 새로운 범죄를 법령집에 추가했다. 여기에는 일요일에 사냥한 새를 파는 것도 악랄한 범법 행위로 포함되었다. 1998년 범죄 및 질서위반에 관한 법(Crime and Disorder Act)에 따라 도입된 반사회적 행위 금지 명령하에서는 열살 이하의 어린이가 시끄러운 게임을 하거나 무리를 지어 모이는 것을 금지할 수 있었다. 이를 따르지 않는 사람은 수감될 수 있었다. 이러한 '무관용' 접근법에서는 해로운 결과를 낳을 수 있다고 보이는 모든 행동은 개인적 선택으로 간주되고 따라서 과실이 있는 일이었다. 아이들은 별다른 일 없이 돌아다니는 것으로도 처벌받을 수 있다. 청년들이 서로 만날 수 있고 다양한 배경을 가진 사람들과 어울릴 수 있는 청년센터와 클럽 중 600개 이상이 2010년 이래 문을 닫았다.[3]

2014년에 연립정부는 반사회적 행위, 범죄 및 치안에 관한 법을 통해 혐오 행위를 조금 더 범죄화했다. 이 법은 반사회적 행위 금지 명령을 범죄행위 금지 명령(Criminal Behaviour Orders, '크림보스'Crimbos라는 별명으로 불린다)으로 대체했는데 이는 '심각하고 지속적인' 반사회적 행위를 겨냥한 것이며, 지역사회 보호 경고(Community Protection Notice)는 사소한 범죄, 심지어 쓰레기 투기나 정원에 쓰레기 내놓기, 시끄러운 파티 같은 경미한 일까지 대상으로 삼았다. 적법 절차는 없다. 이웃 주민이 이의를 제기하면 경고를 낼 수 있다. 그리고 반사회적 행위 금지 명령과 마찬가지로 경고를 따르지 않는 것은 범죄다.

실제로 이러한 조치들은 대개 밀집한 공동체에 살고 있는 빈민을 겨냥한 것이며, 범죄를 줄이기보다는 사람들을 사회적 천민으로 낙인찍는 일이었다. 공유자를 게으른 사람으로 낙인찍고 공유토지의 인클로저를 정당화했던 역사를 반복하는 것이다. 과거에는 비행이었던 일이 이제는 전과 기록이 남는 일이 되어 인생의 좋은 기회를 망칠 수 있게 되었다.

역대 정부—주요한 세 정당 모두가 관여한—가 취한 각각의 조치는 개인의 자유와 공동의 정의를 갉아먹으면서 공공질서에 선례가 되었다. 거리의 청년, 괴짜, 소수인종, 홈리스 등은 바람직하지 않은 사람들로 보이는 것만이 아니라 실제적·잠재적 범죄자로 간주되었다. 반면에 역대 정부는 전력이 의심스러운 부유한 외국의 올리가르히들이 이 나라에 입국하는 것을 더 쉽게 해주었고 심지어 시민권을 신속하게 취득할 수 있게 해주었다.

2018년에 내무부는 2014년 법이 허용한 계획을 시범 실시한다고 말했는데, 이에 따르면 범죄조직 구성원의 가족을 공영주택에서 퇴거시킬 수 있었다.[4] 이는 유죄 판결을 받은 사람만 처벌받아야 한다는 보통법의 원칙에 위배되는 것이다. 이것은 연좌제의 한 형태다. 이것은 또한 퇴행적이고 차별적이다. 이것은 공공 임대주택에 거주하는 이들과 범죄조직 구성원이라고 추정되는 사람들의 가족에게만 적용된다. 흑인 공동체 및 기타 소수인종 공동체 출신의 젊은 남성은 유사한 환경의 백인보다 범죄조직 구성원으로 분류될 가능성이 훨씬 높다.[5]

긴축으로 인해 공유자는 점점 사법제도에 접근하기가 어려워지고 있다. 2010년에서 2018년 사이에 법무부의 지출은 (인플레이션으로 조정된) 실질가치 면에서 40퍼센트 삭감되었다. 피고인이 쓰는 비용과 사법제도의 지연은 사정없이 증가했다. 이런 점에서 영국은 다른 많은 나라와 마찬가지로 미국의 추세를 따랐다. 미국에서는 피고인의 95퍼센트가 재판에 가는 위험을 감수하기보다는 사전 형량 조정을 하거나 더 가벼운 범죄에 대한 유죄를 인정한다. 영국에서는 2012년의 입법이 있기 전까지 재판에서 무죄 판결을 받은 사람은 법률 비용을 배상받았다. 그러나 이제 피고인은 수만 파운드에 달하는 비용 가운데 일부에 대해서만 반환을 요구할 수 있다. 한편 법률구조를 받는 것은 훨씬 더 어려워졌다. 이는 법률구조를 받을 자격을 얻기가 더 까다로워졌기 때문만이 아니라 변호사에게 가는 비용이 삭감되어 법률구조 소송을 맡으려는 형사사건 변호사가 부족하기 때문이기도 하다.

법률구조를 받는 것은 시민의 권리다. 이것은 모든 사람이 자신을 변호할 수 있으며, 이를 위해 자격 있는 대리인을 합법적으로 구하는 것을 보장한다는 것을 뜻한다. 사법제도를 더 많은 비용이 들고 접근하기 어렵게 하는 것은 잘못된 기소에 맞서 적절한 변호를 받을 수 있는 공유자의 권리를 부정하는 것이다.

모두를 위한 정의(사법)에 대한 또다른 공격은 2015년에 정부가 잉글랜드와 웨일스에서 법원 재원 마련에 도움을 주기 위해 형사법정 의무 비용을 도입할 때 일어났다. 심리나 재판이 끝난 후 유죄 판결을 받은 사람은 1,200파운드까지 비용을 지불해야 했다. 반면 유죄를 인정한 사람은 대략 150파운드의 비용만 내면 되었다. 의회 사법특별위원회는 이런 비용은 유죄를 인정하도록 잘못된 유인을 제공하는 것이며, 경미한 범죄에 대해 지독하게 불균형한 것이라고 비난했다. 100명 이상의 치안판사가 항의의 표시로 사임했으며 법무부 장관도 "법률구조 비용과 함께 법정 비용의 상승은 대부분의 사람들이 사법제도에 접근할 수 없도록 하는 것이며, 마그나카르타의 핵심 원칙을 위태롭게 하는 것"이라고 반박했다.[6]

치안판사의 재량으로 비용을 부과하거나 지불 능력에 따라 이를 조정해주는 것도 불가능해졌다. 불공평을 더욱 악화시킨 것은 비용을 지불하지 못하는 사람은 감옥에 가게 되었다는 점이다. 몇달 후에 정부는 이 계획을 철회해야 했다. 그러나 정책 방향은 여전히 그대로다. 사법 체계의 재정 비용을 낮추기 위해, 그것을 가장 필요로 하는 사람들이 사법과 시민 공유지에 접근하는 것을 축소하는 것이다.

사법의 기본 원칙에 대한 공격은 영국에서만 벌어지는 일이 아니다. 미국에서는 많은 관할권이 형사사법 체계의 재원을 뒷받침하기 위해 법원 수수료에 의존하며, 이를 지불하지 못하는 사람은 감옥에 갈 수 있다. '현금 보석'— 돈을 낼 경우에만 보석 심리가 사전에 이뤄진다—관행이 지배적이라는 것은 50만명의 사람들이 보석금을 내지 못해 하루는 구금당해 있어야 한다는 것을 의미한다. 그 결과 이들은 일자리를 잃을 수 있고, 그 가족은 더 심한 궁핍에 빠질 수 있다. 일부는 죄가 없는 경우에도 구금을 피하기 위해 유죄를 인정한다.[7]

캐나다에서는 2013년 보수당 정부가 이른바 '희생자 과징금' (victim surcharge)을 의무화했다.[8] 유죄 판결을 받은 사람이 형량에 더해 일정 액수를 납부해야 하는 규정이다. 과징금은 벌금의 30퍼센트 혹은 즉결심판마다 100캐나다달러와 각각의 기소 범죄에 대해 200캐나다달러가 부과된다. 힘든 생존의 과정에서 사소한 범죄를 저지르는 홈리스나 주변화된 사람들은 일년 소득보다 더 많은 돈을 내게 되는 것이다. 몇몇 주에서는 내야 하는 돈을 얼마 안 되는 기존의 복지급여에서 제한다. 다른 주에서는 '대체 노동 프로그램'을 신청할 경우 이를 면제해준다. 실제로는 추가적 처벌인 셈이다.

영국의 민사사법 체계도 형사사법 체계보다 낫지 않다. 민법, 가정법, 이민법 등의 많은 영역에서 법률구조가 완전히 사라져 사람들은 권리를 침해당했을 때 이를 시정하려는 시도 자체를 할 수 없고, 스스로를 변호해야 하거나 또는 자신을 대변해줄 사람 없이 법정에 가야만 한다.[9] 법정도 과부하다. 또한 법률 서비스 접근이 재정적으로 더 어려워졌을 뿐만 아니라 예산 삭감으로 인해 물리적 접근도 어려워졌다. 2010년에서 2018년 사이에 잉글랜드와 웨일스에서 모든 치안판사 법정의 절반을 포함해 250개 이상의 법정이 문을 닫았는데, 대부분은 돈을 마련하기 위해 매각되었다. "현재 우리에게 적절하게 사법에 접근할 수 있는 법원 네트워크가 있다고 생각하는 사람은 스스로를 기만하는 것이다." 2018년 7월 가정법원장은 임기를 마치면서 이렇게 말하고, 사람들에게 그 대신 "스카이프로 판사를 만나기를" 원하는지 물어야 할 것이라고 했다![10]

영국에서는 법률 서비스 분야에 상업 시장이 등장해 공공과 공유자가 아니라 주주에게 봉사하는 회사와 함께 보편적 정의(사법)라는 관념을 약화시켰다. 이렇게 진행 중인 법률 서비스의 사영화는 공적 책임을 축소한다. 공공기관이 담당하는 서비스는 '정보공개'에 따라 조사를 받아야 한다. 정치인, 언론, 대중은 그 수행 능력과 결과에 대한 정보를 요구할 수 있다. 그러나 민간기관은 그럴 의무가 없으며, '상업적 비밀'을 이유로 계약 및 실적과 관련된 정보공개를 거부할 수 있다.

2015년 이후 지방의회 감사의 사영화와 긴축정책에 따라 이뤄진 독립적인 감사위원회(Audit Commission)의 폐지로 공적 책임성은 더욱 약화되었다. 민간 감사관들은 개인 고객의 상업적 이익을 보호하는 데 있어 엇갈린 실적을 갖고 있다. 이들에게는 시민 공유지에 봉사할 법적 의무가 없으며 그럴 만한 유인도 없다. 한편 감사위원회는 비용이 덜 드는 국가감사원으로 대체되었다. 감사위원회는 민간 계약자가 공익을 침해하지 않는지 확인하기 위해 공공기관과 민간 계약자가 맺은 계약을 조사할 책임을 갖고 있었다. 이렇게 함으로써 민간 계약자가 공적 이익을 침해하지 않도록 했던 것이다. 감사위원회 폐지는 상업적 회사를 선호하는 이데올로기적 편견을 확인해주었으며, 이로써 더 가난한 시민들이 정말로 얼마 안 되는 복지급여도 받지 못하도록 엄격한 조사를 시행할 때 도리어 부유한 회사 소유자와 경영자 들은 공적 감시를 피할 수 있게 되었다.

사영화의 실패 및 공적 감시의 결여를 가장 잘 보여주는 일은 2018년 초 캐릴리언의 파산이었다. 이 회사의 민간 감사관들은 회사에 실제로는 존재하지 않는 이윤이 발생했다고 공시하게 했다. 주주에게 지속적인 배당을 하고 고위 경영진에게 보너스를 지급하는 것을 정당화하기 위해서였다. 이 회사에서 보수를 두둑하게 받는 민간 감사관들이 범죄를 저지른 것인데, 적절한 재원을 받아 공적 이익을 위해 일하는 국가 감사관이 부재한 상태였기 때문이 이런 일이 발생할 수 있었다. 국가 감사관이 있었다면 이들의 '방만, 오만, 탐욕'을 일찍 발견할 수 있었을 것이다.[11]

다른 공유지와 마찬가지로 사법 서비스에도 보통 사람들의 이익을 지키기 위해 문지기가 필요한데, 이는 정부(관리인 역할을 하는)와 상업적 이해관계자 사이에 자리 잡는다. 정부는 감사위원회를 없앰으로써 당장은 비용을 절약할 수 있지만 캐릴리언 파산으로 인한 비용은 이보다 훨씬 크다. 이 비용에는 일자리를 잃은 수천명의 사람들에게 주는 국가급여, 기록적인 연금보호기금에 대한 책임, 캐릴리언이 제공하기로 계약을 맺은 공적 서비스를 유지할 필요 등이 포함된다. 하지만 캐릴리언이 이런 식의 실패를 보여주는 마지막 사례가 될 것 같지는 않다.[12]

검찰 서비스조차 긴축의 결과로 사영화되고 있다. 2010년에서 2018년 사이에 왕립검찰청(Crown Prosecution Service)은 예산의 4분의 1과 직원의 3분의 1을 상실했다. 공공 사법절차 재원의 축소로 인해 법률가들은 과거에 공적 기구가 담당했던 기능을 맡게 된 민간기업과 상업적 이해관계 속에 들어가게 되었다. 이전에는 공적 검찰 서비스가 맡았을(혹은 맡기를 거부했을) 소송에서 사적 기소의 숫자가 늘어나고 있다.

하다못해 에드먼즈 마셜 맥마흔(Edmonds Marshall McMahon) 같은 일개 민간기업도 과거에 공적 영역에서 일하던 기소 법률가들을 고용해서 사적 기소를 맡기고 있다. 사적으로 일하는 법률가들은 공유자들에게 정의를 가져다주는 대신 자신들에게 보수를 가장 많이 주는 부유한 고객과 기업을 위해 기소하게 될 것이다. 일부 이타적 법률가들이 무료로 일하거나 가치 있는 몇몇 소송을 할 수는 있다. 그러나 시장의 논리가 지배적일 것이다. 에드먼즈 마셜 맥마흔을 설립한 동기는 사기 사건을 다루는 특수부의 수와 힘을 실질적으로 줄이기 위해서라고 알려져 있다. 특수부는 기업, 경영진, 금융인 등이 관련된 화이트칼라 범죄를 다룬다. 언론인 닉 코언이 말했듯이 "사기는 사실상 위험 부담이 없는 범죄가 되었다".[13] 그는 이렇게 덧붙였어야 했다. "복지에 대해 저지르는 사소한 사기는 제외하고." 정부는 화이트칼라 범죄를 조사할 재원과 인력을 줄이면서도 프레카리아트와 사회적으로 주변화된 사람들을 감시하고 제재를 가하는 데는 자원을 늘리고 있었다. 코언은 올바르게도 이렇게 결론지었다. "우리는 돈으로 최고의 정의를 살 수 있음을 자랑스러워하는 사회를 향해 제대로 가고 있다."

범죄과학수사도 사영화되었다. 연립정부는 2012년에 공적 과학수사기관을 폐지했다. 경찰은 때맞추어 과학수사를 일군의 민간기업에 외주를 주었다. 그리고 이들은 이윤을 높이기 위해 비용을 삭감했다. 예상할 수 있듯이 민간기업들은 요구되는 질적 기준을 맞추지 못했다. 과학수사규제기관(Forensic Science Regulator)에 따르면 이 때문에 무고한 사람들에 대한 유죄 판결과 유죄인 사람의 무죄 방면 같은 오심에 이를 수 있다.[14] 정부는 규제기관에 기준을 만족시키지 못하는 회사를 막을 수 있는 법적 권한을 부여하지 않았다. 상업적 이익이 우선시되었으며, 공적 문지기는 황야를 떠돌았다.

규제기관이 민간 과학수사기관이 수행한 형편없는 조사를 비판하자 내무부 대변인은 다음과 같이 말했다. "과학수사를 포함해서 범죄와 지역의 우선 사업을 효율적으로 관리하기 위해 자원을 어떻게 할당할지를 결정하는 것은 경찰서장과 경찰과 범죄위원회다. 하지만 우리는 비용 절감이 활동 기준을 축소하는 댓가를 치러서는 안 된다는 점을 밝힌다." 공적 과학수사를 없앤 지 6년 후에 이런 솔직하지 못한 언급이 나온 것이다. 이 기간 동안 '안 된다'는 말을 의미 있는 안전장치로 바꾸기 위해 한 일은 아무것도 없었다. 그 대신 정부는 전국적으로 경찰에 대한 예산을 줄였고, 경찰은 할 수 있는 한 비용을 삭감해야 했다. 사영화와 재정적 무관심의 혼합으로 인해 공유지의 또다른 부분인 사법〔정의〕에 대한 권리가 위험에 처하게 되었다.

사법부가 정부로부터 독립성을 유지하는 것도 위태로워졌다.

2018년 법무부 장관은 가석방심의위원회가 연쇄 성범죄자를 방면하는 결정을 내린 것을 두고 어떤 적법 절차도 없이 위원장에게 사임을 강요했다. 이는 1701년의 왕위계승법(Act of Settlement)에 담긴 사법 독립의 원칙을 명백히 침해한 것이다. 이 원칙은 판사의 중립성을 보장하고 정치가들이 법을 파괴하는 것을 막기 위한 것이었다. 전 대법원장 데이비드 뉴버거가 썼듯이 사법부의 가장 중요한 기능 가운데 하나는 시민 — 공유자 — 을 행정부의 비합리적이거나 불법적인 결정으로부터 보호하는 것이다.[15]

정부가 다시 한번 긴축 절약을 들먹이면서 법률 교육 비용은 가파르게 상승했다. 이는 간접적으로 시민 공유지를 침식하는 일이다. 급등한 교육비로 인한 무거운 부채와 법률구조 소송에서 줄어든 수수료로 씨름하고 있는 젊은 법정 변호사들의 사기가 꺾였다. 2018년 현재 형사법정 변호사의 3분의 1 이상이 일을 그만둘 것을 적극적으로 고민하고 있으며, 피고인 자문변호사 부족이 심해지고 있다.[16] 사법은 점차 부유층의 전유물이 되어 사법이 매매되거나 부정되어서는 안 된다는 마그나카르타의 규칙을 비웃고 있다.

사영화된 치안

경찰조차 긴축에서 안전하지 않았다. 2014년 런던광역경찰청의 유명한 옛 본부 뉴스코틀랜드 야드가 호화 아파트를 건설하려는 아부다비 투자기금에 매각되었다. 더욱 심각하게는, 600개가 넘는 경찰서가 폐쇄되었고 점점 많은 소도시와 도시 — 바스와 피터버러는 두 사례일 뿐이다 — 에 경찰서가 전혀 없는 곳이 늘어나고 있다. 이는 분명히 긴급 상황에 경찰이 빨리 대응하지 못하게 만들었고, 사람들이 범죄를 신고하는 것을 어렵게 했으며, 범죄 예방에 핵심적인 경찰과 공동체 사이의 지역적 유대를 단절시켰다.

잉글랜드와 웨일스에서 지역 담당 순찰 경관의 수는 2010년 이래 3분의 1 이상이 줄어들었고 몇몇 경찰서에서는 지역 경관의 3분의 2 이상이 사라졌다. 정부는 경찰 수 감축이 살인, 폭력 범죄, 강도 등의 기록적인 증가 및 기소와 체포의 기록적인 감소와 관련이 없다고 주장했다. 장관들은 경찰력이 전혀 필요하지 않은지 생각해야 할 것이다.

2010년 이래 경찰 월급은 실질가치로 거의 5분의 1이 줄었고, 많은 경찰이 먹고살기 위해 애썼으며 점점 더 많은 수가 택시 운전, 배관 작업, 사진 촬영, 정원 일 같은 부업을 하기 시작했다.[17] 공적 경찰력에 대한 감축뿐만 아니라 치안 자체가 사영화되고 있다. 멧 패트롤 플러스(Met Patrol Plus)라고 불리는 계획에 따라 런던의 각 구에서는 경찰관 월급을 지불하고 추가 경찰 서비스를 구매할 수 있게 되었다. 애초에 이 계획은 지역 기업들이 추가 서비스나 개선을 위해 지방의회에 특별 부담금을 지불하는 '경제 개선 지구'에 있는 기업 재산을 보호하기 위해 시행된 것이었다. 하지만 2016년 말이 되면 런던의 32개 구 가운데 24개 구가 다양한 치안 업무에 이 계획을 이용했다. 구는 한명의 경찰관 월급을 지불하면 다른 한명을 무료로 이용할 수 있다!

우리의 치안 체계는 두 층위로 나뉘어 있다. 부유한 구 혹은 그런 구의 민간 개발 파트너는 더 나은 치안 서비스를 구매할 수 있으며, 범죄를 더 가난하고 치안이 더 안 좋은 지역으로 보낼 수 있다. 이론적으로는 개인 거주자와 지역 집단도 자기 거주 지역의 치안을 위해 같은 방식으로 이를 추가 구매할 수 있다. 이는 '임대 경찰'(rent-a-cop)이라고 불린다. 부유한 사람과 부유한 지역이 더 좋은 치안을 더 많이 구매할 수 있다면 그들이 다른 사람들과 함께 국가에 모두를 위해 더 나은 치안을 제공하라고 압력을 가할 유인이 떨어진다. 우리 모두 동등한 권리를 갖거나 가져야 하는 시민 공유지의 공동성은 약화되고 있다.

2002년에 민간 보안업체에 법적 권한이 부여되었으며, '지역 관리인'(neighbourhood warden)도 합법적인 사법 권한을 가진다. 이들은 인도에서 자전거를 타지 못하게 할 수 있고, 18세 이하에게서 술을 압수할 수 있으며, 누구라도 '범죄자'라고 생각되는 사람에게 이름과 주소를 물어볼 수 있으며, 스프레이 낙서를 하거나 질서를 어지럽히면 '정액 범칙금 고지서'(벌금 딱지)를 발부한다.[18] 법 집행은 자의적이거나 악의적인 결정에 맞서는 적법 절차를 보장하지 않은 채 외주화되고 있다. 다시 말하지만, 기업과 부유한 지역은 민간 보안 서비스를 구매할 수 있지만 가난한 지역은 그럴 수 없다. 사영화된 치안은 또다른 형태의 불평등이다.

보호관찰 서비스

2014년에 또다른 핵심적인 사법 서비스가 부분적으로 사영화되었다. 잉글랜드와 웨일스에서 보호관찰 업무의 70퍼센트가 21개 '지역사회 재생기업'(Community Rehabilitation Companys, CRCs)에 외주화된 것이다. 공적인 국립보호관찰국은 폭력이나 성폭력으로 인한 유죄 판결 등 '고위험' 사례만 다루게 되었다.

다른 공유지와 마찬가지로 이 부문의 사영화도 외국 자본을 끌어들였다. CRCs 가운데 하나인 워킹 링크스(Working Links)는 현재 독일에 기반을 둔 투자회사가 소유한 기업으로 영국 정부를 위해 광범위한 '복지에서 노동으로' 서비스를 제공하고 있다. 보호관찰 계약을 체결할 당시 이 기업은 이미 정부의 노동 프로그램하에서 맺은 계약을 수행하는 과정에서 직원들이 실업자들을 일자리가 있는 것처럼 거짓 서류를 만들었다고 해서 비판받고 있었다.[19] 그후 2017년에 이 회사는 인력을 40퍼센트 감축한 것에 대해 보호관찰 감사관으로부터 심한 비판을 받았다. 남은 인력으로는 업무량을 감당할 수 없다는 것이었다. 적절한 감독과 조언이 없었기 때문에 전과자들은 제대로 된 자활 기회를 가질 수 없었고, 재범의 위험이 높아졌다.

직원들은 종종 공공도서관이나 공공장소에서 조용히 책을 읽거나 검색을 하는 사람들에 둘러싸인 채 출소자와 면담해야 했다.[20] 회사가 이윤을 추구하는 데 공유지를 이용한 것이다. 게다가 공공장소에서 사적인 내용을 이야기하는 것은 출소자들에게 당혹스러울 뿐아니라 낙인이 찍히는 경험이다. 이들의 필요는 무시되고 있으며,

또다른 불평등의 원천이 된다. 이들 대부분은 저소득 가정과 공동체 출신일 것이기 때문이다.

2018년 2월 보호관찰심의위원회는 사영화된 보호관찰 서비스 전반에 대해 혹독한 평가를 내리고 21개 CRCs가 "능력을 넘어섰으며" 계약 조건을 제대로 충족하고 출소자를 감시하는 데 실패했다고 결론지었다.[21] 일부 보호관찰 직원은 각기 200건 이상의 사례를 다루고 있었는데, 이는 최대 60명이라는 권고 기준을 위반한 것이다. 더 앞선 보도에서는 사영화가 일반 국민을 위험에 빠뜨렸다고 말했다. CRCs가 위험을 제대로 평가하지 못했기 때문이다. 이들은 보호관찰 조건으로 법원이 요구했던 빈번한 대면 접촉 대신 수천명에 달하는 출소자를 6주 동안 전화로 관리했다.[22] 보호관찰 조건을 어겨 감옥으로 돌아가는 사람들이 늘어나면서 2014년 이래 폭력 범죄를 포함해 재범이 증가했다.

보호관찰관은 살펴본 모든 측면에서 CRCs의 수행 능력이 국립 보호관찰국보다 열악하다고 말했다. 하지만 초기에 법무부 장관은 사영화된 체제는 개선이 필요하긴 하지만 지속될 것이라는 말로 대응했다. 2018년 7월 정부는 기존 CRCs 계약을 예정보다 2년 앞당겨 2020년에 무효화하고 새로운 계약을 위한 입찰을 시행할 것이라고 밝혔다. 그런 뒤 일년이 채 못 되어 정부는 2021년부터 보호관찰 서비스를 공공 부문으로 되돌리겠다고 발표했다.

한편 정부는 거금 5억 파운드를 들여 사기업들을 구제해주었다. 아주 낮은 가격에 추가 계약을 하고 계약 목표를 충족하지 못했을 경우 져야 하는 벌칙을 면제해준 것이다. 하지만 이는 이중 기준과 불평등한 대우의 또다른 예다. 저소득 급여 청구인들은 구직센터가 부과하는 계약을 준수하지 못했을 경우 제재를 받고 급여를 상실한다. 반면 이윤을 추구하는 CRCs는 자발적으로 맺은 계약을 이행하지 못할 경우 더 많은 돈을 받고 벌칙은 면제받는 것이다.

사영화된 사회봉사명령 감독도 실패했다. 1950년대 독일에서 처음 시도된 사회봉사명령은 1973년 영국에 시범 실시로 도입되었으며, 마침내 구금형의 대안으로 국가 차원에서 시행되었다. 사회봉사는 자활을 장려하는 부드럽고 비례적인 처벌로 인식되었다. 도입된지 4반세기가 지나면서 사회봉사명령은 유럽의 많은 나라, 오스트레일리아, 미국, 아시아의 일부 나라에서 채택되었다.

이에 대한 연구에 따르면 사회봉사명령은 징역형과 비교할 때 재범의 가능성을 낮추었다. 하지만 2003년 정부는 모든 사회봉사명령에 의무적으로 처벌의 요소가 들어가도록 했으며, 사회봉사를 '지역사회 보상'(community payback)으로 재규정했다. 이는 실제로는 지역사회 처벌이며, 무상노동을 얻어내는 한가지 방식이다. 해야 하는 일에는 거리 청소, 쓰레기 수거, 정원 관리, 보수공사, 낙서 지우기 등이 포함되어 있다. 이러한 명령은 이들을 낙인찍히게 만든다. 사회봉사의 초기 참가자 가운데 한 사람은 슬픈 표정으로 이렇게 말했다. "오늘날의 범죄자는 자신이 범죄자라는 것을 알리기 위해 옷 위에 형광색 겉옷을 입어서 일반인이 알아보기 쉽게 합니다."[23] 사회봉사명령을 받은 범죄자는 이제 사적 이윤을 추구하는 CRCs에 의해 과업을 할당받고 감독을 받는다. 2016년 보호관찰심의위원회는 무상노동은 또다른 처벌이며 자활 잠재력을 무시하는 일이라고 말했다. "(무상노동 수행의) 대부분은 단순히 좋지 않은 것일 뿐만 아니라 법원이 선고한 형을 수행하고 집행하기 위해 필요한 기본 요건에 초점을 맞추지 못한다."[24]

지역사회 보상에 깊이 관여하고 있는 CRC는 정부 서비스에 전문화된 영국의 다국적기업 세르코(Serco)다. 이 기업이 맺은 첫번째 계약은 2012년 런던 지역사회 보상 계획을 운영하는 것으로, 이후의 사영화 결정을 위한 시범 실시였다. 계약은 참여자들에 대한 감독이 적절하게 이루어지지 않았다는 주장이 나오면서 조기에 종료되었다. 하지만 세르코는 새로운 계약을 따냈고, 2018년에도 여전히 런던 지역사회 보상 계획을 운영하고 있었다.

2013년 세르코와 또다른 민간 보안기업 G4S가 거의 10년간 범죄자 전자발찌 관련 비용을 정부에 과도하게 청구했다는 사실이 드러났다. 사망했거나 여전히 감옥에 있는 범죄자에 대해 전자발찌를 사용했다는 식으로 청구했던 것이다. 이들 기업은 이후 계약을 파기당했으며 총 1억 8천만 파운드를 반환하는 데 합의했다. 중대사기수사국이 수사를 시작했지만 2019년 초가 되도록 여전히 결론이 나지 않았다. 한편 G4S는 또다른 전자발찌 계약을 따냈으며, 이 기업과 세르코 모두 또다른 입찰에 참여할 수 있었고 교도소를 포함한 사법 서비스에서 수익성 좋은 계약을 맺었다. 두 기업은 무능하면서도 악할 수 있다는 것을 증명했다.

민영 교도소

교도소는 시민 공유지의 또다른 영역으로, 사법 서비스가 사적으로 이윤을 추구하는 기업에 외주화된 곳이다. 1992년에 시작된 사영화로 교도소 수가 증가했다. 수감해야 한다고 여겨지는 행동의 수가 증가했고 더 많은 범죄자가 더 오래 수감되고 있다.

영국의 민영 교도소 서비스는 3개의 다국적기업 영국의 G4S와 세르코, 프랑스의 소덱소(Sodexo)가 지배하고 있다. 처음에 정부는 형이 더 가혹해져서 수감자가 과밀해졌기 때문에 더 많은 수감시설이 필요하며, 교도소 건설과 운영의 책임을 민간기업에 맡기는 것이 더 비용 효율이 높고 교도소 환경을 개선하며 공적 재원을 줄일 수 있다고 주장했다. 2018년경에는 영국의 수감자 8만 6천명 가운데 15퍼센트가 민간의 상업적 교도소에 있게 되었으며, 그 운영 회사들은 매년 정부에서, 즉 납세자인 일반 국민에게서 40억 파운드를 받고 있었다.[25] 이들 교도소의 대부분은 민간자본유치 계약으로 건설되었다.

하지만 최소한 모든 수감자의 25퍼센트를 담당하는 수준으로 사영화를 확대하겠다는 법무부의 계획은 좌절되었다. 공영 교도소에도 영향을 미친 비용 삭감과 인력 부족으로 인해 민영 교도소의 상황은 악화되었으며, 비용상의 이점이 있다는 주장은 무너졌다. 과밀, 질의 저하, 숙련된 교도관의 부족 등으로 인해 교도소 내에서 폭동이 일어났다. 2개의 민간 계약 교도소가 공공 부문으로 되돌아갔고, 2018년에 법무부 장관은 G4S로부터 잠정적으로 버밍엄 교도소에 대한 통제권을 회수할 수밖에 없었다. 수감자가 아무런 제재 없이 술, 마약, 폭력을 사용하고 있으며 공동 구역이 바퀴벌레, 피, 토사물로 몹시 더러워져 있다는 것을 감독관이 확인한 후의 일이었다.[26]

민간기업이 운영하는 이민자 퇴거센터의 상황에 대한 비판도 반복적으로 제기되었다. 영국에 있는 9개의 센터 가운데 7개를 사기업이 운영하고 있다. 히스로 공항 근처의 하먼즈워스에서 유럽에서 가장 큰 이민자 구금센터를 운영하는 미티(Mitie)는 2016년에 '더럽고' '쇠락했으며' '비위생적인' 시설 때문에 교도소 감독관으로부터 맹비난을 받았다.[27] 2013년 세르코는 베드퍼드에서 운영 중인 얄스우드 여성 이민자 퇴거센터에서 벌어진 여러 건의 성추행 사건을 은폐한 혐의로 고발당했으며[28] 2016년 국가감사원이 낸 센터에 관한 보고서는 인력 감축 및 부적절한 훈련과 관련해 이 회사를 혹평했다.[29]

2017년에 BBC 프로그램 「파노라마」는 잠입취재 방송에서 개트윅 공항 근처 브룩하우스에 있는 이민자 퇴거센터에서 G4S 직원이 수용자를 폭행하는 장면을 보여주었다. 이로 인해 책임자가 사임했지만 회사 자체는 아무런 처벌도 받지 않았다. G4S의 학대 행위가 텔레비전으로 공개된 직후 내무부가 학대를 은폐하기 위해 공모했다는 것이 드러났음에도 정부는 이 회사가 구금센터를 계속해서 운영할 수 있도록 새로운 계약을 맺었다.[30]

한편 세르코, G4S와 미국 기업 GEO는 모두 인건비를 줄이고 이윤을 높이기 위해 구금자들을 요리와 청소를 하는 값싼 노동력으로 이용하고 있다.[31] 세르코는 계약에 따라 요구되는 얄스우드의 비용을 줄이기 위해 구금자의 식사 주문을 받는 직원을 '셀프서비스 키

오스크'로 대체했고, 구금자가 직접 팩스를 보내고 방문 약속을 잡도록 했다. 이는 필요한 운영인력 부족 사태를 낳았다.[32] 서비스의 질이 낮아진 것은 낮은 가격으로 계약한 것에 따른 필연적인 결과였다. 특히 이민과 망명자 서비스는 가장 취약한 사람과 가장 인기 없는 '고객', 가장 주목받지 못할 것 같은 사람을 응대하는 일이기 때문이다.[33]

런던올림픽 기간 동안 보안요원 제공 계약을 제대로 이행하지 않은 것으로 악명 높은 G4S는 2015년 BBC 「파노라마」의 또다른 잠입 취재 방송으로 인해 켄트에 있는 메드웨이 청소년 보호훈련센터 직원이 저지른 폭행과 학대에 대해 경찰 수사가 불가피해지자 아동 서비스 부문을 매각해야 했다. G4S는 이미 정부 조사에서 아동이 모욕적인 대우와 인종주의적 언사를 당하고 있음이 드러나 럭비 근처에 있는 레인스브룩 보호훈련센터 계약을 상실한 바 있었다.[34]

교도소와 구금센터의 사영화는 기업이 더 많은 이들을 더 장기간 수감하는 것을 지원하도록, 비용을 줄이기 위해 가능한 최대 한도까지 과밀과 구금 환경을 악화시키도록 왜곡된 인센티브를 제공한다. 이 기업들의 과거 행적을 볼 때 이들이 사회서비스를 행하고 있다고 생각할 수 있을까? 대부분의 직원을 포함해서 교도소 체제 안에 있는 대부분의 사람들은 저소득층 출신일 것이다. 그리고 사영화로 이득을 얻는 사람들은 상대적으로 부유한 주주들이다.

취약한 사람들을 처벌하기

우리의 시민 공유지 가운데 침해가 가장 만연한 것이 사회보장정책이다. 모두에게 '생계권'을 보장하는 목적을 가진 사회정책 네트워크는 계속해서 공유자들의 그러한 권리를 부정하는 방향으로 흘러왔다.

1980년대에 시작된 신자유주의 시대에 영국은 다른 나라들과 함께 사회보장정책을 주로 자산심사 체제로 바꾸는 길을 따라갔다. 자산심사를 기반으로 하는 복지체제는 표면적으로 공적 사회지출은 그것을 가장 필요로 하는 사람을 도와주는 것에 한정되어야 한다는 호소력 있는 근거를 내세웠다. 핵심어는 '표적화'(targeting)와 '빈민'이었다. 자산심사는 사람들을 서로 다른 대우를 받는 범주로 나눔으로써 시민 공유지를 침식했다. '도움을 받을 만한 빈민'과 '그렇지 못한 빈민'을 구분했으며, 가난한 것은 '게으름' '태업' '의존' 같은 성격상의 결함 때문이라고 인식했다. 이 두가지 '가난한' 집단은 '가난하지 않은 사람들'과 차별화된다. 그러면 '우리' 가난하지 않은 사람들은 '그들'을 위해 돈을 내야 한다는 인상을 받기 쉬운데, '그들' 중 많은 수가 도움받을 만하지 못한 사람일 것이다. 이렇게 되면 우리는 '그들'을 위해 세금을 낼 필요가 없다고 말할 수 있기 때문에 편리해진다. 이 공리주의적 관점은 공유지와 대조된다. 공유지는 가장 넓은 의미에서의 동반자 관계, 공동성, 평등한 기본권의 공유(sharing)와 보편주의에 관한 것이다.

자산심사는 삶의 다양한 위험을 그 구성요소 — 질병의 위험, 사고의 위험, 실업의 위험, 장애의 위험 등등 — 로 분해하는 경향이 있으며, 따라서 각각에 대해 '도움을 받을 만한 사람'을 식별하는 자격 규칙을 통해 자산심사의 늪이 생겨난다. 그러한 규칙에는 '도움을 받을 만하지 못한 사람들'을 배제하기 위해 고안된 벌칙이 따른다. 그리고 당국은 긴 결정 과정을 없앰으로써 규칙을 관리하는 데 드는 높은 비용을 줄이려 한다. 첫번째 희생자는 적법 절차다.

영국에서 변화는 대처가 실업급여를 구직수당으로 이름을 바꾸면서 상징적으로 시작되었다. 실업을 경제 정책과 구조 변화에 따른 불운 — 이렇게 보면 보상을 받아야 한다 — 으로 보는 대신 일자리가 없는 것은 개인의 책임 문제가 되었다. 이럴 경우 정부는 실업자가 도움을 받을 만하면 친절하게도 일시적인 도움을 준다. 일단 이런 길로 들어서면, 자격을 결정하기 위해 임의적인 규칙의 성(城)을 고안해야 한다.[35]

2015년 당시 주요한 자산심사 제도는 연금공제, 주거급여, 장애인을 위한 고용 및 지원 급여(이하 장애인급여), 구직수당, 아동세액공제, 소득지원, 노동세액공제 등이었다. 하지만 2010년에 정부는 이 여섯 가지를 오해의 소지가 있는 유니버설 크레디트, 즉 통합된 하나의 자산심사 급여로 바꾸기로 결정했다. 모두에게 적용되는 것을 보편적이라고 한다면, 이 제도는 전혀 보편적이지 않다. 2015년까지 구제도를 단계적으로 폐지하면서 전국적으로 새로운 급여를 시행하는 것이 계획이었지만 이미 13억 파운드를 들여 만든 전산 체계에서 지연, 자잘한 사고, 오류 등이 일어났다.

2018년에 유니버설 크레디트 청구 1건을 관리하는 평균 비용은

699파운드나 되었다. 원래 목표는 173파운드였다.[36] 2018년 말까지 100만 명이 안 되는 사람이 이 제도에 포괄되었는데, 정부는 이 제도가 완전히 가동되면 800만 명을 포괄할 것으로 추산했다. 그리고 오랫동안 부정한 끝에 마침내 정부는 구제도의 수급자 중 많은 비율이 유니버설 크레디트로 이전된 이후 금전적으로 손실을 볼 것이라는 점을 인정했다.

정부는 또한 모든 자산심사 제도가 갖고 있는 또다른 문제인 낮은 수급률을 시정하기 위해 아무런 조치도 하지 않았다. 자산심사 제도를 운영하는 모든 나라의 모든 연구가 실제로 급여를 받을 자격이 있는 사람 가운데 일부만이 급여를 받는다는 것을 보여준다. 이것은 청구하지 않은 사람이라고 해서 급여가 필요 없는 것은 아니라는 사실을 의미한다. 많은 사람이 수치심을 느끼거나, 낙인찍히는 것을 두려워하거나, 신청하는 방법 혹은 규칙을 따르는 방법을 모르는 것이다. 분명 과소추정되어 있을 공식적인 추정치에 따르면 연금공제 수급 자격이 있는 가구의 40퍼센트, 주거급여를 받을 자격이 있는 사람 가운데 20퍼센트, 구직수당을 받을 자격이 있는 사람 가운데 44퍼센트(비율이 올라가고 있었다), 장애인급여를 받을 자격이 있는 장애인이 있는 50만 가구가 이를 받지 않았다. 이러한 수치는 체제에 문제가 있다는 것을 보여준다.

최악의 문제점은 일할 수 없는 사람에게 주는 장애인급여와 관련이 있으며, 장애인을 위한 추가 비용을 충족하기 위해 장애인 생활수당을 대체한 자산심사 없는 개별지불금(Personal Independence Payment)도 마찬가지다. 장애인급여를 청구하기 위해 장애인은 자산심사와 별도로 일자리를 가질 수 없는지를 확인하기 위해 반복해서 '노동능력평가'를 받아야 한다. 만약 노동능력이 있는 것으로 판단되면 이들은 장애인급여를 상실하고 그 대신 구직수당이나 소득지원으로 넘어가야 한다. 마찬가지로 장애 정도에 따라 차등 지급되는 개별지불금을 청구하는 사람도 자격 여부를 확인하기 위해 반복적으로 심사를 받는다. 이러한 심사 책임이 민간기업에 넘어갔다. 재무부가 져야 하는 장애인 복지 비용을 줄이려는 의도에서다. 이는 삶이 어려운 수천명의 취약계층에게 급여를 주지 않거나 급여를 축소하는 결과로 이어졌다.

이렇게 사영화된 심사는 마그나카르타와 삼림헌장에 담겨 있는 모든 정의의 원칙을 존중하지 않는다. 사영화된 절차는 민간기업의 피고용인에게 유사 사법권을 부여했다. 이들은 급여를 지급할지, 자격을 지연할지, 자격 전부를 박탈할지, 급여를 중단함으로써 제재를 가할지를 결정할 수 있다. 장애인은 종종 심사보고서를 받지 못하는 경우가 있는데, 따라서 결정이 내려지기 전에 오류를 바로잡을 수가 없다. 적법 절차라는 것이 없다. 그러나 기업 사장들, 주주들, 노동연금부는 신경 쓰지 않는 모습이다. 사영화된 '심사관'은 지급을 지연하거나 청구인에게 제재를 가할 경우 인센티브가 있다. 왜냐하면 진짜 고객인 노동연금부를 위해 돈을 절약해주는 것이 회사에 더 많은 이윤을 남길 수 있기 때문이다. 이렇게 해서 회사는 새로운 정부 계약을 따낼 수 있다. 여기에 덧붙여 정부는 '오류'에 대한 직접적 책임을 회피할 수 있다.

노동연금부 감사관은 2016년 4월에서 12월 사이에 민간기업 카피타가 완료한 개별지불금 심사보고서 3건당 1건이 오류가 있거나 관련 정보를 누락하고 있으며, 따라서 이를 기반으로 내려진 결정이 의심스럽다는 것을 발견했다.[37] 2017년 10월까지 이전에 장애인 생활수당을 받은 사람들을 재심사함으로써 장애인 생활수당을 대체한 개별지불금하에서 47퍼센트가 수당을 적게 받거나 전혀 받지 못하게 되었다. 한편, 심사를 담당하는 기업인 카피타와 독립평가서비스 아토스(Atos)는 30퍼센트 더 많은 급여를 받았다.[38]

카피타와 독립평가서비스가 수행한 장애인급여와 개별지불금 심사에서 저질러진 좀더 명백한 실수 가운데 일부는 의회의 노동연금 특별위원회에 제출한 증거에서 찾아볼 수 있다. "내가 매일 내 개를 산책시켰다고 했는데, 그건 이해할 수 없는 일이었습니다. 왜냐하면 나는 거의 걸을 수 없고 개가 없기 때문입니다." "그녀는 내가 아무런 어려움 없이 의자에서 일어날 수 있다고 기록했습니다. 나는 내 내 침대에 있었고(그녀는 자기가 알아서 들어왔습니다), 내 방에는 의자가 하나밖에 없는데 그녀가 거기에 앉았습니다." "그녀는 내가 안경을 끼고 책을 읽는 데 아무런 어려움이 없다고 말했습니다. 하지만 나는 책을 읽을 때 안경을 끼지 않습니다."[39]

사영화된 심사 '서비스'의 고압적인 태도는 양극성 장애와 심각한 불안증이 있는 40세 여성의 사례에서 잘 볼 수 있다. 그녀는 카피타에서 편지 한통을 받았는데, 그녀가 약속 시간에 집에서 심사관을 만나지 않았기 때문에 제재를 받아 급여를 상실하게 되었다는 것을 알리는 것이었다. 이 일로 완전히 정신이 나간 그녀는 결국 도움을 받아 어떤 전국지에 편지를 썼고, 이 신문이 이 일을 조사했다. 결국 카피타가 그녀에게 고지한 시간과 다른 시간에 그녀 집에 사람을 보낸 것으로 판명이 났다. 그러나 사태를 바로잡기 전까지 그녀는 거의 700파운드를 손해 보았으며, 이로 인해 식료품을 살 수 없었고 불안증은 더 심해졌다. 카피타는 어떠한 벌칙도 받지 않았다.[40]

2018년까지 노동연금부와 법무부는 '의무적인 재심'과 장애인급여와 개별지불금 결정에 대한 항소를 처리하는 데 매년 2억 파운드를 지출했다. 놀랍게도 장애인급여와 개별지불금 급여 청구인의 3분의 2가 '의무적인 재심' 단계에서 결정이 바뀌거나 법원 항소에서 이겼다는 것은 이 제도가 가진 폐단에 대한 통렬한 고발이다.[41] 하지만 이렇게 많은 잘못된 판단을 한 회사에 벌칙은 부과되지 않았다. 최초 결정의 오류로 인한 모든 댓가는 기업이나 기업 피고용인이 아니라 공유자가 고스란히 져야 한다.

장애인급여 심사위원회에서 소송을 다루는 데에는 약 6개월이 걸리며, 이 기간 동안 청구인은 전혀 소득이 없을 수 있다. 이들은 최초 결정에 대해 다투는 동안 구직수당을 신청하거나 장애인급여를 새로 청구할 수 없다. 따라서 이들이 설사 항소에서 이기고 나중에 수당을 받는다 해도 상당한 소득을 상실한 것이 되며, 많은 경우 기본적 필요를 충족하기 위해 상당한 부채를 지게 된다. 종종 고리 대출을 받는데, 그런 부채는 빨리 청산해야 한다.

개별지불금 항소 기간 동안 장애인은 결과를 기다리면서 어떻게든 급여 없이 혹은 줄어든 급여로 살아가야 한다. 그리고 장애인급여와 개별지불금 모두 항소할 경우 직접 비용을 내야 한다. 왜냐하면 잉글랜드와 웨일스에서는 법률구조 서비스가 없어졌기 때문이다. 소송에서 이긴다 해도 급여가 불공정하게 거부당한 시점으로 소급해 지급된다는 보장은 없다.

부정의한 결정을 뒤집기 위해 싸우는 사람들이 견뎌야 하는 어려움과 스트레스가 이들의 건강에 엄청난 충격을 준다는 것은 놀라운 일이 아니다. 많은 사람에게 이는 끝없는 심사, 잘못된 심사 때문에 상실하거나 거부당한 급여, 항소, 회복, 3, 4개월 후의 더 일상적인 심사 등이 반복되는 회전문이 되었다. 어떤 사람들에게 이것은 사형선고다.[42] 극심한 요통 때문에 소매업 일자리를 포기한 어떤 여성은 5년간 심사에서 일할 수 있다는 판정을 받았고, 여러 차례 항소를 해서 이겼지만 항소 기간 동안 많은 부채를 졌다. 이 여성은 35세의 나이에 결국 중증 심장마비로 사망했다. 그녀의 친척은 이것이 스트레스 때문이라고 주장했다. 그녀는 계단 아래서 숨진 채 발견되었는데, 주변에는 가스, 전기, 수도, 전화, 텔레비전이 끊길 수 있음을 알리는 통지서가 쌓여 있었다.

노동연금부에서 장애인급여나 개별지불금을 거부해서 '재심'을 수행할 때 드는 비용은 2018년의 경우 38파운드로 최소다.[43] 청구인의 장애인급여를 거부해서 절약되는 돈이 재심 비용의 수백배일 수 있으며, 따라서 재심에서 대부분 진다 하더라도 노동연금부와 기업들은 여전히 이윤을 내게 된다. 게다가 의무적인 재심 단계에서 패소한 대부분의 청구인은 심사위원회에 항소하지 않기 때문에, 어떤 이유에서건 급여를 거부하는 잘못된 결정은 노동연금부에 상당한 이득을 가져다 줄 것이다. 장애인이 항소할 경우 노동연금부가 써야 하는 비용은 겨우 140파운드인데, 이는 그사이에 급여를 지급하는 비용보다 훨씬 적은 것이다.

노동연금부의 신뢰할 만한 변론이 없는, 수많은 '가망 없는' 소송이 법정으로 가는 것에 분노한 법원 처장 어니스트 라이더 경에 따르면 대부분의 항소는 '간단한 것'으로, 급여에 대해 잘못된 심사를 받은 사람들이 불필요한 스트레스를 겪게 하고 판사의 시간을 낭비하는 일이다. 2017년 말에 한 연설에서 그는 노동연금부가 제시하는 증거의 질이 너무 형편없어서 어떤 법정에서도 "전혀 인정받을 수 없을" 것이라고 말했다. 그와 그의 동료 판사들은 "항소할 근거가 없어서" 소송을 기각할 것을 고려했고, 심지어 패한 소송에 대해 노동연금부를 고발할 것까지 고려했다.⁴⁴ 그렇게 했다면 약간 개선이 되었겠지만 이런 일은 일어날 것 같지 않다.

2018년에 의회 공공회계위원회는 노동연금부가 오류로 인해 6년간 약 7만 명의 장애인 청구인에게 더 적게 지급했으며, 심지어 치과 비용과 처방전 비용도 거부했다고 보고했다. 노동연금부는 3년이 지난 후 실수를 깨달았다면서도 이를 시정하기 위한 어떤 조치도 취하지 않았다. 이런 사실이 폭로되자 노동연금부는 사람들에게서 수급 자격을 박탈했다는 것을 인정했지만 소급 지급은 실수가 확인된 2014년부터에 대해서만 이루어질 것이라고 밝혔다. 이에 대해 공공회계위원회는 노동연금부에 '무관심의 문화'가 있다고 비난했다. 실수와 고의적 은폐는 수천 명의 장애인들에게 부인할 수 없는 고통을 가져왔지만 노동연금부는 과오를 교묘히 피해 갔다. 위선은 혐오스러웠다.

복지 체계가 이상할 정도로 복잡한 것은 가능한 한 보통 사람들이 이해하고 이용하기 어렵게 하기 위해서인 것처럼 보인다. 청구인에게 도움을 주기 위해 시티즌스 어드바이스(Citizens Advice) 네트워크가 있지만 이를 이용하려는 수요가 너무 많아 감당할 수 없는데다 강요된 예산 삭감으로 사태가 더 악화되었다. 불만을 가진 어떤 장애인 청구인이 보낸 다음 이메일에서 그의 고통을 살펴보자.(교정하지 않고 그대로 인용한다.)

킬번 실업노동자 그룹에 있는 우리는 지원서를 쓰고 상고를 하는 것이 비용이 많이 들며 사람을 지치게 한다는 걸 일찍부터 깨달았고, 그래서 서류 양식 복사본(이상한 크기에다 엄청난 분량)을 준비하고, 선불카드 전화를 사용하게 해주고, 의사의 소견서, 선불 택시, 등기우편, 복지사와 청구인이 논의할 때 좀더 사교적인 경험이 되도록 먹을 다과 등의 비용을 댔으며, 가스와 전기 비용을 내는 데 도움이 되도록 곤궁기금(Hardship Fund)을 만들어 자질구레한 것에 필요한 곤궁기금은 큐익스 로드 감리교회가 제공하도록 했고, 현재는 니즈든 수프라 무료급식소의 위탁 사업을 하고 있습니다. 나는 개인적으로 앞에서 말한 킬번 실업노동자 그룹의 모든 시설을 이용했는데, 그러지 않았다면 2년 반 동안 개별 지불금의 내 돈을 얻기 위해 싸울 돈도 용기도 없었을 거예요.

또다른 청구인은 이메일에 일년에 걸쳐 항소하면서 뉴캐슬 복지권 서비스(Newcastle Welfare Rights Service)가 만든 자료를 이용할 수 있었던 것에 크게 감사한다고 썼다. 안내책자를 읽어보면 노동연금부가 절차를 얼마나 복잡하게 만들어놓았는지 알 수 있다. 많은 취약한 사람들이 분명히 잘못된 것을 바로잡을 때조차 포기하게 될 것이다. 이것은 의도한 것이라고밖에 결론지을 수 없다.

2018년 말 정보공개 청구에 따라 노동연금부는 그들이 가진 통계를 공개할 수밖에 없었는데, 이에 따르면 장애인을 위한 이런저런 장애인급여 때문에 매일 약 100명의 사람들이 죽어가고 있었다. 충격적인 것은 일자리를 가질 수 있다고 판정받은 사람이 매일 약 10명씩 사망했다는 것이다.[45] 그리고 사망자 수는 유니버설 크레디트의 확대에 따라 늘어날 것이라고 예상할 수 있다. 유니버설 크레디트는 장애인에게 지금의 체제보다 더 낮은 급여를 준다.

2017년에 영국이 유엔 장애인권리협약을 준수하는지를 감시하는 영국독립기구(UK Independent Mechanism)는 2010년 이래 역대 정부가 추진한 사회보장 개혁이 "특히 장애인에게 불공평하게 커다란 영향을 미쳤으며 (…) 독립생활을 하고 적절한 생활수준을 누릴 장애인의 권리를 후퇴시키는 결과를 낳았다"라고 결론 내렸다.[46] 그 이래 장애인의 상황은 악화되었다.

유니버설 크레디트는 장애인 처우를 넘어 생계권을 침식하려는 거대한 발걸음이다. 그것은 신자유주의적 사회정책의 최종 단계다. 서로 다른 6개의 국가급여를 단일한 지급 체계로 통합함으로써 복잡성을 줄인다고 홍보하는 유니버설 크레디트는 그 설계가 도덕주의적이고 명령적이다. 대부분이 취약계층인 청구인은 정기적으로 면담을 하고, 자신이 무엇을 하고 있는지 관리에게 알리고, 자기 시간을 적절하게 사용함으로써 '복지사'를 만족시키겠다는 '청구인

선서'에 서명해야 한다. 이 체계의 설계자인 이언 던컨 스미스는 독실한 가톨릭교도이자 군 장교였다. 군대 규율, 도덕적 확실성과 의무의 감각이 제도에 스며 있으며, 이는 사람의 사생활을 침해하고 행동을 규율하며 자유를 제한한다. 이것은 가난한 사람은 자유가 필요 없다, 혹은 믿을 수 없다는 계급 편향적인 가정을 잘 보여준다. 그 대신 가난한 사람에게 요구되는 행동 변화를 증명하지 못할 경우 그는 개선되어야 하고, 자선에 고마움을 느껴야 한다. 그렇지 않을 경우 가난한 사람은 자신의 죄에 대해 벌을 받아야 한다.

노동연금부에 따르면 이런 설계 뒤에는 청구인이 재정 규율을 배워서 자신의 재정을 '관리'할 수 있도록 한다는 생각이 깔려 있다. 이렇게 이상한 이유가 어떤 사람이 유니버설 크레디트를 받을 자격이 되었을 때 6주 동안 그 자격 취득을 지연시키는 것을 정당화하는 이유들 중 하나였다. 가난한 사람에게 돈을 주지 않는 것이 그가 돈을 관리하도록 하는 데 도움이 된다는 것이다. 광범위한 항의가 일어나자 공식적인 대기 기간은 5주로 줄었지만, 실제로 급여를 받을 때까지 지연되는 시간은 종종 훨씬 더 길었다.[47]

2017년에 새로 자격을 얻은 모든 청구인의 4분의 1이 (6주간 기다린 뒤인) 제때에 온전하게 급여를 받지 못했으며, 지연으로 인해 지급까지 평균적으로 4주가 더 소요되었다.[48] 늦게 지급받은 청구인의 약 40퍼센트는 11주 내지 그 이상을 기다려야 했다. 유니버설 크레디트가 실시된 지역에서 무료급식소 이용이 급증했고, 사람들은 더 깊은 빚의 나락에 빠졌으며, 임대료를 연체했고, 스트레스와 불안증으로 인한 정신적·신체적 건강 악화로 고통받았다.[49]

비판이 커지자 노동연금부는 필요를 증명하는 경우에는 '선불' 형태로 긴급대출을 제공하기 때문에 지연으로 인한 추가적 어려움은 없다고 주장했다. 그러나 그런 대출을 얻는 것은 힘든 일이며, 이후 급여에서 공제를 통해 갚아야 하는데 〔그 비중이〕 매달 급여의 거의 40퍼센트에 달한다.[50] 이 장을 쓰는 동안 나는 아이가 있는 어떤 여성에게서 다음과 같은 이메일을 받았다. 그녀는 '선불'을 얻어야 했다.

그들은 한달에 92파운드씩 제했습니다. 나는 지금 한달치 임대료를 밀렸어요. 빚을 갚지 못해 채권 추심자가 내 문을 두드렸습니다. 우울하고 걱정스러워요.

또다른 청구인은 다음과 같은 '선불' 고지서를 받았다. 그대로 인용한다.[51]

우리는 당신에게 지급하는 돈에서 임대료 체납분, 초과지급분을 공제하여 당신을 대신해 임대인이나 전기회사 같은 제3자에게 지불합니다.
공제 목록은 당신의 기록을 참고하시기 바랍니다.
공제 총액은 528.85파운드입니다.

그녀는 자신이 그렇게 낼 근거가 없다고 확신했다. 당황한 그녀는 노동연금부에 전화를 걸고 인터넷을 사용하는 데 상당한 시간을 소비했다. 그녀는 강인했기 때문에 버틸 수 있었다. 그녀 주변의 많은 사람들은 그렇지 못했다. 그것은 '실수'로 밝혀졌다. 그런 '실수'가 일어났어도 보상은 없다. 이 때문에 누구도 처벌받지 않는다. 이것은 부정의하고 퇴행적이다.

노동연금부는 유니버설 크레디트가 '가장 필요로 하는' 사람들에 대한 급여에 초점을 맞출 것이라고 주장했다. 이것은 사실이 아니다. 예를 들어 노동연금부는 고도장애 부가급여(Enhanced Disability Premium)와 중증장애 부가급여(Severe Disability Premium)를 폐지했다. 이들 급여는 간병인 없이 생활하는 중증장애인에게 지급되는 것으로 매달 400파운드 정도다. 그 결과 23만명의 장애인이 몇년에 걸쳐 총 20억 파운드를 상실하게 되었다.[52]

2018년 6월 고등법원은 두명의 장애인이 제기한 소송에서 이들을 유니버설 크레디트로 전환시킴으로써 소득이 감소하게 만든 것은 불법적인 차별이라고 판결했다. 원고 가운데 한 사람은 말기 암 환자인 52세 남성이었는데, 구 수당 체계가 있는 지역에서 유니버설 크레디트가 도입된 런던의 어느 지역으로 이사를 왔다. 그가 이사한 이유는 암 치료가 필요했기 때문인데, 이로 인해 그는 급여 삭감이라는 처벌을 받은 셈이다. 고등법원이 그에게 승소 판결을 내리자 정부는 항소하겠다고 말했다. 고등법원은 이를 불허했다.

복지 체제 전반이 제재를 광범위하게 이용하는 방향으로 바뀌었다. 청구인이 약속 시간에 늦거나 일자리를 충분히 신청하지 않는 등 구직센터가 정한 규칙을 어길 경우 제재가 가해졌다. 청구인은 최소 4주 동안 급여를 정지당할 수 있는데 이는 대략 300파운드에 해당하며, 최장 3년간 정지될 수 있다. 지독하게 불공평한 처벌은 마그나카르타 제20조에 담겨 있는 에토스를 갖다버리는 일이다. 또한 제39조에 담겨 있는 적법 절차를 제대로 이해하지 못한 것이다. 재판도 없고, 법적 대리인도 없으며, 판결이 있기 전에 혹은 처벌이 시행되기 전에 다툴 기회도 없다.

청구인에게 부과되는 행위 규칙도 정부가 주장하는 목표를 달성하지 못한다. 노동연금부는 의무적인 주당 35시간의 구직활동과 청구인에 대한 제재를 두가지 근거, 즉 가짜 수급자를 '제거하고' 청구인이 일자리를 갖는 것을 장려해 '인센티브를 준다'는 것을 근거로 정당화한다. 첫번째 근거에 대한 [반대] 증거는 아주 강력하다. 자격 있는 청구인을 배제하는 경우가 재정적 필요가 없는 사람들을 의도치 않게 포함시키는 경우보다 훨씬 더 많기 때문이다. 두번째 근거에 대한 [반대] 증거도 마찬가지로 명백하다. 제재 위협과 부과가 더 많은 고용으로 이어지지는 않기 때문이다. 6개 대학의 연구자들이 5년에 걸쳐 수행한 연구는 제재 위협이 '복지부동 및 무익한 행위의 문화'를 낳는 한편 제재는 빈곤을 증가시킬 뿐만 아니라 더 많은 생계형 범죄와 일할 능력의 상실을 가져온다고 결론지었다.[53]

연구진과 인터뷰한 일부 사람들은 급여를 계속 받으려면 구직활동을 해야 한다는 요구를 만족시키기 위해 자신에게 적합한지와 상관없이, 그 일자리를 얻을 가능성이 있는지와 상관없이 구직 신청을 했다고 말했다. 다른 사람들은 들볶이거나 강요받는 것이 싫어서 아예 이런 체제 자체에서 벗어나버렸다. 어떤 사람은 제재를 받은 이후에 약물 거래를 하게 되었다고 말했다. 또다른 사람은 조건을 준수하려다 생긴 스트레스로 불안증과 우울증이 악화되어 그의 '일자리 코치'조차 그가 직장을 구할 상태가 아니라는 것을 인정했다.

이러한 연구에 대해 노동연금부 대변인은 다음과 같이 말했다. "우리는 개별 사례에 따라 요구조건을 조정하며, 제재는 청구인 선서에 제시되어 있고 청구인도 동의한 요구조건을 충족하지 못하는 아주 일부의 경우에만 사용하고 있다."[54] 이 말은 세가지 점에서 사실을 호도한다. 첫째, '선서'는 협박을 통해 청구인에게 강제되는 것이다. 청구인은 급여를 원할 경우 서명해야만 한다. 협박 속에 맺어진 계약은 무효이며, 제대로 된 법정이라면 이를 무효화할 것이다. 둘째, 제재 결정 과정에 적법 절차가 없으며, 약속 시간에 몇분 늦는 것 같은 사소한 위반에 대해서도 마찬가지다. 결정은 하급관료 수준에서 이루어지는데, 공식적인 부인에도 불구하고 이들은 급여 감축이라는 목표를 달성하라는 행정적·정치적 압력하에 있다. 셋째, 공식 통계는 '아주 일부'의 사람들만이 제재를 받는다는 주장과 배치된다. 2013년에만 100만명 이상의 사람들이 제재를 받았다. 2010년에서 2015년 사이에 구직수당을 받으려 한 모든 실업자의 4분의 1이 제재를 받았으며, 2015년에 중단된 수당의 총액은 1억 3,200만 파운드였다.[55]

2017년 10월, 노동연금부는 제재가 많은 사람에게 해를 끼쳤으며 최소한 한 사람을 죽게 만들었다는 것을 마지못해 인정했다. 약속을 두번 지키지 못해 제재를 받은 당뇨병 환자였는데, 인슐린을 보관하는 냉장고를 가동할 전기료를 낼 돈이 없어서 사망했다. 노동연금부는 "더 부드러운" 제재라고 부른 방식을 시도해보겠다고 의회에 약속했다. 이 방식의 첫번째 제재는 문서로 경고를 보내는 것이다. 하지만 2018년 2월에 노동연금부는 "의회 일정표상 우선적으로 처리해야 할 일이 있다"라는 이유를 끌어대면서 그 어떤 시범 사업도 하지 않았다. 이렇게 빈약한 변명은 가난한 사람의 시민권을 업신여기는 태도를 드러냈다. 초법적인 제재 체제는 지속되었다.

유니버설 크레디트에 의해 시민 공유지가 침식당할 때 나타나는 또다른 퇴행적 측면들이 있다. 프레카리아트의 자격을 교묘하게 축소하려는 것도 그중 하나다. 명목상의 자영업자, 파견노동자, 노동시간과 소득이 불규칙한 0시간 계약 피고용인 등이 그들이다. 이들은 연간소득이 동일한 풀타임 일자리를 가진 사람들보다 급여로 매년 수백 파운드를 적게 받을 수 있다. 이것은 유니버설 크레디트 자격이 '최저소득 바닥'(minimum income floor)을 따르기 때문이다. 어떤 사람이 일년이나 그 이상 자영업을 할 경우 이들은 최소 주당 35시간 동안 (시간당) 최저임금에 해당하는 금액을 번다고 추정된다. 이들이 이보다 적게 번다고 해서 유니버설 크레디트가 그 차액을 벌충해주지 않는다. 그러나 이들이 그 이상 벌 경우에는 급여가 삭감된다. 표면적으로 가짜 사업체 혹은 가망성 없는 사업체에 근거한 청구를 골라내기 위해 최저소득 바닥을 도입한 노동연금부는 이 규칙이 사람들로 하여금 돈 벌 기회를 더 많이 찾도록 '장려'한다고 말한다. 이것은 많은 사람에게 그런 기회가 없다는 사실을 무시하는 것이다. 그런 기회가 없기 때문에 이들은 우선적으로 급여를 청구하는 것이다.

어떤 가정에 기반한 규칙은 개별 사례와 관련된 사실을 무시하기 때문에 본질적으로 부정의하다. 예산책임청(Office for Budget Responsibility)은 최저소득 바닥 때문에 40만명의 청구인이 손해를 입을 것으로 추정하고 있다. 정부는 이로 인해 2022년까지 매년 15억 파운드를 '절감'할 것이라고 말한다.[56] 이후에 하원 노동연금위원회가 실시한 조사에 따르면 이러한 자의적인 규칙은 "자영업자를 궤멸시킬" 위험이 있다.[57] 노동연금부는 양보할 조짐을 보이지 않았다.

시민 공유지가 침식당하는 또다른 모습은 2017년에 도입된 정책으로, 2017년 4월 6일 이후 출생한 모든 아동 가운데 첫째나 둘째가 아닌 경우에 대해 유니버설 크레디트의 자녀 요소와 아동세액공제 자격을 주지 않는 것이다. 이것은 가부장주의 형태의 우생학이다. 담당 장관은 이 정책의 목표가 "행동 변화에 인센티브를 주기" 위한 것이라고 말했는데, 이는 셋째 아이를 갖는 저소득층 여성은 무책임하게 행동한 것이며 처벌받아야 한다는 것을 암시한다. 그러나 가장 큰 처벌을 받는 것은 이런 상황에 책임이 없는 아동이다. 이미 이 정책으로 인해 원하던 아이를 유산시키는 일까지 일어났다.[58] 첫해에 7만 620가구가 셋째 혹은 넷째 아이에 대한 급여를 받지 못했고, 이 가운데 38퍼센트는 편부모 가정이다. 또다른 190가구가 탈락했는데, 치욕스러운 '강간 조항'에 따라 어머니가 강간당했다는 것을 입증할 수 있어야 했기 때문이다.[59]

2018년 말 노동연금부는 국가에 맞서는 시민을 대변하는 자선단체로 오랫동안 존경받아온 시티즌스 어드바이스가 유니버설 크레디트 제공을 돕는 5,100만 파운드짜리 정부 계약을 체결했다고 발표했다. 이로 인해 이 단체는 공유권의 문지기로 간주되던 권한을 박탈당했다. 얼마 안 가 다른 자선단체들도 노동연금부를 보조하는 계약을 맺었다는 것이 폭로되었는데, 여기에는 노동연금부나 그 장관을 비판하는 행위를 하지 않는다는 약속이 포함되었다. 자선단체들은 스스로를 팔아넘긴 것이며, 이들이 등록 자선단체로서 누리던 세금감면 혜택은 박탈해야 한다.

유니버설 크레디트는 시민 공유지와 생존에 대한 시민의 권리를 야만적으로 침식했다. 유니버설 크레디트는 이미 전국적으로 공유자에게 곤경과 고통을 가져다주었고 사회소득 불평등을 악화시켰다. 이것이 확대될 경우 너무나 끔찍한 상황이 예상되었기에 2018년 말 두 명의 전 총리 존 메이저와 고든 브라운을 포함해 몇몇 원로 정치인들은 사회적 황폐화와 정치적 불안을 경고하는 공개 성명을 발표하기도 했다. 충격에 빠진 국무부 장관은 2019년 초에 예정보다 이미 6년이나 지연된 유니버설 크레디트의 확대를 중단한다고 발표했다.

어떻게 여분의 침실을 잃는가

여분의 침실이란 무엇인가? 어떤 가정에서는 이를 쉽게 찾아볼 수 있다. 다른 가정에서 이는 모호한 개념이다. 아프거나 그저 변화를 주고 싶어서 방 하나를 혼자, 혹은 다른 가족 구성원과 쓸 수도 있기 때문이다. 부유층은 여분의 침실이 많을 것이다. 가난한 사람은 데이비드 캐머런 총리가 주창한 정책으로 인해 여분의 침실을 가질 수 없게 되었다. 이것은 현대 영국의 잔인한 계급 기반 불평등으로, 여분의 방이 많은 사람들로 구성된 정부가 도입한 것이다.

2012년의 복지개혁법으로 도입된 '침실세'는 공식적으로 허용된 개수보다 침실이 더 많은 사회주택에 사는 노동 가능 연령대 임차인에게 지급하는 주거급여를 축소했다. 여분의 침실이 하나 있으면 주거급여가 14퍼센트 줄어든다. 기혼 부부는 하나의 침실만 허용된다. 게다가 복잡한 규칙에 따라 분리된 침실을 가질 자격이 있는 사람을 특정한다.[60] 무엇이 침실인지를 결정하는 것은 판사다. 이 정책은 차별적이며 퇴행적이다. 주거급여를 받을 자격이 있는 저소득층 가운데 사회주택에 사는 사람에게만 적용된다.

시작부터 이 정책은 논란이 많았다. 이 정책은 장애인에게 불평등하게 악영향을 미쳤는데, 이 정책으로 영향받은 사람의 3분의 2가 장애인으로 추정된다. 10퍼센트가 채 안 되는 사람들만이 더 작은 주택으로 이사함으로써 '세금'을 피할 수 있었다. 대부분은 주거급여 상실로 인해 임대료가 연체되었고 식품과 난방 지출을 줄여야 했다.[61]

노동연금부 장관 이언 던컨 스미스는 침실세를 다음과 같이 정당화했다.

우리는 납세자가 국가 지불 방식으로 필요 없는 여분의 방이 있는 집을 가진 사람들에게 보조금을 주는 불공정한 상황을 끝내야 합니다. 이것은 사실상 여분의 방에 대한 보조금입니다. 영국은 이를 감당할 수 없으며, 납세자도 감당할 수 없습니다.[62]

당시 그와 그의 아내는 1,500에이커의 토지에 대해 유럽연합에서 엄청난 보조금(2014년에 16만 파운드)을 받고 있었다. 이 토지는 그의 아내가 상속받은 것으로, 그는 이 토지에서 어떤 일도 하지 않았다. 유럽연합이 대규모 토지 소유자가 보조금으로 받을 수 있는 금액에 상한선을 두자고 제안했을 때 그와 그의 정부 동료들은 이 제안을 거부했다. 위선은 믿을 수 없을 정도다.

기존 정책이 차별적이며 불법적이라는 2016년의 법원 판결에도 불구하고 정부는 침실세를 노인층에게까지 확대하려 했다가 대중의 거센 저항을 받고서야 철회했다. 자선단체 에이지 컨선(Age Concern)의 대표가 응수했듯이 "나이 든 임차인에게 상한선을 부과하는 것은 이들을 불안과 고통에 빠뜨리는 것만이 아니다. 이들이 이용할 수 있는 적당한 주거 선택지가 없는 상황에서 이것은 의미 없는 일이기도 하다." "의미 없는 일"이라는 것은 잘못된 말일 것이다. 그것은 긴축 전략에 잘 들어맞으며, 감당할 수 없는 사람에게 재정적 부담을 지우는 것이다.

침실세는 정부가 저소득층 공유자에게 주는 급여를 삭감하는 방법 가운데 하나일 뿐이다. 이것에 영향을 받은 저소득층 공유자의 압도적 다수는 더 작은 집으로 이사를 갈 수도 없다. 이는 부분적으로는 적당한 사회주택 공급을 정부가 강제로 줄였기 때문이다. 이들은 그저 줄어든 급여로 근근이 살아가야 하거나 살 수 없을 것이다.

미등록 이민자

해당 공동체의 구성원으로서 모든 공유자는 동등하게, 그리고 실질적이고 절차적인 정의라는 법적 원칙을 존중하는 가운데 대우받아야 한다. 절차적 정의는 적법 절차를 존중하는 공정한 절차를 필요로 하며, 실질적 정의는 사람들이 법에 따라 공정하게 대우받아야 함을 말한다.

두가지 측면 모두에서 이민자는 특히 시민 공유지에서 배제당했다. 한가지 분명한 예가 카리브해 지역에서 이주해온 윈드러시(Windrush) 세대 이민자에 대한 학대였다. 윈드러시라는 이름은 1948년에 자메이카에서 온 첫번째 일행이 타고 온 배에서 딴 것이다.

2012년에 내무부 장관 테리사 메이는 스스로가 공식적으로 "적대적 환경 실무그룹"이라고 부른 것을 만들었다. 이는 불법 이민자로 추정되는 사람들의 삶을 어렵게 만드는 정책을 설계하기 위한 것이었다. 연립정부 내의 자유민주당에서 비공개 항의가 있은 후 그 명칭은 마찬가지로 의도를 분명히 드러내는 '급여와 공공서비스에 대한 이민자 접근권 관련 부처간 그룹'으로 바뀌었다. 몇년 전 내무부 관리들은 윈드러시 세대의 입국신고서 및 관련 증명자료를 없애버리도록 결정했는데, 그런 서류가 공간을 너무 많이 차지하며 불필요하다고 여겼기 때문이다. 그런데 '강경한' 새 정권은 더이상 합법적인 이주의 증거가 없다는 그 사실을 이용해 수십년간 합법적으로 영국에 거주해온 사람들을 괴롭혔다.

이것이 낳은 잔인한 결과는 6년 후에야 대중의 관심을 받게 되었다. 63세의 한 남성이 NHS에서 무상 암 치료를 거부당하고 5만 4천 파운드를 내야 한다는 말을 들었을 때였다. 그가 이를 "사형선고"라고 부른 것은 당연한 일이었다. 그러자 다른 사례들도 알려졌다. 합법적 지위를 증명하기 위해 엄청난 양의 문서를 제시해야 한다는 새로운 요구조건 때문에 수많은 윈드러시 이민자 및 기타 이민자들이 '미등록' 상태, 즉 불법 이민자가 되었다. '적대적 환경' 정책에 따라 이민자의 합법적 지위를 확인해야 했던 임대인, 의사, 기타 다른 사람들은 지나치게 조심하느라 의심스러운 경우에는 서비스를 거부해버렸다. 이민자들에게는 항소의 권리도 없었다. 사람들은 일자리와 집을 잃었고 급여와 진료를 거부당했다. 일부는 추방되었고 또 일부는 해외 방문 이후 영국 재입국을 거부당했다.

정부는 이에 대해 사과할 수밖에 없었고 윈드러시 이민자에 대한 처우가 의도하지 않은 실수라고 주장했지만, 내부 메모에 따르면 이것은 이민자를 괴롭히고 추방을 늘리기 위해 고안된 정책의 직접적인 결과였다. 정부는 인도적 결과를 고려하지 않은 채 적법 절차를 방기했다. 결국 내무부 장관 앰버 러드가 사임할 수밖에 없었는데, 단지 추방의 '목표'는 없었다고 거짓 주장한 것이 그 이유였다. 그녀의 메모에 따르면 그런 목표가 있었으며, 그녀가 이를 세우고 고수하는 데 관여했다.

테리사 메이의 '적대적 환경' 정책은 이민 또는 귀화 신청 수수료가 처리 비용을 훨씬 상회하도록 엄청나게 인상하는 조치도 도입했다. 성인 피부양자의 영주권 비자 수수료는 2008~09년의 585파운드에서 2017~18년 3,250파운드로 다섯배 넘게 올랐으며, 성인 국적 취득 수수료는 2011년의 700파운드에서 1,330파운드로 거의 두배가 올랐다. 실제 처리 비용은 372파운드다.[63] 아동의 등록 수수료는 2011년 이래 두배가 되어 1천 파운드가 넘는다. 등록은 영국 시민권을 얻을 권리가 있는 사람이 이를 얻기 위해 신청하는 절차다. 이러한 변화는 매우 역진적이다. 저소득층은 신청을 철회하거나 돈을 마련하느라 어려움을 겪으며 이 때문에 부채를 지게 된다. 지불 능력은 시민권을 얻을 수 있는지를 결정할 때 평등한 규칙이 아니다.

또다른 역진적인 규정은 영국 시민이나 합법적 거주자가 비유럽지역 배우자와 함께 살기를 원할 경우 보장된 연간소득이 1만 8,600파운드 이상이어야 한다는 것이다. 정부 장관들은 소득이 4만 파운드 이상 되어야 한다고 주장했는데, 이렇게 되면 아주 부유한 이민자 외에는 함께 살기 위해 외국인 배우자를 데려오는 것이 불가능해졌을 것이다. 그러나 장관들은 덜 인색하게 굴라는 말에 설득당했다.

한편 난민 지위 신청자는 정치적으로 아무 역할을 못 한다고 쉽게 무시당하는 소수자로 취급되어 수년간 어중간한 상태로 방치되고 있다. 이들은 형편없는 거처에 머물고, 음식, 옷, 교통, 기타 필요한 것들에 사용하도록 보잘것없는 돈(2018년에 하루 5.39파운드)을 받으며, 일자리를 갖는 것이 허용되지 않는다. 망명을 인정받을 경우 — 영국은 유럽에서 인정률이 가장 낮은 나라 가운데 하나다 — 이들은 그나마 제공받은 숙소에서 쫓겨나고 매일 받는 급여를 상실할 것이며, 복지급여와 공영주택을 신청할 때 관료제라는 어려움에 직면하게 될 것이다. 이들 중 다수가 거리로 쫓겨났다는 것은 놀라운 일도 아니다.[64]

POPS와 사적 정의

사적으로 소유된 공적 공간(POPS)은 런던 중심부의 많은 부분이 일반 대중에게 막혀 있고 사적 집단이 치안을 유지하는 빗장 도시였던 19세기를 상기시킨다. 20세기에 후퇴했던 사적 규제와 사적 치안이 다시 돌아왔다.

공공 도로와 광장에서 완전히 합법적이었던 행동이 오늘날에는 그 공간이 사유화되었기 때문에 금지될 수 있다. 종종 어떤 벌칙이 적용될지, 누가 그것을 적용할지는 고사하고 무엇이 허용되고 무엇이 허용되지 않는지도 알 방법이 없다. 2017년에 『가디언』이 POPS에 어떤 사적 규제가 적용되는지 물었을 때 50명의 소유자 가운데 48명은 답변하기를 거부했다.[65] 어떤 홈리스는 POPS인 팬크러스광장(Pancras Square)에서 있었던 경험을 이 신문에 이야기했다. "나는 잔디밭에 누울 수는 있었지만 눈을 감는 것은 허용되지 않았습니다. 어느날 오전에 한두 시간 정도 눈을 붙이려고 했는데, 내 눈이 감길 때마다 보안요원이 나를 깨웠죠." 과거에 공유지였던 곳은 자유를 상실했고, 이제는 갑자기 무단침입 구역이 되었다.

과거에 도시 공유지 혹은 공적 공간이었던 것을 소유한 사기업은 사적으로 정한 규칙을 집행하기 위해 민간 보안요원을 이용하고 있다. 이 규칙은 공유자들이 (무심코 그 규칙을 깨지 않았다면) 무엇이 규칙인지, 심지어 그런 규칙이 있는지조차 알지 못한 채 공동의 자유를 조금씩 갉아먹었다. 원칙적으로 공적 공간의 사적 소유자는 공공이 소유한 공적 공간에서 현행이 아닌 제한과 벌칙을 부과해서는 안 되지만, 설사 그렇게 한다 하더라도 최소한 규칙은 명확히 해야 한다.

일자리에서 시민 공유지의 침식

특히 옹졸한 행위를 보자면 재무부 장관이던 조지 오스본이 제시한 노동자들의 세금 경감이 있는데, 이는 사용자에게서 2천 파운드에서 5만 파운드에 해당하는 비과세 주식을 받는 댓가로 부당해고와 정리해고에 대한 노동권, 훈련을 위한 유연 노동시간 요구권 등 영국 법률이 보장하는 권리를 포기할 경우에 주어지는 것이다. 여성은 출산휴가에서 돌아오기 16주 전에 그 사실을 알려야 했는데, 이는 통상적인 8주의 두배나 된다. 2013년 4월에 도입된 이러한 조치는 표준적인 고용 자격이 갖는 준보편성마저 침식하는 것이며, 상대적으로 특권적인 노동자 집단에 보조금을 주는 것이다. 충분히 예상할 수 있는 일이었지만 일부 부유층이 이를 통해 탈세를 할 수 있다는 것이 확인된 다음 이 계획은 2016년 11월에 폐기되었다. 이것은 주로 헤지펀드가 소득세와 국민보험 기여금을 줄이기 위한 절세 계획에 이용하는 유용한 보조금이었다.[66]

과거에 확립된 고용 보호에 대한 침식도 장기화되고 있다. 이것은 국제적인 추세로, 특히 미국에서 가장 많이 진전되었다. 미국의 경우 수백만명의 피고용인이 정당한 것을 얻을 때조차 법원에 의지하는 대신 사적 중재에, 그것도 가끔은 그렇게 되는 줄도 모르고 의지해야 한다.[67] 유연근무를 이용하는 사용자와 하청업자가 늘어남에 따라 이들은 아무런 처벌도 받지 않고 비능률, 지각 등등의 이유로 임금이나 보수에서 공제할 수 있게 되었다.

언제나 이런 경향이 있긴 했지만 임시 간접고용 노동의 경우 이는 더 쉽게 이뤄지고 적발하기는 더 어렵다. 표준화되고 노동조합이 구성된 고용의 바깥에서 임의적 공제에 대해 배상받기란 더 어렵고 비용도 많이 드는 일이다. 그런 일을 개인적으로 하는 것은 매우 힘든 일이며, 또한 그 개인을 '문제를 일으키는 사람'으로 낙인찍히게 만들 수 있다. 영국에서 200만명 이상의 노동자들이 이러한 문제 때문에 임금을 도둑맞으며, 이는 매년 약 30억 파운드에 달한다.[68]

2013년에 노동자가 고용심판원에 소송을 제기하려면 1,500파운드를 내야 한다는 조건을 담은 규칙이 도입되면서 프레카리아트가 부담해야 하는 비용은 더 커졌다. 2017년에 대법원은 이를 불법이라고 판결했다. 그러나 판결이 내려진 뒤에도 사용자가 제대로 지불하지 않을 경우 노동자들은 여전히 추가 조치를 취해야 하는 부담을 안고 있다. 이것은 공유자가 사법에 접근하기 어렵게 하는 또다른 방법이며, 특히 저소득층의 경우에 그러하다.

알고리즘에 의한 정책

기업, 정부기관, 금융기구, NHS, 학교, 경찰력, 복지기관, 보안 서비스 등등은 점차 복잡한 알고리즘에 의존하고 있다. 이 알고리즘은 사람들을 판단하는 평가 체계를 담고 있는데, 이는 사람들의 삶에 물질적으로 영향을 미친다. 현재 이런 알고리즘 가운데 다수는 인간이 만든 코드가 아니라 기계 자체가 만든 코드가 규정한 규칙을 사용한다. 패턴과 결과를 검출하기 위해 방대한 양의 데이터를 인공지능이 처리하는 것이다. 인공지능은 인간은 할 수 없는 유형 발견을 해냄으로써 의료 진단 같은 분야에서 의사결정 과정을 크게 개선했다. 그러나 그것은 또한 누구도 식별할 수 없는 규칙과, 예를 들어 소수인종이나 빈곤 지역 사람들에 대해 왜곡되거나 편향된 데이터에 근거해서 결정이 내려지는 상황을 만들어냈다.

누군가는 대출, 일자리, 심지어 가석방이 거부될 수 있다. 실제로 그렇지 않은 경우에도 알고리즘은 이들이 위험이 크다고 판단하기 때문이다. 이것은 세련된 형태의 통계적 차별이다. 미국에서 기록된 사례를 보자면, 어떤 남자는 그가 저지른 범죄로 통상 받는 형보다 장기간의 형을 선고받았는데, 컴퓨터 알고리즘이 그의 재범 가능성을 높게 판단했기 때문이다. 알고리즘의 실수로 무고한 사람이 테러리스트로 잘못 판단되고, 아픈 환자를 퇴원시키고, 사람들의 일자리와 운전면허증을 빼앗고, 선거인 명부에서 어떤 사람을 제외시키고, 어떤 사람을 아동 지원 급여만 받으려고 애쓰는 나쁜 사람으로 만든다.[69]

이 모든 것은 시민 공유지에 대한 습격이다. 가장 똑똑한 인공지능 알고리즘이라도 적법 절차는 말할 것도 없고 확실성이 아니라 가능성에 기반을 두고 있다. 평가되는 개인들은 활용된 기준을 알지 못하며, 현재로서는 알아낼 수단이 없다. 기업들은 대개 알고리즘을 영업 비밀로 보호하여 외부인이 접근할 수 없도록 하는데, 여기에는 그것을 이용하는 조직이 포함되기도 한다. 그러나 내부자조차 인공지능이 만들어낸 규칙을 확인하지 못할 수도 있다. 뉴욕대학의 AI 나우 연구소(AI Now Institute)는 형사사법, 의료, 복지, 교육 등을 책임지는 공공기관에서는 '블랙박스 인공지능'을 금지해야 한다고 말한다. 인공지능이 내린 결정은 설명될 수 없고, 따라서 적법 절차를 어기는 것이기 때문이다.

알고리즘에 의한 결정은 또한 불평등하다. 저소득층은 인공지능에 의해 평가될 가능성이 더 높고 이와 싸우기는 더 힘들기 때문이다. 버지니아 유뱅크스는 『자동화된 불평등』(*Automating Inequality*)에서 미국의 복지와 아동보호 프로그램에서 알고리즘과 '빅데이터'를 사용하는 것을 두고 "디지털 구빈원"의 창조라고 서술한다.[70] 불평등을 악화시키는 새로운 체제의 감시, 프로파일링, 처벌, 감금, 배제라는 것이다. 그녀는 컴퓨터화된 결정이 어떻게 복지급여를 빼앗고 아동을 부모로부터 부당하게 떨어뜨렸는지, 그리고 이러한 결정에 도전하는 것이 특히 노하우나 적절한 수단이 없는 취약하고 교육 수준이 낮거나 저소득층인 사람들에게 얼마나 어려운지를 기록한다.

물론 미국만이 아니다. 의사결정에서 알고리즘의 사용은 전세계로 확산되고 있다. 또다른 예는 오스트레일리아에서 자산심사에 기초한 급여를 받는 사람들로부터 대여금을 회수하는 일을 사영화한 것이다. 이 업무를 위탁받은 민간기업은 개인의 금융 기록을 뒤져 그 결과에 근거해서 개인을 사기 혐의로 고발하는 알고리즘 기반 시스템을 만들고 운영한다. 회사는 벌금을 받아내고, 복지 청구인들로부터 빼앗은 돈에 기초해서 위탁 수수료를 받는다.[71]

가능성에 기초한 알고리즘에 의한 사법은 모든 측면에서 적법 절차의 부정이다. 이것은 그 사람에 대한 증거가 아니라 다른 것에서 수집한 데이터에 기초하여 개인을 판단하며, 그렇게 해서 내려진 결정에 대해, 불가능하지는 않겠지만 대응하기 어렵게 한다. 게다가 복지와 형사사법 체계에서 이를 점점 더 많이 사용하게 되면서 저소득층의 삶과 생존에 불공평하게 영향을 미치고 있다. 이는 모든 공유자가 평등한 권리를 누리고 평등한 대우를 받는 시민 공유지의 침식이다.

*

시민 공유지의 사영화와 방치는 매우 역진적이다. 그것은 무엇보다 가장 가난한 사람들에게 영향을 미치며 사회소득 불평등을 크게 증가시킨다. 프레카리아트인 사람들은 그동안 보장되던 국가급여를 상실했다. 이들은 뭔가를 받을 가능성이 낮아졌으며, 설사 받는다 하더라도 이전보다 더 적게 받을 것이다. 이들은 더 많은 제재를 당할 것이며, 자격 박탈이라는 잘못된 결정에 대해 더 많이 항소해야 할 것이다. 일부에서는 이미 그렇게 하고 있지만, 급여를 받을 자격이 있는 사람들이 모두 실제로 급여를 받고 있다고 가정하고서 불평등의 정도를 계산하는 것은 잘못된 일이다. 적법 절차의 침식 또한, 그들이 급여를 청구하는 중이든 법률 절차에 휘말린 상태이든

간에 프레카리아트에게 타격을 주고 있다.

정부는 시민 공유지의 관리인으로서 행동하는 게 아니라 시민 공유지 약탈의 행위자로 변신했으며, 감사위원회의 폐지로 잠재적 문지기를 약화시켰다.

전지구적으로 볼 때 시대의 아이러니 가운데 하나는 보통법의 '인클로저'다. 복잡한 법적 규칙이 급증했고, **좀더** 규제적이고 명령적이며 구속적인 것이 되었다. 신자유주의자들은 탈규제를 지지한다고 뽐내지만 성문법이 다루는 범위와 삶의 많은 측면의 계약화는 실제로 규제를 강화했다. 이것은 유연한 기준, 선례, 호혜성의 규칙 등에 의존하는 보통법의 영역을 약화시켰다. 여기서 아리스토텔레스의 필리아(philia)라는 개념, 즉 시민적 우정이 떠오른다. 그는 이를 언제나 아름답게 서술했다. "서로가 친구일 때 사람들에게는 정의가 필요 없지만, 그들이 정의로울 때는 우정도 필요하다. 가장 진실한 형태의 정의는 우정이라는 특성이라고 생각한다." 시민 공유지를 존중하지 않는 법적 체계는 정의를 결딴내며 그 결과 불평등을 더욱 심화한다.

역대 정부는 마그나카르타에 담긴 기본 원칙들을 무시했다. 처벌은 범죄에 비례적이어야 하고, 공정한 심리 후에 부과되어야 하며, 그 사람의 생계를 박탈해서는 안 된다는 원칙 말이다. 시민 공유지를 회복하기 위해 무엇을 해야 하는가?

30조 공적 공간의 사적 소유자는 그 공간의 사용에 대해 어떤 제한이 있는지, 이를 위반할 경우 어떤 '벌칙'이 있는지에 관한 명확한 공고문을 게시해야 한다. 그러나 공적 공간의 사적 소유자가 공공이 소유한 공적 공간에서 시행하지 않는 제한과 벌칙을 부과하도록 허용해서는 안 된다.

31조 형사소송과 민사소송 모두에 대해 권리로서의 법률구조를 제공해야 한다. 이는 기업이나 개인에 의한 공유지의 불법적 강탈에 대해 제기한 소송도 포함해야 한다. 그렇지 않을 경우 이들은 비싼 변호사를 고용하고 비용이 많이 드는 소송도 마구 제기함으로써 법률적 이점을 누릴 수 있다.

32조 보호관찰 서비스를 공동의 공적 서비스로서 회복해야 한다. 감옥과 치안의 사영화를 취소해야 한다.

33조 민간의 사회정책 제공자가 잘못해서 어떤 청구인이 받을 자격이 있는 급여나 서비스를 거부했을 경우 그 제공자는 벌금을 물어야 하며, 그 일부는 부당한 처우를 받은 청구인에게 보상하는 데 쓰여야 한다. 청구인은 공정한 심리 없이 제재를 받아서는 안 된다. 적법 절차 없이 제재를 가해서는 안 된다.

6장

문화 공유지

반세기가 조금 넘는 동안 이 소도시는 변화하고 기품 있어졌다. 불결한 동네와 지저분한 골목은 사라지고 그 대신 멋진 거리와 탁 트인 장소가 들어섰다. 목욕탕과 세탁장을 얼마 안 되는 돈을 내고 사용할 수 있다. 무료 도서관과 박물관이 모든 거주자에게 개방되었다. 무료 학교 및 예술학교가 모든 거주자의 교육을 위해 제공되었다.
— 버밍엄 시장(1873~76) 조지프 체임벌린

조지프 체임벌린은 영국의 도시 공유지 발전에서 전설적인 인물이다. 버밍엄 시장으로서 그는 영국에서 두번째로 큰 도시를 변화시켰다. 슬럼을 없애고 새로운 거리와 공원을 만들었으며, 학교, 시립 목욕탕과 도서관을 짓고, 공동의 가스와 수도 공급체계를 만들었다. 또한 그는 문화 공유지(cultural commons)의 가치를 인정하는 19세기의 개척자였다. 그는 삶의 예술적·문화적 측면을 구현하고 있는 기관에 모두가 접근하는 것을 강조했다. 오늘날 그가 그토록 강력하게 대표했던 문화적 전통을 살리기 위해서는 그와 같은 사람, 그가 쓸 수 있었던 자원들이 절실히 필요하다.

예술, 스포츠, 대중매체, 공공도서관, 미술관, 박물관, 콘서트홀, 공연을 위한 공공장소 등은 모두 우리의 문화 공유지의 일부다. 공공건축, 도시 경관, 풍경 또한 한 나라의 문화 공유지를 만들고 구성하며, 이는 지역화되고 역사적으로 사회에 새겨져 있는 문화적 맥락에 존재한다.

음악, 문학, 시, 드라마, 그림, 조각 등의 모든 예술은 우리의 집단적인 인간 문화의 일부를 표현하며, 모두가 접근할 수 있어야 한다. 미켈란젤로의 조각이 사적 소유자에 의해 숨겨져 있는 세계를 상상해보자. 우리 모두는 문화적으로 빈곤해질 것이다. 문화에 대한 접근은 공동의 권리다. 극작가 데이비드 에드거가 썼듯이 예술은 지평을 확대하고, 인식을 넓혀주며, 추정에 의문을 제기하고, 공감을 자극하며, 쾌락과 즐거움을 선사한다.[1] 마찬가지로 작가이자 학자 로버트 휴이슨은 예술이 사람들에게 상호 관용을 증대시키고, 협동을 자극하며, 신뢰를 낳는 집단 경험을 제공한다고 주장했다.[2]

문화기관은 관습 및 역사적 연결감을 체현하고 있으며, 우리가 공유된 존재임을 상기시킨다. 영국에서는 여러 세대에 걸쳐 지역 정치인과 사회활동가 들이 문화 공유지의 기본 구조를 세웠고, 수백만의 사람들에게 시민적 자긍심을 주었다. 한 시민운동 지도자가 글래스고에 대해 말했듯이 "현대의 지방세 납세자들은 박물관과 미술관을 지원하기 위해 세금을 내면서 이런 기관들이 자신의 재산이자 자신의 행위에 봉사하고 있다는 것을 앎으로써 만족감을 가진다".[3] 하지만 21세기의 장기화된 긴축에 의해 문화 공유지는 축소되고 파괴되었으며, 이는 가속화되었다. 이러한 고갈의 기원은 흔히 대처 시대의 과도한 속물주의에서 찾을 수 있다.

결정적으로 대처 정부는 국립학교에 부속된 학교 운동장을 매각했다. 이 땅은 오랫동안 공공에 속했고, 수세대 동안 납세자들이 세금을 내왔던 것이다. 이러한 대규모 매각은 아이들이 거리가 아닌 곳에서 스포츠를 즐기고 몸을 건강하게 할 수 있는 공간을 없앴을 뿐만 아니라 공유지였던 곳에서 민간 개발업자들이 이윤을 창출할 기회를 의도적으로 확대한 것이었다. 문화적 상실은 중요하지 않은 것으로 간주되었다.

공동체 활동 ─ 공유화 ─을 위해 만들어진 공적 공간은 공동체의 문화를 반영하고 또 강화한다. 공적 공간을 사적 이해관계자에게 매각하는 것은 단지 정부가 돈을 벌기 위한 상업적 거래에 그치지 않는다. 그것은 사회를 파괴하는 일이다. 그리고 1980년대 이래 모든 문화 공유지 영역에 대한 침식은 대처가 시작한 것을 훨씬 넘어섰다.

공공건축

사영화에서 가장 저평가된 것 가운데 하나가 문화 공유지에 미치는 심각한 영향이다. 전후 도시와 소도시 들에는 건축가 부서가 있어서 사회주택뿐만 아니라 광범위한 공공건물을 설계하고 의뢰하는 책임을 지고 있었다. 1976년 당시 영국 건축가의 절반은 공공 영역에서 일했다. 런던의 경우 런던광역시의회와 그 전신인 런던시의회에 고용된 건축가들이 수도 전반의 계획, 설계, 건설을 책임지고 있었다. 여기에는 1951년에 지어진 페스티벌홀에서 1970년대의 국립극장에 이르기까지 이 나라의 문화 공유지에 대한 위대한 증언 가운데 일부가 포함된다. 건축가들과 그 동료들은 도시 경관의 관리인으로서 공공의 안전과 편의, 도시 발전 미학의 표준 등을 정하고 관리했다. 그 미학이 언제나 모든 사람의 취향은 아니었다. 실수도 있었다. 그러나 관리인은 공중에게, 공유자에게 책임을 졌다.

1980년대에 그러한 부서가 사라졌다. 건축 업무는 점차 민간기업에 외주를 주거나 업무 전체가 사라졌다. 지방정부가 공공 토지와 건물을 민간 개발업자에게 매각하면서 일어난 일이다. 오늘날 공공 영역에서 일하는 건축가는 1퍼센트가 채 되지 않는다. 그 이후 도시의 개조는 공유자의 필요 및 취향에 별다른 신경을 쓰지 않게 되었다.

문화 공유지에 대한 좀더 감지하기 어려운 위협은 쇠퇴한 도시 지역의 재생을 돕기 위한 공공예술 인프라 '투자'다. 스페인 바스크주 빌바오시에 세워진 거대한 모더니즘 건축물 빌바오 구겐하임 미술관(Museo Guggenheim Bilbao)은 수백만명의 관광객을 끌어모으는 데 성공했지만 이것이 도시의 문화 공유지를 풍부하게 한 것은 아니었다. 실제로 외부에서 들어온 거대한 구조물은 공유지에서 나온 예술을 소외시킬 위험성이 있다. 이 미술관을 본 사람들은 바스크의 쇠락한 옛 항구와 산업지구 속에서 그것이 얼마나 부조화스러운지를 쉽게 알 수 있다.

비슷한 경향을 영국에서도 볼 수 있다. 런던의 테이트모던(Tate Modern)과 게이츠헤드의 세이지(Sage)를 포함해 수많은 성공적인 장소가 만들어졌지만, 다른 것들은 예술적으로 실패작이었고 재정적으로 재앙이었다. 셰필드의 국립대중음악센터는 1,500만 파운드가 들었지만 관객이 없어서 일년이 좀 지난 뒤에 문을 닫았으며, 지금은 셰필드 핼럼대학의 일부가 되었다. 웨스트브로미치에 있는 더 퍼블릭(The Publc)은 '인터랙티브 디지털 아트'를 위한 공간으로 만들어진 곳인데, 6천만 파운드의 예산이 들었으며 지역 주민들은 이를 "핑크 코끼리"라고 부른다. 더 퍼블릭은 5년간 유지되다가 대학 준비반 학교로 바뀌었다. 두 사업 모두 문화 공유지를 만드는 지역의 문화 전통 및 활동에 녹아들어가지 못했다. 외부 방문객을 끌어들이는 것에 수입을 의존하는 이런 공간은 상품화의 결실이지 그에 반대하는 것이 아니다.

런던의 경우 사영화와 식민화에 의해 문화 공유지가 파괴되었다. 버몬지에 있는 렌초 피아노의 건축물 샤드(Shard)는 "우리 모두를 가리키는 거대한 가운뎃손가락"이라고 불린다. 거대한 건물을 세우고 거기서 이윤을 얻으려는 경주는 외국인 투자로 촉발된 골드러시와 침략자 무리의 교차점이 되었다. 분노한 어떤 논평가는 "희한한 섹스 토이가 바보같이 하늘을 푹 찌르는" 발기(erection, 의도적인 말장난이다)라고 이 사태를 묘사했다.⁴ 2000년에는 도심에 20층이 넘는 고층건물이 30채 있었는데, 이는 신자유주의 시대의 시작이었던 1980년대의 숫자를 넘어서는 것이다. 2017년에는 115채가 공사 중이었고 이 가운데 91채는 2016년부터 시작된 것이었다. 또한 그런 건물 510채가 한창 계획 중이었고 그 가운데 455채는 일년 전에 시작된 것이었다.⁵ 이것은 놀랄 만한 변화다. 런던을 이렇게 극적으로 변화시키자는 민주적 결정은 없었다. 그러한 거대 고층건물의 다수는 재산에 대한 금권정치가들의 열망의 오만한 시대를, 그리고 글로벌 금융과 그 속에서 자신이 해야 한다고 생각하는 고유한 역할에 속박된 런던을 상징하게 될 것이다.

공공도서관

　도서관은 적어도 알렉산드리아 대도서관이 만들어진 이래 대중 문화의 저장소로 간주되어왔다. 알렉산드리아 대도서관은 기원전 4세기에 알렉산더대왕의 친구이자 후계자인 프톨레마이오스 1세에 의해 건립되었다. 이 도서관은 전성기에는 50만부의 두루마리 문서 를 갖고 있었다고 전해진다.

　영국 공유지의 역사에서 공유지 관행에 대한 구두 주장 및 정당화 는 점차 문서 기록으로 넘어갔다. 물론 수세대 동안 문서 기록은 종 종 구두 합의의 유효성을 유지하는 방식이긴 했지만 말이다.[6] 교구 교회가 이러한 문서를 보존하는 데 중요한 역할을 했는데, 이는 종종 오랫동안 공유지였음을 부정하고 싶어 했던 장원 영주들의 바람에 맞서는 일이었다. 이후 지역 도서관이 이러한 역할을 이어받았다.

　공공도서관은 오랫동안 대부분의 사회 집단에 중요한 사회구조 의 일부였는데, 책을 살 돈이 없거나 책을 읽을 적절한 공간이 없는 사람들에게 특히 그러했다. 오늘날 영국을 비롯한 대부분의 지역에 서 도서관은 집에 컴퓨터가 없는 사람들이 정보와 지식에 접근할 수 있고, 정부와 민간 서비스가 점점 더 온라인으로 옮겨가는 데 따라 디지털 시민으로 참여할 수 있게 해준다. 도서관은 책만이 아니라 전시회, 음악회, 영화 상영, 시 낭독 등 예술의 공간으로 기능하며, 어린이들과 기타 이용자가 온갖 종류의 예술을 접하는 참여적인 활 동 공간으로도 기능한다.

　영국의 지방정부는 '종합적이고 효율적인 도서관 서비스'를 제공해야 하는 법적 의무가 있지만, 예산 삭감으로 인해 수백개의 도서관이 문을 닫았고 나머지 도서관들은 서비스를 제한하고 직원을 해고했다. 2012년에서 2017년 사이에 영국에서는 450개의 도서관이 문을 닫았으며, 많은 도서관이 그럴 위험에 처해 있다고 한다. 도서관 수는 긴축 시대 이전의 4,500개 이상에서 2017년 말 3,745개로 줄어들었다.

일찍부터 일부 논평가들은 이렇게 임박한 도태를 바라보면서 이러한 흐름을 찬양했다. 언론인 크리스토퍼 콜드웰은 도서관이 위기에 처한 것은 지방의회가 그 돈으로 다른 일을 더 잘할 수 있다고 생각하기 때문이라고 말했다.[7] 이것은 사실이 아니다. 도서관이 위기에 처한 것은 중앙정부가 지방의회에 주는 돈을 삭감했기 때문이다. 콜드웰은 자신의 진짜 편견을 이렇게 드러냈다. "도서관은 19세기 말의 짧았던 전환기에 속하는 것"이며, "나이 든 사람, 부유층, 야심 있는 사람들이 많이 이용"하던 곳이다. 이것은 거짓이다. 도서관은 모든 연령의 사람들이 이용하고 있으며, 특히 도서관이 무료로 제공하는 서비스를 개인적으로 구매할 수 없는 프레카리아트와 저소득층에게 소중한 곳이다.

2016년 10월에 월솔 지방의회는 16개 도서관 가운데 15개를 폐쇄한다는 계획을 발표했다. 이로 인해 일년에 290만 파운드를 절감하게 된다고 한다. 도서관 이용률이 낮기 때문에 나온 결정이 아니었다. 도서관들은 지난 2년이 넘는 기간 동안 100만명이 방문했고 7만 7,500권의 도서가 대출되었다고 추산했다.[8] 다른 곳과 마찬가지로 월솔에서 도서관은 책을 보관하는 곳 이상이었다. 도서관은 사람들이 모이게 하는 사회적 기관이었다. 도서관은 공동체의 사회소득의 일부였으며, 저소득층 가정의 아이들이 이용하는 장소였다. 8,600만 파운드의 적자에 직면한 지방의회는 도서관 폐쇄가 중앙정부가 교부금을 삭감했기 때문이라는 것을 분명히 밝혔다. "우리는 미술관과 도서관이 이용자들에게 아주 사랑받고 있다는 것을 충분히 인정한다. 하지만 영국의 수많은 지방의회와 마찬가지로 우리는 절약을 해야 한다는 사실을 무시할 수 없다."

그보다 2년 전인 2014년에 정부는 이른바 잉글랜드 독립도서관 보고서라는 것을 발주했다. 이는 어떤 출판사가 작성했는데, 도서관을 다시 강화해야 한다고 권고하고 있다. 이 보고서는 이전 3년간 324개 도서관이 문을 닫고 또다른 약 400개의 도서관이 자원봉사 운영 — 대부분 지방정부의 지원 없이는 생존할 수 없다 — 으로 넘어간 무렵에 나온 것이다. 하지만 이 보고서는 도서관의 쇠퇴를 막는 데 어떤 역할도 하지 못했다.

〔언론인〕 윌 허턴이 시민적 영국이라는 야심을 위한 "최후의 만세 소리"라고 부른 것은 버밍엄의 공공도서관 건축이었다. 2013년 9월에 문을 연 이 도서관은 매우 크고 돈이 많이 들어간 건물이다. 이 계획은 금융위기 직전인 2007년에 시작되었다. 이 도서관이 문을 열었을 때 도서관장은 오늘날 그 어떤 지방정부도 이러한 프로젝트를 생각할 수 없을 것이라고 인정했다.[9]

놀랄 만한 일이지만 도서관은 독서를 북돋고, 독서는 공감을 불러오며, 공감은 사회적 연대를 일으킨다.[10] 도서관 문을 닫는 것은 그 반대다. 도서관에는 금전적 가치를 부여할 수 없다. 혹은 최소한 그렇게 해서는 안 된다. 〔작가〕 닐 게이먼은 공공도서관을 열렬히 옹호하면서 이렇게 주장했다.

도서관은 자유에 관한 것이다. 읽을 자유, 사상의 자유, 의사소통의 자유. 도서관은 교육에 관한 것이며(교육은 학교나 대학을 떠나는 날 끝나는 그런 과정이 아니다), 오락거리에 관한 것이며, 안전한 공간을 만드는 데 관한 것이며, 정부에 접근하는 데 관한 것이다.

도서관은 여전히 개인적으로 인터넷에 접속할 수 없는 수많은 사람들이 일자리를 찾고 급여를 청구할 수 있도록 돕는 중요한 역할을 한다. 노동연금부는 이런 일을 온라인으로 하도록 했다. 도서관과 구직센터의 폐쇄는 프레카리아트가 이런 일을 하는 것을 더 어렵게 한다. 너무나 복잡하게 만들어진 사회에서 얼마나 많은 사람들이 길을 찾기 위해 사서의 도움을 받는지, 얼마나 많은 사람들이 도서관이 문을 닫았을 때 길을 잃는지를 알면 놀랄 것이다.

박물관과 미술관

박물관은 오늘날의 우리를 형성한 인류의 공동유산과 자연유산, 종(種)들과 수많은 형태의 상호작용의 보고다. 영국에서 박물관은 빅토리아 시대에 번성했다. 오늘날에는 13개의 국립 박물관과 미술관이 있으며 지방이나 동네에도 많이 있다. 우리 대부분은 이를 당연하게 여기며, 어쩌면 비 오는 날 아이들을 그곳에 데려가 역사의식을 심어주고 호기심을 불러일으켜 개인적 발견의 과정이 시작될 수도 있다.

박물관은 긴축의 또다른 희생양이었는데, 이것이 스스로를 '보수적'이라고 자랑하던 정부 시절의 일이라는 것은 아이러니다. 2017년이 되면 지방정부가 운영하는 257개 박물관의 40퍼센트 이상이 운영 시간을 평균 20퍼센트 줄였다.[11] 더 가난한 북동부 지역이 가장 큰 타격을 받았다. 노동당 그림자 내각의 예술과 유산부 장관 케빈 브레넌이 말한 것처럼 "지역 박물관은 극장 및 기타 문화적 공급물과 함께 문화적 무료급식소 같은 것이다. 박물관은 창조성을 가장 필요로 하는 곳에서 그것을 자극한다".

재원 부족으로 인해 영국의 박물관은 사적 기부금과 후원에 더 많이 의존하는 미국 모델에 가까워졌다.[12] 이는 필연적으로 무엇을 보존하고 무엇을 버릴 것인가에서 부유층의 취향을 우선시하게 만든다.

공공 박물관과 미술관도 사영화되었다. 2015년 8월에 세계에서 가장 중요한 예술품 컬렉션 가운데 하나인 내셔널갤러리에서 일하는 직원 400명이 시큐리터스(Securitas)에 외주화되었다. 이 회사는 문화나 예술 서비스에 대해 체계적인 지식이 없는 보안업체다. 장기간의 파업이 있었고, 이 기간에 해고된 노동조합 대표의 복직을 포함해서 몇몇 사항에 대해 노동조합이 합의한 이후 외주화가 진행되었다. 정부가 임명한 미술관 이사의 절반 이상이 금융계와 기업계

인사들이다. 이들은 미술관의 피고용인을 문화적 유산의 소중한 일부가 아니라 그저 비용으로만 생각할 것이다.

이러한 행위는 인클로저의 한 형태다. 다수가 내셔널갤러리에서 오랫동안 일했지만 외주화된 피고용인들은 항구와 공항, 상점과 사무실 등의 경비 계약을 맺고 있는 회사 내 어느 곳으로든 전근될 수 있다. 이들은 직업의 안정성을 상실했고, 일부는 프레카리아트에 합류할 것이다. 한편 시큐리터스는 홈페이지에서 민간기업은 더 낮은 임금을 줄 수 있기 때문에 외주화는 그만큼 비용을 낮출 수 있다고 주장했다. 심지어 이렇게 말하면서 자랑하기도 했다. "외주화가 내부에서 운영하는 것보다 비용이 많이 든다는 견해가 있는데, 민간 보안기업이 직원에게 더 낮은 임금을 줄 수 있을 경우 이는 사실이 아니다."[13] 사영화가 가져온다고 주장하는 효율성의 이점에 대해서는 이 정도만 하자. 시큐리터스는 이후 노조를 인정하겠다는 약속을 저버렸고, 내셔널갤러리는 후일 노조를 인정하지 않게 되었다. 내셔널갤러리 구성원 대부분을 갤러리가 아니라 시큐리터스가 고용하고 있다는 것이 근거였다.

2013년 영국박물관은 관리와 청소 서비스를 다국적기업 캐릴리언에 외주화했다. 2018년 캐릴리언이 극적으로 파산한 이후 노동자에 대한 보상 작업은 공식 파산 관리인이 맡게 되었다. 이것이 최선이었다. 2014년 제국전쟁박물관은 미술관 서비스를 사영화했지만, 2년 후 민간 계약업체인 실드 가딩(Shield Guarding, 인도의 다국적기업 톱스그룹Topsgrup 소유다)이 파산하는 것을 지켜봐야만 했다. 실드 가딩은 아일랜드의 청소 및 시설 관리업체 누넌(Noonan)에 인

수되었고 이 회사는 현재 대부분이 사모펀드 그룹 알케미(Alchemy)의 소유다. 이로 인해 직원들의 일자리와 연금의 미래는 불확실해졌다.

외주화되고 불안정해진 노동자들은 공유지의 관리인이 되기 어렵다. 이들은 공유지를 돌보는 데 아무런 이해관계가 없다. 그리고 외주화는 비용을 줄이기 위한 것이기 때문에 필연적으로 직원을 줄이고 이들의 노동조건을 악화시켜 서비스는 더 나빠지게 된다.

다국적기업이 브랜드 이미지와 대중적 이미지를 제고하는 데 관심을 갖고 후원하는 일이 늘어나면서 박물관과 미술관의 상업화가 서서히 진행되기도 했다. 영국을 포함해 많은 나라의 정부가 공공재원 삭감으로 생긴 공백의 일부를 상업적 기부자가 떠맡아주기를 바라고 기대했기 때문에 그러한 후원을 장려했으며, 종종 세금을 감면해주기도 했다.

그러나 사회적 댓가를 치러야 했다. 기업 기부자들은 공공의 장에서 무엇이 전시되고 무엇이 전시되지 않는지를 결정하는 사실상의 결정권자가 될 수 있다. 일부 논평가들은 기업이 전적으로 이타주의적이라고 보고 이에 대해 크게 안도한다.[14] 그러나 이것은 순진한 생각이다. 하나만 예로 들어보자. 『가디언』의 탐사보도에 따르면 석유기업 셸(Shell)은 자신이 후원하는 런던의 과학박물관에서 열린 기후변화 프로그램의 전시에 영향력을 행사하려 했다. 이 프로젝트의 한 부분이 셸의 사업에 대한 비판을 자극할 위험이 크다는 우려 때문이었다.[15]

후원자가 직접 개입하지 않는다 하더라도 기업의 자선활동에 의존하는 것은 보수적 취향이나 기성의 취향에 더 초점을 두게 만들고 좀더 파격적이고 실험적인 프로젝트는 제약하는 경향이 있다. 어떤 큐레이터는 이렇게 말했다. "후원자는 인기 있는 전시를 원합니다. 인기 있는 예술가가 나쁜 예술가라는 말이 아니라, 돈이 들어올 경우 선택이 독립적일 수 없다는 얘기예요. 대부분의 후원자는 이름과 로고가 붙는 데 아주 신경을 씁니다."[16]

또다른 우려는 후원이 '예술 세탁'이라고 부르는 것에 이용될 수 있다는 점이다. 생산자로서의 행위가 논란이 되거나 더 나쁜 상황에서도 기업의 평판을 미화할 수 있게 해주는 것이다. 또다른 석유기업 BP는 다른 여러 기업과 함께 오랫동안 국립초상화미술관과 영국박물관의 행사와 전시를 후원하면서 자신들이 주요한 지구 오염 유발 기업이 아니라 자선단체라는 모습을 연출했다.

기업 후원은 정부가 예술 분야 지출을 삭감하는 것을 그럴듯하게 정당화해줄 수도 있다. 사적 기부자에 대한 의존은 커지고 공공기관은 위험에 빠지게 된다. BP는 여러 테이트 갤러리를 26년간 후원했지만 2017년에 갑자기 후원을 중단했다. 이에 대해 BP는 수년간 기후변화 활동가들이 항의했기 때문이 아니라 "기업 환경이 매우 어렵기" 때문이라고 말했다.

기업의 예술 후원 대부분은 진정으로 이타주의적 동기에서 나온 것일 수 있다. 그러나 시장의 힘을 교정하기 위해서는 공유지 친화적인 경향이 필요하다. 그렇지 않을 경우 기업의 이해관계가 공동체의 이해관계를 조금씩 대체할 것이다.

공공극장: 공감의 장소

어떤 사회에서 스토리텔링이 나빠질 때 그 결과는 타락이다.

—아리스토텔레스

고대 그리스인들은 공공극장이 필수적이라는 것, 그리고 위대한 비극에 대중이 참여하는 것의 가치를 가르쳐주었다. 아리스토텔레스는 이러한 비극이 관객에게 연민과 공포의 감정을 불러일으킨다고 말했다. 자기가 잘못하지 않은 일로 고통받는 사람들에 대한 연민과, 유사한 일이 자신이나 자신에게 소중한 사람에게도 일어날 수 있다는 공포 말이다. 복잡한 인간적 딜레마를 통해 연극은 시민층 사이에서 공감을 발전시켰고, 각 세대에게 너무 도덕적이고 너무 비판적이지 말 것을 상기시켰다. 좋은 사회의 핵심적 감정인 공감은 타자의 곤경이나 행동에 동의하든 그렇지 않든 자신을 '타자'의 처지에 상상적으로 놓아보는 능력이다. 드라마는 인간의 본질적인 조건으로서 공동성(common-ness)을 강화한다.

그리스 극장의 관객은 수동적인 구경꾼인 것만이 아니라 참여자였다. 이러한 이중적 역할은 대부분의 나라에서 세대를 거쳐 내려왔다. 영국에서는 엘리자베스 시대와 셰익스피어의 연극을 통해 생생하게 재생산되었는데, 관객이 무대를 거의 둘러싸고 있는 시어터(Theatre) 극장과 글로브(Globe) 극장에서의 일이다. 아름답게 재탄생한 글로브 극장을 보는 일은 현대의 즐거움 가운데 하나다.

문화 공유지의 공적 공간이 침식될 경우 공감을 배우고 강화하는 일도 침식되며 사람들의 비판적 능력이 축소되는 결과를 낳는다. 긴축이라는 이름으로 이루어진 박물관과 미술관뿐만 아니라 지역 극장에 대한 예산 삭감은 필연적으로 문화 공유지에 대한 접근이 제한된다는 것 이상을 의미하게 된다. 상업화로 인해 박물관에 입장료가 생기거나 극장 티켓 가격이 더 높아질 경우 저소득층은 여기에 참여하지 못하는 첫번째 사람이 될 것이다.

문화 공유지의 사영화는 의도적인 것이었다. 이는 예술의 상업화를 잘 보여주며, 우리 역사를 통해 예술의 핵심이었던 도전적이고 비판적이며 전복적이기까지 한 창조물이 아니라 수동적인 오락물을 장려한다. 이미 예술은 '창조 산업'으로 바뀌었다. 이는 재원에 대한 결정이 수익을 낳는지 여부에 의해 이루어진다는 뜻이다. 사업 지향적 사고방식이 강화될 것이다.

대중매체: 부호들의 신자유주의적 흐름과 허영

미디어를 통제하는 사람이 정신을 통제한다.

—짐 모리슨

대중매체는 우리의 문화 공유지에서 핵심적인 부분이다. 의미 있는 민주주의를 위해서, 모든 관점과 집단이 대의되는 것을 보장하기 위해서는 공공 소유의 책임 있는 미디어가 필수적이다. 그러나 미디어는 상업화 세력의 희생물이 되었다.

영국에서 BBC는 정치·문화 공유지의 보호자로서 시작부터 초대 사장 존 리스 경이 정한 공공서비스 원칙에 따라 다양한 견해와 건강한 토론을 주관했다. BBC가 모든 면에서 공유지는 아니었다. 높은 보수를 받는 소수의 경영진, 프로듀서, 편집인이 공적 관심이 무엇인지를 결정하는 엘리트주의적 운영은 다소 귀족적인 관점을 낳았다. BBC는 또한 시청료를 통해 재원을 마련하기 때문에 정부에 의존적이며, 따라서 완전히 독립적이라고 말할 수 없다. 1926년 총파업 시기에 노동자에 맞서 정부를 지지한 것을 시작으로 보수적인 견해의 편을 드는 경향도 있었다. 그러나 BBC는 공동의 에토스를 보유하고 강화했기 때문에 안팎에서 강력한 지지를 받았다.

BBC 아카이브의 초기 설계자 토니 아기는 BBC가 아카이브를 공공도서관처럼 생각해야 한다고 말했다. BBC의 자산을 미래 세대를 위해 보호하고 보존하며, 시민들이 창조적인 아이디어를 위해 자료를 탐색하고 재해석하는 것을 고무하는 그런 공공도서관 말이다. "도서관은 예술가의 작품을 집으로 가져갈 수 있게 하는 우리의 기억기관이다."[17] 그러나 영국 문화 공유지의 상징물로서 BBC는 계속해서 약화되고 있다.

대처주의 초기부터 BBC는 재원이 줄어들었고, 점차 상업화될 수밖에 없었다. 1980년대에 도입된 구조 개혁으로 뉴스 외 프로그램의 4분의 1이 민간 영역에 할당되었고, 엄청난 정치적 압력에 시달리는 BBC의 고위층은 뉴스와 시사 문제에 대한 편집 통제를 강화했다.

2017년에 도입된 BBC의 새 헌장은 더 나아가 뉴스와 시사 문제를 제외한 모든 BBC 생산물이 경쟁 상태에 놓이게 했다. BBC는 새로운 상업 자회사 BBC 스튜디오를 만들었는데, 이 회사는 BBC 프로 그램 제작을 맡기 위해 돈이 훨씬 더 많은 민간기업과 경쟁해야 했 다. 이 회사는 또한 프로그램을 다른 곳에 팔 수 있다. 비평가들은 프 로그램 제작을 시장의 요구에 종속시키는 것은 창조성과 혁신을 저 해하며, 이와 동시에 뉴스와 시사 문제에 대한 편집인의 권한이 중 앙집중화되면서 언론의 자유가 축소되었다고 주장한다.[18]

정부는 수년간 BBC 수입의 대부분을 차지하는 TV 시청료 인상 을 억제했다. 2010년에 연립정부는 영국 '소프트파워'의 한 부분인 BBC 월드 서비스에 대한 재원을 축소했다. 2015년에 전략방위 보고 서가 이것이 오류라는 것을 인정한 후에 이는 부분적으로 회복되었 다. 그러나 다시 한번 공적 논의 없이 BBC가 2020년부터 연간 7억 4,500만 파운드의 손실을 떠안아야 한다는 결정이 내려졌다. 이 손 실은 2001년에 도입된 75세 이상에 대한 시청료 감면으로 생긴 것인 데, 현재는 정부가 지불하고 있다. BBC는 현재 예산의 5분의 1에 해 당하는 이 비용을 채널 폐지와 기타 서비스의 대폭 축소 없이는 감 당할 수 없다고 말한다.

이미 이루어진 삭감의 결과 BBC는 점차 좁은 범위의 프로그램을 제작할 수밖에 없게 되었으며, 인기 있는 많은 대중적 이벤트를 다 루는 일은 돈이 더 많은 민간 방송국에 넘겨주어야 했다. 이것은 사 영화의 미시정치의 고전적 예다. 공공서비스를 의도적으로 약화시 키고, 그런 다음 공공서비스가 대중의 복리를 충족하지 못하기 때문 에 민간 영역이 이 일을 더 잘할 수 있다고 주장하는 것이다. BBC가 재정난을 타개하기 위해 BBC2와 BBC4 2개의 TV 채널과 모든 지역 라디오 방송국을 폐쇄할 위험에 처하자 정부는 일부 완화 조치를 취하는 데 동의했다. 그러나 BBC 서비스에 대한 위협은 여전하다. 1982년 법정(法定) 공공서비스 전담을 위해 출범한 채널4의 사영화는 지금은 고려되고 있지 않지만, 정부는 채널4 사업의 많은 부분을 런던 밖으로 옮기라고 강요하고 있다. 채널4는 이런 조치가 채널4의 사업 모델에 타격을 주고 프로그램 제작에 대한 투자를 줄일 것이라고 말한다.

정보 공유지에 대한 함의라는 관점에서 대중매체의 사영화는 이 책의 후반부에서 다룬다. 그러나 대중매체의 사영화는 문화 공유지에도 큰 충격을 주었다. 특히 미국 드라마와 '귀에 쏙쏙 들어오는' 뉴스와 토론 프로그램이 지배하는 표준화된 글로벌 생산물의 형태로 이루어지는 '식민화'가 확대되면서 문화 공유지에 충격을 주었다. 이는 토착어, 의사소통의 지역적 방식, 지역의 정치적 가치, 지역 문화를 부식시킨다. 미국에 기반을 둔 동영상 스트리밍 서비스 넷플릭스──넷플릭스가 만드는 TV 프로그램과 영화는 이제 어떤 TV 네트워크나 할리우드 스튜디오가 만드는 프로그램과 영화도 난쟁이처럼 보이게 한다──의 급속한 성장도 문화적 힘이 점차 소수의 콘텐츠 결정자와 알고리즘의 손에 집중되고 있다는 두려움을 증폭시켰다.[19]

인쇄매체에서 보이는 변덕스러운 식민화의 예는 런던의 유명 신문 『이브닝 스탠더드』를 억만장자이자 전직 러시아 KGB 스파이 알렉산드르 레베데프가 사들인 일이다. 공동소유자인 그의 아들 예브게니는 지금 영국 시민이며, 보수당 정권의 전 재무부 장관 조지 오스본을 편집인으로 임명했다. 그는 긴축정책과 최부유층을 위한 세금감면의 주요 기획자다. 부조리극을 상연하는 극장이 아닌 다음에야 그 누구도 이런 이야기 ―KGB 스파이가 긴축의 설계자이자 준남작 작위의 계승자를 고용하다니 ―를 만들어내지 못할 것이다.

축소되는 공간 속의 공공예술

예술은 너무나 중요해서 공유하지 않을 수 없다.
―브라질 예술가 호메루 브리투

문화 공유지의 한가지 형태는 인류의 가장 초기부터 생겨났다. 1940년 프랑스 남서부의 라스코에서 발견된 동굴에는 놀라운 동물 벽화가 있다. 일부는 아름답게 채색된 이 벽화는 우리의 구석기 선조들이 2만년 전에 제작한 것이다. 이것은 공공예술의 가장 초기 사례에 속한다.

오늘날에는 불멸에 대한 욕망으로 자연을 흉하게 만들고 파괴하면서 나무나 바위에 뭔가를 새기는 일에 대해 당연히 비판적일 것이다. 하지만 공중을 위한 예술은 사회를 위한 지속적인 가치이며, 황폐한 공동체를 생기 있게 만들고, 숨 막히는 순응성에 저항하는 도덕을 강화하며, 전체주의적 정권을 전복하고, 권력을 조롱한다.[20]

오늘날 그래피티는 고대 도시 폼페이와 헤르쿨라네움에서 그랬던 것처럼 복합적이지만 전복적인 역할을 하고 있다. 그곳의 에로

틱한 스케치와 외설적인 낙서는 이후 수세기 동안 대중의 시야에서 사라질 개방성을 증언한다. 그래피티는 오늘날 프레카리아트 예술의 자연적 형태라고 말할 수 있다. 가장 두드러진 예가 가명으로 추정되는 뱅크시로, 거리예술가인 그의 그래피티는 이제 종종 고가의 상품으로 팔리고 있다. 그는 공공기물 파손자라고 불렸지만 그의 도발적인 작품은 수많은 공공장소를 아름답게 만들었다. 그리고 많은 작품이 전복적이다. 하나의 상징적 예는 붓과 풀냄비를 손에 들고 쓸쓸하게 서 있는 벽보 붙이는 사람과 그 옆으로 "너의 꿈을 따라가라!"(Follow Your Dreams!)라는 페인트 벽글씨 위에 "무효"(Cancelled)라고 찍힌 스탬프를 보여준다.

현대에 그래피티, 거리예술, 버스킹, 기타 공공장소에서의 퍼포먼스는 우리의 창조적 공유지에서 뚜렷이 드러나진 않지만 중요한 일부로서 건물, 거리, 광장을 공적 향유를 위해 치장하려는 예술과 나란히 있다. 그러나 도시의 사영화와 상업화가 속도를 내면서 이러한 인민의 공유지는 포위당하고 있다.

미학적 매력은 차치하고 1980년대에 에두아르도 파올로치가 런던의 토트넘 코트 로드 지하철역에 만든 화려한 색깔의 모자이크 벽화는 1천 제곱미터의 벽이 광고에 이용되는 것을 막았다. 이 지역의 전자제품 상가에서 영감을 받아 많은 음악적 상징을 담은 이 벽화는 공유지를 규정하는 시대의 증언이다. 이 벽화는 누구의 반대도 받지 않고 30년 이상 이곳에 있으면서 공공의 벽의 상업화에 저항했다. 그러나 2015년에 지하철역이 재개발되면서 벽화는 해체되었다.[21] 대중의 항의로 거의 대부분을 보존해 다시 설치했지만, 이 사건은 문화 공유지를 약탈로부터 지키기 위해서는 지속적인 감시가 필요하다는 것을 보여주었다.

'올드 플로'(Old Flo)는 1957년 헨리 무어가 만든 걸작에 런던 동부 타워 햄릿 구의 거주자들이 세대를 거쳐 붙여준 애정 어린 이름이다. 공식 제목이 '옷을 걸치고 앉은 여인, 1957~58'인 이 조각은 주름 잡힌 옷을 입고 다리를 한쪽으로 구부린 채 반대편 손으로 자기 몸을 지탱하고 앉아 있는 여인을 묘사했다. 무어는 높이 2.5미터, 무게 1.6톤인 「올드 플로」를 1962년에 이름뿐인 값(6천 파운드)을 받고 런던시의회에 팔았다. 당시의 잠재적 시장가격에 한참 못 미치는 값이었지만 공유지 지역에 전시한다는 조건이었다. 무어는 선정된 장소가 스테프니의 고층건물 지역 한가운데 있는 스티퍼드 주택단지 안이라는 것에 기뻐했다. 이 조각은 달리 볼 것 없는 도시 풍경에 작은 아름다움을 선사했다.

1997년 이 주택단지가 철거되면서 「올드 플로」는 타워 햄릿에서 적절한 공공장소를 찾기 전까지 '일시적으로' 요크셔 조각공원으로 옮겨졌다. 타워 햄릿 구청장은 후일 이 조각을 예산 적자를 메우는 데 쓰기 위해 공개 경매에서 매각하기로 결정했다. 추정가는 2천만 파운드였다. 이로 인해 대중적 저항의 물결이 일었다. 구청장이 선거법 위반으로 사임하게 된 이후 후임자는 때맞추어 매각 결정을 번복했다. 2017년 말에 이 조각은 요크셔에서 돌아왔다. 그러나 최종적인 아이러니가 있었다. 이 조각은 카나리 워프의 화려한 고층건물 한가운데에 있는 사적으로 소유된 공적 공간(POPS)에 장식품으로 놓이게 되었던 것이다. 헨리 무어가 그토록 염원했던 대로 여전히 존재하는 사회 공유지에 놓일 수는 없었을까? 그랬다면 저소득층 지역에 작은 장관을 보탰을 것이며 많은 공유자에게 즐거움을 주었을 것이다. 부유층의 특권에 하나를 더하는 대신 말이다.

긴축으로 인한 타격

긴축 시대 이래로 모든 분야의 예술에 대한 지방정부의 지출이 엄청나게 줄었다. 표3을 보면 2010년에서 2020년 사이에 아동과 성인을 위한 의무적인 돌봄 서비스와 지방정부가 우선적으로 해야 하는 쓰레기 처리에 대한 지역의 재원이 크게 증가하기 시작했다. 그러나 공원, 박물관, 도서관, 스포츠센터, 수영장, 극장 등을 포함해서 법으로 정하지 않은 문화 서비스와 레저 서비스 자금은 지난 10년 사이에 지방세에서 차지하는 부분이 줄어 50퍼센트 이상이 삭감되었다.

2015년 초 추가 삭감이 이루어졌을 때 지방정부협의회 의장은 슬프게도 이렇게 말했다. "사람들은 앞으로 몇년간 비슷한 수준의 지방세를 내겠지만 그들 대부분은 돌아오는 것은 더 적다는 것을 알게 될 것이다. 당연히 사람들은 매달 거의 비슷한 지방세를 내고 있는데 왜 거리와 공원이 제대로 관리되지 않는지, 지역 도서관이 왜 문을 닫았는지, 버스 운행은 왜 줄어들었는지 물을 것이다."[22]

2018년 초가 되면 영국의 거의 모든 지방의회가 재정 위기에 빠졌고 보수당이 운영하는 노샘프턴 지방의회는 파산을 선언했다. 수많은 지방의회가 공원과 레저 센터를 시작으로 서비스를 더 축소할 계

표3 잉글랜드의 지방정부 지출, 2010~20

서비스 영역	지출(10억 파운드)			지방세에서 차지하는 비율		
	2010~2011	2019~2020	% 변화	2010~2011	2019~2020	% 변화
예술, 박물관, 도서관, 레저, 공원	3.61	1.73	-52	6.97	4.47	-36
도로 수리, 거리 조명	3.58	2.04	-43	6.91	5.27	-24
쓰레기 수거, 재활용	3.39	3.80	+12	6.56	9.81	+51
아동 돌봄	6.73	7.90	+17	13.00	20.40	+57
노약자 돌봄	14.53	15.44	+6	23.08	39.89	+42

자료: *Local government expenditure in England*, Local Government Association media release, 23 March 2015.

획이라고 보고했으며, 상업적 부동산 개발과 상업화된 서비스에 투자해서 돈을 마련할 계획을 세우는 지방의회가 늘어났다.[23] 문화 공유지는 존재의 위협을 느끼고 있으며,[24] 가장 빈곤한 지역의 지방정부들이 이 부분의 지출을 가장 많이 삭감했다.[25] 공적인 문화 공유지에 대해 긴축을 유도하는 공격은 사회소득 불평등을 증대시키는 또 다른 수단임이 입증된 것이다.

*

문화 공유지의 축소 ── 긴축, 사영화, 식민화, 노골적인 방치 등을 통한 ── 는 시민의 자긍심 상실을 포함해서 사회에 해로운 영향을 미친다. 문화 공유지는 우리의 공유감, 우리의 공감, 우리의 인류애를 배우고 개선하는 장소이자 방법이다. 정부의 이데올로기적 우선

순위를 반영해 지방정부 예산을 후려치는 식으로 직간접적으로 문화 공유지에 대한 재원을 삭감하는 것은 무엇보다 부유층과 기업을 위한 세금감면에 도움을 주었다.

문화 공유지가 손쉬운 삭감 대상이었다는 것이 드러났는데, 이는 부분적으로는 그에 대한 지출이 재량에 의해 이루어지기 때문이고 부분적으로는 문화의 개별 영역 대부분이 소수의 관심사이기 때문이다. 문화 서비스 제공자들은 이러한 공격이 자신의 영역에는 영향을 미치지 않을 것이라는 잘못된 믿음 내지 희망 때문에 문화 전체의 다른 부분을 방어하지 못할 수도 있다. 하지만 진정한 문화 공유지는 문화적 전통의 다면성을 지지하는 공유지이며, 따라서 모두에게 각자 의미 있는 어떤 것이 있다. 그것은 공유자에게 새로울 수도 있는 문화활동에 접근하게 해주며, 실험과 발전을 위한 여지를 허용한다. 예술을 개인과 기업의 자선활동에 의존하게 하거나 그들이 예술작품을 상업화해 수입을 올리도록 하는 것은 다양성을 훼손하고, 공유자, 특히 저소득층이 접근하는 것을 억누르며, 실험을 가로막는다.

소득 불평등과 부의 불평등이 커진 것도 문화 공유지의 침식에 기여했다. 금권정치가 세계적으로 부상하면서 엄청난 부자들은 사적인 예술품 수집에 뛰어들었고, 세금 관리에 유리하다는 이유로 예술품 소유를 확대했다. 이들은 개인 박물관과 미술관을 세우고 주요 예술작품을 사들여 공공미술관이 수준을 유지하는 것을 더 어렵게 만들었다.

하지만 가장 큰 위협은 신자유주의 이데올로기다. 예술에 대한 대규모 예산 삭감을 감독했던 당시 문화, 미디어, 스포츠부 장관 마리아 밀러는 2013년에 이렇게 썼다. "우리가 예술계에서 듣는 대부분의 이야기는 순전히 소설에 가깝다. 이 정부가 예술을 좋아하지 않는다거나 후원하지 않는다는 고발은 아주 정직하지 못한 것이다."[26] 당시 예산은 2010년 이래 4분의 1이 삭감되었고 그 이상이 삭감될 예정이었다. 다음 해에 더 삭감하라는 재무부의 압력하에서 그녀는 예술은 가치 있는 '상품'이며 '강력한 생산물'이라고 주장하면서 자신의 영역을 방어하려고 노력했다.[27]

문화를 상품이라고 말하는 것은 문화 공유지에 대한 멸시를 반영한다. 문화 공유지는 상품이 아니기 때문에 번성하는 것이다. 시장가치로 문화를 바라보는 것은 필연적으로 어떻게 하면 여기서 돈을 벌까 하는 생각을 촉발시키며, 따라서 문화의 사회적 역할을 격하한다. 예술을 좁은 범위의 경제적 이익과 손실이라는 기준으로 따지는 것은 시장가치가 별로 없거나 아예 없는 문화의 측면들을 과소평가하는 것이며, 문화와 유산을 가장 높은 입찰가에 판매할 수 있는 상품으로 다루는 것으로 나아간다.

다행히도 사회는 문화 공유지에 대한 속물적 파괴에 맞서 싸우고 있다. 정부가 문화유산 지역 보호와 사업에 대한 공공 부문 예산을 삭감했음에도 불구하고 이를 지키기 위한 공공 캠페인은 많아졌으며, 이 가운데 일부는 엘리트들이 문화적이지 않다고 무시할 수도 있을 소박한 공적 자산이다. 일례로, 지방의회가 프레스턴 버스 정류장을 철거하려던 계획은 대중이 잉글리시 헤리티지(English Heritage)에 이 버스 정류장을 문화유산 지역에 등재하도록 압력을

가하면서 철회되었다.[28]

다른 지역의 공적 문화에도 영국이 배울 수 있는 고무적인 공유지 운동의 사례가 있다. 예를 들어 2011년에 이탈리아에서는 배우, 기술자, 음악가, 감독 등으로 이루어진 프레카리아트 그룹이 로마의 발레 극장(Teatro Valle)을 점거하면서 공공자원을 관리할 법적 권리와 권한을 요구했다. 대중이 이들을 지지했기 때문에 로마 당국은 개입할 수 없었으며, 상당한 시간 동안 이들은 공유화 조치로 해석할 만한 것을 시행했다. 이는 베네치아(마리노니 극장 Teatro Marinoni), 카타니아(코폴라 극장Teatro Coppola), 나폴리(창조성의 집Asilo della creatività), 팔레르모(가리발디 극장Teatro Garibaldi) 등지에서 되풀이되었다.[29]

이러한 사례에 비추어 공유지 헌장에 다음 조항을 제안한다.

34조 BBC는 공영방송으로서 고유한 역할을 한다. BBC의 거버넌스를 더 민주적으로 바꿔야 하며, 시청료를 통한 재원 마련은 정부로부터 독립적이어야 한다.

35조 문화 공유지의 침식은 은폐된 형태의 빈곤화와 불평등을 드러낸다. 공적 영역을 재생하고 문화 공유지를 위한 재원을 회복해야 한다.

36조 공동의 창조적 행위와 관련된 활동에서 공유화의 재생을 돕기 위해 신생 문화적 협동조합을 지원해야 한다.

이들 조항은 문화 공유지를 재생하는 방향으로 가는 데서 제스처

이상의 것이다. 이는 문화 공유지가 지방정부나 중앙정부에 의해 만들어지고 결정될 수 없으며, 그렇게 되어서도 안 된다는 것을 무조건적으로 인정하는 것이다. 정부는 문화 공유지가 번성할 수 있는 공간을 만드는 것을 지원하는 데에만 자신의 역할을 한정해야 하며, 문화 공유지가 공적 영역에 순응하지 않는 역할을 할지라도 그렇게 해야 한다.

7장

지식 공유지

자유로운 교류와 토론에 근거한 사상과 지식의 광범위한 보급은 창조활동,
신뢰의 추구 및 인격의 발전에 필수적이다.
— 유네스코 국제문화협력의 원칙 선언(1966) 7조 1항

뚜렷이 구별되지만 중첩되는 지식 공유지(knowledge commons)의 세 측면이 있다. 정보(핵심적으로 뉴스와 사실), 지식(아이디어), 교육(학습 과정)이 그것이다. 이것이 합쳐져 '지식'에 대한 협소한 생각을 넘어선다.[1] 진정한 지식 공유지는 아이디어가 자유롭게 생성되고 공유되며, 모두가 배우고 자신의 재능을 발전시킬 수 있는 곳이다. 이 모든 측면에서 지식 공유지가 축소되고 있다.

정보 공유지

모든 사람은 사회의 지식 현황을 고려하여 자신, 가족, 공동체의 합법적인 이익을 위해 의견을 형성하거나 행동을 취하는 데 필요한 적절한 정보에 동등하게 접근할 수 있어야 한다. 그러나 정보 공유지를 확인하고 보호하는 것은 복잡한 일이다. 우리는 '가짜 뉴스'에,

그리고 광고주와 소프트웨어 설계자에 의한 조작에 어떻게 대처할 수 있을까? 사방에서 들어오는 정보가 넘쳐나지만 이를 가려내기 위해 쓸 수 있는 시간과 에너지는 부족하다. 정보가 편견을 강화하는 것이 아니라 지식을 얻는 데 도움이 되도록 어떻게 보장할 수 있을까?

수세기 동안 도서관은 정보 공유지의 근거지였다. 오늘날 도서관은 심각한 공격을 받지 않더라도 그 성격이 변화하고 있다. 많은 대학이 영국의 셰필드대학과 미국의 인디애나대학처럼 대학 도서관을 명시적으로 정보 공유지로 개혁하고 있다. 하지만 공공도서관과 연구 도서관은 현재 시민을 위한 정보의 한가지 원천일 뿐이다. 인터넷, 월드와이드웹(WWW), 소셜미디어의 도래와 함께 시민들은 다면적인 정보 원천을 요구할 수 있게 되었다.

이것은 대부분 유익했다. 최소한 원칙적으로는 더 많은 사람이 과거보다 더 많은 정보, 더 나은 정보에 접근할 수 있었다. 대부분의 민주주의 국가에서 정부와 지방정부는 그들의 업무에 있어 더 투명해졌고, 자신들의 목적을 위해 수집한 데이터를 다른 사람들이 이용할 수 있도록 퍼블릭 도메인으로 기꺼이 옮겼다. 2015년에 런던에 본부를 둔 개방지식 인터내셔널(Open Knowledge International)은 개방형 데이터 포털에 게재된 데이터세트가 100만개 이상 있다고 추산했다.[2]

현재 구글, 유튜브, 페이스북, 바이두(중국의 검색 엔진)의 뒤를 이어 전지구적으로 다섯번째로 방문자가 많은 위키피디아는 자발적 기고자의 편견과 오류가 있긴 하지만 정보 공유지의 일부다. 인터넷 자체가 인터넷을 공유지로 다루는 공개 표준 프로토콜에 기초하고 있다. 위키피디아는 이렇게 말한다.

인터넷은 정보 공유지를 새로운 차원으로 옮겨놓았다. 인터넷 시대는 소비자가 정보의 창조자, 생산자, 유통자가 될 수 있게 했다. 인터넷은 정보의 탈중앙집중화된 생산과 유통을 용이하게 했다. 이를 통해 좀더 전통적인 출판 방식이 가진 통제를 어느정도 우회할 수 있다. 이 정보는 경영자에 의해 규제되지 않으며, 시장의 가격 신호에 의해 조정되지도 않는다. 이로 인해 개인들이 쉽게 공유할 수 있는 공유 기반(common-based) 지식생산이 이루어진다.[3]

인터넷이 잘못된 정보와 악의적 정보를 더 쉽게 퍼뜨릴 수도 있다는 점을 감안하면 이는 장밋빛 전망이다. 그러나 이를 차치하더라도 지금 정보 공유지는 인클로저, 상품화, 사영화, 이데올로기적 포획 등으로 위협에 처해 있다.

정보를 포획하고 정리하고 상품화하는 소수의 미국 기술 리바이어던 — 특히 알파벳(구글), 페이스북, 아마존 — 의 지배는 인클로저의 한 형태다.[4] 이들의 전지구적 영향력과 독점적 통제는 유례없는 것이다. 독자적인 글로벌 테크 자이언트를 키우고 있는 중국을 제외하면 구글은 지식에 대한 지배적 포털로, 아마존은 온라인 쇼핑에 대한 지배적 정보 기반 플랫폼으로, 페이스북은 소셜미디어의 지배적 채널로 부상했다.

이들은 방대한 보유 현금을 군자금으로 사용하면서 경쟁을 억눌러왔고, 경쟁자가 될 수 있거나 기술 프런티어를 새로운 방향으로 이끌 수 있는 스타트업들을 사들이고 있다. 2017년까지 10년에 걸쳐 5대 빅테크 기업(애플, 마이크로소프트, 알파벳, 페이스북, 아마존)은 519개의 유사 기업을 사들였고, 자신들의 지식재산권 포트폴리오를 엄청나게 확장했으며, 희소한 기술인력을 영입했고, 생산 범위를 확대했다.[5] 1998년에 출범한 구글은 20년간(알파벳은 2015년부터) 200개 이상의 회사를 사들였는데, 이 가운데에는 모토롤라처럼 몇년 전만 해도 엄청난 대기업이었던 것들도 있다.

이러한 네트워크 장악은 19세기 말과 20세기 초 첫번째 도금 시대 (Gilded Age)의 '강도 귀족'(robber baron)이 누리던 독점적 통제권조차 우습게 보이게 한다. 이 초기 귀족들은 각기 하나의 산업(석유, 철도, 철강)을 통제했다. 이 두번째 도금 시대에 새로운 베헤모스*는 촉수를 광범위하게 뻗고 있으며, 이들의 야심은 한이 없는 것으로 보인다. 알파벳은 하드웨어 회사이자 소프트웨어 회사이며, 자동차 회사이고, 상업적 장터이며, 전화회사이고, 가전회사이고, 광고대행사이며, 소셜미디어 회사이고 텔레비전 네트워크다.[6] 또한 학교 교육 스타트업을 사들이면서 대중적인 학교 교육 영역에 진출했다.

두 도금 시대의 유사성 가운데 하나는 주요 기업가들이 '자유시장'과 '경쟁'을 공개적으로 묵살한다는 점이다. 20세기 초 미국 금융의 우위를 확립하는 데 중심 역할을 한 금융가 J. P. 모건은 공공연히

---

* 앞의 리바이어던과 함께 성서에 등장하는 거대 괴물.

자유시장을 반대했다. 오늘날 초대형 투자자로 페이팔의 공동창업자이자 2016년 도널드 트럼프의 대선 운동에서 주요한 자금 조달자였던 피터 틸은 경쟁을 "역사의 유물"이라고 일축한다.

빅테크 기업들은 정부의 '영토 주권'에 대해 '기능 주권'이 우위에 있다고 주장하면서 '공유지' 민주주의를 약화시키고 있다.[7] 디지털 플랫폼이 운용되는 기능 시장 ── 상업(아마존), 교통(우버), 임대(에어비앤비) ── 에서 디지털 플랫폼의 독점력은 사실상 그들이 해당 시장에서 재화와 서비스를 판매할 수 있는 조건을 결정할 수 있음을 의미한다. 이들은 이름만 아닐 뿐 실질적으로 규제자가 되었다. 이들의 데이터가 추동한 영향력이 새로운 목표 영역으로 ── 분쟁 처리부터 도시 계획까지 ── 확장되면서 이러한 영역에서 벌어지는 일에 미치는 이들의 힘도 커졌으며, 사람들을 민주적 통제가 아니라 기업에 종속시켰다.

이 기업들은 여러 특징의 독특한 조합으로 지배적인 위치에 올라섰다.[8] 이들은 '네트워크 외부성'으로 이익을 보았다. 더 많은 이용자가 생기고 이에 따라 네트워크가 커질수록 더 유용하고 매력적인 사람들이 이 서비스를 찾게 된다. 이것은 소셜미디어의 경우 특히 그러하다.[9] 더 많은 사람을 이 시스템에 끌어들일수록 다른 기업은 경쟁하기가 더 어려워지고, 경쟁하기가 어려워질수록 경쟁자는 더 소수가 되며, 이들의 서비스에 의존하는 사람들은 더 많아지게 된다.

이 기업들은 '규모성'(scalability)에서도 이익을 보았다. 규모의 경제는 기업이 커질수록 서비스 제공 단가는 낮아지고 여기서 벌어들이는 수입은 커지는 것을 의미한다. 구글 검색처럼 '순수한' 정보

서비스의 경우 한 사람이 정보에 접근한다고 해서 다른 사람이 접근하는 것을 막는 것은 아니며, 따라서 동일한 정보를 여러 차례 '판매'할 수 있다. 정보와 데이터는 레몬과 다르다. 레몬은 한 사람에게 팔면 더이상 다른 사람에게 팔 수 없다.

빅테크는 '범위의 경제'에서도 이익을 보았다. 이 기업들은 하나의 서비스에서 수집한 방대한 양의 개인 데이터를 자율주행 자동차나 홈 스피커 같은 다른 사업에서 경쟁의 이점을 얻기 위해 이용할 수 있다. 예를 들어 유럽연합 집행위원회는 구글이 비교 쇼핑에서 자신의 순위를 높이기 위해 지배력을 남용했다는 것을 찾아냈다. 모든 주요 기술기업은 새로운 영역을 정복할 때 이런 방식으로 데이터를 동원하고 있으며, 이는 다른 잠재적 경쟁자에 비해 선천적인 이점이 된다.[10]

첫번째 도금 시대와의 또다른 유사점을 보자면 21세기 초의 데이터는 20세기의 석유와 마찬가지라는 주장이 종종 나온다는 것이다. 다시 말해 생산체제의 핵심 상품이라는 것이다.[11] 데이터는 시장가치와 새로운 데이터중심적 금융자산을 창출하는 데 이용되고 있으며[12] 2차 데이터 시장이 등장했다. 오라클 데이터 클라우드(Oracle Data Cloud)를 포함해 전세계적으로 최소한 270개의 데이터 브로커가 이미 온갖 종류의 데이터를 수집하고 판매하고 있다. 대부분은 타깃광고를 위한 것이다. 이 데이터는 소셜미디어 프로파일처럼 공적 자원에서 얻은 것이거나, 기업 고객의 개인정보를 담은 기업 데이터베이스 같은 것으로 민간기업에서 사들인 것이다.[13] 데이터 판매는 아주 이윤이 높은 벤처사업일 수 있다. 왜냐하면 다른 정보와 마찬가지로 데이터는 본질적으로 '공공재'이기 때문이다. 데이터는 양도해도 사라지지 않기 때문에 시장가치가 없어지거나 궁극적인 소유권이 없어지지 않은 채 여러 차례 팔릴 수 있다.

빅테크의 생산물과 서비스는 중독성 있게 설계되어 있다.[14] 특히 소셜미디어의 경우에 정말로 그렇다. 이용자가 강박적으로 온라인에 접속해서 오랫동안 머무를수록 회사가 광고주에게 부과할 수 있는 금액이 커진다. 연구에 따르면 소셜미디어 이용은 도파민 생산을 자극하는데, 도파민은 뇌에 있는 화학물질로 감정에 영향을 미친다. 이제 우리의 뇌는 깊은 사고와 성찰에는 부적합하게 재조직되며, 주의집중 시간, 기억, 잠과 행복은 약화된다.[15] 따라서 넷플릭스의 CEO 리드 헤이스팅스가 2017년에 넷플릭스의 주된 경쟁자는 아마존 비디오나 유튜브가 아니라 잠이라고 말한 것은 경솔한 짓이었다.[16]

빅테크가 모은 정보(와 잘못된 정보)의 과잉은 포화 상태가 되었다. 2012년에 구글의 전 CEO 에릭 슈미트는 인류 문명의 탄생부터 2003년까지 생산된 정보보다 더 많은 정보가 이틀마다 생산된다고 말했다. 정보의 홍수는 역설적으로 지식이 희소하다는 느낌을 불러일으키며, (작가) 데이비드 포스터 월리스가 "총체적 소음"이라고 부른 것을 만들어낸다.[17] 노벨상을 받은 미국 경제학자 허버트 사이먼은 유명한 풍자를 섞어 이렇게 말했다. "정보가 소비하는 것은 도리어 분명하다. 정보는 정보 수용자의 주의(관심)를 소비한다. 따라서 정보의 풍요는 주의의 빈곤을 만들어낸다." 실제로 인터넷은 집단적 주의력결핍장애를 낳는다.

이러한 정보의 홍수 속에서 길을 찾기 위해 우리는 무질서를 만들어낸 빅테크에 의존한다. 구글의 기업 강령은 "세계의 정보를 조직하고 모두가 접근해서 이용할 수 있게 한다"이다. 이것은 정직하지 못한 말이다. 설사 잘못된 정보가 아니라 할지라도 정보는 중립적이지 않다. 정보는 다른 방식으로 제시될 수 있다. 웹 검색, 디지털 어시스턴트 등에서 정보를 선별하고 순위를 매기는 데 알고리즘이 이용되는데, 알고리즘은 그것이 훈련되는 데이터의 편향과 알고리즘 설계자의 ─ 의식적, 무의식적 ─ 편향 속에서 만들어진다. 예를 들어 구글에서 '예루살렘'을 검색하면 '이스라엘의 수도'라고 나온다.[18] 하지만 유엔과 이스라엘을 제외한 세계 어느 나라도 이를 인정하지 않는다.(2017년 도널드 트럼프의 발표가 있기 전까지 그랬다. 이후 과테말라와 브라질이 뒤를 따랐다.) 팔레스타인인은 예루살렘을 자신의 수도라고 여기며, 많은 나라는 예루살렘을 어느 나라의 수도로 인정하지 않는다. 누구의 견해이든 구글은 그저 정보를 제공하는 게 아니라 정치적 성명을 내고 있는 것이다.

빅테크 자이언트들은 이미 역사상 그 어느 때보다 정보와 지식을 포장하고 상품화했고 그 이상을 하고 있다. 이들은 우리와 우리가 사는 방식을 탈공유화하려 한다. 아마존, 페이스북, 구글은 우리가 읽는 것, 우리가 읽는 사람, 우리가 읽는 방식을 바꾸고 있다. 현재 미국인의 60퍼센트가 소셜미디어를 통해 뉴스를 얻고 있는데, 대부분은 페이스북을 통해서다. 한편 미디어 사이트에 있는 모든 정보의 3분의 1은 구글에서 나온 것이다. 전통적인 인쇄매체와 방송매체는 당연하게도 다양한 견해를 가지며 지역 공동체와 관습에 뿌리를 두고 있지만, 이는 빠르게 사라지는 중이다.

매체의 쇠퇴는 광고가 온라인으로 옮겨가면서 동반되는 광고 수입의 손실에 의해 더 빨라지고 있다. 미국에서는 2006년에서 2017년 사이에 신문 광고 지출이 거의 75퍼센트 떨어졌는데, 그 대부분은 페이스북과 구글로 옮겨갔다.[19] 2017년에 이 두 기업은 중국을 제외하고 세계 디지털 광고 지출의 무려 84퍼센트를 차지해 '디지털 복점'(digital duopoly)이 되었다.[20] 다시 중국을 제외하고 디지털 광고에 대한 세계 총지출은 대략 1조 달러가 되었으며, 그것의 거의 대부분이 순수익이다. 광고주들을 놀랄 만큼 정확하게 타깃 집단에 도달하게 해주는 이용자 데이터의 영리한 조직화 덕분에 두 기업은 거대한 화폐 기계로 바뀌었다.[21] 한편 더 많은 신문들이 폐간되고 있으며 남은 신문들은 분투하고 있다. 이 때문에 우익적 견해와 편집 방침을 가진 부호들이 소유권을 합병해 신문사를 사들일 수 있게 되었으며, 이로 인해 표명되는 정치적 견해의 범위가 우려스러울 정도로 축소되고 있다.[22]

정보 공유지를 상업화하는 가장 큰 괴물은 단연 페이스북이다. 2004년에 설립된 페이스북은 2012년 말 기준으로 매달 전세계적으로 10억 명의 이용자가 있으며 그중 55퍼센트가 매일 이용했다. 2018년에는 이용자가 22억 명이 되었고 그중 66퍼센트가 매일 이용했다. 이때가 되면 페이스북은 2018년 초 15억 명의 이용자를 보유한 왓츠앱, 이용자 13억 명의 메신저, 10억 이용자의 인스타그램도 소유하게 된다. 같은 리그 내의 다른 괴물로는 알파벳이 소유한 유튜브가 있는데 매달 이용자가 18억 명이며, 중국의 메시지 및 소셜미디어

앱 위챗은 이용자가 10억명이다.

페이스북의 원래 기업 강령은 "세계를 더 개방적이고 더 연결되게 만든다"였다. 2017년이 되자 기업 강령은 "사람들에게 공동체를 건설할 힘을 주고 세계를 더 가깝게 한다"로 바뀌었다. 하지만 페이스북은 이와 달리 분리 내지 분열을 조장하고, 정보(혹은 잘못된 정보)의 흐름을 자신의 견해와 편견을 공고히 하는 개인 이용자들에게 전달함으로써 비슷한 생각을 가진 사람들의 공동체를 만들었다. 페이스북의 금전적 이익은 사실의 정확성이나 객관적 공정함이 아니라 페이스북 이용자 수 및 이용 시간의 증가에 있기 때문에 타깃 광고를 통해 수익을 극대화하려 한다. 그리고 이용자의 인구학적 특성, 이해관계, 습관 등에 기초해서 서로 다른 이용자에게 서로 다른 메시지를 보냄으로써 쟁점과 정책에 대한 숙의와 적절한 토론을 위한 공적 공간인 아고라를 부식시킨다.

빅테크의 또다른 데이터 이용 방식 — 예를 들어 연구 목적으로 데이터에 독점적으로 접근할 수 있게 하는 것 등 — 도 인클로저와 통제를 강화한다. 페이스북은 스탠퍼드대학 연구팀과 함께 방대한 개인 데이터를 이용해 미국의 불평등을 연구하는 프로젝트를 시작했다.[23] 하지만 그러한 연구를 위한 통상적인 윤리 규정과는 반대로, 데이터를 무료로 제공한 수백만명의 미국인은 그 데이터가 일련의 연구에 이용될 수 있다는 것을 알지 못했다. 우연히도 현재 연구가 진행 중이라는 뉴스와 함께 페이스북이 사람들의 취미와 이용하는 인터넷 기기로부터 사람들의 사회경제적 지위를 식별하는 방법에 대해 특허를 받았다는 발표가 있었다.

알파벳이 취득한 유망주 가운데 하나인 런던의 인공지능 회사 딥마인드는 급성신부전을 예측하고 발견하는 앱을 만드는 데 1,600만 명의 환자에 대한 NHS 데이터를 이용했다. 2017년 영국의 정보위원회는 런던의 왕립자선병원(Royal Free hospital)이 데이터 양도와 관련해 1988년의 데이터 보호법(Data Protection Act)을 지키지 않았다고 판단했다. 환자들에게 제대로 알리지 않았기 때문이다.[24] 이러한 프로젝트에 훌륭한 동기가 있는 것은 분명하지만, 이 사례는 익명 처리된 경우라도 개인 데이터가 다른 용도로 이용될 때 사생활을 침해당할 위험성을 보여준다. 익명 처리되었다 할지라도 데이터가 상세할 경우 개인 식별이 가능하다는 것을 보여주는 실험들도 있었다. 남용을 막기 위해서는 경계심 많은 문지기가 필요하다.

더 우려할 것은 상업적 목적으로 데이터를 양도하는 것이다. 페이스북과 협력관계에 있는 영국의 소비자신용기관 익스피리언(Experian)은 거의 5천만명에 달하는 영국 성인에 대한 8억 5천만 건의 기록을 갖고 있는데, 여기에는 이름, 주소, 소득 수준, 교육, 가족관계와 신용카드를 사용하는 모든 장소에 관한 정보가 담겨 있다. 이 데이터를 페이스북이 가진 데이터와 결합할 경우 소셜미디어 자이언트는 식별된 개인에 관해 어마어마한 양의 정보를 갖게 되며, 이를 페이스북이 이용하거나 다른 사람이 합법적이거나 불법적으로 이용하게 할 수 있다.

신용평가기관과 기타 데이터 수집기관이 수백만명에 관한 데이터를 '분실'한 사례도 있다. 1988년의 데이터 보호법이 일부는 보호해주지만 외국 기업의 데이터 분실로부터 영국 시민을 보호하지는 못한다.

2017년에 소비자신용기관 에퀴팩스(Equifax)는 자신이 모은 1억 4,300만명에 관한 데이터를 '분실'했다고 밝혔다. 이는 미국 인구의 40퍼센트에 대해 거짓 신원을 만들어내기에 충분한 양이다. 이후 이 신용기관이 4,400만 영국 시민에 관한 데이터도 분실했다는 것이 드러났다. 이는 영국 데이터 보호법을 위반한 것이다. 에퀴팩스에 대한 폭로가 있은 후 야후에서도 유사한 사례가 있다는 것이 드러났다. 야후는 2013년에 10억명의 개인정보를, 2014년에는 5억명의 개인정보를 유출했다. 2014년에 이베이는 1억 4,500만명의 정보를 유출했다고 자백했다.[25] 2018년에 데이터 보호법을 위반한 기업은 구글, 페이스북, 메리어트호텔 체인, 델타항공, 영국항공, 케세이퍼시픽, 소매업체 베스트바이, 시어스, 삭스 피프스 애비뉴 등이 있다.[26]

2018년 5월부터 유럽연합 시민에 관한 정보를 분실한 회사에는 유럽연합 개인정보보호규정(GDPR)에 따라 세계 매출의 4퍼센트 또는 2천만 유로의 벌금을 부과할 수 있다. GDPR 원칙은 브렉시트 이후 영국이 추진하는 모든 무역협정, 특히 데이터 보호가 느슨한 미국과의 무역협정에 포함되어야 한다. 개인 데이터로 이윤을 얻는 대부분의 기업은 미국인 소유이며, 현재까지 미국은 "데이터 생성자가 자신의 데이터를 소유한다"라는 GDPR의 원칙을 채택하지 않고 있다. GDPR은 복합적인 규제장치로서 특히 작은 기업일수록 이를 수용하기가 쉽지 않다. 심지어 이는 '글로벌 데이터스피어'*라고

---

* global datasphere, 전세계에서 생성, 캡처, 복사되는 모든 데이터의 양.

부르는 것의 성장률을 낮출 수도 있는데, 이것은 2016년에서 2025년까지 열배 성장할 것으로 예상된다.[27] 그러나 GDPR은 정보 공유지의 약탈을 규제하는 시작일 뿐이다.

영국에 있는 3개의 주요 신용조회기관 에퀴팩스, 익스피리언, 콜크레디트(Callcredit) 등은 영국 정부를 위해 '부정 수급'을 찾아내고 기소하는 작업에서 '신원 확인'도 다룬다. 이 기관들은 청구인의 주소에 다른 사람이 살고 있는지, 혹은 신용카드 기록으로 볼 때 해당 가구에 다른 소득이 있는지를 확인할 수 있다. 그러나 이들의 데이터는 잘못 해석될 수도, 단순 오류일 수도 있다. 이로 인해 자신이 전혀 알지 못하는 부정확한 정보에 기초해서 절박한 사람들의 급여가 중단되었다.

2018년 3월 〔영국의 정보분석업체〕 케임브리지 애널리티카(Cambridge Analytica)가 표면적으로는 연구 프로젝트를 위해 수집한 페이스북 프로필을 브렉시트를 지지하는 정치적 메시지를 표적화하는 데 이용했다는 사실이 폭로되면서 변화가 일어날 만한 순간이 다가왔다. 브렉시트 개입은 이 회사가 데이터에 기반해 각국의 정치 캠페인에 개입했던 일련의 일 가운데 가장 최근 것이다. 대중의 혐오감이 확산되었다. 아마 이는 정보 공유지를 회복하는 진지한 방책을 짜내는 계기가 될지도 모른다.

그렇다 하더라도 그렇게 빨리 이루어지지는 않을 것이다. 빅테크는 '감시자본주의'에서 중심적인 것이 되었다.[28] 에드워드 스노든이 영웅적으로 폭로한 미국 국가안보국(NSA)의 광범위한 감시는 프라이버시 규정을 어기고 소셜미디어, 이메일, 메시지, 통화 기록 등에서 수백만명의 사람들에 관한 데이터를 쓸어담았다. 한편 애플은 자사 아이폰의 강력한 암호화 기능을 뽐내면서 웹페이지에서 이렇게 말하고 있다. "우리는 프라이버시가 근본적인 인권이라고 믿는다." 하지만 2018년에 데이터 관리를 중국 기업에 넘기면서 애플은 중국 정부가 중국 이용자들의 아이클라우드 데이터에 접근할 수 있도록 했다. 중국 법의 규제를 받는 이 기업은 요청이 있을 경우 이용자 데이터를 넘겨줄 의무가 있다.[29]

중국은 '사회신용'이라고 부르는 감시 체제를 완벽하게 만들어왔다. 중국 당국에 따르면 이것은 "신뢰할 수 있는 사람들은 어디든 돌아다닐 수 있게 하는 반면 그렇지 못한 사람들은 한 발짝 움직이는 것도 어렵게" 할 것이다.[30] 개인이 신뢰할 만한지, '시민'인지 등급을 매기기 위해 상세한 정보가 수집되고 있다. 등급이 낮은 친구가 있다는 이유로 신용, 일자리, 여행비자 등등에 접근할 수 없게 될지도 모른다. 이것은 오웰적인 통제 체제다.

유사한 기술이 모든 곳에서 개발 중이다. 2015년 페이스북은 개인의 친구들의 재정 기록을 고려하는 신용등급 체계에 대해 특허를 얻었다. 친구 중에 도박꾼이나 채무를 진 사람이 있다는 이유로 대출을 못 받거나 더 높은 이자를 내야 할 수도 있다. 또한 보험회사들은 할증료를 결정하는 기존의 공동위험 관리체계 —— 평균적 위험에 기초해 표준 할증료를 매기는 —— 를 소셜미디어에서 가져온 데이터를 포함해 개인들의 특성에 기초한 고도로 표적화된 체계로 바꾸고 있다. 위험요소가 많을 경우 더 높은 할증료를 내거나 보험 가입이 거절될 수 있다. 이는 행위를 유도하고 통제하기 위해 고안된 통계적 차별이다.

다른 형태의 공유지와 마찬가지로 정보 공유지의 보존도 공유지 지향적인 문지기의 존재에 의존한다. 문지기는 접근을 통제하고 무엇이 적절한 행위이고 결과인지를 통제함으로써 사람들이 공유지의 윤리와 범위를 준수하게 할 수 있으며, 공유자뿐만 아니라 관리인(소유자)도 감시한다. 프라이버시를 보호하기 위해서는 기존의 정보위원회보다 강력한 영국 데이터 보호법이 필요하다. 그대로 내버려둔다면 시장은 프라이버시를 파괴할 것이다.

대중매체에서 정보 공유지의 문지기는 언제나 편집인이었다. 이들은 무엇이 '뉴스'를 구성하는지, 다양한 주제 중 무엇이 우선해야 하는지, 어떤 취향을 보여주어야 하는지, 어떤 진술을 확인해야 하는지, 공적 인물의 비도덕적 행위를 고발할 경우 어떤 위험을 감당해야 하는지 등에 대해 책임이 있었다. 많은 세대에 걸쳐 위대한 신문 편집인은 명예시민이 되었고, 은퇴할 때가 되면 여러 인정의 징표를 가졌다. 대부분은 특정 정치 성향을 갖고 있었지만 이들은 대개 세가지 이익집단 — 관리인(형식적 소유자), 공유자(기자 및 직원), 독자 — 사이의 균형을 찾고자 했다. 그러나 오늘날 테크노크라트적인 정보 공급자는 이런 균형에 별 관심이 없으며, 재정적 이익 집단에 따라 움직인다.

2018년 현재 1,610억 달러의 재산을 가진 미국 아마존 CEO 제프 베이조스는 아마존 투자자들에게, 자신이 보기에 문지기는 혁신을 가로막기 때문에 이들의 필요성을 거부한다고 솔직하게 말했다. 그는 정보가 너무나 풍부하기 때문에 그것이 제약 없이 흘러갈 수 있어야 한다고 주장했다. 그는 아마존을 자신을 포함해 그 누구도 공동체의 수호자가 될 필요가 없는 거대한 장터로 바라본다. 오히려 아마존은 문화의 상업화를 새로운 수준으로 올려놓았다. 모든 것을 판매하고, 가장 돈을 많이 벌 수 있는 것을 우선시한다. 2017년이 되면 아마존은 모든 전자책의 65퍼센트와 모든 인쇄 서적의 40퍼센트를 전세계에서 팔고 있었다.[31] 아마존은 전통적인 출판사와의 생사를 건 투쟁(죽은 쪽은 출판사다)에서 단연 우위를 점했고, 출판사는 아마존의 조건을 받아들이든지 아니면 아마존의 알고리즘과 홍보에서 자사 책들이 배제되든지를 선택해야 한다.

페이스북은 자사의 뉴스 피드를 통해 미디어 공유지를 상품화했다. 페이스북 CEO이자 공동창업자 마크 저커버그는 이를 "개인화된 신문"이라고 부른다. 베이조스와 마찬가지로 그도 사람들의 뉴스 피드로 가는 정보의 진실성과 출처를 감시하는 문지기는 별로 필요 없다고 본다.(2015년 페이스북에서 가장 많이 본 상위 1천개의 동영상 가운데 725개가 원작자에게서 도둑질한 것이라는 사실이 확인되었다.[32]) 그 결과 가짜 뉴스와 잘못된 정보의 홍수가 확인되지 않은 채 페이스북 프로파일로 표적화된 사람들의 뉴스 피드에 밀려들었다. 이는 중요한 정치적 사건에 영향을 미칠 가능성이 크다. 2016년에 도널드 트럼프가 미국 대통령이 된 것, 그 이전에 영국의 유럽연합 회원국 지위와 관련한 국민투표에서 탈퇴 운동이 승리를 거둔 것이 명백한 예다.

사실 확인이 없다면 정보 개념은 부패한다. 페이스북은 사람들이 정보 사일로(informational silo) — 자신의 견해를 강화하는 자료를 선택하고 이에 반대되는 것은 배제하는——에 갇히게 되는 경향을 강화하며, 반대되는 모든 정보를 〔하나의〕 견해 혹은 '가짜'라고 거부하는 경향을 강화한다. 이는 미디어를 통제하고 있는 부자들과 권력층이 프레카리아트와 기타 공유자의 이익에 맞서 자신들의 이익을 증진하는 것이 정보가 될 수 있도록 조작하게 만든다. 진실, 민주주의, 평등은 희생양이 된다.

잘못된 정보와 관련해서가 아니더라도 빅테크는 돈을 낼 수 있다면 누구를 위해서든 정치적 승자를 결정할 때 더 커다란 역할을 하고 있다. 구글은 2012년에 구글 애널리틱스(Google Analytics)를 이용해 버락 오바마의 캠페인이 표적화된 유권자 집단에 도달하게 함으로써 그의 선거 승리를 뒷받침했다고 자랑했다.[33] 이것은 공유지 지향 민주주의라 부를 수 있는 것에서 아주 멀어진 사회다.

빅테크가 이데올로기의 문지기로서 행동할 때도 정보 공유지는 파괴된다. 하나의 예만 들어보자. 페이스북의 사진 공유 플랫폼인 인스타그램은 러시아 올리가르히 올레그 데리파스카가 야당 지도자들이 뇌물이라고 주장한 노르웨이 요트에서 부총리를 접대하는 장면을 담은 동영상을 삭제하라는 러시아 정부의 요구에 고개를 숙였다. 인스타그램은 러시아 법률을 준수하기 위해서는 부득이한 일이었다고 밝혔다.

2016년 11월에 러시아 요원들이 페이스북을 이용해 미국 대통령 선거에 개입했다는 증거가 처음 드러났을 때 마크 저커버그는 가짜 뉴스가 문제라는 것을 그저 부인하기만 했다. 그는 "사람들이 보는 것의 99퍼센트 이상이 진실이다. 가짜 뉴스와 속임수는 아주 적은 양뿐이다"라고 페이스북 포스트에 올렸다. 몇몇 논평가들이 곧바로 자신들의 뉴스 피드에서 지적한 것처럼 그의 이 포스트 옆에도 명백히 거짓과 사기인 이야기들이 달려 있었다.

저커버그는 부인했다. 사회적 긴장을 부추기는 가짜 뉴스의 끔찍한 예가 있다. 스리랑카에서 무슬림 요리사가 싱할라인* 손님의 음식에 소독제를 넣는 동영상이 페이스북에 올라왔다. 이 동영상은 전국으로 퍼졌고 폭동이 일어나 두명이 죽고 무슬림 가정과 상점이 파괴되었다. 이 동영상은 종교적 증오를 부추기기 위해 날조된 것이었다.

2018년에 저커버그에게 "가짜 이용자와 허위사실 유포 캠페인"을 폭로하고, "모든 가짜 혹은 사기 계정"을 금지하고, 가짜 혹은 유해 콘텐츠에 노출될 때마다 각 이용자에게 고지하고, "거짓말의 확산을 방지할 수 있을 만큼 규모 있고 빠른" 독립적인 팩트체커 군단을 지원함으로써 민주주의를 보호할 것을 촉구하는 온라인 청원이 벌어졌다.

문제점에 대한 폭로가 논란의 여지가 없는 일이 되자 저커버그는 태도를 바꾸어 "나의 일이 사람들을 분열시키는 데 이용되었다"라며 유감을 표시했다. 2018년에 미국 의회와 유럽 의회에 소환되어 증언한 이후 그는 추가로 1만명의 '조정자'(moderator)를 고용한다고 발표했다. 이에 따라 가짜 뉴스뿐만 아니라 바람직하지 않다고 보이는 내용을 감시하는 문지기의 수가 두배로 늘어났다. 유튜브와 트위터는 같은 이유로 조정자 수천명을 추가 고용한다고 말했다. 그

---

* 스리랑카 인구의 약 75%를 차지하는 민족.

러나 이것은 임시방편이며, 홍보를 대중의 분노를 달래는 쪽으로 옮긴 것이다. 왜냐하면 조정자가 수천명이라도 전세계 이용자가 올리는 엄청난 양의 내용물을 검토할 수 있는 방법은 없기 때문이다. 또한 소셜미디어 플랫폼은 인공지능 솔루션에 기초해서 움직이는데, 이는 현재까지는 매우 불완전하다. 한가지 예로, 모유수유 장소에 대한 사진을 성적 이미지라는 이유로 차단한다.

그럼에도 벨기에 전 총리 기 베르호프스타트가 썼듯이 "테크 자이언트들은 (…) 자신들이 그저 정보를 유통할 뿐이라고 주장할 것이다. 실제로 그들은 발행자로 행동하고 있으며, 따라서 적절한 규제를 받아야 한다. 그리고 그들은 발행자일 뿐만 아니라 독점적 배급업자에 가깝다."[34]

월드와이드웹의 발명자 팀 버너스리는 소수의 플랫폼이 어떤 아이디어와 견해가 보이고 공유될 수 있는지를 통제하도록 하는 것은 "규모 있는 웹을 무기화"할 수 있게 만든다고 지적했다. 그 결과 "우리는 소셜미디어 플랫폼에 음모론이 성행하고, 트위터와 페이스북의 가짜 계정이 사회적 긴장을 부추기고, 외부 행위자가 선거에 개입하고, 범죄자가 개인 데이터를 훔치는 것을 보아왔다".[35] 그는 모두에게 자유롭고 공개적이며 창조적인 공간으로서 웹의 미래를 위해 싸우는 월드와이드웹 재단(World Wide Web Foundation)을 만들었다.

만약 빅테크가 정보를 끊임없는 소음과 별다르지 않은 것으로 만든다면 이것은 거짓 속에서 진실을 골라내는 사람들의 능력, 에너지, 집중력을 더 약화시킬 것이다. 또한 이는 사회적 긴장에 대한 단순하고 피상적이며 편견에 젖은 해결책을 제시하는 포퓰리스트들에게 비옥한 토양을 만들어줄 것이며, 이 과정에서 (이민자 같은) 소수자를 비난하는 것은 너무나 쉬운 일일 것이다.

물론 풍자와 카툰을 위한 공간도 있다. 그러나 속임수와 혐오 발언에 맞서 〔진실을〕 보호하는 것은 저커버그와 그의 동료 혁신가들이 가진 파괴적인(disruptive) 의도와는 맞지 않는 일이다. 공유자에게는 빅테크가 민주적으로 결정된 기준을 준수하게 하는 규제기관의 형태로 공유지의 문지기가 필요하다. 공동의 이해관계를 강력한 상업적 기업이 알아서 규제하도록 맡겨놓을 수는 없다. 그들은 그렇게 하지 않을 것이다.

빅테크는 포스트모던하다. 진실 같은 것은 없고, 오직 견해와 감정만 있다는 뜻이다. 진보는 인간이 아니라 기계, 공학 속에서 이루어진다. 정치적 안정성과 프라이버시에 대한 인공지능의 잠재적 위협을 포함해 인공지능의 영향력에 대해서는 많은 글들이 있다.[36] '특이점'(singularity)이라는 개념 — 인공 정신(artificial mind)이 인간 정신(human mind)과 같아지는 지점 — 으로 요약되는 실리콘밸리의 종합 계획은 인간에 대해 인간보다 더 낮게 사고하는 초지능 기계를 발명하여 사고를 인클로저하려는 시도다. 이것은 기술에 관한 것이 아니다. 이것은 이데올로기다. 인공지능과 '딥러닝'이 사고의 패턴을 알아낼 수 있다면 그것은 정보와 인간의 사고방식을 형성하는 데 이용될 수도 있다. 구글의 공동창업자 세르게이 브린은 이렇게 말했다. "세계의 모든 정보를 당신의 뇌에 직접 부착하거나 당신의 뇌보다 똑똑한 인공두뇌에 부착한다면 확실히 당신은 더 나아질 것이다. 미래에는 아마 당신의 뇌에 꽂을 수 있는 작은 버전의 구글을 부착할 수 있을 것이다."[37] 물론 이것은 구글이 정리한 정보이자 구글의 상업적 이익과 구글이 마음대로 만들어낸 알고리즘에 의해 추동된 정보일 것이다. 정보 공유지의 인클로저는 소수의 부호들에게 가는 어마어마한 소득과 권력의 흐름을 만들어내고 있다.

일부에서는 데이터 축적 기술을 가진 기업들의 국유화를 권고하는데, 그 이유는 이들이 자연 독점 기업이며 따라서 공적 소유의 우선적 후보이기 때문이다.[38] 하지만 이 문제의 공공재가 성격상 일국적인 것이 아니라 글로벌한 것이기 때문에 국유화는 현실적인 선택지가 아니다. 그 대신 민주적 통제를 강화하는 데 초점을 맞춘 정책, 필요할 경우 규제를 하고, 독점적 이윤을 억제하며, 정보 공유지에서 이들이 만들어내는 소득 중 공유자가 차지하는 부분을 확보하는 정책이 필요하다. 이를 어떻게 만들지에 대해서는 나중에 검토한다.

자신의 데이터 소유권과 통제권은 또다른 필요다. 팀 버너스리와 나이절 섀드볼트는 이렇게 주장했다. "우리는 개인 자산 혁명의 출발점에 서 있다. 정부기관, 은행, 기업 등이 보유하고 있는 우리의 개인 데이터가 다시 우리 소유로 돌아와 우리가 적절하다고 생각하는 방식으로 보관되고 관리될 것이다."[39] 세계경제포럼은 개인의 데이터를 보유하는 데이터은행 계좌를 만들자고 제안했다. 여기서는 개인 데이터를 관리하고 매매할 수 있다.

데이터 이동성, 즉 페이스북 이용자가 다른 소셜미디어로 옮겨갈 때 자신의 데이터를 가져갈 수 있는 이동성은 유럽연합의 GDPR이 뒷받침하고 있지만 현재까지는 별로 이용되지 않고 있다. 몇몇 사람들은 플랫폼 경제에서 일하는 노동자가 순위 평가를 이동시킴으로써 이득을 볼 것이라고 말한다. 예를 들어 아마존 메커니컬 터크(Amazon Mechanical Turk)가 부여한 '마스터 노동자' 지위가 다른 플랫폼으로 이전될 수 있다.[40] 하지만 노동자의 '순위 평가'가 객관적이지 않으며 아주 의심스럽고 오해를 불러일으킨다는 것은 잘 알려져 있다. 낮은 순위 평가가 반드시 낮은 수행능력을 의미하는 것은 아니다.

끝으로, 진정한 정보 공유지는 모두가 이용할 수 있어야 한다. 오늘날 세계 인구의 절반 이상이 인터넷을 이용하지만, 삶의 모든 영역에 인터넷이 편재함으로써 인터넷을 이용하는 사람과 그렇지 못한 사람 사이의 '디지털 격차'는 악화되었다. 2016년에 유엔은 인터넷 이용이 깨끗한 물, 전기, 피난처, 음식 등과 동등한 인권이라고 선언했다. 유엔은 또한 적정 인터넷 비용을 위한 동맹(Alliance for Affordable Internet)을 통해 목표로 하는 적절한 비용의 기준을 채택했다. 이 목표는 인터넷 이용료가 월평균 국민소득의 2퍼센트 이하가 되는 것이다. 세계는 이러한 목표에 도달하는 데 여전히 갈 길이 멀지만, 이는 해외원조 정책과 국내 반빈곤 정책에 반드시 포함되어야 한다.

37조 데이터는 이를 생성한 개인이 소유해야 하고 개인이 동의하는 목적을 위해서만 이용되어야 한다.
38조 프라이버시를 보호하고 기술기업들이 민주적으로 결정된 기준을 따르게 하기 위한 규제가 필요하다. 여기에는 잘못되거나 유해한 콘텐츠를 제거하고 금지하는 것이 포함된다.

39조 유럽연합의 개인정보보호규정을 브렉시트 이후 영국의 무역협정에 포함해야 한다.

지적 공유지

발명은 본성상 재산의 대상일 수 없다.

―토머스 제퍼슨(1813)

지식과 아이디어는 공공재이며, 공공재여야 한다. 한 사람이 이를 가진 것이 다른 사람이 이를 갖는 것을 막지 않기 때문이다. 지식과 아이디어는 모두가 이용할 수 있는 지적 공유지의 일부여야 한다. 하지만 글로벌 지식재산권 체제는 반대로 우리의 지적 공유지를 축소했으며, 막대한 양을 부유한 기업과 개인 들에게 주고 저소득층은 지식과 아이디어 생산물에 접근할 수 없게 했다.

물론 예외가 있다. 팀 버너스리는 월드와이드웹 기술에 대한 특허 취득을 거부했고, 이에 따라 월드와이드웹은 이용자가 원하는 대로 자유롭게 개발하는 전지구적 자원이 될 수 있었다. 이후 그는 자신의 삶을 글로벌 지적 공유지를 건설하는 데 바쳤다. 유사하게, 1955년 소아마비 백신을 막 개발했던 조너스 소크는 미국 TV 인터뷰 프로그램의 상징적 인물 에드 머로에게서 "이 백신에 대한 특허는 누가 소유하나요?"라는 질문을 받자 이렇게 말했다. "글쎄요, 사람들이라고 말해야겠네요. 특허권은 없습니다. 태양에 특허를 낼 수 있나요?"

지적 소유권에 대한 옹호는 주로 미국 헌법과 부르주아 재산법에 영향을 미친 존 로크의 『정부론』(*Second Treaties of Government*)에서 비롯된 것이다.[41] 그는 노동가치론에 기초해 아이디어란 개인 노동의 결과이며 재산으로 보상받아야 한다고 주장했다. 하지만 아이디어를 주로 집단적이고 단편적이고 운에 따른 것이거나 추측 내지 다른 아이디어에 특권적으로 먼저 접근할 수 있었던 것으로 볼 경우 로크적인 정당화는 성공하지 못한다. 17세기의 로크는 아이디어를 주로 열심히 시간을 사용하는 육체노동에서 나온 발명품으로 간주했다. 그러나 아이디어는 노동과 전혀 동떨어져 재미있게 놀 때 나올 수도 있으며, 행복의 원천일 수도 있다. 게다가 대부분의 아이디어는 이전 아이디어들의 레고 성을 기초로 하여 파생된 것이다. 마지막 벽돌을 쌓은 사람에게 보상으로 성 전체를 주는 것은 정당화될 수 없다.

〔그럼에도〕 아이디어를 지식재산권으로 바꾸어 다른 사람이 이용하지 못하게 하는 것은 정보에 대한 공동의 접근을 제한함으로써 희소성을 억지로 만들어내는 것이다. 특권화된 상업적 이용을 위해 정보를 포획하는 것은 가격을 올리고, 권리 보유자에게 추가 소득을 올려준다. 지식재산권은 스위스 제네바에 본부를 둔 세계무역기구(WTO)와 세계지식재산권기구(WIPO)를 중심으로 한 정교한 네트워크에 의해 전세계적으로 강화되고 있다.[42]

미국이 주도해서 만드는 무역관련지식재산권협정(TRIPs)은

WTO를 만든 국제협약의 일부로 1995년에 발효되었다. TRIPs는 특허, 저작권, 산업디자인, 상표권(브랜드) 등에 관한 WIPO 조약을 만들고 모든 WTO 회원국에 구속력을 갖게 함으로써 기존에 있는 아이디어에 대한 재산권을 확장했다. 이는 지적 공유지에 대한 역사상 가장 강력한 타격이었다.

TRIPs는 미국의 다국적기업, 특히 제약회사가 주도한 캠페인을 통해 지식재산권에 대한 미국 모델을 전지구화했다. 화이자의 CEO가 자랑하듯이 "우리가 힘을 합친 덕분에 TRIPs가 기초를 놓은 글로벌 민간 부문/정부 네트워크를 구축할 수 있었다". 당시 세계은행은 미국이 수십억 달러의 추가 수입을 얻을 것이며, 중국을 포함한 개발도상국들이 큰 부담을 질 것이라고 추정했다. 이것은 경제적 식민주의 행위였다.

특허를 예로 들어보자. 대개는 기업이지만 개인이건 기관이건 발명자는 특허를 신청할 수 있는데, 국가 특허청이 특허를 부여하면 '소유자'는 20년간 특허 이용에서 나오는 독점적 소득을 얻게 된다. 의약품 특허는 배합이나 포장을 바꾸거나 값싼 복제약 생산을 지연시킬 수 있는 데이터 독점 규칙을 통해서도 연장될 수 있다.

1995년 국가 당국에 접수된 특허는 100만건 미만이었다. 2017년에는 320만건의 특허가 접수되었으며, 전세계적으로 1,370만건의 특허가 발효됐다. WIPO 사무총장은 더 많은 특허가 필요하다고 주장했다. 특허에서 나오는 전세계 소득 추정치는 없지만 2009년 (기업이 자신의 특허를 이용하는 것은 제외하고) 특허 라이선스에서 나오는 수입만 약 5천억 달러에 달했으며, 이후 더 늘어났을 것은 분

명하다.[43]

지식재산권 보호의 찬성론자들은 독점적 소득이 돈을 쓰는 위험을 감수하고 무언가를 개발하기 위해 창의성을 발휘하는 데 필요한 보상이라고 주장한다. 특허를 얻을 전망이 없다면 기업은 연구에 투자하지 않을 것이다. 발명 및 이와 연관된 경제성장은 늦추어질 것이고, 사회적·경제적 '진보'를 막게 될 것이다. 이에 대해 세가지 대응이 있다. 왜 10년 혹은 5년이 아니라 20년인가? 특허 기간은 자의적이며, 산업기업의 로비에 의해 계속해서 연장되어왔다. 위험이 따르는 투자를 보상하는 다른 방법은 없는가? 예를 들어 국가 포상이나 부문 포상이 있다. 포상 체제는 발명자를 독점적 재산 소유자로 만들지 않고서도 발명자에게 인센티브를 줄 것이다. 그리고 가장 근본적으로, 특허가 아이디어와 발명을 자극한다는 증거는 무엇인가?

가장 수익이 높은 특허 대다수는 공적 재원으로 운영되는 기관에서 이루어진, 공적 재원에 기반한 연구로부터 나온다. 이것은 공중, 공유자가 위험의 전부 혹은 일부를 짊어지고 있다는 것을 말하며, 특히 기업이 연구개발에 쓰는 돈의 대부분은 직접적으로든 관대한 세금감면으로든 정부 보조금을 받는다. 미국에서 이것은 (특허와 상표권법의 개정 법안인) 1980년의 베이돌법(Bayh-Dole Act)으로 제도화되었고, 이로 인해 기업은 공적 재원으로 지원한 연구에서 나온 발명에 대해 특허권을 가질 수 있게 되었다.

아이디어 강탈을 옹호하는 사람들은 다소 민망하겠지만, 지식재산권이 발명의 속도를 높인다는 증거도 없다.[44] 역사적으로 볼 때 강력한 특허 체계를 가진 국가가 그렇지 않은 국가보다 더 혁신적이지는 않았으며, 특허 기간이 긴 국가가 특허 기간이 짧은 국가보다 더 혁신적이지도 않았다.[45] 2017년에 수행된 연구에 따르면 지식재산권 보호 수준을 높이는 것이 경제성장을 빠르게 한다는 증거 또한 없다.[46]

많은 특허가 사회적 이득이라는 증거도 없다. 1998년 이래로 금융 서비스와 관련된 특허의 개수 및 여기서 나오는 수입이 어마어마하게 성장했다. 지금도 이미 어마어마한 지대소득을 더욱 늘리기 위해 대규모 금융기관들이 제출한 똑똑한 파생금융상품 제도 같은 것들이다.[47] 또한 많은 특허가 잠재적인 경쟁 생산물이나 서비스의 출현을 막기 위해 취득된 것이었고, 따라서 생산을 자극하는 게 아니라 가로막았다.

지식재산권 체제는 3천건이 넘는 양자간 무역투자협정, 지역 무역투자협정, 다자간 무역투자협정으로 더욱 강화되었다. 이 협정들의 대부분은 투자자-국가소송조항(ISDS)을 담고 있는데, 이에 따라 기업은 정책 변화로 인해 장래 이윤이 영향을 받을 것으로 판단될 때 세명의 기업 변호사로 구성된 국제재판소에 정부를 제소할 수 있다. 이 비민주적이고 불투명한 법적 기구는 다국적기업이 정부로 하여금 자신들의 지적 재산'권'을 집행하게 할 수 있는 능력을 강화했다.[48]

공유자인 우리 모두에게 속하는 유전자원에 대한 특허는 특히 역겹다. 별로 알려지지 않은 변화가 있었는데, 1990년대 이래로 상업적 이용을 위해 '해양 유전자원'(MGR)에 대한 특허가 아주 빠른 속도로 확대되었다.[49] 이로 인해 대양의 자원에 지배되는 '블루 성장'의 시대가 예측된다. 문제는 누가 이것을 통제하는가이다.

지난 20년간 소수의 기업이 수백개의 해양 생물종과 관련한 수천 건의 특허를 앞다투어 신청했다. 이러한 '블루 공유지'에 대한 인클로저와 사영화도 해양 생물종에 대한 현저한, 거의 제국주의적인 식민화로 이어졌으며, 빅테크와 마찬가지로 한 기업이 지배적 지위를 차지했다. 겨우 세 나라의 기업들이 모든 해양 유전자원 특허의 4분의 3을 차지하고 있는데, 독일(49퍼센트), 미국(13퍼센트), 일본(12퍼센트)이며, 다른 일곱 나라가 나머지 거의 전부를 차지하고 있다. 특허를 출원한 기업은 불과 200여개밖에 안 되지만 그중 한 기업이 두드러진다. 독일에 본사를 둔 세계 최대 화학제품 제조업체 바스프(BASF)로, 특허가 있는 해양 유전자 배열의 거의 절반을 '소유'하고 있다. 바스프와 함께 더 헤게모니적인 연구기업 예다(Yeda)가 있다. 이 기업은 이스라엘의 바이츠만 과학연구소의 상업 부문으로, 전세계의 다른 연구소 및 대학을 모두 합친 것보다 더 많은 해양 유전자원 특허를 갖고 있다. 빅테크처럼 바스프는 잠재적 경쟁자를 사들일 수 있을 정도로 크며, 사실상 자신이 정한 규칙을 다른 기업이 따르게 할 정도로 거대하다. 블루 공유지의 상업적 이용은 사실상 하나의 기업, 하나의 연구기업, 세 나라가 통제하게 될 것이다. 영국은 이들에게 엄청난 규모의 지대소득을 지불하는 나라 가운데 하나가 될 것이다. 공유지와 공유자는 패배자가 될 것이다.

특허는 지적 공유지를 포획하는 한가지 방법일 뿐이다. 저작권도 문필과 예술 작품에 대해 독점적 소득에 대한 권리를 부여한다. 저작권은 15세기에 베네치아에서 시작되어 수세기 동안 존재했지만 특히 TRIPs에 의해 확장되고 전지구적이 되었다. 다시 한번 말하자면, 토머스 제퍼슨은 초기의 비판자로서 저작권을 지식에 대한 세금이라고 묘사했다. 그들의 작품이 돈이 될 경우 작가, 예술가, 기타 창작자가 이익을 보아야 하며 그 작품이 이용되는 방식에 대해 어느정도 통제권을 가져야 한다는 것은 합리적인 것처럼 보일 수 있다. 그러나 이 독점적 권리의 기간에 대해서는 옹호하기가 어렵다. 문필작품과 예술작품에 대한 저작권은 현재 개인의 일생에 더해 사후 70년간 유효하다.

앤 여왕 치하인 1710년에 만들어진 세계 최초의 저작권법은 14년간의 출판 저작권 보호를 승인했으며, 작가가 생존해 있을 경우 14년을 연장할 수 있었다. 1790년 미국 저작권법은 이 법을 모방했다. 미국 시민과 거주자에게만 적용되긴 했지만 말이다. 점차 보호의 범위는 음악으로, 그리고 19세기 동안 더 넓게 확대되었다. 그러나 14년이라는 보호 기간은 사라지고 훨씬 더 긴 기간이 전지구적으로 적용되어 출판인, 음악회사, 방송국 등은 공유자가 수년간 저작권이 있는 작품에 무료로 접근할 수 없도록 했다.

두가지 예를 들어보자. 마틴 루서 킹에 관한 영화 「셀마」(Selma)는 1963년의 상징적인 연설 「나에게는 꿈이 있습니다」(I have a dream)를 포함해 그가 한 연설의 실제 단어들을 사용할 수 없었다. 그의 재단이 허락하지 않았기 때문이다. 「나에게는 꿈이 있습니다」는 2039년에 가서야 퍼블릭 도메인(public domain)이 될 것이다. 마찬가지로 저작권이 끝난 2015년까지 수십년간 워너채펄뮤직은 세계에서 가장 많이 불리는 노래일 「해피 버스데이」를 공개적으로 연주

할 경우 로열티를 거두어들이면서 다른 사람이 이 노래를 영화와 방송에서 사용할 수 없게 했다.

언론인 폴 메이슨은 기업이 정보의 공급을 제한하려고 해도 "정보재는 무료로 복제할 수 있기" 때문에 정보는 여전히 풍부하다고 주장했다.[50] 이것이 사실이라면 오픈 액세스 운동가들이 항의할 일은 전혀 없을 것이다. 그러나 힘 있는 기관과 규제는 지적 재산으로서의 정보의 상업적 포획을 장려하고 있으며, 정보의 많은 부분을 이용할 수도, 무료로 혹은 법적으로 복제할 수도 없게 만들고 있다.

지적 재산은 현대의 생산체제에서 '무형'자산의 많은 부분을 차지한다. 다소는 모호한 '영업권'까지 포함하는 무형자산의 귀속가치가 건물, 토지, 기계 같은 유형자산에 비해 상대적으로 급속히 늘고 있으며, 최소한 영국과 미국에서는 이미 유형자산을 압도했다.[51] 물론 어떻게 계산하더라도 상당한 오류가 있을 텐데, 불가능하지는 않겠지만 자신의 '지적 재산'의 가치를 계산하기가 쉽지 않다는 것을 많은 기업이 알게 되면서 특히 그렇다. 그리고 몇몇 기업은 세금 때문에 이를 저평가하는 것이 분명하다.[52]

여기서 주된 우려는 지적 재산에 속하는 가치를 공유지에서 빨아들이고 있다는 점이다. 철학자 왕이 펜을 한번 휘두르는 데 따라 지적 재산에 대한 시간 제한이 절반으로(혹은 그 이상으로) 줄어든다면 어떤 일이 생길까? 특허의 경우 10년, 저작권의 경우 과거의 규칙인 14년으로 돌아간다면? 그것은 지적 공유지에, 또한 시민과 평등에 좋은 일일 것이다. 슬프게도 이런 일은 일어나지 않을 것 같다.

미국은 지식재산권을 장려했고 자유로운 사적 시장의 덕목을 자랑스러워했지만 연구개발은 오랫동안 다른 이름으로 사회화했다. 대부분의 주요한 혁신이 정부가 엄청난 보조금을 주는 곳에서 나왔다. 하지만 미국 대기업을 지원하는 데 확고한 태도를 지닌 미국 정부는 그 결과를 사유화했다. 연방당국은 대부분의 보조금을 향후 수십년간 큰 수익을 창출할 것으로 기대되는 연구에 투입했는데, 이는 '촘스키 트레이드'라는 전략으로 알려져 있다. 놈 촘스키는 우스갯소리로 돈을 벌려면 연방의 연구가 어디로 향하는지를 보고 그와 연관된 기업에 돈을 투자하라고 말한 적이 있다. 그러면 30년 후에 수익이 돌아온다는 것이다.[53]

혁신의 발전과 위험에 대해 지불하고 있는 것은 공중이다. 정의로운 사회에서는 경제적 보상의 전부 혹은 대부분을 얻는 쪽이 공중일 것이다. 그러나 그러한 발명을 가져가서 특허를 취득하는 기업이 모든 이윤을 얻고, 여기에 더해 종종 그 이윤에 대한 세금을 회피하려고 한다. 지적 공유지는 주로 부유한 기업과 그 기업의 주식을 가진 부호와 엘리트에 의해 강탈당하고 있다.

보상은 점차 미국 외부의 기업, 특히 중국 기업으로 가고 있다. 2011년이 되자 중국은 특허 신청에서 미국을 추월했고, 2017년에는 미국, 일본, 한국, 유럽 특허청을 모두 합한 것보다 더 많은 특허 신청을 했다. 유사한 변화가 산업디자인과 상표권에서도 일어나고 있다. 미국의 트럼프 대통령은 호전적인 언어로 중국을 "지식재산권 도둑"이라고 비난했지만 한때 미국이 유럽에 대해 제멋대로 동일한 행위를 했다는 것을 기억해야 한다.

2세기 전에 미국 재무부는 특허 기술을 성공적으로 훔친 사람에게 포상금을 주었다. 미국의 앤드루 잭슨 대통령이 "미국 산업혁명의 아버지"라 칭했던 영국인 새뮤얼 슬레이터는 잉글랜드에서 "반역자 슬레이터"로 불렸다. 섬유 제조 기밀을 대서양 건너편으로 탈취해갔기 때문이다. 미국은 또한 외국의 저작권 보호를 수용하지 않았고, 1886년의 문필·예술저작물 보호를 위한 베른협약에 1998년까지 서명하지 않았다. 찰스 디킨스가 손해를 본 이들 중 가장 유명한 사람이었다. 그는 자신의 『크리스마스 캐럴』의 해적판이 미국에서 영국의 대략 40분의 1 가격에 팔린다며 매우 못마땅해했다.

현재 중국은 중국 내에 있는 중국 기업과 제휴관계에 있는 미국 기업이 지적 재산을 공유해야 한다고 주장하고 있다. 이것이 '절도'이건 아니건 현실은 중국이 합법적 영역에서 미국을 추월했다는 것이다. 현재 지적 공유지의 약탈을 확대하려는 두 거인이 있으며, 이 체제를 되돌릴 전망은 별로 없어 보인다. 이러한 강탈에 대한 신자유주의의 경제적 근거가 오류이며 해롭다는 것이 분명해졌음에도 그렇다. 지적 공유지의 사유화와 상품화는 더 빠른, 더 나은 혁신을 자극하지 않는다. 그저 공유자를 댓가로 해서 사적 소유권 보유자를 부유하게 할 뿐이다.

공유지 헌장에 들어갈 다음 조항은 지적 공유지를 회복하는 데 도움이 되는 기본 약속으로 간주되어야 한다.[54] 이 조항들은 TRIPs와 WIPO의 관할에 반하는 것이기 때문에 국제적인 협조 행동이 요구된다.

40조 지식재산권이 너무 강하고, 지적 공유지를 고갈시키고 있다.

신청된 특허는 철저하게 검토해야 하고 특허 기간은 단축해야 한다.

41조 저작권 보호는 저자 혹은 예술가의 사망과 함께 종료되거나, 과거의 규칙대로 저자 혹은 예술가가 [저작권 보호 기간인] 14년 이내에 사망할 경우 작품이 만들어진 때를 기준으로 14년 간 존속되어야 한다.

교육 공유지

교육 공유지는 누구나 학습할 수 있도록 돕는 물리적 시설, 제도적 구조, 사람 등이다. 교사는 공동체에 통합되어 시공간의 지혜를 계승해야 한다. 공유지 기반 교육은 '태곳적부터' 만들어진 지역 관습의 맥락 속에서 우리가 살고 있는 공동체에서 생존하고 번성하는 방법을 학습하는 것이며, 공감과 이해를 획득하는 것이다.

교육은 자연적인 '공공재'다. 한 사람이 더 많은 교육을 받는 것이, 다른 사람이 마찬가지로 더 많은 교육을 받는 것을 가로막지 않기 때문이다. 우리 모두 더 많은 교육을 통해 이득을 얻을 수 있다. 그러나 현대에 볼 수 있는 교육 '산업'의 상업화는 교육이라고 간주되던 것의 많은 부분을 상품으로 바꾸어버렸다. 내가 다른 사람보다 더 많이 가진다면 나는 다른 사람보다 더 경쟁력이 있으며, 따라서 다른 사람보다 더 많은 수입을 올릴 것이라 생각할 수 있다. 오늘날 대중매체에 등장하는 교육에 관한 거의 모든 것은 소득 및 일자리

효과에 강조점을 두는 것처럼 보인다.

교육은 해방적이어야 하고, 자기발견의 과정이자 진리, 지식, 창조성을 추구하는 과정이어야 한다. 토머스 제퍼슨이 말했다고 잘못 알려지긴 했지만 그의 견해를 반영하는 유명한 말이 있다. 교육의 일차적 목적은 사람들이 좋은 시민이 되도록 가르치는 것이어야 한다는 것이다. 존 스튜어트 밀은 1867년 세인트앤드루스대학의 총장으로 임명될 때 인문교육을 옹호하는 연설에서 이 내용을 더 잘 표현했다. 이는 지금도 여전히 울림을 준다.

최소한 무엇이 대학이 아닌지에 관해 대체로 동의하는 것이 있습니다. 대학은 직업교육의 장소가 아닙니다. 대학은 사람이 자신의 생계수단을 얻을 어떤 특별한 방식을 위해 필요한 지식을 가르치는 것을 목표로 하지 않습니다. 대학의 목적은 유능한 변호사, 의사, 엔지니어를 만드는 게 아니라 재능 있고 교양 있는 인간을 만드는 것입니다. (…) 인간은 변호사나 의사나 상인이나 제조업자이기 이전에 인간입니다. 그리고 인간을 능력 있고 분별 있는 인간으로 만든다면 그들은 알아서 능력 있고 분별 있는 변호사나 의사가 될 것입니다.[55]

빅토리아 시대의 대학이 계급에 속박된 특권 지대였으며 아주 소수를 위한 곳이었다고 불만을 내비치고 비웃을 수 있다. 그러나 그 에토스는 인격의 형성과 개선을 중요한 역할로 보았던 대학의 출발점에서 나왔다. 교육이 시장 지배력, 재산권, 지대 추구의 영역이 되면 그 온전함을 상실한다. 또한 기관은 고유의 특성이 있다. 세인트 앤드루스가 케임브리지나 예일 혹은 다른 대학과 똑같이 되기를 기대해서는 안 된다. 대학, 칼리지, 학교 등은 지역적인 것과 토착적인 것을 반영해야 하고 더 나아가 찬미해야 한다. 이것이 교육 공유지의 핵심적 속성이다. 표준화된 학교 교육은 인클로저의 한 형태다.

제퍼슨과 밀이 대변한 에토스는 영국 역사에서 3차 교육과정에 대한 가장 영향력 있는 보고서라 할 1963년의 로빈스 보고서에 반영되어 있다. 이 보고서는 신자유주의 시대의 개막 이전에 인정하던 대학의 기능을 열거했다. "전문가가 아니라 교양 있는 남녀를 만들기 위해 전반적인 정신의 힘을 증진하는"것과 결합된 "기술교육"과 "진리의 탐구," 공동의 문화와 시민됨의 공동 표준의 전달이 그것이다. 이는 최근 상품화된 개혁을 판단하는 데 있어 공정한 기준으로 보인다. 상품화된 개혁은 그런 열망을 지키지 않았다.

모두가 무상으로 이용할 수 있는 국립(공립)학교는 공유지 기반 체제를 구축할 단단한 초석이 되어야 한다. 유엔 교육권 특별보고관이 2015년에 말한 것처럼 "교육의 사영화는 자격과 역량 강화 모두에서 교육권에 부정적 영향을 미쳤다".[56] 그러나 최근에 영국을 포함한 많은 나라에서 국립학교 예산은 많이 줄어든 반면 사립학교—종교기관이나 이데올로기적 동기가 있는 기관이 운영하는 학교를 포함해서—는 보조금과 교부금 등에 의해 늘어나고 있다.

미국에서는 일부 주 교육위원회가 파산에 직면했다. 세금 수입이 줄어들면서 재원 마련을 위해 큰돈을 빌렸기 때문이다. 영국에서는 국립학교에서 직원들이 해고되고, 학교 건물은 제대로 관리되지 않고 있다. 국립학교가 압박을 받고 공유지 지향을 유지하지 못하면서 학교 교육의 사영화는 빠르게 발전하고 있다. 영국의 역대 정부는 준사립인 '아카데미'와 '자유학교'(free school), 공적 보조금을 받고 사적으로 운영되는 학교를 등을 확대함으로써 미국의 차터스쿨*에 해당하는 것을 만들었다. 게다가 천문학적 수업료에도 불구하고 이튼, 해로 같은 이른바 '퍼블릭' 스쿨(사적으로 수업료를 내는) 2,707개의 절반 이상이 상당한 규모의 세금우대를 받을 수 있는 기부금 단체 자격을 얻었다.

국립학교는 지방의회에 영리단체로서 세금을 다 내는 반면 사립학교는 80퍼센트의 세금감면을 받는데, 이는 연간 1억 파운드 이상의 공적 수입 손실에 해당한다.[57] 수업료를 내는 학교 학생은 전체 학생의 겨우 7퍼센트에 해당하는데, 정의상 이들은 부유한 가정 출신이며, 따라서 특권층에게 보조금을 주는 것이다. 이 보조금을 지불하는 납세자들 대부분은 자기 자식들을 그런 학교에 보낼 꿈도 꾸지 못한다.

정부는 또한 지방정부가 운영하는 국립학교에 비해 '자유학교'에 학생 한명당 재원을 60퍼센트 많이 줌으로써 사영화를 부추겼다. 자유학교의 4분의 1은 2013~14년에 두배 내지 그 이상을 받았으며, 당시 정부의 교육부 장관 내시 경과 그의 아내가 운영하던 미래 아카데미(Future Academies) 체인에 속한 어느 초등학교는 26명의 학생 각각에 대해 네배나 더 많이 받았다.[58]

---

* charter school, 자립형 공립학교.

아카데미와 자유학교에서는 부도덕한 기회주의적 행위가 빈번히 벌어졌는데, 이는 예측할 만한 일이었다. 그럼에도 정부로 하여금 재난에 가까운 사영화 과정을 바꾸게 하지는 못했다. 2015년 소규모 아카데미 학교 체인인 그리핀 학교재단(Griffin Schools Trust)은 이 재단의 공동 최고경영자 두명이 소유한 자문회사에 2년간 70만 파운드 이상을 지불했다는 것이 드러났으며, 이외에도 재단 이사들이 대주주인 다른 3개의 자문기업에 10만 파운드 이상을 지불했다.[59] 그보다 일년 전에 있었던 『가디언』의 탐사보도에 따르면 영국에서 가장 큰 교육 체인인 아카데미 엔터프라이즈 재단(AET)은 3년간 재단 이사와 경영진이 관여하는 사기업에 거의 50만 파운드를 지불했다.

페리 비치스 아카데미 재단(Perry Beeches Academy Trust)은 당시 총리 데이비드 캐머런으로부터 영국에서 가장 훌륭한 재단이라는 찬사를 받았으며, 그 CEO는 2012년 보수당 정기 당대회에 큰 박수를 받으며 참석하기도 했던 인물이다. 그로부터 겨우 3년 후에 그는 재단이 관리하는 5개 학교를 위태로운 재정 상태에 빠지게 하여 재무관리 부실로 조사를 받은 후 사임해야 했다.[60] 그는 계약도 하지 않은 채 자기 회사에 돈이 지불되도록 처리했으며, 250만 파운드 이상의 무상급식 지원금은 규정된 기록이 사라져 확인할 수 없었다.

또다른 사례를 보면, 납세자들이 일년에 낸 돈 46만 8천 파운드가 어떤 '자유' 초등학교가 투자펀드사 리걸 앤드 제너럴 프로퍼티(Legal and General Property)에서 토지와 건물을 임대하는 데 쓰였다. 인플레이션에 연동된 임대료는 25년간 보장될 것이었다. 투자펀드사는 보도자료를 통해 자신들의 학교 매입은 "정부 지원을 받아 장기적으로 안정적인 수익을 낼 수 있는 매력적인 기회를 의미한다"라고 발표했다.[61]

학교 교육은 교육 공유지를 부정하는 사적 투자자들에게 수익성 있는 상품이 되었다. 기업 모델을 초등과 중등학교 교육에 도입한 것은 공공재여야 할 것을 상업 지대로 옮겨놓는 일이며, 그렇다고 사기업처럼 감수해야 할 위험에 대한 보상으로 이윤을 얻는 것도 아닌 게 되면서 궁극적으로 위험은 공중이 지고 있다. 아카데미 재단이나 체인이 파산하거나 철수하기로 결정할 경우 학교들은 아무런 재원도 없이 남게 되며, '사업'을 떠맡겠다고 새로 신청한 회사를 검토하는 동안 돈은 교육부가 마련해야 한다.[62] 위험과 불확실성은 학부모와 자녀가, 의무적인 구제 비용은 납세자가 지고 있다.

2017년 9월, 요크셔에서 21개 학교를 운영하는 웨이크필드시티 아카데미 재단(Wakefield City Academies Trust)은 개학 직후에 재단을 해산한다고 선언했다. 이미 재단이 수백만 파운드를 학교 보유금에서 재단 계좌로 옮긴 이후였으며, 이 돈 가운데 일부는 지역 학부모와 자발적 후원자들이 학교의 시설 개선을 위해 모은 것이었다.[63] 학생들은 낡은 교과서를 재활용해서 봐야 했다. 한편 이 재단의 최고경영자는 재단 해산 이전에 보수를 두둑이 받았으며 자신이 운영하는 정보기술과 사무 회사에 대한 지불도 보장해두었다. 불과 일년 전에 정부가 그 학교에 재단에 가입하도록 지시했고, 그 때문에 잉여 기금을 재단에 넘기게 되었다는 사실이 얼마 후 드러났다. 이후 폭로된 교육부 내부 보고서는 이 재단이 "관리 방식, 지도력,

전반적인 재무관리가 부적절하여 매우 취약한 상태에 있다"라는 결론을 내리고 있었다. 이런 상황을 거의 일년간 방치한 정부는 이런 일이 일어난 데 대해 부분적으로 책임을 져야 한다. 문제가 생길 경우 "우리는 신속한 조치를 취한다"라는 '문지기'의 주장은 거짓말이다.[64]

웨이크필드 재단이 파산한 뒤 교육부는 새로운 우선협상 업체 8군데를 선정했는데, 이 가운데 하나는 낮은 수준 때문에 이미 운영하던 학교 가운데 세개의 운영권을 박탈당한 곳이었다. 전국교사노조(National Education Union) 활동가는 언론에 절망스럽게 말했다. "우리는 축구팀이 아니다. 우리는 여러 아카데미를 운영하는 한 재단에서 다른 재단으로 이적할 수 있는 이적 시장의 일부가 아니다." 그러나 이것이 바로 오늘날 학교 교육이 처한 현실이다.

공유지와 자본주의라는 두 모델은 함께 기능할 수 없다. 교육 공유지에 대한 사영화가 이루어지면 자산 분리는 필연적인 일이 된다. 명목상 비영리인 아카데미 재단을 세우거나 경영하는 사람들은 자신들의 '강령'에 아무리 그럴듯한 말을 써놓았어도 돈을 벌고 손실을 최소화하려고 한다. 2018년 초가 되면 긴축 기조가 반영되어 여러 학교를 운영하는 아카데미 재단의 다수가 재정적 어려움에 처해 있으며, 이에 대응해 과밀 학급으로 유지하고 교사 수와 봉급을 억제하고 있다는 보도가 나왔다.[65] 2017년 말에는 60개 이상의 아카데미 학교와 그곳 학생들이 불확실한 상태에 놓이게 되었다. 이를 맡은 재단이 사업을 접거나 학교를 포기했기 때문이다.

공교육의 상업화는 대처 정부에서 시작되었고, 신노동당 정부와 이후 보수당 주도의 정부에서 지속되었다. 사영화의 디딤돌은 민간이 제공하는 것들에 대한 국가 보조금 및 상업적 회사와 제휴관계 맺기를 장려한 것이었다. 많은 국립학교가 공유지의 포기를 상징하는 '학교-기업 제휴'라는 유혹을 받았다.

1998년에 카나리 워프 금융지구의 중심이자 시티오브런던에서 가까운 타워 햄릿 구에서는 규모 있고 잘 운영 중이던 국립 중등학교가 학교 운영을 위해 미국계 은행과 제휴했다. 개발도상국가였다면 식민주의적 행동이라고 욕을 먹었을 일이었다. 이 은행은 10년에 걸쳐 50만 파운드를 학교에 '투자'하면서 은행 경영진이 학교 운영위원회 회장을 맡았고 은행 직원이 수업을 보조했다. 학생들은 은행이 "복도 끝에 있는 부서 같다"라는 이야기를 들었다.[66]

교장은 학교-기업 제휴가 작동하기 위해서는 '공유된 문화'를 가져야 한다고 주장했다. 국립학교가 특수한 이해관계의 문화를 공유(이것이 맞는 말이라면)해서는 안 된다는 것은 분명하며, 미국 투자은행의 문화 또한 마찬가지다. 이 문제의 은행은 리먼 브러더스였다. 후일 이 은행은 부주의한 투자 및 비윤리적 관행으로 인해 불명예스럽게 무너졌고, 이로 인해 세계는 2008년의 금융위기에 빠졌다. 이 학교는 상업 도구로 바뀌었고, 이는 공유지 및 공유지가 담고 있는 가치를 보존하는 일과는 거리가 한참 먼 것이었다.

리먼 브러더스를 인수한 일본계 은행 노무라는 이 학교와 제휴를 지속하기로 결정했다. 또다른 50개 정도의 기업이 타워 햄릿에 있는 학교들과 제휴를 맺었는데, 여기에는 다국적기업과 은행이 포함되어 있다. 모두가 기업의 명성을 유지하기 위해 이런 일을 하고 있다.

이러한 유형이 영국 전역으로 확산되었다.

이런 기업들의 동기가 이타주의적인 것이라 하더라도 우리는 학교에 상업적 이해관계가 영향을 미치는 것에 대해 불편한 감정을 느껴야 한다. 지역 노동조합이 학교와 동반자 관계를 맺고, 노조 사무실이 복도 끝에 있다고 생각해보자. 매우 다른 문화적 가치가 전해질 것이다. 이것 또한 적절하지 않은 일이다. 특정 이해관계를 지지하는 것은 보편주의 및 자율주의 원칙에 대한 위협이다. 특히 학교 이사회가 상업적 제휴관계를 맺는 것은 최소한 무엇을 가르쳐야 하는지를 결정할 때 영향을 미칠 것이다.

2018년 기준 정부 고위각료의 3분의 1이 사립학교 교육을 받았으니(테리사 메이 총리는 아니지만), 보수당 정부가 돈을 민간 부문으로 보내면서 국가 부문을 억압하는 것이 놀랄 일은 아니다. 그러나 장기적으로 볼 때 야당인 노동당도 정부가 청년에게 제대로 투자하지 않음으로써 "경제성장을 저해했다"라며 불평하는 것 이상은 하지 않았다. 얼마나 생경한 관점인가! 교육은 지식과 이해를 발전시키는 일이지, 돈을 벌기 위한 것이 아니다. 이것이 공립학교 내지 국립학교 체제가 기초해야 하는 근본 원칙이다.

교육 내용, 기준, 효율성에 대한 정부 통제를 중앙집중화함으로써 학교 교육에 대한 '인클로저'가 점점 늘어나고 있다. 이는 공유지 중심의 다양한 아이디어와 창조성을 꽃피우는 것이 아니라 규범 중심의 교의(教義)를 강화하는 것으로, 선택과 독립성이라는 정부의 수사학과 이상한 동거를 하고 있다. 정부는 사영화를 부추겼을 뿐만 아니라 종교에 기반을 둔 학교의 사례에서 볼 수 있듯이 특정한 유형의 선택을 하게끔 만들었다. 이런 학교들은 종교를 근거로 하여 분열을 조장하며 종교적 신념에 우선순위를 두는 교육과정을 운영할 수 있다. 예를 들어 진화론의 대안으로 창조론을 가르치거나 여학생이 수영이나 체육 수업을 받는 것을 금지하는 식이다. 이와 마찬가지로 정부가 학교-기업 제휴를 장려하는 것도 특정 선택을 강요하는 것이며, 교사 임명 및 가치 표현에 영향을 미칠 수 있는 위치에 상업 지향적인 문지기를 임명하는 것이다.

국가 차원에서 협소한 교육과정이 정해질 경우 무엇을 어떻게 가르치고 배울 것인가에 대한 선택은 축소된다. 조지 몬비오가 분개해서 말한 것처럼 "최고의 교사는 자신의 특성, 창조성, 영감을 이용해서 아이들의 배우고자 하는 본능을 자극한다. 그렇다면 왜 미시경영이라는 숨 막히는 체제를 도입해 특성, 창조성, 영감을 억압하는가?"[67] 선택이라는 정부의 주장은 교사가 단일한 교수 모델에 순응해야 한다는 정부의 주장 — 이는 지속적인 확인에 의해 뒷받침된다 — 과 모순된다. 이것은 교사 공동체에 압박으로 작용했고, 사직하거나 건강상의 문제가 나타나는 경우가 늘어났다.

교육 공유지에 대한 이런 침입에는 지방정부의 지출 삭감이라는 긴축의 영향도 더해야 한다. 이것은 교육 공유지가 증진해야 할 창조적이고 공감력을 강화하는 학습의 성격에 충격을 주었다. 영국 역사와 공유지에 뿌리 깊게 자리하여 현재까지 공적 학교 교육의 중심적 특색이었던 음악 교육을 살펴보자. 국립학교는 전통적으로 음악 교사를 채용했으며, 1950년대부터 1990년대까지 지방정부도 이동교사를 고용해서 일대일 혹은 소집단 악기 수업을 진행하도록 예산을 지원했다. 또한 학교와 지방의회는 밴드, 합창단, 음악회 등을 조직했다.

그러나 중앙정부의 엄청난 예산 삭감 사태에 직면하면서 많은 지방의회가 음악 활동에 대한 예산을 줄였다.[68] 음악적 전통이 깊은 웨일스에서 22개 지방의회 가운데 7개만이 여전히 음악 활동을 지원하고 있으며, 잉글랜드와 웨일스의 몇몇 지방의회는 음악 수업을 최소한으로 제한했다. 스코틀랜드에서는 2018년부터 32개 지방의회 가운데 22개가 악기 수업에 대해 학생들에게 수업료를 부과했다.

정부가 2010년 도입한 중앙집중적 평가 체제 '잉글랜드 바칼로레아'는 영어, 수학, 역사, 지리, 과학, 외국어 등에서 좋은 성적을 얻은 학생들의 비율로 학교를 평가하는데, 여기에 예술 과목은 하나도 들어가지 않는다. 음악과 기타 예술은 사회를 규정하고 공유지로 상징되는 관습, 윤리, 사회적 연대 등을 발전시키는 데 도움이 된다. 음악은 부자만의 전유물이 될 위험에 빠졌다. 2008년에서 2018년 사이에 [대입 준비 과정인] A레벨 후보군 중에 음악을 선택하는 수가 39퍼센트 줄어들었다. 음악을 공부하는 학생이 적어지면 곧 음악을 가르치는 교사의 수가 줄어들 것이다. 많은 학교가 이미 긴축의 논리에 따라 악기를 관리하고 보수하는 예산을 없앴다. 공적인 교육 공유지가 불평등의 통로로 바뀌었다.

학교에 대한 상업의 침투는 인클로저의 한 형태다. 스웨덴에서 일어난 일을 보면 이것이 어디로 갈 것인지를 알 수 있다. 오랫동안 사회민주주의의 고향으로 인식되어온 스웨덴은 최근 사영화의 방향으로 나아가고 있다. 스웨덴의 영리 목적의 상업 체인 쿤스캅스스콜란(Kunskapsskolan, '지식학교')은 고도로 표준화되고 자동화된 중등학교 체제를 만들었다.[69] 학생들은 강의계획서, 연습문제, 교재 등등이 포함된 온라인 학습 포털을 이용해야 하며, 많은 학습을 혼자서 한다. 과목별로 단계를 나눠 학생이 강의를 통과했는지, 또는 우수한 성적을 받았는지 등을 결정하며, 전자 업무 모니터링 장치가 교사의 효율성을 감시한다.

2018년 초에 쿤스캅스스콜란은 영국을 포함해 전세계에서 100개 이상의 학교가 이 체제를 이용하고 있다고 주장했다. 이 체제의 추종자들 중에는 토니 블레어와 2010년 이후 연립정부의 교육부 장관인 마이클 고브가 있다. 하지만 이 체제 — 고브가 전국적으로 채택하기를 원한다고 했던 학교 교육 모델 — 를 채택한 잉글랜드의 4개 중등학교 가운데 3개는 이후 평가에서 '낮음'(poor)을 받았고, 4개 학교 모두 다른 재단으로 이전했다. 이를 책임졌던 러닝 스쿨스 재단(Learning Schools Trust)은 2016년에 사업을 접었다.

이러한 사영화 모델은 모두 원활한 공공서비스를 보장해야 할 문지기의 자질과 권위에 의문을 제기한다. 잉글랜드와 웨일스의 아카데미 학교의 경우 문지기 역할은 학교 감독기관인 교육기준청이 맡고 있는데, 2016년 이래 교육 경험이 없는 사람이 수장이다. 헤지펀드 금융업자가 세우고 운영하는 아카데미 체인에 들어가기 전까지 은행 및 경영 컨설턴트 회사에서 일했던 인물이다.[70] 이런 이유로 교육부 장관이 그녀를 임명했을 때 하원 교육위원회가 반대했지만 소용없었다.

구조적인 문제를 살펴보면, 교육기준청은 개별 학교만 감사할 수 있으며 특정 시점에 아카데미 체인이 운영하는 모든 학교를 감사할 법적 권한이 없다. 정부는 교육기준청의 역할을 확대하는 2015년 교육법의 개정을 거부했고, 교육 공유지의 상업적 관리인이 책임을 다하게 하는 문지기의 임무를 방해했다.

세계적으로 보고된 모든 증거가 사영화되고 선별적인 학교 교육이 중앙정부나 지방정부가 운영하는 학교보다 더 나쁘다는 것을 보여준다. 이들 학교는 최소한 원칙적으로는 상업적 이해관계보다 공유지를 존중한다.[71] 잉글랜드의 경우 아카데미 학교는 재원이 더 많음에도 결과라는 관점에서 볼 때 평균적으로 지방정부가 운영하는 학교보다 낫지 않으며, 5개 이상의 학교를 운영하는 아카데미 재단의 경우는 더 나쁘다.[72] 이들 학교는 학교 순위를 높이기 위해 성적이 낮은 학생들이 시험을 보지 못하게 해서 비난을 받았다. 이는 평등권이라는 공유지 원칙에 역행하는 일이다. 이들 학교는 비민주적이다. 학부모는 발언권이 거의 없다. 이들 학교는 학교와 학교 교육을 상품화하고 사영화했으며, 이 모든 것은 학생들에게 가능한 한 최고의 교육을 제공하는 대신 교장과 이사 들에게 돈이 흘러가게 만들었다.

중등교육 이후의 3차교육도 교육 공유지를 포기했다. 부유층 기부자들에게 돈을 받는 것이 한가지 모습이다. 이들은 자신의 명성을 높이거나 교육의 이데올로기적 방향에 영향을 미치길 원할 것이다. 부유한 전직 무기상이 옥스퍼드대학에 자기 이름을 딴 사이드 비즈니스 스쿨(Saïd Business School)을 만들었을 때 대학은 도덕적 원칙을 더럽혔을 뿐만 아니라 가장 천박한 상업주의에 무릎을 꿇은 것이기도 했다. 미국 대학들이 코크 형제 — 우익 억만장자 — 에게 많은 기부금을 받고서 그들이 강의 내용에 관여하고 교수 임용을 결정하도록 했을 때 이 대학들은 교육 공유지를 배반한 것이다.[73]

영국에서 3차교육 공유지는 학생과 기관에 대한 재정 개혁으로 큰 타격을 받았다. 1962년에서 1990년까지 영국 대학과 칼리지의 모든 풀타임 학부생은 자산 심사에 따라 기본적인 재정적 필요에 소용되는 생활비 보조금과 수업료를 받을 자격이 있었다. 기관들도 중앙정부에서 상당한 수준의 직접보조금을 받았기 때문에 수업료는 낮았다. 따라서 저소득층 학생은 부유한 가정의 학생과 넓게 보아 재정적 평등을 누리고 있었다.

그러다 1990~91년에 도입된 학자금 대출이 점차 생활비 보조금을 대체했고, 2015년에는 최빈층 학생에 대한 생활비 보조금을 포함해 모든 생활비 보조금이 폐지되었다. 또한 고등교육 확대에 따른 재정 부담을 정부에서 학생과 그 가족에게 전가하면서 학생들은 훨씬 인상된 수업료 — 1998년 1천 파운드에서 2018~19년 9,250파운드로 — 를 내기 위해 학자금 대출을 받을 수밖에 없었다.

높아진 수업료와 학자금 대출은 사회소득 불평등을 심화시킨다. 저소득층 학생은 수업료 전부나 일부를 감당할 수 있는 가정의 학생보다 학자금 대출이 더 많이 필요하다. 간호사의 자녀들이 사실상 은행가의 자녀들보다 훨씬 더 많은 돈을 지불하는 셈이다. 이것은 평등의 공동체에서 평등하게 공유하는 경험으로서의 교육 공동체를 침식하게 된다. 또한 정부 재원이 삭감되면서 고등교육의 상업화가 심화되고, 더 많은 수업료를 낼 수 있는 비유럽연합 학생들을 유치하고, 연구와 설비를 위해 기업과 부유한 개인에게서 기부금을 모으게 되었다.[74] 이러한 움직임은 학문의 온전성(integrity)과 기준을 악화시키는 경향이 있다. 기부자는 자신이 원하는 것을 주장할 수 있기 때문이다.

대규모 공개 온라인 강좌(MOOCs)의 발전은 교육의 표준화와 상품화로 가는 강력한 흐름을 보여준다. 미국에 본사를 둔 벤처기업 코세라(Coursera)와 유다시티(Udacity, 119개국에서 활동하며 창업자가 "형편없는 제품"이라고 말한 적이 있는 것을 제공한다), 영국에 본사를 둔 퓨처런(FutureLearn)이 주도하는 대규모 공개 온라인 강좌는 급속하게 전세계로 퍼졌다. 이들 기업은 가는 곳마다 교육 공유지를 식민화하고 있다. 초등학생을 대상으로 한 단기 온라인 강좌를 만드는 칸 아카데미(Khan Academy)는 2018년에 매월 천만명의 순 이용자가 있다고 주장했다. 2018년에 3천만명이 넘는 이용자 수를 기록했다고 주장하는 코세라는 현재 온라인 전용 학사학위 과정을 제공하고 있다.[75] 거대 벤처캐피탈 투자회사가 만든 유데미(Udemy)는 2만 2천개 이상의 강좌를 제공하고 있다. 구글은 하버드 대학과 MIT가 시작한 '비영리' 온라인 교육기업 에덱스(edX)와 제휴하여 MOOC.org라는 플랫폼을 세웠다. 이에 따라 누구나 '유튜브 강좌'(YouTube for courses)를 통해 가르칠 수 있다.[76]

이 모든 변종은 '오픈 액세스, 무상 대학교육'을 내세운다.[77] 이들의 모든 주장에도 불구하고 사실상 이들은 지역 관습, 전승된 지혜, 공유된 경험, 경합적인 영역에 기초한 교육 공유지를 부정한다. 이러한 것들은 최적화된 길이로 추정되는 6분 혹은 최적화된 기간이라고 추정되는 4주 강좌라는 표준화된 동영상으로 압축될 수 없다. MOOCs는 지식의 상품화를 대변한다. 호기심 있고 교양 있는 사람들의 사고는 인격적 상호행위를 통해 진화했다. 하버드나 옥스퍼드 교수들의 말을 전세계 학생 청중에게 전달되어 이들이 수동적으로 받아들이는 지혜로 한순간에 압축해서 '캔에 담는' 것은 교습, 교육, 사상의 에토스에 대한 모욕이다. 이것은 공식적인 교육을 지원하고 개선하는 기술의 잠재력을 부정하는 것이 아니다. 그러나 상업적 이해관계가 자유롭게 지배하도록 허용하는 것은 상실하거나 주변화된 것을 무시할 위험이 있다.

MOOCs와 IT 활용에 열광하는 사람들은 대체로 우버와 그 경쟁자들이 택시 서비스를 멈춰세우고 에어비앤비가 호텔 부문을 파괴하는 것과 같은 방식으로 이들이 교육을 혁신하고 있다고 주장한다. 그러나 교육은 사람들이 생각하는 방법을 형성하는 것이기 때문에 이런 주장은 정직하지 못하다. 예를 들어 모듈식 교육, 나노 학위, 마이크로 자격증과 관련된 추세가 있으며, 이는 '층층이 쌓아올린 자격증'으로 이어진다. 수년에 걸쳐 벽돌 위에 벽돌을 쌓아올리듯이 만들어지는 시장 통용 자격증인 것이다.[78]

이렇듯 노동시장에 맞춰 조정된 가르침과 학습의 상품화는 '학력주의' — 사용자가 지원자를 선별할 때 더 많은 일자리 자격증을 요구하는 경향 — 의 강화에 봉사한다. 이는 교육 체제를 협소한 상업적 기준에 맞추도록 하기 때문에 바람직하지 못하다. 그러나 MOOCs 자동평가 체계, 과정 후 숙련기술 평가, 학점의 표준화 등을 제공하는 스타트업과 함께 2차시장이 출현하고 있다.

2017년 보수당 정부는 표준화된 3년 학위과정 대신 2년 학위과정을 도입한다는 계획을 발표했다.[79] 이를 두고 정부의 한 장관은 "25년 사이에 교육 부문에서 가장 중요한 입법"이라고 표현했다.[80] 2년 학위과정을 도입함으로써 자격증을 취득하는 데 들어가는 비용을 줄일 수 있다는 것이었다. 교육부는 그 속성 학위가 3년 학위과정 수준과 동일하다고 발표했다.[81]

대학과 칼리지 조합의 사무총장은 이렇게 불만을 토로했다. "우리의 대학은 학문의 착취 현장이 아니라 학습의 장소로 남아 있어야 하며, 정부는 이런 장소를 높이 쌓아놓고 학생 교육에 값싼 방식으로 이용하는 것에 저항할 필요가 있다."[82] 하지만 소용없었다. 대학은 많은 시간을 들여 지적인 도전을 통해 비판적 사고를 전해주기보다는 암기에 의한 가르침에 의존하는 '학습 공장'이 될 것이다.

교육은 자격증과 신입사원 입장권 취득이 아니며, 아니어야 한다. 상품화와 표준화는 학습이 가진 문화적·토착적 부분을 없애버린다. 또한 '속성 학위'(새로운 2년 학위과정)는 교육에서 퇴행적인 추세도 강화할 것이다. 즉 프레카리아트가 될 운명의 사람들은 2년 과정 학위와 MOOCs로 갈 것이며, 반면에 특권층은 문화적으로 풍부하고 표준화되지 않은 학습의 길로 갈 것이다.

2017년 입법은 또한 대학의 교습 내용에 대한 통제를 더욱 중앙집중화했다. 이는 '고등교육에서 경쟁과 선택을 증대하는' 일을 맡은 새로운 규제기관인 학생처(Office for Students) 설치와 대학을 골드, 실버, 브론즈 등급으로 나누는 교육 수월성 및 학생 성취 프레임워크(TEF)를 통해 이뤄졌다. 하지만 더 많은 선택을 약속한다는 정부의 발표는 교습 내용과 평가에 대해 중앙집중화된 통제를 가한 것과 모순된다. 대학의 본질은 지역 전통 및 지적 발전의 자율성에 대한 존중이다.

영국과 미국을 포함해 많은 나라에서 3차교육의 상품화는 교육 공유지의 전통적인 문지기를 몰아냈다. 행정 담당자 자리에는 금융권 출신 인물들이 늘어났는데, 이들은 종종 학계에서 경력이 별로 없거나 전혀 없으며, 따라서 공유지를 규정하게 되는 구술 전통과 문필 전통을 배운 적이 없는 사람들이다. 문지기의 주된 역할 가운데 하나는 누가 공유지에 들어올 수 있는가를 결정하는 것이다. 상업적 가치관을 가진 인물은 직원에게 새로 들어올 사람에 대해 이렇게 물을지도 모른다. "이들이 잠재적인 기부자와 학생 들을 통해 돈과 명성을 가져다줄까?" 전통적인 학계의 문지기는 이렇게 물을 것이다. "그들이 능력 있는 학자, 공동체의 동료, 냉철한 진리 추구자인가?"

교육 공유지의 또다른 측면은 지식과 연구를 승인하고 전파하는 방법과 관련이 있다. 17세기 이래로 그것의 주된 통로는 정당화, 과학적 발전, 공동체 건설과 보존의 도구인 학술지 혹은 과학지였다. 『왕립학회 철학회보』(*Philosophical Transactions of the Royal Society*)를 시작으로 학술지는 글을 게재한 필자들에게 명성을 가져다주었고 이들의 경력, 평생소득과 생활 보장에 도움을 주었다. 원칙적으로 제출된 논문은 출판되기 전 동료평가를 거쳐야 하는데, 이는 익명의 독립 전문가가 질과 타당성을 평가하는 것이다. 현실에서 이 체제는 점차 비판을 받았다. 도서관과 개인 구독자가 내는 비용이 엄두도 못 낼 만큼 높을 수 있고, 공적 재원에서 나온 연구 결과물을 사람들이 돈을 내고 읽게 하는 것은 잘못된 일이라는 이유에서였다. 많은 학술지가 게재 검토비나 온라인에서 논문을 무료로 읽을 수 있게 하기 위한 비용을 필자들에게 청구한다. 학술지는 특정한 경향의 사상에 포획될 수 있는데, 이는 경제학과 기타 준정치학에서 특히 눈에 띄는 결함이지만 핵심적인 가정과 방법론을 둘러싸고 격렬한 논쟁에 휩싸인 특정 물리학 분야에서도 나타난다. 논문 검토 과정이 너무 오래 걸린다는 비판도 있다.

미국에서는 연구 결과를 좀더 빨리, 임시적으로 유통시키려는 움직임이 있다. 부분적으로 이는 '출판 전 논문'(pre-print, 권위 있는 학술지의 시간이 오래 소요되는 동료 평가 과정을 거치지 않은 완성 논문) 형태로 이루어지는데, 이 경우 광범위한 과학계의 논평과 비판의 대상이 된다.[83] 세계에서 웰컴 트러스트 다음으로 큰 의학연구 자선단체 빌 앤드 멀린다 게이츠 재단은 재단이 돈을 댄 연구를 무료로 배포하며, 열람 이용료를 부과하는 학술지에는 게재하지 못하도록 하고 있다. 이는 민주적인 것처럼 들리고 심지어 지식 공유지를 지지하는 것으로 보이기도 한다. 하지만 이 과정은 지식 공유지의 불편부당한 문지기가 아니라 사적 단체에 의해 추동되고 있다.

3차교육의 상품화는 지배적인 상업적 사고방식을 반영하는 언어의 변화를 수반했다. 정부 장관, 공무원, 대학 행정 담당자 들은 뻔뻔하게도 '교육산업'을 말한다. 2017년 정부의 한 장관은 역사와 예술같이 일자리와 관련 없는 분야를 공부하는 학생은 학자금 대출을 받지 못하도록 하자고 제안하기도 했다. 현재 영국 대학의 3분의 2

이상이 교수와 연구자보다 더 많은 행정·지원 인력을 고용하고 있다.(이런 점은 대학만이 아니다.)[84] 행정직원들은 상업적 기준을 잘 충족하는데, 이는 '경쟁' '효율성 향상' '산출 가능한 결과물' '선택' '순위' 같은 단어, 개념, 관심사로 상징되며, 이것이 이들을 능동적으로 만든다. 대학은 스스로를 상품으로, 고객 혹은 의뢰인 — 잠재적인 학생 — 에게 매력적인 소비품으로 판매하고 있다. 학생 기숙사의 젠트리피케이션은 많은 대학이 지역의 뿌리 및 가치와 점차 분리되어 스스로를 소비의 중심으로 만들고 있는 여러 시도의 한가지 측면일 뿐이다. 현재 대학은 영국 및 해외 대학과 경쟁하면서 브랜드를 팔기 위해 전세계를 돌아다니는 에이전트에게 수백만 파운드를 쓰고 있다.[85]

브랜드를 파는 데 많은 돈과 시간과 에너지를 소비하는 것, 잠재적 학생과 교수진에게 멋진 시설을 제공하는 것은 학습과 교습에 들어갈 자원을 다른 데로 돌리는 일이다. 상품화는 또한 과거에는 학문 '공동체'였던 것 내부에 계급 분화를 강화한다. 맨 꼭대기에는 엄청나게 높은 보수를 받는 소수의 엘리트 행정가와 부총장이 있는데, 이들 가운데 일부는 일년에 50만 파운드 이상을 받으며 몇가지 특전도 있다.[86]

학계 안에서 이러한 엘리트들은 어마어마한 봉급을 끌어모으며, 축구 스타처럼 이적료가 오가기도 한다. 일부는 여러 곳의 대학에서 보수가 좋은 직책을 맡고 있다. 이들의 이름 때문에 학생 고객과 연구기금을 유치할 수 있을 것으로 기대하지만, 이들은 특정 대학의 고유한 가치를 재현하는 데는 아무런 일도 하지 않는다. 그들 아래로 정년이 보장된 연구원과 교수인 학계 살라리아트가 있는데, 이들 다수는 은퇴할 때까지 해당 대학이나 칼리지에 머물기를 기대한다. 이들에게는 예정된 연금, 보너스, 안식년 등이 있다. 일부는 돈을 꽤 벌지만 많은 이들의 경우 인플레로 조정된 소득은 점차 줄어들며, 위계제에서 자신들보다 위에 있는 스타 및 행정 엘리트들보다 확실히 낙폭이 크다. 일부는 MOOCs 제공자에게 자신을 판매함으로써 엘리트에 합류하거나 그러기를 바랄 것이다. 이는 소득의 주요 원천이 될 수 있는, 잠재적으로 수익이 높은 부업이다.

주된 상품화가 일어나는 곳은 살라리아트 아래인데, 학계 프레카리아트가 끝도 없이 늘어나고 있다.[87] 고등교육통계청은 대부분의 일선 교사가 현재 단기계약, 0시간 계약, 시간제, 부분 계약으로 일하고 있다고 밝혔다. 예를 들어 버밍엄대학에서는 2016년에 70퍼센트를 차지했고, 워릭에서는 68퍼센트였다.

이러한 추세는 영국만이 아니라 전세계적 현상이다. 학계 프레카리아트의 증가는 교습의 질을 떨어뜨릴 것이다. 언제, 얼마나, 심지어 무엇을 가르쳐야 할지 알지 못하는 사람이 해당 주제의 지식을 업데이트하거나 형식적인 시간과 에너지 이상을 바치는 데 집중하기란 어려운 일이다. 양방향 학습 경험이어야 하는 교육에서 교사가 학생들과 긴밀한 관계를 맺을 기회도 별로 없을 것이다. 만성적으로 불안정한 교사는 좋은 교사이기 어렵고, 계속해서 좋은 교사로 남기도 어려울 것이다.

학교와 대학 이외의 교육 공유지에는 개인들이 가입해서 활동하는 직업 공동체로서의 기관이 있다. 수백년간 전문직 길드와 수공업 길드가 있었다. 길드라는 이름은 겔드(geld)에서 온 것으로, 공동의 목적을 위해 기여하는 개인들의 결사체라는 의미다. 이는 지식의 전수로 확대되었다. 고대의 윤리 강령은 지식을 다루는 전문가들에게 "세계가 세대에 걸쳐 지식의 안전한 수송에 의존한 것처럼 자신의 화물을 취급하기를" 요구했다.[88] 이것은 교육 공유지의 윤리적 원칙을 아름답게 포착한 것으로, '인적 자본'이라는 흉악한 신자유주의적 개념보다 훨씬 더 많은 것을 담고 있다. 젊은이는 수공업 조합이나 전문직 조합에 들어가 기술, 직종, 직업의 비전(祕傳)을 배웠으며 학습과 숙달된 지식을 미래 세대에 전수할 것이라는 기대를 받았다. 잘 작동하는 직업 공유지에서 경쟁은, 있다 하더라도 장인됨(craftsmanship)의 일부라고 생각되었다.

현대의 '탈규제' 시대에는 무엇이 허용되고 무엇이 그렇지 않은지에 관한 길드 규칙이 국가 자격증으로 대체되었다. 여기서는 정부가 지원하거나 승인한 위원회가 특정 기술이나 직업에 종사할 권리를 부여한다. 윤리적 규칙은 능력의 주된 지표인 '고객 만족'으로 대체되었다. 그 결과 벌어진 윤리와 공감의 침식은 현대 공유지의 비극이다. 그리고 미래에는 온라인 등급 체제가 직업 면허증을 대신할 수도 있는데, 이는 직업의 모습을 길드의 공유지 전통에서 더욱 멀어지게 할 것이다.

역사상 길드는 지대 추구 경향을 가졌음에도 상품화에 대한 제도적 저항을 제공했다.[89] 적절한 규제를 통해 길드가 항상 구현해왔던 생활 및 노동 모델은 아마 그 어느 때보다 지금 정치적 영역에서 광범위한 지지를 끌어내야 한다. 좌파는 주로 그 구성원들을 착취로부터 보호하기 위해 길드의 잠재력에 기대야 하며, 우파는 중앙집중화된 국가에 맞서 주로 개인과 집단을 보호하는 수단으로 길드를 환영해야 한다.

교육은 우리의 국가적 공공의 부와 공통성의 일부이며 또한 그래야 한다. 공유지 기반 교육 체제는 지역 공동체의 최상의 가치 및 전통을 재생산하는 데 적절한 장소를 제공할 것이며, 교육에 관여하고 그곳에서 일어나는 일에 직접적으로 영향을 받는 모든 사람에게 발언권을 주는 거버넌스 구조를 강화할 것이다. 다중이해관계자 협동조합 모델은 이해관계자 모두가 교육의 관리 및 개발에서 목소리를 낼 수 있도록 할 것이다. 이 모델은 행정가나 정부 관리가 아니라 교사와 학생이 주도한다. 이 모델은 유사한 형태를 운영하는 영국의 수백개 학교의 경험에 근거해서 만들어져야 하며, 이때 성원 자격은 직원, 교사, 학생, 지역 공동체에 근거해야 한다.[90]

이에 따라 다음의 조항을 공유지 헌장에 포함해야 한다.

42조 각급 학교 교육 및 교육의 사영화와 상품화를 철회해야 한다. 학생, 교사, 학부모, 지역 공동체를 포함하는 모든 이해관계자가 다중이해관계자 협동조합 모델에 따른 관리 규칙을 가져야 한다.

빅테크에 따르면 모든 것은 기술적으로 해결할 수 있다. 정치와 인습적 시장의 힘에 방해받지 않고 개척자들이 앞서서 일궈나갈 수 있다면 말이다. 이러한 관점이 하나의 정치운동으로서 마지막으로 두드러졌던 때가 정치가들을 몰아낸 1930년대였다는 것을 상기하는 것이 좋겠다. 그 운동의 가장 두드러진 지도자 가운데 한명이 일론 머스크의 할아버지였다. 우주에 대한 일론 머스크의 야망은 이제 공유지의 식민화를 미지의 영토로 옮겨놓고 있다.[91]

기업은 정보 공유지와 지적 공유지를 강탈하는 만큼 승자독식 시장을 만들 수 있다. 빅테크(와 빅파마)가 매우 강력해진 지식재산권 체제와 결합하고 신자유주의 국가가 상업적 승자를 열렬히 후원하게 되면, 지대자본주의가 힘을 받게 되며 지식 공유지는 황폐화되고 무방비 상태에 놓이게 된다.

지적 공유지의 약탈은 또한 교육 공유지의 침식에도 기여했다. 예를 들어 지식재산권 체제는 대학에서 예술과 인문학의 주변화를 가속화했다. 이런 분야는 특허 결과물을 산출하지 못할 테고 따라서 대학이나 대학과 연관된 기업으로 소득이 흘러들어올 수 없기 때문이다.[92] 소득분배를 분석할 때 이러한 추세를 무시하는 것은 불평등이 커진 정도를 은폐하고, 손해를 본 사람들에게서 막 터져나오기 시작한 분노와 고통을 과소평가하는 것이다.

8장

공유지 배당을 위한
공유지 기금

넘치는 건 공평하게 분배하고
각자가 충분히 가지도록
— 윌리엄 셰익스피어 『리어왕』

사회는 그 공유지에 의해 규정되거나, 로더데일 백작이 1804년에 한 말에 따르면 공적인 부가 사적인 부보다 우월한가에 의해 규정된다. 지난 천년 동안 이 땅에 와서 그들의 에너지, 문화, 지성으로 사회를 풍요롭게 해준 모든 사람을 포함해 영국의 공유자들은 자연·사회·시민·문화·지식 공유지라는 풍요롭고 복잡미묘한 그림을 우리에게 물려주었다. 이 공유지는 사회의 모든 구성원에게 속한다. 그러나 우리의 공적 부는 영국 공유지의 침해, 인클로저, 상업화, 사영화, 식민화 등에 의해 약탈당했고 긴축 시대의 무시와 노골적인 사보타주에 의해 가속화되었다.[1] 무엇을 해야 하는가?

이 장에서는 공유지 헌장의 결론에 해당하는 2개 조항을 제안한다. 이것이 제대로 실행된다면 공유자에게 보상하고 생태적으로 지속 가능한 사회를 촉진할 전환적 잠재력을 가질 것이다. 이런 사회에서 안전과 자유와 평등이 꽃필 수 있다.

사회에 대해 새롭게 생각할 때 우리는 우리 모두의 부가 우리 자신이 하는 것보다 우리 앞에 있었던 사람들의 노력, 성취, 운과 훨씬 더 관련이 있다는 것을 성찰해야 한다. 도덕적으로 볼 때 우리 모두는 그러한 집단적 부에 대해 공정한 몫을 가져야 한다. 왜냐하면 누구의 선조가 얼마나 기여했는지를 알 수 없기 때문이다.

모든 형태의 '지대'(rentier)소득 ─ 물리적·금융적·'지적' 재산의 사적 소유에서 나오는 소득 ─ 은 공유되어야 한다. 이러한 자산은 공유지의 인클로저와 포획에서만 나오는 것이 아니다. 공유지의 가치와 거기서 나오는 소득은 궁극적으로 정부가 우리의 이름으로 실시하는 법률, 규칙, 금융정책, 기타 조치 등을 반영한다.

지난 30년간 금융가들은 이전 세대 금융가들보다 어마어마하게 많은 돈을 벌었다. 이것은 그들이 훨씬 더 똑똑하거나 열심히 일했기 때문이 아니라 대처-레이건 시대 금융의 탈규제로부터 이득을 보았기 때문이다. 오늘날 빅테크는 그 선조들보다 훨씬 더 많이 벌고 있다. 1990년대에 지식재산권이 지구화되고 강화되었기 때문이다. 이외에도 수많은 예가 있다. 핵심은 사적인 부가 공유지의 존재와 강탈에서 주로 기인하기 때문에 공유자들은 이에 대해 보상을 받아야 한다는 것이다. 이는 공유지 헌장에서 확실히 가장 전환적인 조항으로 이어진다.

43조 공유지의 상업적 이용 혹은 개발에 대한 부담금을 주 원천으로 하여 공유지 기금(Commons Fund)을 조성해야 한다. 이 기금은 생태적으로 지속 가능한 공동의 부를 만들고 보존하는 데 투자해야 하며, 공유지 배당은 모든 공유자에게 동등하게 해야 한다.

사회정의의 문제로서 모든 형태의 지대소득 — 공유자가 입는 유형의 손실 — 은 공유지 기금에 들어가는 부담금을 져야 한다.[2] 이 기금의 주된 수입은 공유지의 상업적 이용에 대한 부담금에서 나올 것이며, 이는 궁극적 '소유자'인 공유자에 대한 합당한 보상이다.[3] 이 기금의 주된 투자 목적은 GDP 성장이 아니라 공동부(common wealth)의 증진이어야 한다. 무기를 더 많이 생산하는 것은 GDP 성장을 늘린다. 공원을 상업적 사업 대상으로 바꾸거나 자원을 최대한 빨리 사용하는 것도 GDP 성장을 늘린다. 반면에 공유지를 개선하는 것은 그렇지 않다. 기금의 목표가 GDP 증가에 초점을 맞추어서는 안 되는 이유가 이것이다. 공유지 기금은 공유지를 향상시키거나 최소한 공유지에 위협이 되지 않는 기업과 프로젝트로 투자를 엄격하게 제한해야 한다.

이 기금은 세가지 유형의 공유지 관련 부담금에서 나온 돈으로 만들어질 것이다. 첫째, 석유, 천연가스, 광물과 같이 고갈되는 (비재생) 자원. 이는 고정자본으로 취급되어야 한다. 둘째, 숲과 같이 보충할 수 있는 공유지. 이 경우에는 보충 비용을 충당하기 위해 자원을 따로 떼어두어야 한다. 셋째, 공기, 물, 아이디어처럼 고갈되지 않는 공유지. 여기에는 현재의 분배가 가능하도록 부담금을 부과해야 한다.

공유지를 외국 자본이 소유하고 그것의 이용으로 상업적 이득을 얻는 경우에는 더 높은 부담금을 물릴 수 있다. 잉글랜드의 물에 대한 외국 소유권의 경우처럼 외국 자본은 영국 공유자에 대해 실질적인 책임을 지지 않기 때문이다. 추가 부담금은 방치에 대한 보험으로 볼 수 있을 것이다.

공유지 기금은 고갈되는 공유자원의 자본가치를 보존하고 공유지 상실에 대해 공유자에게 보상하는 수단이 될 것이다. 고갈되는 공유자원에 대한 부담금에서 나오는 수입은 고갈되지 않는 공유지 및 보충될 수 있는 공유지에 대한 것과는 다르게 취급해야 한다. 고갈되는 공유자원이 사회에 속하며 공유되어 있다면, 상업적 이익을 위해 이를 고갈시키도록 허용하는 것은 사회로부터 그 자산을 빼앗는 것과 같다. 그것은 또한 미래 세대에게 그 자산 및 그것으로부터 나오는 소득을 박탈하는 것이다.

고갈되는 공유자원을 공유자에게 속하는 자산으로 취급한다는 것은 이를 매각하는 것이 자산 감가상각에 해당한다는 것을 의미하며, 따라서 국가가 이를 매각해 얻는 수익은 당기 수입이 아니라 공적인 부로 취급되어야 한다.[4] 예를 들어 석유와 가스 자원을 채굴, 판매해서 얻는 수익은 생산에서 나오는 소득이 아니라 속담처럼 '집안의 은식기' 판매로 얻은 수익으로 간주해야 한다. 세대 간 공평에 대한 하트윅 규칙을 적용하자면, 고갈되는 자원의 자본가치를 가능한 한 보존해서 현세대뿐만 아니라 미래 세대도 이로부터 이득을 얻을 수 있어야 한다.

공유지 기금은 또한 공유자에게 비용을 강요하는 환경오염 행위에 대해 모든 오염자에게 추가 부담금을 부과함으로써 생태적으로 더 지속 가능한 경제를 촉진할 것이다. 기금에 대한 기여뿐만 아니라, 이 부담금은 오염자가 공유지 침해에 대해 적절한 사회적 비용을 지불해야 한다는 점을 분명히 인식하게 함으로써 생태적·사회적으로 파괴적인 일에 대한 재정적 억지력을 갖는다.

공유지 기금이 가진 또다른 매력적인 측면은 모든 시민에게 공동 소유의 감각을 부여할 것이라는 점이다. 이는 개인적으로는 비용을 증대시킬 수도 있을 그 부담금이 모든 공유자에게 이득이 되도록 설계된 기금으로 간다는 것을 가리킨다. 공유지 기금은 현재 60개 이상의 나라에 있는 국부펀드의 변형일 수 있다. 여기서 제안하는 것은 알래스카 영구기금(Alaska Permanent Fund) 및 노르웨이 석유기금으로 더 잘 알려져 있는 노르웨이 정부 글로벌 연기금(Norwegian Government Pension Fund Global)에 가장 가깝다. 알래스카 기금은 1976년에 만들어졌으며 석유산업에 부과하는 부담금(로열티)으로 조성되었다. 2018년까지 이 기금은 알래스카 GDP의 113퍼센트에 해당하는 가치를 지녔고 다각화된 포트폴리오를 통해 매년 거의 10퍼센트의 수익을 냈다.[5] 하지만 알래스카주 내에서 수년간 성공과 인기를 누린 후에 이 기금이 정치적 개입에 취약하다는 사실이 드러났다. 공화당은 주 소득세를 폐지했으며, 2016, 2017, 2018년에 주지사는 배당금을 삭감했고, 재정 적자를 메우기 위해 기금을 전용할 계획을 세웠다. 이에 대해 지지를 얻지 못하자 그는 2018년 재선 선거 운동 기간에 사퇴할 수밖에 없었다. 그러나 후임으로 선출된 공화당 정치인은 반대 방향으로 갈 뜻을 밝혔고, 지속 불가능할 정도로 배당금을 끌어올려 기금이 고갈될 위험이 생겼다.

노르웨이 기금은 1970년대에 만들어졌다. 이때 노르웨이는 현명하게도 북해 유전에 대해 정부가 가진 몫을 주식으로 보유하고 수익을 기금으로 모아두기로 결정했다. 현재 노르웨이의 장부상 부의 약 60퍼센트에 해당하는 노르웨이 기금에 대해 『이코노미스트』는 "서방 정부가 했던 장기적인 사고 가운데 아마 가장 인상적인 예일 것"이라고 묘사했다.[6] 알래스카 기금과 달리 노르웨이 기금은 정치적 간섭에서 자유롭다. 이 기금은 중앙정부로부터 독립적이며, 중앙은행이 감독하는 이사회가 운영한다. 하트윅 규칙을 존중하는 이 기금은 이전 5년간의 투자에서 나온 연평균 수익에 기초해서 매년 돈을 분배하면서도 자본을 보호했다.

이런 기금들이 가진 위험성이 공유지 기금을 설계할 때 유익한 교훈이 되긴 하지만, 다른 몇몇 사례는 이것들이 시장경제와 양립 가능하다는 것을 보여주었다. 그 가운데 하나가 와이오밍 광물신탁기금(Wyoming Mineral Trust Fund)인데, 광물 채굴 허가권으로 만들어진 것으로 70억 달러 이상의 자산을 축적했다. 그러나 공유지 원칙은 무시되었다. 수입은 기금의 자산가치를 유지하는 것이 아니라 주 소득세를 없애는 데 사용되었다. 따라서 많은 소득세를 내던 부유층이 이득을 본 반면 프레카리아트와 기타 저소득층은 손해를 보았다. 세대 간 공평도 완전히 무시되었다.

또다른 사례는 텍사스 학교영구기금(Texas Permanent School Fund)이다. 이 기금은 텍사스 공립학교에 혜택을 주기 위해 주 입법부가 1854년에 만든 것이다. 나중에 이 기금은 여전히 공공 영역에 있던 주정부 소유 토지와 광물권의 절반에 대한 관리권을 부여받았다. 연방의회가 그 관리권을 주정부로 되돌리는 입법을 한 이후 1953년에 이 기금에는 해안에서 3마일까지 확대한 '수중 토지'가 더해졌다. 오늘날 이 기금은 매년 텍사스 공립학교에 8억 달러 이상을 분배하고, 이와 함께 175억 달러의 대학영구기금(Permanent University Fund)도 운영하고 있다. 이 대학영구기금은 텍사스주의 대학 체제를 뒷받침하기 위한 200만 에이커의 토지 및 그 이용에서 나오는 수익에 대한 실질적인 관리인이다. 비록 일부 선택된 집단 ─ 대학영구기금의 경우 상대적으로 특권적인 집단 ─ 만이 혜택을 보긴 하지만 텍사스 기금은 공유지의 전환적 잠재력을 보여준다.

자연자원을 상품화해서 얻은 수입을 뜻밖의 횡재로 잘못 생각해서 즉시 소비해버린 기금의 사례도 있다. 1956년, 지금의 키리바시 지역의 영국 식민지 행정부는 구아노(인산염) 광상 판매에서 나오는 수입을 거둬들여 투자하기 위해 수입평준화 예비기금(Revenue Equalization Reserve Fund)을 만들었다. 이 광상은 1979년에 고갈되었지만 기금은 어업권 판매에서 나오는 수입으로 보충되어 유지되었다. 이는 수익률이 엄청나게 높아 2000년까지 GDP의 800퍼센트에 달했다. 그러나 정부가 형편없는 투자 결정을 내렸을 뿐만 아니라 당기 지출을 위해 과도하게 인출했기 때문에 이후에 실질가치가 절반이 되었다. 세대 간 공평과 공유권에 대한 존중은 상실되었다.

태평양의 또다른 섬 나우루는 광산이 폐쇄된 이후에도 계속해서 수입을 얻기 위해 1970년대에 인산염에 기반한 기금을 만들었다. 그러나 나우루 정부는 비축금을 당기 지출에 너무 많이 써버렸고, 이로 인해 기금이 금세 고갈되면서 경제는 거의 전적으로 오스트레일리아의 난민처리센터 유치에 의존하게 되었다. 이는 공유지가 어떻게 소멸될 수 있는지에 관한 작은 규모의 예들이다. 이 예들은 자본 기금을 독립체 및 '영구기금'으로 설립해 자본 유지를 책임지게 해야 하며, 투자에서 나오는 순수익만 분배해야 한다는 것을 분명히 보여준다.

좀더 고무적인 사례는 1970년대 중반에 만들어진 셰틀랜드 자선신탁(Shetland Charitable Trust)이다. 지방의회는 북해에서 석유와 가스 채굴을 확대하려는 기업들과 협상을 벌여 지역사회 '불안 보상금'(disturbance payment)을 받아냈고, 지방의회가 관리하는 자선 신탁기금에 이를 적립했다. 2003년에 이 기금은 독립하여 2018년이 되자 2억 3,200만 파운드의 자산을 보유했고, 이미 약 3억 파운드를 분배했다. 이것은 투자수익은 지출하되 자본은 고스란히 유지하는 영구기금이다. 셰틀랜드제도의 주민 2만 3천명이 수익자였다. 기금은 생활수준을 높이고 불평등을 줄이고자 했고, 수백만 파운드를 시티즌스 어드바이스, 셰틀랜드 장애인 레크리에이션 센터를 포함한 시민사회 조직과 활동에, 그리고 노인과 장애인을 위한 버스에 사용했다. 아마도 이 돈을 더 광범위하게 나눌 수도 있었겠지만, 이 기금이 성공한 것은 광물에서 나오는 잠재적인 자본수익을 다시금 보여준다.

이런 사례들에서 알 수 있듯이 대부분의 자본기금은 단일한 공유 자원에 기반한다. 그러나 이런 기금은 모든 공유지에서 나오는 수익으로 만들어질 수 있다. 영국은 이렇게 할 수 있는 기회가 최소한 네번 있었으나 놓쳐버렸다. 대처와 그의 재무장관 나이절 로슨이 1980년대 초에 노르웨이의 예를 따라 북해 석유와 가스에서 나오는 세금을 이용해서 자본국부펀드를 만들었다면 오늘날 쿠웨이트, 카타르, 러시아의 국부펀드를 모두 합친 것보다 더 큰 4,500억 파운드 이상의 자산을 보유했을 것이다.[7] 기금이 이보다 더 커졌을 것이라고 믿는 사람들도 있다. 이것은 영국 정부가 저지른 최악의 경제적 실수 가운데 하나였다. 노르웨이의 북해 석유 생산량 1배럴당 수입은 영국보다 두배 많았다.[8]

놓쳐버린 세번의 기회가 더 있다. 4천억 파운드로 추정되는 공공토지 매각, 750억 파운드에서 1천억 파운드에 달하는 시장가치보다 낮게 이루어진 공영주택 매각, 대략 1,260억 파운드의 가치가 있는 국유기업 매각. 이렇게 공유지를 줄인 부분에서 나온 수익은 현재와 미래의 공유지 가치를 보존하는 데 사용될 수 있었을 것이다. 그렇게 하는 대신 이 수익은 사라져버렸다.

여기서 제안하는 것은 모든 공유지 이용에 대해 부과하는 부담금으로 공유지 기금을 만들고, 이 기금을 모두에게 공유지 배당을 하는 데 사용하자는 것이다. 미국의 경우 기업가 피터 반스는 다음과 같은 방식으로 마련되는 스카이 신탁(Sky Trust)에서 모든 시민에게 배당금을 지급하자고 주장했다. 탄소배출세, 기업이 자연자원(공기, 광물, 물)과 지식재산권을 포함해 법적·금융적 인프라를 사용하는 것에 물리는 부담금, 금융거래세, 주파수 이용에 물리는 부담금.[9]

영국의 경우 공공정책연구소(Institute for Public Policy Research) 가 1,860억 파운드의 가치가 있는 시민국부펀드를 제안했다. 2030년 부터 25세가 되는 국민에게 1만 파운드의 '보편적 최소 상속'을 지급하는 것이다.[10] 이것은 다음의 방식들을 혼합해서 재원을 마련할 것이다. 스코틀랜드 왕립은행의 공공주식을 포함한 자산 매각, 크라운 이스테이트 기금으로의 이전을 포함한 자본 이전, 상속세를 대체하는 증여세 또는 양도세를 포함한 부유세 개혁, 주요 기업이 보통주를 발행할 때 기금으로 가는 최대 3퍼센트의 '가증권'(scrip) 세금을 부과하는 것 등의 새로운 수익 흐름, 끝으로 지난 10년간의 차입금과 재투자되는 수익인데, 이는 크지 않을 것이다.

왕립예술협회(Royal Society of Arts)는 25세 이하의 모든 시민에게 5천 파운드의 '기회 배당'을 주는 '보편적 기본기회기금'을 주장했다. 이를 받은 사람들은 이 돈을 재교육, 소기업 창업, 혹은 원하는 곳에 쓸 수 있을 것이다.[11] 이 기금도 부분적으로는 공동자산 이용에 대한 부담금으로 재원을 마련할 수 있을 것이다.

또다른 그룹은 '자본주의 재모델화' 전략의 일부로 세가지 국가기금 — 시민배당기금(Citizens Dividend Fund), 사회적 돌봄 신탁기금(Social Care Trust Fund), 도시토지신탁(Urban Land Trust) — 을 설립할 것을 제안했다.[12] 이것은 제한된 금융자원을 너무 잘게 쪼개는 '살라미 썰기'의 위험성이 있으며, 따라서 어떤 기금도 제대로 되지 않을 수 있다. 그러나 이 제안은 재정적으로는 실현 가능하다. 또한 시민단체 컴퍼스(Compass)의 보고서는 완전한 기본소득을 도입하기 위한 3단계 접근법을 구상한다. 첫번째 단계는 첫해에 기존의 소득세 인적공제를 매주 25파운드씩 모두에게 지급하는 것으로 바꾸는 것이다. 그다음에는 이후 9년에 걸쳐 액수를 높일 것이며, 이후에는 시민국부펀드를 만들어 지급하게 될 것이다.[13]

공유지 기금은 어떻게 만들어져야 하는가? 기금 관리는 노르웨이

기금과 유사하게 이루어져야 할 것인데, 당대 정부의 선거 이익을 위한 개입을 막기 위해 독립된 이사회와 집행부를 두어야 한다. 이사회는 민주적으로 선출되어야 하며 공유지의 대표자들을 포함해야 한다. 기금은 공유지를 강화하고 세가지 기본 원칙을 존중하는 방식으로 투자되어야 한다. 세가지 기본 원칙이란 예방적 원칙, 공공신탁(Public Trust) 원칙, 하트윅 규칙이다. 환경 및 기타 위험 평가에 널리 이용되는 예방적 원칙은 기금의 투자정책에서 생태적 위험을 최소화하도록 요구한다. 국가가 시민을 위해 자산을 보유하며 이를 보호할 의무가 있다는 내용의 공공신탁 원칙은 고갈될 수 있는 공유자산의 자본가치를 보존하도록 요구한다. 그리고 하트윅 규칙은 미래 세대가 현세대와 동일하게 이득을 얻는 분배정책을 요구한다.

공유지 기금 조성은 부(wealth)에서 시작해야 한다. 어떤 사적인 부도 공적 기여 없이 취득되지 않았다. 여기에는 축적을 가능케 한 물리적·금융적·법적 인프라가 포함된다. 거대한 부를 소유한 사람들은 그것이 자신의 노력과 지혜만으로 이루어진 것이라는 자만심을 보인다. 그리고 부자는 자식에게 재산을 넘겨줄 수 있기 때문에 사적인 부는 시간이 지남에 따라 더 불평등해진다. 부가 소득보다 더 빨리 성장하는 현대에는 특히 그러하다.

1970년 이후 사적 부는 경제의 300퍼센트에서 600퍼센트로 증가한 반면 순 공적 부(부채를 뺀 자산)는 GDP의 50퍼센트에서 오늘날 마이너스로 떨어졌다.[14] 사적 부의 성장은 사실 이보다 더 클 것이다. 왜냐하면 세금회피와 탈세를 위한 부의 은폐가 수익성 좋은 전지구적 산업이 되었기 때문이다. 파나마 페이퍼스(Panama Papers)

가 2016년에 드러냈듯이 수천명의 부자와 정치거물 들이 자산에 대한 세금을 피하기 위해 조세도피처를 이용하고 있었다. 여기에는 당시 영국 총리의 아버지도 포함되었으며, 총리 자신도 한동안 이용했다.[15]

영국의 사적 부는 소득보다 더 집중되어 있다. 모든 가구의 10퍼센트가 국가 부의 45퍼센트를 소유한 반면 하위 절반의 가구는 겨우 9퍼센트를 소유하고 있다. 주식 같은 금융자산을 보면 상위 10분의 1이 70퍼센트를 소유하고 있다.[16] 하지만 부에서 나오는 조세 수입은 모든 조세 수입의 겨우 4퍼센트에 불과하다.[17] 따라서 부에 세금을 더 부과하는 것은 강력한 근거가 있으며, 부분적으로 공적 부를 사적 부로 바꾸는 것 때문에 부의 불평등이 커지는 것을 보면 특히 그러하다. 불평등을 줄이기 위해서는 국가 부에서 공적 부의 몫을 늘리는 전략이 필요하다. 공동부 부담금(Common Wealth Levy)은 공유지 기금을 위한 좋은 출발점이 될 것이다. 이 명칭은 사적 부가 공유지의 이용과 수탈에 상당히 많은 빚을 지고 있다는 것을 인정하는 것이다. 이때 부담금은 부의 세대 간 이전에 초점을 맞추어야 한다.

역사를 통틀어 큰 부가 세대 간 이전을 통해 더 큰 부를 낳는 경향을 막은 것은 상속세였다. 상속세는 2천년도 더 전에 고대 로마에서 도입되었으며, 영국은 1694년에 도입했다. 전통적으로 경제학자들은 이를 지지했다. 보통 주류 경제학의 아버지로 간주되는 애덤 스미스는 이렇게 말했다. "재산을 영구히 마음대로 처분하는 힘은 명백히 부조리하다." 상속된 부는 그 수혜자들이 자신들의 경제활동을 축소하도록 만들며, 분명히 소수에게 '공짜로' 주는 것이다.

하지만 상속세는 사멸하는 중인 것처럼 보인다. 보수당, 신고전파 경제학자, 자유지상주의자 들은 상속세를 '사망세'라고 고쳐 부르며 '이중 과세'라고 비난한다. 그들이 보기에 이미 세금을 낸 근로소득에서 나온 부이기 때문이다.[18] 그러나 이것은 보통 그렇지 않다. 부의 많은 부분은 금융투자 및 토지와 재산의 시장가치 상승에서 나온다. 최소한 부분적으로 이는 토지와 재산의 희소가치를 반영하는 것이다.

상속세 수입은 극적으로 감소했다. OECD 전체에서 1960년대 이래 상속세 수입이 평균 국민소득에서 차지하는 몫은 5분의 3까지 떨어졌다. 미국의 조지 W. 부시 대통령은 상속세를 완전히 없애버리고 싶다고 선언했고, 트럼프 대통령도 그렇게 하겠다고 말했다. 아마 더 놀랄 만한 일은 스웨덴이 상속세를 없앤 첫번째 나라가 되었다는 것이다. 이는 보수당 정부하에서 벌어진 일인데, 이후 사회민주당 정부도 이를 뒤집지 않았다.

부동산 가격과 가치가 급속하게 오른 영국에서는 상속세가 대폭 축소되었다. 2015년 재무부 장관은 주택 소유자에 대한 40퍼센트 상속세 부과 기준을 조정했는데, 2017~18년부터 부부인 경우 65만 파운드에서 85만 파운드로 올렸고 2020년부터는 100만 파운드가 될 것이다. 이것은 가장 부유한 사람들을 우대하는 계급 기반 재정정책이다. 이것은 경제적으로나 도덕적으로나 모두 정당성이 없는데, 특히 공적 수입이 줄면서 — 2020년에는 거의 10억 파운드에 달할 것으로 예상된다 — 공적 예산 적자가 더 커질 것이고, 이는 복지급여를 삭감하는 이유가 될 것이다. 이것은 뒤집어야 한다.

한가지 선택지는 상속된 부에 대해 좀더 누진적인 세금을 도입하는 것이다. 예컨대 시작은 5만 파운드의 부에 대해 10퍼센트로 하고 30만 파운드는 40퍼센트, 50만 파운드 이상은 50퍼센트로 올리는 것이다. 이 중에서 예컨대 상속된 부에 대한 2퍼센트의 부담금은 공유지 기금으로 가야 할 것이다. 한가지 대안은 현행 상속세를 폐지하고 네덜란드, 포르투갈, 스페인, 스위스 등을 포함해 유럽 여러 나라에 있는 일반부유세를 도입하는 것이다. 나라별로 부유세 구조는 다양하지만 대부분 정해진 한계 지점을 넘는 부에 대해 0.5퍼센트에서 3퍼센트 사이의 낮은 세율을 부과하고 있다.

2017~18년에는 50억 파운드 이상에 대해서만 상속세를 인상했는데, 기록적인 것이긴 하지만 부유세로 거둘 수 있는 잠재적 수입과 비교할 때는 적은 것이다. 부동산 자산과 금융자산을 포함해 영국의 부는 2016년 현재 12조 8천억 파운드에 달한다.[19] 따라서 예를 들어 모든 부에 세금을 부과할 경우 1퍼센트의 공동부 부담금으로 1,280억 파운드를 만들 수 있다. 또한 상위 10퍼센트의 가구가 이 나라 부의 거의 절반을 소유하고 있기 때문에 면세 기준점을 영국 가구의 절반에 적용할 수 있는 30만 파운드로 둔다 하더라도 공유지 기금 수입은 여전히 상당할 것이다. 미국에서는 미국이 가진 금융자산(2018년 초에 77조 달러)에만 2퍼센트 세금을 물린다 하더라도 모든 가구에 매년 1만 2천 달러를 지급할 수 있는 수입이 생긴다는 추정이 있다.

사망 전에 소유권을 이전하는 광범위한 관행을 극복하기 위해

[증여세인] 부의 이전부담금(Wealth Transfer Levy)도 있어야 한다. 그것이 모든 부의 이전을 포착하지는 못하겠지만 기존 체제보다는 더 효과적일 것이다.

공유지 기금의 다른 기본 부담금은 땅에 부과해야 한다. 토지가치세(LVT)가 인클로저, 사영화, 상업화로 상실한 공유지에 대한 부담금이 될 것이다. 토지는 고정자산이며 현재 살고 있는 사람들뿐만 아니라 미래 세대에게도 이득이 되도록 이용되어야 한다. 토지에 대한 과세는 18세기부터 모든 정치 영역에서 주장되었다. 토머스 페인은 1797년에 위대한 저서 『토지 정의』(*Agrarian Justice*)에서 이렇게 썼다.

> 인간이 대지를 만들지 않았다. (⋯) 개별 소유인 것은 대지 자체가 아니라 개량된 가치만이다. (⋯) 모든 소유자는 그가 보유한 토지에 대해 공동체에 기초지대(ground rent)를 내야 한다.

토머스 제퍼슨은 더 단호하게 말했다. "대지는 그것의 이용을 위해 살아 있는 사람에게 속하는 것"이며, 토지 보유자가 사망하면 사회에 환원되어야 한다. 애덤 스미스는 1776년에 토지에 대한 과세는 탐욕을 완화하며 공유지를 보호한다고 보았다. 가장 위대한 고전파 정치경제학자라 할 수 있는 데이비드 리카도는 토지에서 나오는 불로소득을 해로운 비정상이라고 불렀다. 존 스튜어트 밀은 토지에 대한 과세가 지주가 얻는 이득을 제한하기 위해 필요하다고 보았다. 헨리 조지는 1879년에 출판되어 널리 읽힌 『진보와 빈곤』(*Progress and Poverty*)에서 정부 투자로 인한 토지 가치의 상승은 충분히 그 투자의 재원이 될 수 있으며, 토지가치세가 다른 모든 세금을 대체해야 한다고 주장했다.

많은 경제학자들이 효율성을 근거로 토지가치세를 지지한다. 왜냐하면 토지는 부동산이고 가시적이므로 회피하기 어렵고, 의욕을 꺾는 영향이 없기 때문이다. 마거릿 대처의 신자유주의 멘토인 밀턴 프리드먼조차 토지가치세를 "가장 덜 나쁜 세금"이라고 말했다. 귀족 지주 가문 출신인 윈스턴 처칠도 지주를 "자신의 부가 나오는 과정에 어떤 기여도 하지 않는" 사람이라며 경멸적으로 보았다.

영국의 경우 사적으로 보유한 모든 토지의 시장가치가 1996년에서 2016년 사이에 네배가 되었으며, 토지를 소유한 사람들이 그 부의 증대를 위한 활동을 거의 또는 전혀 하지 않았음에도 토지 위에 있는 자산의 가치는 두배가 되었다.[20] 가치 증대의 많은 부분은 인프라에 대한 공적 투자와 개발을 위한 건축 허가에서 나온다. 이 자체가 토지 관련 부에 대한 과세를 정당화한다. 영국 및 기타 부유한 산업국가에서 토지 가격의 상승은 2차대전 이후 주택 가격 상승의 약 80퍼센트를 차지한다.[21] 그 수혜자들은 이용 가능한 토지를 희소하게 만들고 시장가치를 부풀린 인클로저의 물결에서 실제로 이득을 본 것이다.

토지가치세에서 나오는 수입은 과세되는 토지에 달려 있을 것이다. 국가통계청의 추산에 따라 영국 내 모든 토지의 가치가 5조 파운드라고 했을 때 1퍼센트의 토지가치세는 매년 500억 파운드가 되는데, 이는 지방세와 영업세를 합한 것에 맞먹는 액수다. 기본적으로 거주자를 위한 면세('정원세'라는 비난을 피하기 위한)가 있을 수 있으며, 비어 있는 부동산과 다주택에 대해서는 더 높은 토지가치세를 매길 수 있다. 소유자가 거주하는 경우를 제외하고 농지 — 현재는 영업세를 면제받는다 — 를 포함하면 3퍼센트의 토지가치세로 330억 파운드 이상을 거둘 수 있다.[22]

토지가치세는 현행 재산세를 **대체**해야 할까, 아니면 토지 보유에 대해 추가로 부과되어야 할까? 토지가치세는 현행 재산세 체제보다 더 공정하고 더 누진적일 것이다. 대토지 소유자와 높은 가격의 토지를 소유한 사람들이 가장 많이 낼 것이기 때문에 누진적일 것이다. 거주자가 지불하는 지방세를 소유자가 지불하는 토지가치세로 바꾸면 임차인의 부담이 줄어들고, 따라서 프레카리아트에게 이득이 된다. 또한 토지가치세는 공적 투자나 개발 계획으로 인해 재정적 이득을 보는 사람들이 거기에 들어간 비용의 일부를 내는 것이기 때문에 공정할 것이다.

토지가치세는 현재 지방세와 영업세로 거둬들이는 수입과 거의 동일한 수입을 올릴 수 있는 수준에서 거주용 토지와 상업용 토지에 부과할 수 있다. 농지, 비어 있는 부동산, 토지은행(개발되지 않았지만 건축 허가를 받아 토지 가격 상승이 예상되는 토지)으로 과세를 확대할 경우 토지개발 부담금과 토지인지세(Stamp Duty Land Tax) — 지리적 이동과 노동의 이동을 방해하는 — 에 대한 보상이 될 것이다. 지방세 수입은 2017~18년에 약 320억 파운드였으며, 영업세는 293억 파운드, 인지세는 약 132억 파운드였다. 하지만 토지가치세가 지방세 및 영업세를 대체하더라도 지방정부 수입은 여전히 유지될 필요가 있다. 현재 영업세 수입은 중앙정부와 지방정부가 나눠 가진다. 토지가치세 체제에서는 중앙정부로 가던 수입이 공유지 기금으로 가야 한다. 그러나 토지가치세율은 현재의 재산세보다 높게 책정할 수 있으며, 이럴 경우 공유지 기금에 사용할 수 있는 수입은 더 커질 것이다.

토지가치세가 현행 재산세에 더해지고 현재 세금이 없거나 적은 토지에도 부과될 경우 여기서 나오는 모든 부담금은 공유지 기금으로 갈 수 있다. 이럴 경우 현행 부동산 가치를 반영하는 지방세 개혁이 수반되어야 한다. 잉글랜드에서 지방세는 1991년의 부동산 가치에 기초하고 있어서 보통의 주택 거주자가 호화 주택 거주자와 같은 세금을 내기도 한다.[23]

건축 허가 부담금도 있어야 한다. 부동산 개발을 위한 건축 허가가 날 경우 토지의 가치는 대폭 상승하며, 토지 소유자에게 어마어마한 소득을 안겨준다. 적어도 그 소득의 일부는 공유자에게 가야 한다. 건축 허가는 공유자의 이름으로 이루어진 것이기 때문이다. 농지 1헥타르에 건축 허가가 나는 것만으로도 그 농지의 시장가치에 250만 파운드를 더할 수 있다.[24] 2018년에 42만 가구의 주택을 지을 수 있는 토지에 건축 허가가 났는데, 건축은 시작되지 않았고 그 대부분은 부동산 개발업자나 투자회사가 토지은행에 보유하고 있다.[25] 증대한 토지 가치에 기반한 부담금은 공유지 기금 조성에 도움이 될 뿐만 아니라 이렇게 토지 매점으로 주택을 더 비싸게 파는 개발업자들에게 압력이 될 것이다.

마찬가지로, 종종 건축 허가를 수반하는 공적 공간의 사영화는 상업적 이익집단에 공적 수단으로 경제적 이득을 주는 것이다. (이에 대해) POPS 부담금을 공평하게 부과해야 한다는 주장이 있다. 또한 6개월 이상 비어 있는 모든 주택에는 토지가치세를 별도로 부과하거나 더 높게 부과해야 한다. 비거주 부담금은 토지 소유자와 부동산 투기꾼 들로 하여금 더 많은 사람들에게 부담 가능한 가격이나 임대료로 주택을 제공하도록 이끌 것이다.

공유자는 또한 오염된 공기와 인위적인 지구 기후 파괴에 대해 보상받아야 한다. 탄소 부담금은 바람직한 것이 아니라 필수적인 것, 지구온난화를 막는 정책의 핵심적인 부분이 되었다.[26] 탄소배출세는 적을지라도 조세 수입을 두배로 올릴 것이고, 다국적기업의 강력한 로비 이후 유럽이 채택한 현행 탄소배출권 거래 체제보다 배출량을 줄이는 데 50퍼센트 이상 효과적일 것이다.[27] 이산화탄소 1톤당 70달러(약 54파운드)의 부담금은 GDP를 약 2퍼센트 증가시킬 수 있으며, 기후변화에 맞서는 파리기후협약에서 각국 정부가 한 약속을 달성할 수 있다.

영국은 탄소 가격 바닥, 즉 기후변화 부담금을 운영하고 있는데, 2016~17년에 약 20억 파운드를 거두었다. 그러나 여기서 상정하는 탄소 가격은 계획된 이산화탄소 배출 감축을 달성하기에는 너무 낮으며, 또한 전력 발전에만 적용된다. 가스에 대한 세금을 도입하고 국내 에너지 소비에 적용되는 부가가치세율 인하(20퍼센트가 아니라 5퍼센트)를 끝내는 것이 가정에서 화석연료 사용을 줄일 더 일관되고 강력한 유인을 제공할 것이다. 탄소 부담금에서 나오는 추가 수입은 연료세 증가분을 포함해 일년에 약 100억 파운드에 달할 것으로 예상된다.

탄소세와 오염세에서 나오는 수입도 공유지 기금으로 가야 하며, 이러한 자연 공유지의 고갈이 저소득층과 저소득층 지역에 더 심각한 타격을 준다는 것을 염두에 두어야 한다. 또다른 생태적 부담금도 필요하다. 자동차소비세와 연료세도 생태세(eco-tax)다. 2016~17년 두 세금의 수입은 매년 340억 파운드였으며, 이 가운데 연료세가 280억 파운드였다. 그러나 현재의 자동차세는 사고, 교통혼잡, 대기오염, 온실가스 배출, 건강 등 사회가 치르는 모든 비용을 포괄하지 못하고 있다. 2018년, 공적 책임을 방기한 정부는 9년 연속 연료세를 동결하면서 승용차 운전자를 보호하고 있다고 자랑했다. 연료세와 자동차소비세를 인상해야 하며, 그 수입은 공유지 기금에 할당해야 한다.

또다른 대기오염 행위에도 부담금을 물려야 한다. 그중 하나가 상용고객 부담금(Frequent Flyer Levy)이다. 항공기에 의한 공기 및 대기 오염보다 더 현대의 공유지 약탈을 상징하는 것은 없다. 오염과 항공기 소음이 환경과 건강에 미치는 영향은 저소득층 사회가 여기에 더 많이 노출되어 있기 때문에 역진적이다. 게다가 항공 부문에 항공권에 대한 연료세와 부가가치세를 면제해주는 것은 역진적인 공적 보조금으로, 비행기를 타지 않는 사람보다 평균적으로 부유한 항공 고객의 여행 경비를 낮추어주는 일이다.[28] 모든 항공권에 대한 부담금은 공유자에게 보상하는 소득의 원천이 될 것이다. 또한 부유층이 비행기를 더 많이 타기 때문에 누진적일 것이며, 따라서 부담금에 더 많이 기여할 것이다.

이와 관련해 제안할 것은 기존의 항공승객세를 없애고 상용고객 부담금으로 대체하는 것이다. 이는 개인이 이용하는 항공편 수에 따라 달라질 것이다.[29] 목표는 승객 수요의 증가를 제한해 더 많은 활주로가 필요하지 않게 하고 온실가스 배출을 줄이는 것이다. 그러나 이 부담금은 모든 항공편에 부과되는 편이 더 간단하다. 각 개인이 타는 항공편 수를 확인하는 일은 비용도 많이 들고 관료적이기 때문이다.

영국에서 항공 수요는 2010년에서 2050년 사이에 두배 이상 증가할 것으로 예상되며, 이는 환경 파괴를 크게 늘리는 원인이 될 것이다. 그러나 이에 대한 책임은 소수에게만 있는 반면 건강 악화와 환경 파괴로 인해 높아진 위험으로 고통받는 것은 우리 모두다. 따라서 부담금을 부과하고 모든 공유자에게 보상하는 배당을 분배하는 것은 정당하다. 또한 미래 세대도 환경 파괴를 경험할 것이기 때문에 상용고객 부담금에서 나오는 모든 수입은 하트윅 규칙에 따라야 한다. 즉 이러한 수입을 횡재로 간주해서는 안 되며, 영구적인 자본 기금에 돈을 넣어야 한다.

또다른 공기 관련 부담금은 크루즈선 부담금이라고 부를 수 있다. 괴물 같은 대양 크루즈선은 엄청난 생태 파괴를 낳는다. 크루즈선은 더러운 디젤 연료를 사용해서 정박하는 곳 주변의 대기를 광범위하게 오염시키며, 건강 문제를 일으키고, 자연 공유지를 황폐화한다. 크루즈선을 엄격하게 규제하는 한편 배의 크기와 영해를 지날 때 사용하는 연료에 근거해 부담금을 물려야 한다.

주파수 경매나 허가에서 나오는 수입 또한 공유지 기금으로 가야 한다. 기업, 즉 방송과 이동통신 사업자가 자연 공유지에 접근함으로써 돈을 벌고 있기 때문이다. 영국 정부는 2000년에 3G 이동전화 주파수 경매를 통해 225억 파운드를 벌었다. 물론 이 경우에는 통신회사가 과다 지급한 것이긴 하지만 말이다. 2013년에 영국 정부는 4G 경매를 통해 23억 파운드를, 2018년에는 5G 경매를 통해 14억 파운드를 벌었다.

풍력 이용에서 나오는 수입에도 풍력 부담금을 물려야 한다. 이 부문은 급성장 중인 경제 영역으로, 사영화를 통해 식민화되고 있다. 화석연료에서 풍력과 태양 에너지로 바꾸려면 부담금이 낮아야 한다는 주장이 있지만, 육지와 그 인근 바다에 부는 바람이 영국 공유지의 일부라는 것은 부정할 수 없다.

스카이라인은 우리 공유지의 일부지만 도시 지역에 엄청나게 자리 잡은 보기 흉한 광고판과 농촌 지역의 흉물스런 상업적 개발로 인해 엉망이 되었다. 스카이라인 훼손에 대해 광고판 부담금을 부과해야 하며, 부담금은 모든 옥외 광고판과 농촌의 상업적 개발에 대해 그 크기 및 공적 가시성에 기초해야 한다. 이런 부담금이 얼마나 될지는 말하기 어렵지만, 얼마를 걷든 공유지 기금에 더해져야 한다.

물은 영국 공유지의 사영화와 식민화에서 최악의 사례다. 가정과 기업이 사용하는 모든 물에 물 사용 부담금을 적용해야 한다. 가정의 경우 부담금은 기본 사용량 이상의 물 소비에 대해서만 부과할 수 있으며, 따라서 약간 누진적일 것이다. 그러나 우리 시대에 물 공급이 점점 취약해지고 있기 때문에 낭비적인 물 사용을 막는 방식으로 설계되어야 한다. 물이 사영화되어 있는 한 물 기업은 추가적인 공유지 부담금을 내야 한다. 이는 기업의 총수익에 기초해야 하는 데, 왜냐하면 기업은 회사에 장기부채를 지우는 방식으로 순이익을 인위적으로 조작하기 때문이다. 공유지 부담금은 강, 저수지, 호수, 해안 등의 상업적 이용에도 적용되어야 한다. 이를 통해 일부 토지와 편의시설이 공유지로 반환되는 것을 촉진할 수 있을 것이며, 이런 부담금은 공유지 기금에 수입을 더해줄 것이다.

공유지 기금의 가장 잠재력 있는 수입원은 광물 및 광산 부담금이다. 물론 하트윅 규칙에 따르면 자본가치를 보존해야 하기 때문에 당대에 배당을 주는 데 가장 큰 수입원은 아닐 수 있다. 최신의 주요한 공유자원은 셰일가스와 탄산칼륨이다. 전자는 에너지를 위한 것이고 후자는 비료를 위한 것이다.

안타깝게도 셰일가스가 유행이다. 약 2천개의 내륙 유정을 탐사를 위해 굴착했고, 랭커셔에 있는 어느 유정에서는 비록 땅울림 때문에 계속해서 중단되긴 했지만 2018년에 생산을 시작했다. 2017년에 정부는 향후 25년에 걸쳐 10억 파운드의 가치가 있는 셰일가스 기금을 조성하겠다는 계획을 발표했다. 이는 "셰일가스가 있는 장소에 사는 사람들에게 이득을 주는 데" 사용될 것이라고 한다.[30] 이 기금은 셰일가스 생산에서 나오는 세금 수입의 10퍼센트를 받아 조성되며, 지역 공동체가 1천만 파운드를 받게 된다. 지역 공동체는 가구에 직접 지급하는 것을 포함해서 어디에 쓸지를 결정할 수 있다. 셰일가스 업계는 또한 탐사 단계에서 모든 수압파쇄 유정에 대해 지역 공동체에 10만 파운드를 지급하며, 탐사 이후 생산이 성공적으로 이루어지면 수입의 1퍼센트를 지급한다는 데 동의했다. 추가로 지방정부는 영업세를 현재의 50퍼센트가 아니라 100퍼센트 부과할 수 있는 권한을 부여받았다. 토지 소유자들은 여전히 자기 토지의 사용에 대해 돈을 받고 있다. 이들을 대표하는 전국농민연합이 셰일가스 개발에 반대하지 않는 것은 놀랄 일이 아니다.[31]

현재 제안된 셰일가스 기금은 본질적으로 수압파쇄법에 대한 반대를 누그러뜨리려는 뇌물이며, 필요한 것이 아니다. 수압파쇄법으로 인한 환경적 위험이 너무 크기 때문에 모든 새로운 채굴은 중단해야 한다.[32] 하지만 만일 수압파쇄법이 허용된다면 총수입에 대해 부담금을 부과해 공유지 기금으로 가도록 해야 한다. 상수도 오염 및 지진 위험성 등 수압파쇄법의 댓가는 지역 공동체와 토지 소유자들 차원을 훨씬 넘어선다. 수압파쇄법 과정에서 나오는 메탄가스 및 기타 온실가스 배출은 전지구적이다. 일부 전문가들은 수압파쇄법으로 생산된 가스가 석탄보다 더 심한 오염을 일으킨다고 주장한다.[33]

수압파쇄법의 선두 주자인 이네오스의 CEO 짐 랫클리프는 자진 신고한 재산이 210억 파운드에 달하는 영국 최고의 부자가 되었다. 2018년 중반에 기사 작위를 받은 직후, 그가 영국에 내는 세금을 회피하기 위해 모나코로 거주지를 옮겼다는 사실이 밝혀졌다.[34] 공유 자원의 이용으로 한 사람이 그렇게 어마어마한 부를 모으는 것은 정당화될 수 없다. 그 수입에 실질적인 부담금을 물려 공유지 기금으로 가도록 해야 한다.

지식 공유지도 공유지 기금을 위한 잠재력이 어마어마한 수입원이다. 이런 부담금은 부분적으로 정보 공유지와 지적 공유지의 식민화에서 특별한 이윤이 나오기 때문에 정당한 것이다. 예컨대 기업이 개인 데이터를 이용하는 것에서 나오는 모든 수입에 대해 10퍼센트의 디지털 데이터 부담금을 부과하는 것은 공정할 것이다. 왜냐하면 우리 공유자가 기술기업에 그런 데이터를 무상으로 제공하는 것이기 때문이다. 데이터를 통해 빅테크가 얻는 가치는 이런 기업이 처음에 데이터를 생성하는 무상 서비스를 제공할 때 드는 비용보다 훨씬 크다.

가상현실의 개척자 재런 러니어는 『미래는 누구의 것인가』(*Who Owns the Future?*)에서 데이터를 제공하는 개인들은 기업이 그 데이터를 이용해서 돈을 벌 때마다 소액 결제금을 받아야 한다고 제안했다. 예를 들어 온라인 데이트 사이트에 가입하는 사람들 가운데 일부는 잠재적 파트너와 연결되지만 이들의 데이터는 기업이 매칭 알고리즘을 개선하는 데 이용되며, 더 나아가 다른 목적에도 이용될 수 있다. 러니어는 이 서비스를 이용하는 사람은 소액 결제금을 받아야 한다고 주장한다.[35] 에드와도 포터도 『뉴욕타임스』에서 유사한 제안을 했다.[36] 에릭 포즈너와 글렌 웨일은 사람들에게 그들의 데이터 이용료를 지불할 경우 미국 가구의 중위소득이 연간 2만 달러 올라갈 것이라고 계산했다.[37] 그러나 이런 체제는 행정적으로 복잡하고 비용이 많이 들며, 다소는 자의적이고 오류가 생길 가능성이 있다. 기술의 과잉 사용에 대해 지불하게 될 텐데, 기술 중독성을 높일 수도 있다. 또한 불평등을 증대시킬 것이다. 저소득층은 온라인 서비스를 덜 사용하는 경향이 있으며, 돈을 벌 수 있는 데이터를 적게 생성하기 때문이다.

정보의 공유지 성격을 존중하는 좀더 평등한 체제는 데이터를 수집하는 기업에 부담금을 부과하고 그 소득을 공유지 기금으로 보내 모두가 배당을 받을 수 있게 하는 것이다.[38] 이는 실현 가능하다. 2018년에 세금회피를 막기 위한 잠정 조치로 유럽연합 집행위원회는 디지털 기업에 지역에서 — 데이터를 제공하는 사람들의 위치에 기초해 — 벌어들이는 수입에 3퍼센트의 디지털세를 부과하는 계획을 세웠다. 120개에서 150개 기업이 영향을 받을 것이다. 이후에 영국 정부는 2020년부터 영국에서 생기는 수입에 2퍼센트의 '디지털서비스세'를 부과한다는 계획을 발표했다.

이런 움직임은 빅테크와 다른 기업들이 사용하는 세금회피 방식에 대한 대응이다. 이들 기업은 이런 방식으로 어마어마한 소득에 대해 세금을 거의 내지 않았다. 유럽 전체에서 디지털 기업은 실효세율로 겨우 9.5퍼센트를 내고 있다고 추정된다. '굴뚝' 기업이 23퍼센트를 내는 것과 비교된다.[39]

온라인 데이터의 규모는 방대하다. 2018년 영국의 온라인 이용자는 5,730만명이었다. 페이스북은 3,260만명, 인스타그램은 1,840만명, 스냅챗은 1,620만명, 트위터는 1,260만명의 이용자가 있다. 영국에서 디지털 광고 수입은 2017년 114억 파운드로 추정되며 급속도로 성장하고 있다. 여기서 구글과 페이스북이 시장의 절반 이상을 차지한다. 구글만 44억 파운드를 차지한다는데, 이는 디지털 광고 지출 전체의 39퍼센트다. 페이스북의 광고 수입은 19억 파운드로 추정되었다.[40]

2017년 아마존이 영국에서 올린 총수입은 110억 파운드가 넘으며, 이는 전년도에 비해 이윤이 세배 증가한 것임에도 (일부 경영진에게 주식을 주고 이를 이윤에서 빼는 방식으로 축소하여) 법인세 납부를 반으로 줄일 수 있었다. 기만적인 세금회피 조작을 통해 아마존은 영국의 세금을 피할 수 있다. 아마존은 2017년에 겨우 450만 파운드를 납부했으며, 심지어 2016년에는 정부에서 세금을 감면받기도 했다.

2016년 구글은 수입이 13억 파운드라고 신고했지만 구글의 미국 장부에 따르면 영국에서 올린 수입이 55억 파운드다. 이는 2017년에 더 높아질 것이다. 구글도 영국에서 언제나 세금을 적게 냈다. 이는 부분적으로는 광고 대부분의 회계를 더블린을 거쳐 하는 방식 때문이다. 페이스북도 이 방식을 이용한다. 페이스북은 영국 내 수입이 8억 4,200만 파운드라고 신고했다. 그러나 실제로는 18억 파운드로 추정된다. 실제 수치가 어떻든 페이스북은 2016~17년에 법인세로 500만 파운드만을 납부했는데, 이는 수입의 1퍼센트 이하다.[41] 빅테크의 지식 공유지 인클로저에 대한 디지털 데이터 부담금 규모는 상당하다.

지식재산권 — 특허, 저작권, 산업디자인, 상표권 — 은 가장 인위적이고 정당하지 못한 지대소득원이다. 지식재산권 체제가 지적 공유지의 포획이라는 사실을 반영해서 그러한 '재산'에서 나오는 독점적 소득에 대해 부담금을 부과해야 한다. 낮은 비율로 부과한다 하더라도 큰 액수가 모일 것이다. 영국에서 특허가 얼마나 소득을 낳는지에 관한 추정치는 없지만 거의 대부분 저작권에 의해 보호받는 '창조 산업'은 2016년 영국 경제에서 거의 920억 파운드의 가치가 있었다. 또한 특허에 보조금을 주어서는 안 된다. 특허에서 나오는 수입에 법인세를 인하해주는 특허 박스(Patent Box) 세금우대 조치는 폐지되어야 한다. 이로 인해 2016~17년에 재무부는 8억 7,500만 파운드의 손실을 보았고, 이득은 주로 대기업이 보았다.

우버, 딜리버루, 아마존 메커니컬 터크 같은 앱 기반 혹은 온라인 '과업 부여' 플랫폼은 플랫폼 소유자에게 커다란 독점적 이윤을 올려주며 비공개 투자펀드가 이를 뒷받침하고 있다. 따라서 모든 온라인 노동 거래에 앱 부담금을 부과해야 한다. 현재는 25퍼센트, 심지어 50퍼센트를 고객이 해당 서비스에 내고 있으며, 이는 서비스 제공자가 아니라 디지털 플랫폼 소유자에게 간다. 이러한 플랫폼은 노동 브로커로서 지대소득을 벌고 있는 것이며, 따라서 지대 부담금을 내야 한다. 가능한 것을 한번 생각해보자. 딜리버루는 2017년에 영국에서 장부상 2억 7,700파운드의 수입을 올렸으며, 영국 우버는 런던의 면허 정지(2018년에 임시로 다시 허가되었다)에도 불구하고 6,600만 파운드의 수입을 올렸다. 우버는 세금회피 수단으로 네덜란드를 통해 위탁 예약을 하며, 따라서 2퍼센트의 거래 부담금은 세금회피를 일부나마 막는 방법일 것이다. 플랫폼 사업은 급속도로 확대되고 있으며, 앱 부담금은 공유지 기금의 유용한 원천이 될 것이다.

끝으로, 공유지 기금은 초기 국면에서 혜택이 압도적으로 부유층에게 가는 감세 구조로 인해 손실을 본 수입뿐만 아니라 선별적 보조금으로 지급되는 수십억 파운드 가운데 일부를 돌리는 방식으로 조성될 수 있다. 2017년 현재 1천개 이상의 감세 조치가 있으며, 이로 인해 일년에 4천억 파운드 이상의 공적 수입 손실이 발생한다. 그 대부분을 단계적으로 폐지해야 하며, 예컨대 1천억 파운드는 공유지 기금으로 돌릴 수 있다. 또다른 수입원은 현재 모든 소비의 약 절반에만 부과하는 부가가치세를 모든 소비로 확대하는 것이다. 이를 통해 약 800억 파운드를 거둘 수 있으며, 이 가운데 일부를 공유지 기금으로 돌릴 수 있다.[42]

요약하자면 공유지에서 얻는 모든 이득에 물리는 부담금은 실질적인 공유지 기금을 조성하는 데 사용될 수 있다. 모일 총액을 정확하게 예상할 수는 없다. 어떤 경우에는 부담금이 의도한 대로 행동의 변화로 이어져 여기서 발생하는 수입이 줄어들 수 있기 때문이다.

공유지 배당: 기본소득으로 가는 길

공유지 기금의 수익은 어떻게 할당하거나 분배해야 하는가? 공유지 기금은 '영구' 자본기금이기 때문에 세대 간 공평이라는 하트윅 규칙을 존중해야 하며, 따라서 미래 세대가 현세대와 마찬가지로 이득을 얻어야 한다. 그러나 공유지 기금은 재생되지 않거나 고갈되는 공유지뿐만 아니라 재생될 수 있고 보충될 수 있는 공유지에 대한 부담금으로도 구성되어야 하며, 여기서 나오는 수입도 분배할 수 있다.

공유지 기금의 한가지 중요한 소득원은 탄소 배출 부담금일 것이다. 그런데 여기에는 두가지 문제점이 있다. 이것은 일반과세이며 따라서 인기가 없을 가능성이 있다는 것, 그리고 저소득층이 더 높은 비율로 비용을 내기 때문에 역진적이라는 것이다. 이것을 정치적으로 인기 있게 하고 누진적으로 만드는 것이 과제다. 캐나다와 스위스의 경험은 정부가 수입 전부 혹은 수입의 대부분을 배당으로 지급한다는 점을 분명히 할 경우 이 두가지를 모두 성취할 수 있다는 것을 보여준다. 예를 들어 스위스에서는 탄소세 수입의 3분의 2가 재사용되는데, 대부분이 의무 건강보험료 감면 형태로 가구에 돌아간다. 이것은 매우 인기 있는 정책이다. 캐나다는 탄소세 수입의 90퍼센트를 개별 가구에 돌려주는 계획을 갖고 있다. 이 계획에 따르면 가구의 70퍼센트는 그들이 내는 높은 연료비보다 많이 돌려받음으로써 이득을 보게 된다.

미국의 한 연구에 따르면 소액의 이산화탄소 배출 부담금은 소득세를 깎아줄 경우 역진적이지만 보편적인 일시지급 방식으로 주는 수당과 결합될 경우 거의 하위 50퍼센트가 이득을 보기 때문에 매우 누진적이라고 한다.[43] 또다른 연구도 배당금 지급과 결합될 경우 부담금이 인기 있을 것이라는 결론을 내린다.[44] 이 아이디어는 정치적 스펙트럼 전반에 걸쳐 지지를 받고 있는데, 미국 민주당과 공화당 정치인들과 27명의 노벨경제학상 수상자가 서명해서 『월스트리트저널』에 실은 기명 칼럼이 이를 잘 보여준다.[45] 이러한 수당이 국가 공유지 기금에 자리 잡고 준보편 배당금을 지급하는 데 사용된다면 더 좋을 것이다.

고갈되지 않는 자원의 부담금에서 나오는 모든 수입은 원칙적으로 매년 분배할 수 있는 데 비해, 고갈되는(소모되는) 자원의 부담금에서 나오는 수입의 경우 기금 수입으로만 가야 한다. 공유지 기금에서 지출할 수 있는 허용치와 관련해서 이것이 의미하는 바는 무엇일까?

좋은 사례가 생태적·윤리적 투자전략을 추구하고 있는 노르웨이 글로벌 연기금이며, 영국도 이를 따라할 수 있다. 오랜 기간 이 기금 은 매년 6퍼센트 이상의 총수익을 얻었고, 행정 비용을 제외하고 매 년 4퍼센트의 순수익을 낳았다. 그러나 이 기금은 전적으로 고갈되는 자원인 석유에 의존하기 때문에 하트윅 규칙을 존중하여 매년 4퍼센 트만 분배할 수 있다. 장기적인 관점에서 석유 자원이 줄어들면서 분배금을 기금 가치의 3퍼센트로 떨어뜨릴 계획이지만, 그때까지 기 금은 더 커질 것이다. 반면에 앞서 제안한 공유지 기금은 '영구적인' 성격을 위험에 빠뜨리지 않으면서 매년 4퍼센트 이상을 분배할 수 있을 것이다. 왜냐하면 고갈되지 않는 공유지의 부담금에서 나오는 소득을 자본을 잠식하지 않으면서 분배에 사용할 수 있기 때문이다.

공유지 기금이기 때문에, 그리고 모든 시민은 평등하게 대우받아 야 하기 때문에 모든 공유자는 동일한 액수를 받아야 한다. 실용적 으로 볼 때 배당은 모든 성인 거주 시민에게 지급해야 하며, 16세 이 하의 모든 아동은 절반의 액수를 받을 것이다. 합법적 이민자는 수 급 자격을 얻기까지 예컨대 2년의 대기 기간이 있을 수 있다. 공유지 기금이 실체를 가지기 전까지 시간이 필요하기 때문에 공유지 배당 은 처음에는 작을 수 있다. 그러나 이 경우에도 저소득층에게는 의 미가 있을 것이다. 공유지 기금이 커지면서 배당금도 커질 것이다. 이 배당을 누진적이고 평등하게 만들기 위해서는 고소득층으로부 터 환수할 수 있어야 한다. 아마 이는 상위 구간의 소득세율(과 인위 적인 법인 설립을 막기 위한 법인세율) 인상을 통해서 가능할 것이다. 이렇게 할 경우 처음부터 더 높은 액수를 지급할 수 있게 되며, 이는 저소득층과 프레카리아트에게 이득이 될 것이다.[46] 그 목표는 공유지 기금과 공유지 배당에 기초한 소득분배 체제를 만드는 것이 되어야 하며, 이는 사람들에게 기본 보장을 하면서 생태적으로 좋은 일이 될 것이다.

공유지 기금을 조성하고 배당을 지급하는 것이 NHS나 교육 같은 사회서비스 지출을 없애는 일이 되지는 않을 것이다. 반대로 이러한 공유지는 강화되어야 한다. 사영화와 상품화를 뒤집고 더 높은 세금과 차입을 통해 지출을 늘려야 한다.

한가지 우려는 배당의 규모를 늘리기 위해 공유자가 공유자원의 채굴 속도를 높이고 공유지를 고갈시키는 상업화를 지지할 수 있다는 것이다. 경제성장과 환경 사이의 수많은 상쇄관계에서도 마찬가지지만 완벽한 대답은 없다. 공유지 기금과 배당이 광물에서 나오는 소득에만 의존할 경우 우려는 더 클 수 있다. 그러나 고갈되지 않는 종류를 포함해 모든 형태의 공유지에 적용되는 부담금은 이런 경향을 약화시킬 것이다. 특정 부담금과 배당 규모 사이에 직접적인 연관이 없기 때문이다. 부담금과 배당 사이의 관계는 공유지 기금을 통해 이루어지기 때문에 공유자는 기금 자체의 운영에 관심을 가질 것이며, 알래스카와 노르웨이처럼 기금 운영에 자부심을 가질 것이다. 더 나아가 광물 생산에 책임이 있는 투자회사나 공공기관은 지역의 정치적 선호가 아니라 장기적인 이윤 극대화를 지침으로 삼을 것이며, 환경 규제의 제한을 받을 것이다. 공유자 —— 시민으로서의 우리 —— 가 단기적인 시야에 머물 것이라 생각할 수 있지만 이는 생

태 교육의 필요성을 강조할 뿐이다.[47]

공유지 배당은 실제로 기본소득일 것이다. 공동체의 모든 합법적 거주자에게 소득, 지출, 가족관계 등과 상관없이 권리로서 무조건 지급되는 소액(modest)의 정기적 지불금이라는 것이다. 따라서 공유지 헌장의 마지막 조항은 다음과 같다.

> **44조** 생계권에 대한 삼림헌장의 헌법적 약속을 상기시키는 공유지 기금은 공유지 배당으로 지급되는, 경제적 권리로서의 기본소득을 도입하는 수단이어야 한다.

처음에는 공유지 배당이 개인의 기본적인 물질적 필요를 충족하기에 충분하지 않을 것이다. 그러나 현대 영국에서 사는 많은 사람들의 경우처럼 임대료와 식품비 지출을 뺀 순소득이 주당 20파운드가 넘는다면, 주당 추가로 30파운드만 생긴다 해도 생활수준에 의미 있는 변화를 줄 수 있다. 여러 기본소득 실험은 기본소득이 조금만 올라가도 영양, 건강, 학교 교육, 경제활동, 사회적 연대에 커다란 긍정적 영향을 줄 수 있다는 것을 보여주었다. 적절한 기본소득으로 가는 것은 세월이 오래 걸리는 여행일 것이다. 예를 들어 연금 체제처럼 다른 주요한 개혁에서도 장기간의 이행기가 필요했던 것과 마찬가지다.

기본소득은 더 공정한 분배 체제를 위한 닻을 제공할 것이다. 그리고 기본소득은 특히 가난한 사람과 주변화된 사람들에게 더 큰 댓가를 요구하는 노동 유연화, 기술 변화, 경제적 불확실성, 공유지 약탈 등에 의해 타격을 받은 프레카리아트에게 보상을 해줄 것이다.

21세기 새로운 소득분배 체제의 닻으로서 기본소득을 제도화하자는 주장은 로봇과 인공지능이 대량 실업을 가져온다든지, 아니면 기본소득이 현행 사회부조보다 빈곤 구제에 더 효과적인 방법이라는 — 그럴 수도 있겠지만 — 대중화된 가정에 근거하는 것이 아니다. 그 주요한 근거는 윤리적인 것이다.[48]

근본적으로 기본소득은 사회정의의 문제다. 우리의 부와 소득은 우리 자신이 하는 어떤 것보다 우리 공동의 선조들이 했던 노력 및 성취와 훨씬 더 많이 관련되어 있다. 우리가 사적 상속을 허용한다면 사회적 상속도 받아들여야 하며, 기본소득을 우리의 집단적 부에 근거한 사회배당(social dividend)으로 간주해야 한다.

더 나아가 낮은 수준이라 할지라도 기본소득은 자유를 증진할 것이다. 정치적 우파는 자유를 설파하지만 재정적 불안정이 합리적 선택을 할 수 있는 능력을 제한한다는 것을 인정하지 않는다. 사람들은 억압적이거나 착취적인 관계에 대해 '아니오'라고 말할 수 있어야 한다. 이는 여성들이 너무나 잘 알고 있다. 그러나 좌파 또한 가부장적 정책을 지지하면서 자유를 무시하고 있다. 복지 수급자는 자선이나 동정의 대상으로 간주되며, 복지를 '받을 만한지'를 스스로 입증해야 하는 자의적이고 침해적인 통제를 당하고 있다.

기본소득은 '공화주의적 자유'를 증진할 것이다. 책임지지 않는 권력자들에 의한 실제적·잠재적 지배로부터의 자유 말이다. 기본소득은 '해방적 가치'가 화폐적 가치보다 큰 유일한 복지정책이다.[49] 권리로서의 기본소득은 프레카리아트가 갖고 있는 탄원자라는 감정을 줄일 것이다. 기본소득은 또한 만성적인 불안전의 시대에 사람들에게 (완전하지는 않지만) 기본적인 보장을 해줄 것이다. 기본적인 보장은 당연한 공공재다. 다른 사람이 기본적인 보장을 받는다고 해서 나의 기본적인 보장이 박탈되는 것이 아니다. 실제로 우리는 다른 사람이 기본적인 보장을 받는 것에서 이득을 본다. 심리학자들은 불안전이 IQ와 '정신적 대역폭'을 감소시키고, 합리적 결정을 할 수 있는 능력을 축소하며, 스트레스와 정신질환을 일으킨다는 것을 보여주었다. 기본적인 보장이 있는 사람들은 좀더 이타적이고, 공감적이며, 연대적이고, 공동체에 참여하는 경향이 있다.

기본소득이 기존의 조세/급여 체제에서도 가능하다는 연구가 있다. 왕립예술협회는 아마존, 페이스북, 애플에 대한 조세만으로도 기본소득을 지급하기에 충분하다고 제안하기도 했다.[50] 개인 배당에만 사용할 경우 1퍼센트의 부유세만으로도 성인에게 매년 2,200파운드, 혹은 매주 42파운드를 지급할 수 있다. 하지만 공유지 기금을 조성하는 것이 존엄한 기본소득을 지급할 수 있는 돈을 모으는 더 크고 더 나은 방법일 것이다. 이 기본소득은 기존의 소득에 더해질 것이며, 지급되는 액수가 올라가면서 더 많은 사람들이 자산심사 급여 기준선보다 더 높은 소득을 갖게 될 것이다. 이에 따라 다른 목적을 위한 공공세입을 절약할 수 있다.

영국에서 아동과 65세 이상에게 매주 40파운드, 16세에서 25세에게 매주 50파운드, 26세에서 64세까지 60파운드를 지급하는 작은 액수의 '시작 단계' 기본소득에는 일년에 1,730억 파운드가 소요될 것이다.[51] 소득세 인적공제를 폐지하고 이 돈을 기본소득을 지급하는 데로 돌린다면 일년에 1천억 파운드 이상을 쓸 수 있게 된다.

한편 재무부는 감세로 인한 세입 손실분 3천억 파운드 가운데 1천억 파운드 환수를 목표로 삼을 수 있다. 이 가운데 절반이 기초배당이라고 부를 수 있는 기금으로 갈 경우 배당에 사용할 수 있는 액수는 이미 1,500억 파운드가 될 것이다. 이 시점에서 공유지 기금이 중요해질 것이다.

앞서 설명한 부담금들로 인해 공유지 기금이 첫해 말에 1천억 파운드가 된다고 가정해보자. 설명을 위해 영구기금 가운데 고갈될 수 있는 자원에서 나오는 부분이 600억 파운드라고 하면 하트윅 규칙이 적용되지 않는 400억 파운드가 남게 된다. 그 절반은 공유지 침해에 대한 보상으로 재활용할 수 있으며, 여기에 기금 투자 순수익, 예컨대 24억 파운드(4퍼센트)가 더해질 수 있다.

이렇게 하면 첫해 이후에 공유지 배당에 사용할 수 있는 액수는 1,720억 파운드가 될 것이며, 이는 초기 목표액을 지급할 때 필요한 것이다. 두번째 해에 공유지 기금은 1천억 파운드가 더 생겨 커질 것이다. 동일한 규칙을 적용하면 기금 가운데 영구적인 부분은 1,200억 파운드가 되며 48억 파운드의 순수익을 낼 것이다. 기금 가운데 비영구적인 부분은 거의 610억 파운드다(첫해의 200억 파운드에 4퍼센트의 수익을 더하고, 여기에 두번째 해에 들어오는 400억 파운드의 부담금이 있다). 이전처럼 비영구적인 부분의 절반을 재활용하면 약 1,500억 파운드라는 기초에 300억 파운드를 더하게 된다.

이 시점에서 배당금으로 지급할 수 있는 총액은 1,800억 파운드가 될 것이다. 세번째 해와 그 이후에는 기금 운영이 예컨대 매주 70파운드 지급을 목표로 할 수 있을 것이다. 최종적으로 지급할 수 있는 배당금이 중위소득의 절반에 도달하면 남은 액수는 다른 공공지출을 위해 재무부로 갈 수 있을 것이다. 비록 이 수치는 예시지만, 공유지 기금이 기본소득 재원을 마련할 수 있으며, 시작할 때는 작은 액수라도 시간이 흐름에 따라 꾸준히 올라간다는 것은 분명하다.

기본소득을 감당할 수 있느냐의 문제는 차치하더라도, 일부 논자들은 기본소득이 나태를 부추기며 '노동 윤리'를 약화시킨다고 주장한다. 이것은 확인 가능한 모든 증거와 배치되며, 특히 모든 형태의 일과 지불되지 않는 노동을 고려할 때 그러하다. 기본소득은 사람들에게 더 많은 에너지, 신뢰, 위험을 감수할 능력을 부여하는 것 외에도 저임금 일자리를 갖지 못하게 하는 주된 요인인 자산심사 체제에 내장된 빈곤의 덫과 프레카리아트의 덫을 제거할 것이다.

기본소득은 사람들의 활동을 자원 고갈적인 노동에서 벗어나 재생산적인 일로 향하게 할 것이다. 공식적인 노동 통계도 돌봄노동을 포함해 공유화에 가치를 두는 것으로 개선되어야 한다. 그렇게 되면 우리는 좀더 생태적으로 지속 가능한 활동을 포함해서 사회의 웰빙을 더 잘 반영하는 방식으로 경제성장을 측정할 수 있을 것이다.

2018년에 국가통계청은 가구에서 수행하는 비지불노동이 1조 2,400억 파운드, 혹은 개인별로 1만 9천 파운드에 달할 것이라고 추정했다. 이는 2005년보다 80퍼센트 더 높은 것이며, 비금융기업 부문의 총 기여분보다 더 크다. 이러한 일에 가치를 부여하고 이를 기본소득으로 정당화할 경우 우리는 불필요하고 자원 고갈적인 일자리 ─ 그중 많은 것이 '쓰레기 같은 일'이라 할 수 있을 ─ 에 대한

집착을 줄일 수 있을 것이다.[52]

　기본소득이 '공짜로' 주는 것이라는 반대 주장이 있는데, 이것은 위선적이다. 상속된 부가 영국의 모든 부의 60퍼센트를 차지하는데, 사적 상속에서 나오는 그런 소득이야말로 그 댓가로 '아무것도 하지 않는다'. 우리가 사적 상속이 지속되는 것을 허용한다면 사회적 부에서 배당을 하는 것에 반대하지 말아야 한다. 어떤 경우든 그것은 '공짜'가 아니며 공유지의 상실 혹은 고갈에 대한 보상일 것이다.

　기본소득은 얼마가 되어야 할까? 솔직한 대답은 미리 알 수는 없다는 것이다. 그러나 처음에는 작은 액수에서 시작해 점점 커지면서, 유니버설 크레디트의 경우처럼 반대 방향으로 가는 것이 아니라 불평등과 불안전이 축소되는 방향으로 나아갈 것이다. 기본소득의 수준은 공유지 기금의 운영에 의해 결정될 것이다. 공유지 기금의 소득이 올라가고 투자가 성공적일 경우 처음에는 작았던 배당이 늘어날 것이다. 최종적으로 이는 다음과 같은 질문으로 이어질 수 있다. 언제 충분한 수준 혹은 그 이상이 될 것인가? 그런 시점에 도달하면 확실히 행복해질 것인가? 이 질문에 대한 대답은 적절한 때에 공유자들이 민주적으로 결정할 수 있을 것이다. 현재로서는 그 대답이 이 전환적인 여정의 진전을 가로막는 데 이용되어서는 안 된다.

에필로그

자유지상주의자와 신자유주의자가 자기 목표를 달성해 모든 것이 사영화되고 상품화된 나라를 상상해보자. 그곳은 빈곤의 디스토피아일 것이다. 거기에서는 대다수 사람들이 프레카리아트로 내몰리고, 과거에 공유지였던 곳에 들어갈 돈을 지불할 수 없으며, 법률 서비스에 대해 돈을 낼 수 없고, 문화적 통로에 접근할 수 없고, 계몽적인 교육을 받을 수 없으며, 데이터에 기초한 알고리즘과 다국적 디지털 플랫폼의 통제와 조작에 종속될 것이며, 부호들이 '지식재산권' 및 기타 자산을 사유화하는 것을 통해 점점 더 많은 지대소득을 축적하고 로비스트, 정치가, 정당 들이 그들의 물질적 이익을 위해 봉사하는 데 자기 재산을 사용하는 것을 무력하게 바라볼 것이다. '부의 창조자'로서 환대받는 부호와 그들의 정치적 하수인들은 이러한 비판을 그저 질투라고 치부할 수도 있겠다.

　그러한 디스토피아는 멀리 있지 않다. 그러한 추세는 분명하다. 그러나 그것은 멈출 수 있고 뒤집을 수 있다. 우리가 그 위험을 인식할 뿐만 아니라 국가의 기둥으로서, 정부와 상업 사이의 완충물로서, 공유자가 시민됨의 감각과 사회적·생태적 풍경을 재생할 수 있는 지대로서 공유지를 재구축할 때 그렇게 할 수 있을 것이다.

공유지는 우리의 집단적 유산이다. 공유지는 시민인 우리가 그렇게 하기를 원한다고 결정하지 않는 한 합법적으로 양도될 수 없다. 우리는 우리 세대뿐만 아니라 미래 세대의 관리인이라는 것을 인식해야 한다. 공유지의 사영화와 상업화, 특히 공유지의 식민화는 절도 행위와 같다. 이는 새로이 만들어진 '재산권'으로부터 소수를 위한 지대소득을 창출하기 위한 부패의 한 형태다. 그리고 이것은 퇴행적이다. 공유지의 상실은 그것에 가장 많이 의존하는 사람들에게 가장 크게 영향을 미친다.

우리의 집단적 유산에 대한 무단침입자들에 맞서 반란을 주도하는 데 가장 큰 관심이 있는 것이 이들이다. 우리는 우리의 헌법적 뿌리로 돌아가야 한다. 마그나카르타와 삼림헌장은 힘 있는 사람들이 빼앗은 공유지에 대한 권리를 회복하는 보상의 헌장이다. 우리는 너무나 은밀하고 불법적인 방식으로 빼앗기고 있는 공유지를 되찾기 위해 새로운 보상의 헌장이 필요하다.

공유지에 대한 광범위한 인식을 부활시키는 것은 우리에게 주어진 시민적·문화적 도전 과제다. 국제공유지연구협회(International Association for the Study of the Commons) 회장 존 파월은 환경식품농무부에서 일할 때 2006년의 공유지법 초안 작성에 조력했는데, 공유지 문제에 대한 관료제의 '지식 결핍'에 대해 한탄한 바 있다. 공무원과 전문가를 줄여버린 긴축으로 인한 삭감은 공유지 방어를 훨씬 약화시켰다.

공유지의 의미와 사회적 중요성에 대해 정책 입안자와 대중을 교육하는 것은 분명 사활적인 일이다. 모든 공무원은 공유지 및 그것에 내재한 가치에 대한 교육과정을 이수해야 한다. 그리고 모든 학교, 칼리지, 대학은 교육과정에 공유지의 가치에 대한 강의를 포함해야 한다.

정치적 도전 과제는 시간의 시험을 견뎌온 공유지를 보존하고, 이를 위해 충분한 자원을 동원하고, 상업의 침해와 침공을 막을 능력과 권한이 있는 관리인과 문지기의 규제 체제를 만드는 것이다. 이를 위해서는 공유자 ─ 우리 모두 ─ 가 경계심을 가져야 하며 능동적이어야 한다. 공유지 배당 혹은 기본소득 수급의 한가지 조건이 공유지를 지키고 강화하기 위해 '우리의 몫을 하는'(법적 강제가 아닌) 도덕적 헌신일 경우 이는 도움이 될 것이다. 그리고 우리는 그렇게 해야 한다.

지금까지 펼친 이야기를 마무리하는 역설이 있다. 공유화 없이는 사회가 있을 수 없지만 우리는 공유화할 공유지가 필요하다는 것이다. 좀 덜 엉뚱한 방식으로 표현하자면, 공유화는 활동을 공유하는 일이지만 짜임새 있는 공유지 없이는 그 활동의 공유가 전환적일 수 없다. 교회 밖 계단에 앉아서 빵을 나누어 먹는 가난한 두 사람은 그저 생존하고 있을 뿐이다. 그것은 아무것도 바꾸지 못한다. 그것은 측은한 일이다. 반면에 협동조합이나 직업길드에서 일어나는 일을 공유하는 것은 소속감을 강화하고, 호혜성을 인식하게 하고, 자기의 발전과 집단의 발전을 바라는 감정, 공유자 '클럽'의 감정을 강화한다. 이것은 고대 그리스로, 시민이 동등한 지위를 갖는 공적 장소인 아고라로 돌아가는 일이다. 그곳에서 그들은 시민적 가치를 나누고 그 가치의 강화에 참여하는 여가, 스콜레(scholé)의 맥락에서 공감, 존엄, 상호 존중이라는 인간적 가치를 배우고 단련했다. 아고라가 없다면 이러한 가치와 참여의 능력은 방관 속에 시들어버린다.

기본소득은 따로 떼어놓고 보아서는 안 되며 지구화된 자본주의의 변화에 대한 진보적 대응의 일부로 보아야 한다. 이는 새로운 공유지를 건설하고, 태곳적부터 생긴 공유지를 재생하는 일을 돕는다. 기본소득은 노동이 아니라 일을, 소비가 아니라 (스콜레의 의미에서) 여가를 장려할 것이다. 기본소득은 노동 기반 '복지'(welfare)나 그 필연적 귀결인 '노동연계복지'(workfare) 대신에 새로운 '커먼페어'(commonfare)를 만드는 데 도움이 될 것이다. 기본소득은 또한 일할 권리의 가치, 보존 및 생계권의 가치를 다시 불러일으키는 데 도움이 될 것이다. 이러한 가치들이 800년 전에 봉인된, 낯설면서도 놀라운 삼림헌장의 첫 페이지가 작성되도록 이끌었다. 그때 적용되었던 가치들이 지금도 적용되며, 다가올 아득한 시간 속에서도 그럴 것이다.

전문

공유지는 사회 속에서 우리의 집단적 유산이며, 우리 공동의 부이고, 우리 공동의 지식이자 우리가 공유하고 있는 전통이다. 공유지는 소득이 낮은 사람, '재산이 없는 사람', 프레카리아트에게 큰 가치가 있다. 공유지의 축소는 이들의 생활수준을 저하시키고 불평등을 악화시킨다. 불평등을 줄이고 시민권을 강화하기 위해서는 공유지를 재생하는 것이 반드시 필요하다.

세대 간 공평이라는 하트윅 규칙 ─ 미래 세대는 현세대와 마찬가지로 공유지에서 혜택을 받아야 한다 ─ 은 존중받아야 한다. 정책은 동등한 공유를 증진하고 뒷받침해야 하며, 공유지의 침해, 인클로저, 사영화, 정부의 방치로 인해 생긴 '고안된 희소성'을 방지하고 철회하기 위해 노력해야 한다.

공유지의 에토스를 되살리기 위해 우리는 관심의 공동체와 공동경영 형태에 기초한 새로운 공유지를 만들고 다음 세대에게 넘겨주기 위해 분투해야 한다. 이 새로운 공유지는 자연·사회·문화·시민·지식 자원을 공유하고 보존하는 관습을 존중한다.

공유지는 강력한 민주적 거버넌스가 있을 경우에만 안전할 수 있다. 공유지의 모든 영역에는 공유지 운영과 보존에 책임이 있는, 확인된 관리인이 있어야 하며, 적절하게 재원을 마련해 문지기를 두어야 한다. 문지기가 없을 경우 관리인은 책임을 지지 않을 수 있다.

자연 공유지

1조 영국 내 모든 토지의 소유권은 관련 고지가 나온 뒤 일년 이내에 토지등기소에 등기해야 한다. 등기하지 않을 경우 벌칙은 해당 토지를 공동소유로 돌리는 것을 포함한다.

2조 토지의 공적 소유와 사적 소유에 대해 포괄적으로 기록한 새로운 둠스데이북을 편찬해야 한다. 이는 모든 공유지와 공동이용 토지를 나타내는 지도를 포함해야 한다.

3조 토지 소유 규모에 기초한 농업 보조금은 폐지해야 한다.

4조 지방정부는 토지를 취득해 소농에게 임대할 수 있는 권한을 회복해야 한다.

5조 삼림헌장의 정신을 유지하면서 삼림위원회가 국가의 숲을 공유지로 보존할 수 있도록 해야 한다. 이는 사유화와 상업화를 멈추고 철회시키는 것, 환경을 보호하면서 공중의 접근을 최대화하는 것을 의미한다.

6조 각급 정부는 2017년 우들랜드 트러스트가 초안을 작성한 나무, 삼림, 인간을 위한 헌장을 지지해야 한다.

7조 국립공원은 생물다양성 지역으로서 보존해야 하며, 상업화는 철회되어야 한다.

8조 돌아다닐 수 있는 오랜 권리를 보존해야 한다. 길과 인도는 2026년으로 예정된 중단 조치 이후에도 확대되어야 한다. 모든 개방형 녹지가 표시된 지도를 모든 사람이 무료로 이용할 수 있어야 한다.

9조 공원을 보호하고 적절한 재원을 투입해야 한다.

10조 도시와 소도시의 도로 및 광장의 사유화를 중단해야 한다. 사적으로 소유된 공적 공간(POPS)은 되돌려야 하며, 공동이용권을 회복해야 한다. POPS를 포함한 모든 도시의 공적 공간에 대한 지도를 만들어야 하고 공중이 이를 이용할 수 있어야 한다.

11조 도시의 나무를 보존하고 수적으로 늘려야 한다. 다 자란 나무는 사람이나 건물에 해가 되지 않을 경우 베어서는 안 된다. 나무 관리의 사영화는 철회해야 한다.

12조 사영화된 물 기업은 공동소유로 회복되어야 한다.

13조 스카이라인은 공유지의 일부다. 옥외 광고판과 광고물로 도시 스카이라인을 막거나 망치는 사람들은 공유지에 부담금을 내야 한다. 누구나 누릴 수 있는 시골을 손상하는 공장, 대형 물류창고, 슈퍼마켓, 기타 비농업 건축물도 마찬가지다.

14조 대기오염은 공유지에 심각한 위협이 된다. 이를 규제하고 세금을 부과해야 한다.

15조 풍력은 자연 공유지로서, 공동소유로 바꾸어야 한다.

16조 지상과 지하, 바다에 있는 모든 자원은 공유지에 속해야 하며,

모든 공유자가 이득을 볼 수 있는 공유지 원칙에 따라 개발해야
한다.

17조 국립공원 같은 공적 공유지 내부와 지하에서 수압파쇄법이나
기타 자원 채굴을 진행해서는 안 된다.

18조 탄소세는 영국이 기후변화에 맞서기 위해 이행하겠다고 약속
한 의무를 충족할 수 있는 수준에서 온실가스 배출을 줄이기 위해
부과해야 한다. 저소득층은 더 높아질 에너지 가격에 대해 보상받
아야 한다.

19조 자연자본위원회는 폐지해야 한다. 자연은 자본이 아니다.

사회 공유지

20조 집에 대한 권리를 회복해야 한다. '〔공영주택〕 매입권'과 사회
주택의 강제 매각은 없어져야 하며, 더 많은 사회주택을 지어야
한다. 지방정부는 거주하지 않는 주택을 징발할 권한을 가져야 한
다. '침실세'는 철폐해야 한다.

21조 지역 공동체는 공동체 소유를 포함한 지역의 주택 공급과 관련
해 계획 및 설계에서 더 많은 발언권을 가져야 한다.

22조 학생 기숙사는 모두가 부담 가능한 수준이어야 하며, 사회주택
의 통상적인 규준에 부합해야 한다. 이는 안전, 적절한 생활공간,
장애인 접근권 등을 포함한다.

23조 우리는 만연한 주거 상실과 싸워야 한다. 전통적인 호스텔과
쉼터는 '주택 공유지'로 대체되어야 하며, 여기서 사람들은 확실
하게 주거와 음식을 보장받아야 하고 기본적인 안도감을 느낄 수

있어야 한다.

24조 공공서비스와 편의시설에 대한 지출 삭감을 철회해야 한다. 사영화되고 외주화된 서비스는 공동소유권으로 되돌리거나 사용자, 즉 공유자의 이익에 맞게 엄격하게 규제해야 한다.

25조 신체장애와 정신장애가 있는 사람들도 POPS를 포함한 공공장소와 시설에 동등하게 접근할 수 있어야 하며, 동등한 사용권을 누려야 한다. 모든 공공 장소와 시설은 장애인이 접근할 수 있어야 한다.

26조 시민농장 수를 보존하고 확대해야 한다. 시민농장 부지를 사영화나 다른 용도로의 변경에서 보호해야 한다.

27조 신선한 지역 산물을 판매하는 지역 시장을 장려하고 보호해야 한다.

28조 생계권의 일부로서 모두에게 식량 안보를 보장하는 정책이 있어야 한다. 풍요로운 사회에는 굶주림이 있어선 안 된다.

29조 면허제 대신 인가제에 기초한 관행을 장려하고 직업 공동체를 부활시켜 길드의 공유지적 전통을 재생해야 한다.

시민 공유지

30조 공적 공간의 사적 소유자는 그 공간의 사용에 대해 어떤 제한이 있는지, 이를 위반할 경우 어떤 '벌칙'이 있는지에 관한 명확한 공고문을 게시해야 한다. 그러나 공적 공간의 사적 소유자가 공공이 소유한 공적 공간에서 시행하지 않는 제한과 벌칙을 부과하도록 허용해서는 안 된다.

31조 형사소송과 민사소송 모두에 대해 권리로서의 법률구조를 제공해야 한다. 이는 기업이나 개인에 의한 공유지의 불법적 강탈에 대해 제기한 소송도 포함해야 한다. 그렇지 않을 경우 이들은 비싼 변호사를 고용하고 비용이 많이 드는 소송도 마구 제기함으로써 법률적 이점을 누릴 수 있다.

32조 보호관찰 서비스를 공동의 공적 서비스로서 회복해야 한다. 감옥과 치안의 사영화를 취소해야 한다.

33조 민간의 사회정책 제공자가 잘못해서 어떤 청구인이 받을 자격이 있는 급여나 서비스를 거부했을 경우 그 제공자는 벌금을 물어야 하며, 그 일부는 부당한 처우를 받은 청구인에게 보상하는 데 쓰여야 한다. 청구인은 공정한 심리 없이 제재를 받아서는 안 된다. 적법 절차 없이 제재를 가해서는 안 된다.

문화 공유지

34조 BBC는 공영방송으로서 고유한 역할을 한다. BBC의 거버넌스를 더 민주적으로 바꿔야 하며, 시청료를 통한 재원 마련은 정부로부터 독립적이어야 한다.

35조 문화 공유지의 침식은 은폐된 형태의 빈곤화와 불평등을 드러낸다. 공적 영역을 재생하고 문화 공유지를 위한 재원을 회복해야 한다.

36조 공동의 창조적 행위와 관련된 활동에서 공유화의 재생을 돕기 위해 신생 문화적 협동조합을 지원해야 한다.

지식 공유지

37조 데이터는 이를 생성한 개인이 소유해야 하고 개인이 동의하는 목적을 위해서만 이용되어야 한다.

38조 프라이버시를 보호하고 기술기업들이 민주적으로 결정된 기준을 따르게 하기 위한 규제가 필요하다. 여기에는 잘못되거나 유해한 콘텐츠를 제거하고 금지하는 것이 포함된다.

39조 유럽연합의 개인정보보호규정을 브렉시트 이후 영국의 무역협정에 포함해야 한다.

40조 지식재산권이 너무 강하고, 지적 공유지를 고갈시키고 있다. 신청된 특허는 철저하게 검토해야 하고 특허 기간은 단축해야 한다.

41조 저작권 보호는 저자 혹은 예술가의 사망과 함께 종료되거나, 과거의 규칙대로 저자 혹은 예술가가 [저작권 보호 기간인] 14년 이내에 사망할 경우 작품이 만들어진 때를 기준으로 14년간 존속되어야 한다.

42조 각급 학교 교육 및 교육의 사영화와 상품화를 철회해야 한다. 학생, 교사, 학부모, 지역 공동체를 포함하는 모든 이해관계자가 다중이해관계자 협동조합 모델에 따른 관리 규칙을 가져야 한다.

공유지 배당을 위한 공유지 기금

43조 공유지의 상업적 이용 혹은 개발에 대한 부담금을 주 원천으로 하여 공유지 기금(Commons Fund)을 조성해야 한다. 이 기금은 생태적으로 지속 가능한 공동의 부를 만들고 보존하는 데 투자해야 하며, 공유지 배당은 모든 공유자에게 동등하게 해야 한다.

44조 생계권에 대한 삼림헌장의 헌법적 약속을 상기시키는 공유지 기금은 공유지 배당으로 지급되는, 경제적 권리로서의 기본소득 을 도입하는 수단이어야 한다.

한국어판 서문

1. E. Pastrreich and L. Hartsell, "Corea as commons: an integral approach to unification," *The Korea Times*, 17 November 2018.

서문

1. G. Standing, *The Corruption of Capitalism: Why Rentiers Thrive and Work Does Not Pay* (London: Biteback Publishing 2016) 271~74면.

1장 삼림헌장

1. 삼림헌장의 모든 인용은 1680년 번역본에서 가져왔으며 이 판본의 대문자 표현과 문법대로 인용했다. 1217년의 원본은 단 2부가 남아 있으며, 더럼성당(Durham Cathedral)과 링컨성(Lincoln Castle)에 있다. 또한 더럼성당은 헨리 3세가 옥새를 얻는 나이가 되었을 때 발행된 현존하는 1225년판 사본 3부 가운데 1부와 현존하는 1300년 발행 사본 5부 가운데 1부를 갖고 있다.

2. N. Robinson, "The Charter of the Forest: Evolving human rights in nature", in D. B. Magraw, A. Martinez and R. E. Brownell, *Magna Carta and the Rule of Law* (Chicago: American Bar Association 2014) 311~77면. 로빈슨의 글은 삼림헌장의 역사를 가장 잘 설명한 것인데, 이 글에서 그는 삼림헌장을 충실히 다룬 책이 전혀 없었음을 언급하고 있다.

3. O. Rackham, *Woodlands* (London: Collins 2006).

4. 일할 권리를 서술하는 방식에 내포된 것은 훨씬 더 급진적인 생각이었다. 공유자는 자신이 생각하기에 삶의 방식을 유지하는 데 필요한 노동만을 할 것이라는 생각 말이다.

5. Robinson, "The Charter of the Forest", 311면.

6. 영구성은 토론의 여지가 있다. 그것은 일시적 약속이었을지 모른다. 그러나 권리의 원칙은 인정되었다.

7. 왕실 삼림관리관은 특히 포리스트오브딘에 여전히 존재한다. C. Hart, "The history of the verderers", at http://www.deanverderers.org.uk/verderer-history.html을 보라.

8. 로빈 후드의 신화는 오랫동안 이데올로기의 전장이었는데, 할리우드 영화들은 그를 초기 자유지상주의자(nascent libertarian) 또는 잠재적 원시 사회주의자로 묘사했다. 잠재적 원시 사회주의자가 당시에 일어났던 것에 더 가까워 보인다. 로빈 후드는 존 왕이 토지와 자원을 약탈하고 사유화하는 것에 맞선 공유지 방어의 상징으로서 신화적이었을 수 있다. 반면, 그의 비열한 적수 노팅엄 주 장관은 마그나카르타 제50조에 공직이 금지된 사람으로 이름이 올라 있다.

9. L. Lohmann, "Forestry, politics and violent conflict", in M. Suliman (ed.), *Ecology and Violent Conflict* (London: Zed Books 1999).

10. O. Rackham, *The History of the Countryside* (London: J. M. Dent 1986) 66면.

11. Rackham, *The History of the Countryside*.

12. Lohmann, "Forestry, politics and violent conflict", 4면에서 인용.

13. S. Fairlie, "A short history of enclosure in Britain", *The Land*, Issue 7, Summer 2009.

14. 이것은 P. Linebaugh, *The Magna Carta Manifesto: Liberties and Commons for All* (Berkeley: University of California Press 2008)에 멋지게 기록되어 있다.

15. Lohmann, "Forestry, politics and violent conflict", 9면에서 인용.

16. C. D. Liddy, "Urban enclosure riots: Risings of the commons in English towns, 1480-1525", *Past and Present*, 226(1), 2015, 41~77면.

17. Linebaugh, *The Magna Carta Manifesto*, 53면.

18. J. Watt, "Public or Plebs: The changing meaning of 'The Commons', 1381-1549", in H. Pryce and J. Watts (eds), *Power and Identity in the Middle Ages: Essays in Memory of Rees Davies* (Oxford: Oxford University Press 2007) 242~60면.

19. Linebaugh, *The Magna Carta Manifesto*, 77면.

20. Linebaugh, *The Magna Carta Manifesto*, 100~05면.

21. Robinson, "The Charter of the Forest", 321면.

22. B. Cowell, "Forests, the Magna Carta, and the 'New Commons': Some thoughts for the Forest Panel", Magna Carta Trust, 13 October 2011.

23. 1971년 법의 길고 복잡한 정식 명칭은 수세기에 걸쳐 벌어진 재해석을 증명한다. 그 명칭은 '야생생물에 대한 여왕 폐하의 일정한 권리들과 그와 관련된 일정한 권리들 및 독점사업권을 폐지하고, (예외조항을 조건으로 하는) 삼림법을 폐지하며, 이 권리들 및 독점사업권, 삼림들 및 삼림법과 관계 법률들 그리고 연관된 목적을 위한 법률들을 폐지하는 법'이다.

24. 또다른 판본이 있다. 둘 다에서, 뛰어난 두번째 연은 이렇게 되어 있다. "법은 우리가 속죄하기를 요구한다/우리가 소유하지 않은 것들을 우리가 가져갈 때/그러나 주인님들과 마님들은 별일 없게 둔다/당신의 것과 나의 것을 가져가는 그들은."

25. Hart, "The history of the verderers".

2장 공유지, 공유자, 공유화

1. P. Linebaugh, *The Magna Carta Manifesto: Liberties and Commons for All* (Berkeley: University of California Press 2008) 79면.

2. 이러한 변증법의 논의에 대해서는 S. Gudeman, *The Anthropology of Economy: Commodity, Market and Culture* (Oxford: Blackwell 2001) 27면; J. K. Gibson-Graham, J. Cameron and S. Healy, "Commoning as postcapitalist politics", in A. Amin and P. Howell (eds), *Releasing the Commons: Rethinking the Futures of the Commons* (London: Routledge 2016)을 보라.

3. I. Illich, "Silence is a commons", Asahi Symposium on Science and Man—The computer-managed society, Tokyo, 21 March 1982.

4. 예컨대 P. Kilby, *Forest Camera: A Portrait of Ashdown*, ed. R. Bowlby (Uckfield, Sussex: Sweethaws Press 1998)가 있다.

5. C. D. Liddy, *Contesting the City: The Politics of Citizenship in English Towns, 1250–1530* (Oxford: Oxford University Press 2017).

6. G. Bathe, *Village Greens* (Stroud: Pitkin Publishing/Open Spaces Society 2016) 8면.

7. D. Bollier, *Silent Theft: The Private Plunder of Our Common Wealth* (New York and London: Routledge 2002) 3면.

8. D. Bollier, "FabLabs, time banks, and other hidden treasures you didn't know you owned", *Yes! Magazine*, 16 July 2014.

9. "Economics focus: Commons sense", *The Economist*, 2 August 2008, 73면.

10. P. Hulm, "The Swiss commune that changed ecology", *Global Geneva*, 12 December 2016.

11. E. Schlager and E. Ostrom, "Property-rights regimes and natural resources: A conceptual analysis", *Land Economics*, 68(3), 1992.

12. E. Ostrom, *Governing the Commons: The Evolution of Institutions for Collective Action* (Cambridge: Cambridge University Press 1990).

13. 링컨셔는 1217년 삼림헌장의 남아 있는 사본 2부 중 1부와 1215년 자유대헌장 원본 4부 중 1부를 보유하고 있는데, 보호를 이유로 몇달에 한번씩 그것들을 어두운 곳에 둔다.

14. 예컨대 N. Fernandez, "How to put an end to the urban commons and 'sharing' once and for all", Resilience.org, 19 January 2016, at https://www.resilience.org/stories/2016-01-19/how-to-put-an-end-to-the-urban-commons-and-sharing-once-and-for-all/가 있다.

15. A. R. Poteete, M. A. Janssen and E. Ostrom, *Working Together: Collective Action, the Commons and Multiple Methods in Practice* (Princeton: Princeton University Press 2010).

16. "To the last grain", *The Economist*, 22 December 2018, 69~71면.

17. M. Riggulsford, "Common as marl", *Geoscientist*, July 2017, 16~19면.

18. 피터 라인보는 헌장의 명시적 권리들 각각에 상응한다고 생각하는 현대 미국 사회정책들의 목록을 만들고자 했다. 이 작업은 20세기에, 심지어 신자유주의의 맹습이 있기 전에 공동의 권리들이 후퇴하고 있었음을 분명히 보여주었을 뿐이다. P. Linebaugh, "The secret history of the Magna Carta", *Boston Review*, Summer 2003.

19. A. Wood, *The Memory of the People: Custom and Popular Senses of the Past in Early Modern England* (Cambridge: Cambridge University Press 2013) 108, 117면에서 인용.

20. Wood, *The Memory of the People*, 201~13면.

21. G. Standing, *The Corruption of Capitalism: Why Rentiers Thrive and Work Does Not Pay* (London: Biteback Publishing 2016).

22. Bollier, *Silent Theft*. P. Linebaugh, *Stop, Thief! The Commons, Enclosures and Resistance* (Oakland, CA: PM Press 2014)도 보라.

23. N. Robinson, "The Charter of the Forest: Evolving human rights in nature", in D. B. Magraw, A. Martinez and R. E. Brownell, *Magna Carta and the Rule of Law* (Chicago: American Bar Association 2014) 319면.

24. 2018년 초에 어느 민주당 상원의원이 말했듯 "대통령은 국립공원관리청장을 여전히 임명하지 않고 있고 내무부 장관 징키(Ryan Zinke)는 가장 인기 있는 국립공원들의 입장료를 세배 인상할 것을 제안했습니다. 그가 이렇게 자문위원회를 무시한 것은 그가 관리인 자격에서 'F'를 받은 이유의 또다른 예일 뿐입니다." S. Neuman and C. Dwyer, "Majority of National Park Service Board resigns, citing administration indifference", npr.org, 17 January 2018.

25. 이 절은 Wood, *The Memory of the People*의 여러 부분에서 영감을 받았다.

26. 예를 들면 P. Connerton, *How Modernity Forgets* (Cambridge: Cambridge University Press 2009)를 보라. 잭 구디는 망각은 창조의 과정일 수 있으며 창조는 보통 일정한 망각을 필요로 한다고 말했다. J. Goody, *Myth, Ritual and the Oral* (Cambridge: Cambridge University Press 2010).

27. World Bank, *The Changing Wealth of Nations: Measuring Sustainable Development in the New Millennium* (Washington DC: World Bank 2011) 9면.

28. G. Standing, *The Precariat: The New Dangerous Class* (London: Bloomsbury 2011); G. Standing, *A Precariat Charter: From Denizens to Citizens* (London: Bloomsbury 2014).

29. 예를 들어 D. Mackay, "New commons for old: Inspiring new cultural traditions", *Landscape Archaeology and Ecology*, 8, 2010, 109~18면을 보라.

30. C. Borzaga and G. Galera, "Innovating the provision of welfare services through collective action: the case of Italian social cooperatives", *International Review of Sociology*, 26(1), 2016.

3장 자연 공유지

1. K. Cahill, *Who Owns the World: The Hidden Facts Behind Land Ownership* (Edinburgh: Mainstream Publishing 2006).

2. E. Purdy, "John Locke", in R. P. Carlisle (ed.), *Encyclopedia of Politics: Vol.2: The Right* (London: Sage Publications 2005) 286면.

3. 인클로저가 기술적으로 결정되지 않았음을 보여주는 유용한 설명에 대해서는 S. Fairlie, "A short history of enclosure in Britain", *The Land*, Issue 7, Summer 2009, at https://thelandmagazine.org.uk/articles/short-history-enclosure-britain 을 보라.

4. 토지 공유지의 발전에 대한 애정 어린 검토는 G. Bathe, *Common Land* (Stroud: Open Spaces Society/ Pitkin Publishing 2015)를 보라.

5. 이 절의 이 통계와 그밖의 통계들은 공유지재단(Foundation for Common Land)의 것이다. http://www.foundationforcommonland.org.uk/the-commons-lands-of-great-britain.

6. "As Brexit negotiations begin, England urged to develop progressive food policy in advance of leaving the EU", Press release, People's Food Policy, 26 June 2017.

7. "The dukes, their tax breaks, and an £8 million annual subsidy", whoownsengland. org, 8 May 2017, at https://whoownsengland.org/2017/05/08/ the-dukes-their-tax-breaks-an-8million-annual-subsidy/.

8. J. K. Boyce, *Inequality and the Environment*, Leontief Prize Lecture, Tufts University, Medford, MA, 28 March 2017.

9. K. Ashbrook, *Saving Open Spaces: The Campaign for Public Rights to Enjoy Commons, Green Spaces and Paths* (Stroud: Open Spaces Society/Pitkin Publishing, 2015) 3면. 위원회의 초기 멤버 중 한 사람은 윌리엄 모리스(William Morris)였다.

10. R. Neate, "UK for sale? Ministers woo world's property developers in Cannes", *The Guardian*, 17 March 2017, 33면.

11. Foundation for Common Land, "Rights of common", at http://www. foundationforcommonland.org.uk/rights-of-common.

12. "To the last grain", *The Economist*, 22 December 2018, 69~71면.

13. S. Sassen, *Expulsions: Brutality and Complexity in the Global Economy* (Cambridge, MA: Harvard University Press 2014).

14. M. Grainger and K. Geary, "The New Forests Company and its Uganda plantations: Oxfam Case Study", Oxfam, London, 21 September 2011.

15. S. Burgos, "Do land grabs promote food security?", Oxfam America blog, 4 September 2013.

16. Woodland Trust, *The State of the UK's Forests, Woods and Trees: Perspectives from the Sector* (Grantham: Woodland Trust 2011).

17. O. Bennett and D. Hirst, "The Forestry Commission and the sale of public forests in England", House of Commons Library note SN/SC/5734, 24 November 2014; EFTEC, *The Economic Contribution of the Public Forest Estate in England* (London: EFTEC, January 2010), Figure 15; Independent Panel on Forestry, *Independent Panel on Forestry—Final Report* (London: Department for Environment, Food and Rural Affairs, July 2012), 9면.

18. B. Webster, "Forests are growing ... into cabin parks", *The Times*, 7 April 2018.

19. C. Davies, "One of Europe's last primeval forests on the 'brink of collapse'", *The Guardian*, 25 May 2017, 22면.

20. G. Monbiot, "The Lake District's world heritage site status is a betrayal of the living world", *The Guardian*, 11 July 2017.

21. "The looting of America's public lands", *The New York Times*, 11 December 2017, 13면.

22. A. Davies, "Turning wilderness into theme parks: The great national parks debate", *The Guardian*, 18 December 2018.

23. G. Bathe, *Public Paths* (Stroud: Open Spaces Society/Pitkin Publishing 2017) 8~9면.

24. Open Spaces Society, "Ten years left to find our way", Henley-on-Thames, April 2016.

25. R. Macfarlane, "Badger or Bulbasaur—have children lost touch with nature?", *The Guardian*, 10 September 2017.

26. 이것은 Graham Bathe, *Village Greens* (Stroud: Open Spaces Society/Pitkin Publishing 2016) 25면의 해석이다.

27. Bathe, *Village Greens*, 25면.

28. A. Wood, *The Memory of the People: Custom and Popular Senses of the Past in Early Modern England* (Cambridge: Cambridge University Press 2013).

29. 2만 7천이라는 수치는 교통지방정부지역부(DTLR)에서 2001년에 수행한 공공공원 평가(Public Parks Assessment)에서 추산한 것이다. 『2016년 영국 공공공원 상태(State of UK Public Parks 2016)』 보고서는 그 수를 2만 2천개에 가깝다고 추산했다.

30. R. Shrimsley, "Putting a price on the perks of parks", *FT Magazine*, 12/13 May 2018, 10면에서 인용.

31. E. Hunt, "London's parks accused of 'creeping privatisation' of public spaces", *The Guardian*, 31 August 2018.

32. B. Christophers, *The New Enclosure: The Appropriation of Public Land in Neoliberal Britain* (London: Verso 2018).

33. J. Vasagar, "Public spaces in Britain's cities fall into private hands", *The Guardian*, 11 June 2012.

34. "Erdogan's outsized ambitions", *The Economist*, 28 April 2018, 23면.

35. 예를 들어 A. Minton, "What I want from our cities in 2015: Public spaces that are truly public", *The Guardian*, 30 December 2014를 보라.

36. B. Garrett, "The privatisation of cities' public spaces is escalating. It is time to take a stand", *The Guardian*, 4 August 2015.

37. K. Allen, "Councils to sell £129m of land and property", *Financial Times*, 1 January 2016.

38. "How much public land is available for housebuilding", 23 November 2016, at https://whoownsengland.org/2016/11/23/how-much-public-land-is-available-for-house-building/.

39. "Crown jewels", *Private Eye*, Issue 1390, 17 April 2015. https://whoownsengland.org/. 가이 슈럽솔과 애나 파월스미스가 운영하는 웹사이트다.

40. "Awash: Money laundering in London", *The Economist*, 13 October 2018, 66면.

41. S. Sassen, "Who owns our cities—and why this urban takeover should concern us all", *The Guardian*, 24 November 2015.

42. Vasagar, "Public spaces in Britain's cities fall into private hands".

43. Vasagar, "Public spaces in Britain's cities fall into private hands".

44. P. Barkham, "Introducing 'treeconomics': How street trees can save our cities", *The Guardian*, 15 August 2015.

45. S. Daniels, "The political iconography of woodland in later Georgian England", in D. Cosgrove and S. Daniels (eds), *The Iconography of Landscape* (Cambridge: Cambridge University Press 1988) 43~82면.

46. D. J. Nowak and E. J. Greenfield, "Declining urban and community tree cover in the United States", *Urban Forestry and Urban Greening*, 32(3), 2018.

47. A. Micu, "The US lost roughly 1 in every 100 urban trees between 2009 and 2014", ZME Science online, 20 April 2018.

48. F. Perraudin, "Sheffield puts forward plan to cut down fewer trees", *The Guardian*, 25 October 2018, 14면.

49. P. Barkham, "Put a price on urban trees—and halt this chainsaw massacre", *The Guardian*, 11 September 2017.

50. H. Pidd, "Sheffield trees dispute prompts 'scenes you'd expect in Putin's Russia'", *The Guardian*, 28 November 2016.

51. G. Monbiot, "Look to Sheffield: This is how state and corporate power subverts democracy", *The Guardian*, 24 October 2017.

52. James Maitland, Earl of Lauderdale, *An Enquiry into the Nature and Origin of Public Wealth and into the Means and Causes of its Increase* (Edinburgh: A. Constable and Co. 1819) 41~42면.

53. "Liquid assets: Land owned by the water utilities", 29 August 2016, at https://whoownsengland.org/2016/08/29/liquid-assets-land-owned-by-the-water-utilities/.

54. K. Bayliss and D. Hall, "Bringing water into public ownership: Costs and benefits", University of Greenwich, London, May 2017, mimeo.

55. R. Graham, "Water in the UK—public versus private", Open Democracy, 19 December 2014.

56. K. Yearwood, "The privatised water industry in the UK. An ATM for investors", Public Services International Research Unit, University of Greenwich, London, September 2018.

57. J. Ford, "Water privatisation looks little more than an organised rip-off", *Financial Times*, 10 September 2017.

58. Yearwood, "The privatised water industry in the UK".

59. D. Hall and E. Lobina, "Water companies in Europe", Public Services International Research Unit, University of Greenwich, London, 2010.

60. D. Carrington, "Thames Water given maximum £8.5 million fine for missing leak target", *The Guardian*, 14 June 2017.

61. Ford, "Water privatisation looks little more than an organised rip-off".

62. G. Plimmer, "London super sewer causes stink over opaque funding structure",

Financial Times, 7 August 2017.

63. 나중에 템스 워터의 비상임이사가 된 이언 피어슨(Ian Pearson)이 정부 각료였을 때 합의서가 작성되었다는 점은 주목할 만하다.

64. 선택지들에 대해서는 *Alternative Models of Ownership*, Report to the Shadow Chancellor of the Exchequer and Shadow Secretary of State for Business, Energy and Industrial Strategy, London, 2017을 보라.

65. D. Bollier, "FabLabs, time banks and other hidden treasures you didn't know you owned", *Yes! Magazine*, 16 July 2014.

66. P. Hulm, "The Swiss commune that inspired a Nobel-prize-winning theory on communal ownership", *Le News*, 13 December 2016.

67. T. McVeigh, "As British tourists take to the seas, giant cruise ship flotillas spread pollution misery", *The Observer*, 8 January 2017, 10면.

68. A. Chrisafis, "'I don't want ships to kill me': Marseille fights cruise liner pollution", *The Guardian*, 6 July 2018.

69. 2018년에 국제해사기구(International Maritime Organization)는 해상운송으로 인한 유황가스 배출을 줄이는 새로운 규칙에 합의했으나, 이에 대한 여러 비판 가운데 하나는 이로 인해 더 많은 유황 배출물이 바다로 유출되는 결과를 낳을 수 있다는 것이다. "Spoil shipping for a ha'p'orth of tar", *The Economist*, 27 October 2018, 57면.

70. J. R. Gillis, "The disappearance of sand", *The International New York Times*, 7 November 2014.

71. 2018년 10월 25만명 이상이 세계문화유산인 시드니 오페라하우스의 지붕 돛 위에서 경마 광고를 하는 것에 반대하는 서명을 했다. 그 광고는 오페라하우스 책임자가 반대했는데도 어쨌든 진행되었다. M. McGowan, "'Not for sale': Sydney Opera House racing ad sparks protest", *The Guardian*, 9 October 2018.

72. M. Taylor, "All Londoners breathing in toxic air particle at levels above global limit", *The Guardian*, 5 October 2017, 4면.

73. D. Carrington, "Millions of British children breathing toxic air, Unicef warns", *The Guardian*, 21 June 2018.

74. 비슷한 결과를 보여주는 연구들 중에서 특히 M. Pastor, J. Sadd and R. Morello-Frosch, "Who's minding the kids? Toxic air, public schools and environmental justice in Los Angeles", *Social Science Quarterly*, 83(1), 2002, 263~80면을 보라.

75. F. Harvey, "Air pollution linked to much greater risk of dementia", *The Guardian*, 18 September 2018.

76. D. Carrington and L. Kuo, "Air pollution causes 'huge' reduction in intelligence, study reveals", *The Guardian*, 27 August 2018.

77. J. K. Boyce, K. Zwickl and M. Ash, "Measuring environmental inequality", *Ecological Economics*, 124, 2016, 114~23면.

78. The Offshore Valuation Group, *The Offshore Valuation: A Valuation of the UK's Offshore Renewable Energy Resource* (Machynlleth, Wales: Public Interest Research Centre, May 2010).

79. *Who Owns the Wind, Owns the Future* (London: Labour Energy Forum, September 2017).

80. R. Godwin, "Sonic doom: How noise pollution kills thousands each year", *The Guardian*, 3 July 2018.

81. J. Vidal, "The map that shames the world", *The Observer*, 16 August 2015, 18~19면.

82. 가장 파괴적인 개발은 수압파쇄법 노다지가 있었던 미국에서 있었다. 텍사스 주 한 지역의 경우 수백만년 동안 지진이 전혀 없었던 곳인데, 수압파쇄법과 관련된 폐수 주입 때문에 상당한 지진활동이 발생했다. T. Dart, "'Like thunder in the ground': Texans fear link between quakes and fracking waste", *The Guardian*, 5 January 2018.

83. B. Davey, "Jim Ratcliffe, Ineos and the empire of trash", Feasta online (Foundation for the Economics of Sustainability), 11 June 2016. 그 연구들에 대해서는 J. Hays and S. B. C. Shonkoff, "Towards an understanding of the environmental and public health impacts of shale gas development: an analysis of the peer reviewed scientific literature, 2009 – 2015", 2 April 2016, at https://www.psehealthyenergy.org/를 보라.

84. L. S. Shaina, S. L. Stacy, L. L. Brink, J. C. Larkin, Y. Sadovsky, B. D. Goldstein, B. R. Pitt, et al., "Perinatal outcomes and unconventional natural gas operations in Southwest Pennsylvania", *PLoS ONE*, 10(6), 2015: e0126425; R. Preidt, "Fracking linked to low birth weight babies", WebMD.com, 3 June 2015, at https://www.webmd.com/parenting/baby/news/20150603/fracking-linked-to-low-birth-weight-babies.

85. A. Vaughan, "Households near fracking site to receive £2,000 payouts directly from Cuadrilla", *The Guardian*, 7 November 2017, 26면.

86. E. Marrington, "National protections for national parks? What a load of potash...", Campaign to Protect Rural England, 24 July 2015.

87. S. Duke, "I'm digging the biggest hole in Yorkshire, says Sirius Minerals boss Chris Fraser", *The Sunday Times*, 22 April 2018.

88. 법학 문헌이 있는데도 경제학자들은 토지 소유권의 깊이와 높이를 거의 고려하지 않는다. 소유자는 땅의 어느 정도 깊이까지 소유하는가? 소유권은 땅 위의 어느 높이까지 확대되는가? 아주 빈번하게 인용되어온 라틴어 경구 *Cuius est solum, eius est usque ad coelum et ad inferos*.는 대략 다음과 같이 해석된다. "땅을 소유하는 사람은 누구나 저 위 천국과 저 아래 깊숙한 지옥까지 권리를 갖는다." 그러나 실제로는 이와 같이 작동하지 않는다.

89. G. Monbiot, "Putting a price on the rivers and rain diminishes us all", *The Guardian*, 7 August 2012; Monbiot, "Putting a price on nature will only speed its destruction", *The Guardian*, 16 May 2018, 4면.

90. A. D. Guerry et al., "Natural capital and ecosystem services informing decisions: From promise to practice", *PNAS—Proceedings of the National Academy of Sciences*, 112(24), 2015, 7748~55면.

91. C. Mayer, "Unnatural capital accounting", *mimeo*, 15 December 2013, 3면.

92. J. Watts, "UN poised to move ahead with landmark treaty to protect high seas", *The Guardian*, 22 December 2017.

93. B. Batt, "Saving the commons in an age of plunder", *American Journal of Economics and Sociology*, 75(2), March 2016, 346~71면.

94. L. Lohmann, "Neoliberalism, law and nature", 5 July 2017, at http://www.thecornerhouse.org.uk/resource/neoliberalism-law-and-nature.

95. 예를 들어 A. Advani and G. Stoye, "Cheaper, greener and more efficient: Rationalising UK carbon prices", *Fiscal Studies*, 38(2), 2017, 269~99면을 보라.

96. S. Pace, "Space development, law, and values", IISL Galloway Space Law Symposium, Cosmos Club, Washington DC, 13 December 2017.

97. Macfarlane, "Badger or Bulbasaur—have children lost touch with nature?"에서 인용.

4장 사회 공유지

1. G. Standing, *A Precariat Charter: From Denizens to Citizens* (London: Bloomsbury 2014).

2. P. Butler, "Report reveals scale of food bank use in the UK", *The Guardian*, 29 May 2017.

3. P. Butler, "Families with stable jobs at risk of homelessness in England, report finds", *The Guardian*, 15 December 2017.

4. House of Commons Committee of Public Accounts, *Homeless Households*. HC 462, Session 2017‒19, House of Commons, 20 December 2017.

5. J. Harris, "Homelessness has surged for seven years. And it's clear who's to blame", *The Guardian*, 13 October 2017.

6. National Audit Office, *Financial Sustainability of Local Authorities 2018*. HC 864, Session 2017‒2019, House of Commons, 8 March 2018.

7. P. Noor, "What's behind the quiet rise of homelessness in the countryside", *The Guardian*, 10 January 2018.

8. M. Bulman, "4,000 women and children fleeing domestic abuse will be locked out of refuges under government proposals, warns charity", *The Independent*, 29 November 2017.

9. W. Wilson and C. Barton, "Introducing a voluntary Right to Buy for housing association tenants in England", House of Commons Library research briefing, 25 October 2018.

10. B. Kentish, "Council house numbers hit lowest point since records began", *The Independent*, 16 November 2017; National Audit Office, *Housing in England: Overview*. HC 917, Session 2016‒17, House of Commons, 19 January 2017.

11. Wilson and Barton, "Introducing a voluntary Right to Buy for housing association tenants in England".

12. M. Savage, "Ministers urged to halt right-to-buy scheme", *The Guardian*, 29 January 2019.

13. A. Griffin, "Grenfell Tower cladding that may have led to fire was chosen to improve appearance of Kensington block of flats", *The Independent*, 14 June 2017.

14. J. Gapper, "Grenfell: an anatomy of a housing disaster", *Financial Times*, 29 June 2017.

15. D. Batty, N. McIntyre, D. Pegg and A. Asthana, "Grenfell: names of wealthy empty-home owners in borough revealed", *The Guardian*, 2 August 2017.

16. A. Chakrabortty, "Jeremy Corbyn has declared war on Labour councils over housing", *The Guardian*, 27 September 2017.

17. R. Booth, "Londoners miss out as homes built as 'safe deposit boxes' for foreign buyers", *The Guardian*, 30 December 2014.

18. O. Wright, "The government has no idea how many houses have been built on publicly owned land that has been sold to developers", *The Independent*, 24 September 2015, 14면.

19. P. Collinson, "UK tenants paid record £50bn in rents in 2017", *The Guardian*, 12 February 2018.

20. "Britain's buy-to-let boom is coming to an end", *The Economist*, 12 December 2017.

21. P. Greenfield and S. Marsh, "Hundreds of homeless people fined and imprisoned in England and Wales", *The Guardian*, 20 May 2018.

22. "Proposed 'homeless ban' in Australia cause for concern—UN expert", Press release, Office of the United Nations High Commissioner for Human Rights, 13 March 2017.

23. R. Moore, "A blueprint for British housing in 2028", *The Guardian*, 21 January 2018.

24. O. Wainwright, "A new urban eyesore: Britain's shamefully shoddy student housing", *The Guardian*, 11 September 2017.

25. "Cladding remediation plans still unclear for 129 high-rise buildings", pbctoday, 26 October 2018, at https://www.pbctoday.co.uk/news/building-control-news/cladding-remediation-high-rise-buildings/48350/.

26. D. Campbell, "NHS privatisation would be 'political suicide', says thinktank", *The Guardian*, 1 February 2018.

27. "Policy transplant", *The Economist*, 4 November 2017, 34면.

28. G. Standing, *The Corruption of Capitalism: Why Rentiers Thrive and Work Does Not Pay* (London: Biteback Publishing 2016) Chapter 7.

29. Y. El-Gingihy, *How to Dismantle the NHS in 10 Easy Steps* (Alresford, Hants: John Hunt Publishing 2015).

30. S. Neville and G. Plimmer, "Non-NHS groups play bigger care role", *Financial Times*, 5 May 2017, 2면.

31. R. Mendick, L. Donnelly and A. Kirk, "The PFI hospitals costing NHS £2bn every year", *Daily Telegraph*, 18 July 2015.

32. National Audit Office, *PFI and PF2*. HC 718, Session 2017–19, House of Commons, 18 January 2018.

33. The Private Finance Initiative Watchdog, "Meet the investment firms that own your PFI-funded public schools and hospitals", 18 February 2015, at https://pfeyeblog.wordpress.com/2015/02/18/meet-the-investment-firms-that-own-your-pfi-funded-public-schools-and-hospitals/.

34. G. Wearden, "Carillion collapse exposed government outsourcing flaws—report", *The Guardian*, 9 July 2018.

35. National Audit Office, *NHS England's management of the primary care support services contract with Capita*. HC 632, Session 2017–19, House of Commons, 17 May 2018.

36. D. Campbell, "NHS chiefs tell Theresa May it is time to curb privatisation", *The Guardian*, 7 January 2019.

37. P. Toynbee, "Now NHS are stripping basic medicines from the poor", *The Guardian*, 17 August 2017.

38. R. Clarke, "If no one listens to us, the NHS will face its own Grenfell-style disaster", *The Guardian*, 12 July 2017.

39. J. Ford, "Private equity is the wrong prescription for social care", *Financial Times*, 17 December 2017.

40. S. Duffy, "The failure of competitive tendering in social care", Centre for Welfare Reform, 12 October 2017.

41. "The size of the social care problem: Three million hours of care lost in three years", Age UK, 1 June 2018.

42. "Care system is failing, finds CSA survey", Age UK, 10 May 2018.

43. R. Adams, "Hundreds of children's playgrounds in England close due to cuts", *The Guardian*, 13 April 2017.

44. R. Ratcliffe, "Children are being priced out by 'pay to play' in public spaces", *The Guardian*, 13 December 2015.

45. C. Lewis, "Three years on from its sale, the privatisation of Royal Mail is a story of our times", *Huffpost*, 15 October 2016.

46. M. Brignall, "Royal Mail queues lengthen as depots close across UK", *The Guardian*, 15 December 2018.

47. "Life in the slow lane", *The Economist*, 5 March 2016, 25면.

48. G. Plimmer and J. Ford, "Rail: Frustration grows with Britain's fragmented network", *Financial Times*, 29 January 2018.

49. Plimmer and Ford, "Rail: Frustration grows with Britain's fragmented network".

50. N. Flynn, *Public Sector Management*, 6th edn (London: Sage 2012).

51. R. Davies, "Network Rail sells railway arches to investors for £1.5bn", *The Guardian*, 10 September 2018.

52. "Buses in crisis, 2017", Campaign for Better Transport, at https://bettertransport. org.uk/buses-crisis-2017. *Buses in Crisis: A Report on Bus Funding Across England and Wales 2010–2016* (London: Campaign for Better Transport 2015).

53. R. Morrison, "The arts column: When we cut rural bus routes we cut our vital culture and tourism", *The Times*, 2 December 2016, 3면.

54. "Ex-minister slams DWP as £108m spent fighting disability benefit claims", *The Guardian*, 12 February 2018, 10면.

55. K. Shubber, "Learndirect faces collapse after failing to suppress Ofsted report", *Financial Times*, 14 August 2017.

56. G. Standing, *Work after Globalization: Building Occupational Citizenship* (Cheltenham: Edward Elgar 2009).

57. H. Chance, *The Factory in the Garden: A History of Corporate Landscapes from the Industrial to the Digital Age* (Manchester: Manchester University Press 2018).

58. J. Harris, "Turf wars escalate in the battle for Britain's allotments", *The Guardian*, 31 May 2013.

59. "A people's food policy: Transforming our food system", June 2017, at https:// www.peoplesfoodpolicy.org/를 보라.

60. National Audit Office, *NHS England's management of the primary care support services contract with Capita*.

61. Local Government Association, "LGA responds to 2015 spending review", Press release, 25 November 2015.

62. G. Kelly, "We can't all be winners as a new welfare state emerges", *The Guardian*, 28 October 2018, 44~45면; P. Butler, "Deprived northern regions worst hit by UK austerity, study finds", *The Guardian*, 28 January 2019.

63. P. S. Goodman, "In Britain, austerity is changing everything", *The New York Times*, 28 May 2018.

64. *The Great British Sell Off: How We're Losing Our Vital Publicly Owned Buildings and Spaces Forever* (London: Locality, June 2018).

5장 시민 공유지

1. A. Wood, *The Memory of the People: Custom and Popular Senses of the Past in Early Modern England* (Cambridge: Cambridge University Press 2013) 125면.

2. "Schumpeter: Jail bait", *The Economist*, 29 October 2016, 58면.

3. J. Harris, "Britain's shared spaces are vanishing, leaving us a nation of cliques", *The Guardian*, 4 September 2018.

4. K. Rawlinson, "Gangs' families should lose council homes—Home Office minister", *The Guardian*, 23 June 2018.

5. Amnesty International, *Trapped in the Matrix. Secrecy, Stigma and Bias in the Met's Gangs Database*, London, May 2018.

6. O. Bowcott, "Court fees jeopardise Magna Carta principles, says lord chief justice", *The Guardian*, 8 October 2015.

7. "US: Criminal justice system fuels poverty cycle", Press release, Human Rights Watch, 21 June 2018.

8. L. MacKinnon, "Top court hears from marginalized offenders crushed by mandatory victim surcharge", iPolitics, 17 April 2018.

9. Equality and Human Rights Commission, *Is Britain Fairer? The State of Equality and Human Rights 2018* (Manchester: EHRC 2018).

10. S. Krasniqi, "Are we at risk of losing the right to a fair trial?", *Prospect*, 14 August 2018.

11. R. Davies, " 'Recklessness, hubris and greed'—Carillion slammed by MPs", *The Guardian*, 16 May 2018.

12. O. Jones, "Carillion is no one-off scandal. There are many more to come", *The Guardian*, 17 May 2018, 3면.

13. N. Cohen, "In Britain now, the richer you are, the better your chance of justice", *The Guardian*, 21 April 2018.

14. H. M. Devlin and V. Dodd, "Falling forensic science standards 'making miscarriages of justice inevitable'", *The Guardian*, 19 January 2018.

15. D. Neuberger, "The power of judges in the UK", *Prospect*, 1 November 2018.

16. "Crime and punishment: England's tragic failure", *Financial Times*, 7 June 2018.

17. J. Grierson, "Nearly 10,000 police officers have taken second jobs—survey", *The Guardian*, 7 August 2018.

18. M. Rowe, "Private policing part two: Hampstead", *Professional Security Magazine Online*, 17 November 2015.

19. R. Mason and L. Peacock, "Billion-pound scandal in welfare-to-work", *Daily Telegraph*, 23 May 2012. 노동연금부는 그들의 죄목을 조사했다고 주장했다. 그러나 어떠한 공개수사도 실시하지 않았다.

20. K. Brewer, "Why are privatised probation services using public libraries to see clients", *The Guardian*, 1 November 2017, 38면.

21. L. Dearden, "Private probation companies letting convicts commit more crime and allowing them to disappear, report shows", *The Independent*, 9 February 2018.

22. L. Dearden, "Government's privatisation of probation services 'putting public at risk' as offenders monitored by phone", *The Independent*, 14 December 2017.

23. J. Harding, "Forty years of community service", *The Guardian*, 9 January 2013.

24. HM Inspectorate of Probation, *A Thematic Inspection of the Delivery of Unpaid Work*, Manchester, January 2016.

25. J. Ford and G. Plimmer, "Drive to expand private prison network loses momentum", *Financial Times*, 12 February 2018, 3면.

26. J. Elgot, "MoJ seizes control of Birmingham prison from G4S", *The Guardian*, 20 August 2018.

27. G. Plimmer, "Mitie criticised for 'insanitary' immigration centre", *Financial Times*, 1 March 2016.

28. M. Townsend, "Detainees at Yarl's Wood Immigration Centre facing sexual abuse", *The Observer*, 14 September 2013.

29. G. Plimmer, "Serco and Home Office criticised over Yarl's Wood failures", *Financial Times*, 7 July 2016.

30. D. Taylor, "Former immigration detainees can seek public enquiry over abuse claims", *The Guardian*, 22 May 2018.

31. K. Rawlinson, "Private firms 'are using detained immigrants as cheap labour'", *The Guardian*, 22 August 2014.

32. National Audit Office, *Yarl's Wood Immigration Removal Centre*. HC 508, Session 2016–17, House of Commons, 7 July 2016.

33. T. T. Arvind and L. Stirton, "Carillion, Capita and the costly contradictions of outsourcing public services", The Conversation online, 2 February 2018.

34. A. Travis, "Seven G4S staff suspended over abuse claims at youth institution", *The Guardian*, 8 January 2016.

35. 생겨난 모든 규칙에 대한 긴 논의에 대해서는 G. Standing, *Beyond the New Paternalism: Basic Security as Equality* (London: Verso 2002)를 보라.

36. National Audit Office, *Rolling Out Universal Credit*. HC 1123, Session 2017–19, House of Commons, 15 June 2018.

37. J. Pring, "The PIP files: Nearly one in three Capita assessments were flawed, reports reveal", Disability News Service, 8 February 2018.

38. M. Bulman, "Nearly half of disabled people reassessed under government's new benefit system had financial support withdrawn or reduced", *The Independent*, 14 December 2017.

39. House of Commons Work and Pensions Committee, *PIP and ESA Assessments: Claimant Experiences*. HC 355, Session 2017–19, House of Commons, 9 February 2018.

40. M. Bulman, "Mentally unwell woman has disability benefits stopped because assessor failed to turn up to home visit", *The Independent*, 7 April 2018.

41. Press Association, "Ex-minister slams DWP as £108m spent fighting disability benefit claims", *The Guardian*, 12 February 2018, 10면.

42. K. S. Jones, "The revolving door of disability assessments and appeal is still killing people who are chronically ill", 21 May 2018, at https//kittysjones.wordpress.com/.

43. "Why the DWP is happy to lose so many cut-price PIP and ESA appeals", 11 December 2017, at https://www.benefitsandwork.co.uk/news/3698-why-the-dwp-is-happy-to-lose-so-many-cut-price-pip-and-esa-appeals.

44. E. Dugan, "A senior judge has suggested charging the government for every 'no-brainer' benefits case it loses in court", BuzzFeed News online, 9 November 2017.

45. https://welfareweekly.com/dwp-forced-to-admit-more-than-111000-benefit-deaths/를 보라.

46. UK Independent Mechanism, Disability Rights in the UK. Equality and Human Rights Commission, Equality Commission for Northern Ireland, Northern Ireland Human Rights Commission, Scottish Human Rights Commission, February 2017.

47. 얼마나 많은 사람이 10주 이상 기다려야 하는지를 의원들이 물었을 때, 유니버설 크레디트의 총재 닐 콜링(Neil Couling)은 노동연금부는 데이터를 수집하지 않았다고 말한 뒤 이렇게 말했다. "저희는 발표할 수 있는 정도로 데이터를 수집하지는 않습니다." 이 말은, 노동연금부가 데이터를 수집했지만 데이터가 보여주는 것을 좋아하지 않음을 확실히 드러냈다.

48. National Audit Office, *Rolling out Universal Credit*.

49. *The Next Stage of Universal Credit: Moving on to the New Benefit System and Foodbank Use* (Salisbury: The Trussell Trust 2018).

50. G. Bowden, "'Thousands of UC claimants suffer 40 per cent cut to pay back debts", *HuffPost* UK, 9 April 2018.

51. K. Belgrave, "Universal Credit advance payments fix nothing. They're just loans—and ANOTHER debt for people who have no money", 2 October 2017, at https://www.katebelgrave.com/.

52. F. Ryan, "A landmark legal challenge shows the cruel reality of Universal Credit for disabled people", *Prospect*, 2 May 2018.

53. P. Dwyer et al., *Welfare Conditionality: Sanctions, Support and Behavioural Change* (York: University of York, Economic and Social Research Council 2018).

54. P. Butler, "Benefit sanctions found to be ineffective and damaging", *The Guardian*, 22 May 2018에서 인용.

55. Butler, "Benefit sanctions found to be ineffective and damaging".

56. P. Butler, "Universal credit 'flaws' mean thousands will be worse off", *The Guardian*, 12 April 2018.

57. House of Commons Work and Pensions Committee, *Universal Credit:*

Supporting Self-Employment. HC 997, Session 2017-19, 10 May 2018.

58. K. S. Jones, "The government's eugenic policy is forcing some women to abort wanted pregnancies", 6 May 2018, at https//kittysjones.wordpress.com/.

59. C. Jayanetti, "Revealed: Two-child benefit cap hits 70,000 families", politics. co.uk, 28 June 2018.

60. 규칙에 따라 16세 이상인 사람에게 침실 하나가 허용되었고, 같은 성별의 어린이 두명에게 침실 하나, 성별과 관계없이 10세 미만의 어린이 두명에게 침실 하나, 야간 돌봄이 필요한 거주자 한명이 있을 경우에 비거주 돌봄제공자들에게 침실 하나, 단독 침실이 필요한 장애아동에게 침실 하나가 허용되었다.

61. R. Curran, '"The bedroom tax is a startling failure—but when will the government admit it was wrong", *The Independent*, 28 January 2016.

62. I. Duncan Smith, "Britain cannot afford the spare room subsidy", *Daily Telegraph*, 7 March 2013.

63. J. Grierson and S. Marsh, "Slash 'obscene' Home Office fees, say MPs and campaigners", *The Guardian*, 24 June 2018.

64. K. Lyons et al., "Britain is one of the worst places in western Europe for asylum seekers", *The Guardian*, 1 March 2017.

65. J. Shenker, "Revealed: The insidious creep of London's pseudo-public land", *The Guardian*, 24 July 2017.

66. 이것은 새 재무부 장관이 그 계획을 폐기하자 인정되었다. V. Houlder, "Hammond scraps Osborne's shares-for-rights scheme", *Financial Times*, 23 November 2016.

67. "Mandatory arbitration in America: Shut out by the small print", *The Economist*, 27 January 2018, 10면.

68. 이것은 미들섹스대학교 연구자들의 연구로 얻은 추정치이고 N. Clark and E. Herman, *Unpaid Britain: Wage Default in the British Labour Market* (London: Middlesex University and Trust for London, November 2017)에 전재되었다. F. Lawrence, "Why do ministers do nothing about bosses who steal from the low paid?", *The Guardian*, 30 November 2017도 보라.

69. I. Sample, "Computer says no: why making AIs fair, open and accountable is crucial", *The Guardian*, 6 November 2017, 24면.

70. V. Eubanks, *Automating Inequality: How High-Tech Tools Profile, Police and Punish the Poor* (New York: St Martin's Press 2018).

71. C. Doctorow, "Australia put an algorithm in charge of its benefits fraud detection and plunged the nation into chaos", 1 February 2018, at https://boingboing.net/.

6장 문화 공유지

1. D. Edgar, "Cultural Capital: The Rise and Fall of Creative Britain by Robert Hewison: Review—a Faustian pact", *The Guardian*, 12 December 2014.

2. Edgar, "Cultural Capital: The Rise and Fall of Creative Britain by Robert Hewison: Review"에서 인용.

3. T. Hunt, "The threat to local government's heroic, civilising role", *The Guardian*, 25 October 2012에서 인용.

4. I. Martin, "The city that privatised itself to death", *The Guardian*, 24 February 2015.

5. New London Architecture, *NLA London Tall Buildings Survey 2018*, London, 2018. S. Jenkins, "Skyscrapers wreck cities—yet still Britain builds them", *The Guardian*, 29 May 2018, 3면도 보라.

6. 이것은 Andy Wood, *The Memory of the People: Custom and Popular Senses of the Past in Early Modern England* (Cambridge: Cambridge University Press 2013)에서 잘 보여주었다.

7. C. Caldwell, "Why libraries must perish", *Financial Times*, 16 April 2011.

8. H. Ellis-Petersen, "If libraries vanish we will have nowhere else to go", *The Guardian*, 26 October 2016, 15면.

9. W. Hutton, "Birmingham's last hurrah for local pride before civic Britain is culled", *The Observer*, 1 September 2013, 38면.

10. N. Gaiman, "Why our future depends on libraries, reading and daydreaming", The Reading Agency Annual Lecture 2013.

11. V. Thorpe, "A new battle for Hastings and beyond: to save local museums", *The Observer*, 12 November 2017, 20면.

12. B. Grosvenor, "Great museums cannot afford to be supplicants of the state", *Financial Times*, 24 January 2015, 17면.

13. P. Toynbee, "Support the National Gallery strikes while they're still legal", *The Guardian*, 11 August 2015에서 인용.

14. 예컨대 K. Maltby, "Protests push philanthropy away just when the arts need it", *Financial Times*, 20 May 2017, 12면이 있다.

15. T. Macalister, "Shell sought to influence direction of Science Museum climate programme", *The Guardian*, 31 May 2015.

16. R. Spence, "Who funds the arts and why we should care", *Financial Times*, 19 September 2014에서 인용.

17. J. Kiss, "BBC digital expert Tony Ageh poached by New York Public Library", *The Guardian*, 6 April 2016.

18. T. Mills. "The future of the BBC", IPPR online, 15 September 2017; T. Mills, *The BBC: Myth of a Public Service* (London: Verso 2016).

19. "The tech giant everyone is watching", *The Economist*, 30 June 2018, 11면.

20. 개인적으로 가장 좋아하는 것은 1986년에 본 것으로, 런던 지하철의 어느 광고 3단에 걸쳐 다음과 같이 칠해져 있었다. "매기[대처]가 답이긴 하지만, 그건 지독하게 멍청한 질문이었음에 틀림없다." 무례하고 모욕적인데다가 불법이기도 하지만 이는 대처의 숭배자조차 미소 짓게 했을지 모른다.

21. I. Martin, "The city that privatised itself to death".

22. Local Government Association, "Majority of council tax will soon be spent on social care", Press release, 25 March 2015.

23. P. Butler, "Council tax rises on the way as local authorities try to stay afloat", *The Guardian*, 8 February 2018.

24. A. Harvey, *Funding Arts and Culture in a Time of Austerity* (London: New Local Government Network, April 2016) 6면.

25. House of Commons Committee of Public Accounts, *Financial Sustainability of Local Authorities 2014*. HC 833, Session 2014–15, House of Commons, 19 January 2015, 10면.

26. C. Bennett, "What future for the arts with these Tory philistines?", *The Observer*, 3 December 2012, 41면에서 인용.

27. "What Bohemia built", *The Economist*, 13 June 2013, 29면에서 인용.

28. N. Vowles, "Loyd Grossman hails heritage as the antidote to the 'placelessness' of globalisation", University of Sussex Alumni News, 4 April 2018.

29. U. Mattei, "Protecting the commons: Water, culture and nature: The commons movement in the Italian struggle against neoliberal governance", *South Atlantic*

Quarterly, 112(1), Spring 2013, 366~76면.

7장 지식 공유지

1. 예를 들어 A. Broumas, "The ontology of the intellectual commons", *International Journal of Communication*, 11, 2017, 1507~27면을 보라.

2. "Open government data: Out of the box", *The Economist*, 21 November 2015, 55면.

3. N. C. Kranich, *The Information Commons: A Public Policy Report* (New York: Free Expression Policy Project 2004)도 보라.

4. 지식 공유지 인클로저의 중요성에 대한 나의 의견은 다음 책을 읽으면서 강화되었다. Franklin Foer, *World Without Mind: The Existential Threat of Big Tech* (New York: Penguin 2017).

5. "The University of Chicago worries about a lack of competition", *The Economist*, 12 April 2017, 58면.

6. Foer, *World Without Mind: The Existential Threat of Big Tech*, 32면.

7. F. Pasquale, "From territorial to functional sovereignty: The case of Amazon", *Law and Political Economy*, 6 December 2017.

8. M. Sandbu, "The market failures of Big Tech", *Financial Times*, 19 February 2018을 보라.

9. C. Shapiro and H. Varian, *Information Rules: A Strategic Guide to the Network Economy* (Boston: Harvard Business School Press 1999).

10. E. Morozov, "To tackle Google's power, regulators have to go after its ownership of data", *The Guardian*, 2 July 2017.

11. 영어도 희생물 가운데 하나다. 라틴어 단어 'data'는 단어 'datum'의 복수형이다. 너무 많은 필자들이 'data'라는 단어를 단수로 취급한다.

12. D. Fields, "Rent, datafication and the automated landlord", in J. Shaw and M. Graham (eds), *Our Digital Rights to the City* (Oxford: Meatspace Press 2017).

13. P. Glikman and N. Glady, "What's the value of your data?", Techcrunch.com, 13 October 2015.

14. I. Leslie, "The scientists who make apps addictive", *The Economist 1843 Magazine*, October/November 2016.

15. C. Price, *How to Break Up with Your Phone: The 30-Day Plan to Take Back*

Your Life (London: Trapeze/Orion 2018). R. Samadder, "Breaking up (with my smartphone) is hard to do", *The Guardian*, 11 March 2018도 보라.

16. M. Sarner, "Meet the tech evangelist who now fears for our mental health", *The Guardian*, 15 March 2018에서 인용.

17. D. Foster Wallace, "Deciderization 2007: A special report", *The Best American Essays* (Boston, MA: Houghton Mifflin 2007).

18. 이 사례는 J. Shaw and M. Graham, "An informational right to the city?", in Shaw and Graham (eds), *Our Digital Rights to the City*, 4면에서 볼 수 있다.

19. Foer, *World Without Mind: The Existential Threat of Big Tech*, 211면.

20. M. Garrahan, "Facebook and Google tighten digital ads grip", *Financial Times*, 4 December 2017, 16면.

21. 이 회사들이 어떻게 해서 이와 같이 되었는지에 대한 설명은 A. G. Martinez, *Chaos Monkeys: Inside the Silicon Valley Money Machine* (London: Ebury Press 2017)을 확인하라.

22. R. Benson and V. Pickard, "The slippery slope of the oligarchy media model", *The Conversation* online, 11 August 2017.

23. N. Scola, "Facebook's next project: American inequality", *Politico* online, 19 February 2018.

24. A. Hern, "Royal Free breached UK data law in 1.6m patient deal with Google's DeepMind", *The Guardian*, 3 July 2017.

25. 이 수치들은 K. S. Jones, "Calibrating academy—Hubert Huzzah", *Politics and Insights* online, 22 March 2018, at https://kittysjones. wordpress.com/에서 가져온 것이다.

26. "Les stats, c'est moi", *The Economist*, 22 December 2018, 13~14면.

27. D. Reinsel, J. Gantz, and J. Rydning, *Data Age 2025*, Framingham, MA: International Data Corporation IDC (April 2017).

28. J. Naughton, "The new surveillance capitalism", *Prospect*, 19 January 2018.

29. J. Naughton, "What price privacy when Apple gets into bed with China?", *The Observer*, 4 March 2018.

30. J. Harris, "The tyranny of algorithms is part of our lives: soon they could rate everything we do", *The Guardian*, 5 March 2018.

31. Foer, *World Without Mind: The Existential Threat of Big Tech*, 103면.

32. J. Lanchester, "You are the product", *London Review of Books*, 39(16), 17 August 2017.

33. Foer, *World Without Mind: The Existential Threat of Big Tech*, 123~24면.

34. G. Verhofstadt, "Tech Vs. Democracy", *Social Europe* online, 27 February 2018.

35. T. Berners-Lee, "The web can be weaponised—and we can't count on big tech to stop it", *The Guardian*, 12 March 2018.

36. 예를 들어 P. Eckersley, "The malicious use of artificial intelligence: Forecasting, prevention, and mitigation", Electronic Frontier Foundation online, 20 February 2018; A. Selbst and S. Barocas (eds), *AI Now 2017 Report* (New York: New York University 2017)를 보라. 후자는 "경찰 보디캠 화면은 법 집행을 위한 머신 비전 알고리즘(machine vision algorithms)을 훈련하는 데 이용되면서 사생활과 책임성에 대한 우려를 낳고 있다"라고 언급한다.

37. Foer, *World Without Mind: The Existential Threat of Big Tech*, 38면에서 인용.

38. 예를 들어 N. Srnicek, "We need to nationalise Google, Facebook and Amazon. Here's why", *The Guardian*, 30 August 2017을 보라.

39. N. Shadbolt and R. Hampson, "Who should hold the keys to our data?", *The Guardian*, 29 April 2018.

40. S. O'Connor, "Let gig workers control their data too", *Financial Times*, 3 April 2018.

41. 옹호론에 대해서는 J. Hughes, "The philosophy of intellectual property", *Georgetown Law Journal*, 77, 1988을 보라.

42. 전지구적 지식재산권 체제에 대한 비판은 G. Standing, *The Corruption of Capitalism: Why Rentiers Thrive and Work Does Not Pay* (London: Biteback Publishing 2016) Chapter 2를 보라.

43. ORoPO, *Who Owns the World's Patents* (Oakland, CA: Open Register of Patent Ownership June 2015).

44. M. Boldrin and D. Levine, *Against Intellectual Monopoly* (Cambridge: Cambridge University Press 2008); M. Boldrin and D. Levine, "The case against patents", Federal Reserve Bank of St Louis, Working Paper 2012-035A, September 2012; E. R. Gold, E. Shadeed and J.-F. Morin, "Does intellectual property lead to economic growth? Insights from a novel IP dataset", *Regulation and Governance*, August 2017. 또한 Standing, *The Corruption of Capitalism*을 보라.

45. J. Bessen and M. Meurer, *Patent Failure: How Judges, Bureaucrats and Lawyers Put Innovators at Risk* (Princeton: Princeton University Press 2009).

46. Gold et al., "Does intellectual property lead to economic growth? Insights from a novel IP dataset".

47. UNCTAD, *Trade and Development Report 2017: Beyond Austerity: Towards a New Deal* (New York and Geneva: United Nations Conference on Trade and Development 2017) 133면.

48. 비판은 Standing, *The Corruption of Capitalism*, 74~81면을 확인하라.

49. R. Blasiak et al., "Corporate control and global governance of marine genetic resources", *Science Advances*, 4(6), 6 June 2018.

50. P. Mason, "Welcome to a new way of living", *The Guardian*, 18 July 2015, 3면.

51. J. Haskell and S. Westlake, *Capitalism without Capital: The Rise of the Intangible Economy* (Princeton: Princeton University Press 2017).

52. R. Burn-Callander, "Companies failing to see value of their intellectual property", *Daily Telegraph*, 13 February 2017, 4면.

53. M. Blyth, "America tampers with the Chomsky Trade at its peril", *Financial Times*, 25 August 2017, 9면.

54. 재검토할 가치가 있는 다른 개혁안들은 *Gowers Review of Intellectual Property* (London: HMSO, December 2006)에 들어 있다.

55. J. S. Mill, *Inaugural address delivered to the University of St. Andrews Feb. 1st 1867* (London: Longmans, Green, Reader and Dyer 1867).

56. Report of the Special Rapporteur on the Right to Education, Kishore Singh, *Protecting the Right to Education Against Commercialization*, A/HRC/29/30 (Geneva: Human Rights Council, 10 June 2015).

57. H. Williams, "Elite private schools 'get £522m subsidy'", *Metro*, 12 June 2017, 26면. 이 글은 사업세 기업 CVS의 보고서를 인용했다.

58. W. Mansell, "The 60% extra enjoyed by England's free school pupils", *The Guardian*, 25 August 2015, 33면.

59. D. Boffey and W. Mansell, "Academy chain's fees for 'consultants' put schools programme under scrutiny", *The Guardian*, 24 October 2015.

60. R. Adams, "Academy trust lauded by Cameron falls apart as executive head quits", *The Guardian*, 10 May 2016.

61. W. Mansell, "Taxpayers to pay investment firm annual £468,000 rent for free school", *The Guardian*, 11 August 2015, 35면.

62. 위탁사업체들이 스스로와 사업 파트너들에게 많은 돈을 지급하고 있다는 충분한 증거가 있는 상황에서 이들을 비영리기관이라 부르는 것은 확실히 편리하지만 부적절한 명칭이다.

63. F. Perraudin, "Furious parents say collapsing academy trust asset-stripped its schools of millions", *The Observer*, 22 October 2017, 10면.

64. F. Perraudin, "40,000 children trapped in 'zombie' academy schools", *The Guardian*, 3 December 2017.

65. W. Mansell and M. Savage, "Top academy schools sound alarm as cash crisis looms", *The Guardian*, 27 January 2018.

66. M. Skapinker, "How to run a school–business partnership", *Financial Times*, 4 December 2007.

67. G. Monbiot, "In an age of robots, schools are teaching our children to be redundant", *The Guardian*, 17 February 2017.

68. "Total eclipse of the arts: The quiet decline of music in British schools", *The Economist*, 26 February 2018.

69. 비판은 G. Standing, *Work after Globalization: Building Occupational Citizenship* (Cheltenham: Edward Elgar 2009), 특히 164~65면을 보라.

70. M. Bennet, "Ed tech biz", *London Review of Books*, 22 September 2016, 34면.

71. L. Crehan, *Cleverlands: The Secrets behind the Success of the World's Education Superpowers* (London: Penguin Random House 2016). M. Benn, *Life Lessons: The Case for a National Education Service* (London: Verso 2018)도 보라.

72. J. Andrews and N. Perera, *The Impact of Academies on Educational Outcomes* (London: Education Policy Institute, July 2017).

73. E. Pilkington, "Koch brothers sought say in academic hiring in return for university donation", *The Guardian*, 12 September 2014.

74. 2015~16년 영국 대학들에 대한 기부금은 10억 파운드를 넘었다. 이 중 거의 절반이 엘리트 대학인 옥스퍼드대학교와 케임브리지대학교로 가면서 불평등은 더욱 공고해졌다. S. Weale, "Annual donations to UK universities pass £1bn mark for first time", *The Guardian*, 3 May 2017.

75. S. Johnson, "In move towards more online degrees, Coursera introduces its first bachelor's", EdSurge online, 5 March 2018.

76. J. R. Young, "Here comes professor everybody", *Chronicle of Higher Education*, 2 February 2015.

77. "The return of the MOOC: Established education providers v new contenders", *The Economist*, Special Report, 12 January 2017.

78. "The return of the MOOC: Established education providers v new contenders", *The Economist*.

79. P. McDuff, "The two-year degree shows education has become just another commodity", *The Guardian*, 13 December 2017.

80. D. Morris, "Be it enacted: The Higher Education and Research Act", Wonkhe online, 27 April 2017.

81. 2년제의 연간 수업료가 더 많은데, 이는 정부가 약속한 수업료 상한제를 위반한 것이다.

82. R. McFee and H. Siddique, "Fast-track degrees may hit education standards, government warned", *The Guardian*, 24 February 2017.

83. "Open science: Time's up", *The Economist*, 25 March 2017, 69~71면.

84. A. Spicer, "The knowledge economy is a myth. We don't need more universities to feed it", *The Guardian*, 18 May 2016.

85. C. Havergal, "At the heart of the higher education debate: Agents paid an average of £1,767 per non-EU recruit", *Times Higher Education*, 19 February 2015.

86. R. Adams, "University vice-chancellors' earnings 'out of control'", *The Guardian*, 12 November 2015.

87. 이에 대해서는 G. Standing, *The Precariat: The New Dangerous Class* (London: Bloomsbury 2011)를 보라.

88. Foer, *World Without Mind: The Existential Threat of Big Tech*, 78면에서 인용.

89. Standing, *Work after Globalization: Building Occupational Citizenship*.

90. L. Shaw, "Case study—A quiet revolution: Cooperative schools in the UK", Stories.coop, October 2014.

91. J. Thornhill, "The march of the technocrats", *Financial Times*, 19 February 2018.

92. G. Keeney, "Inside views: The bipolar nature of academic publishing", Intellectual Property Watch, 5 May 2016.

8장 공유지 기금과 공유지 배당

1. 사보타주라는 말이 확실히 맞다. 재무부 장관이 감세로 재정수입을 줄인 뒤에 사회 공유지와 문화활동에 대한 지출을 대폭 줄여 재정적자를 없애야 한다고 천명한다면, 특히 그런 감세에 경제적 이득이 있다는 증거가 전혀 없다면 그것은 공유지를 줄이려는 의도적 행위인 것이다.

2. 이것은 다른 곳에서 제안한 것의 변형이다. 예를 들어 G. Standing, *Work after Globalization: Building Occupational Citizenship* (Cheltenham: Edward Elgar 2009)을 보라.

3. 이 절에서 제안하는 공유지 부담금 개념은 1871년부터 윔블던 공유지(Wimbledon Common)의 3/4마일 이내에서 사는 재산 소유자들에게 적용해 실시하던 것과는 다르다.

4. 인도의 환경 NGO인 고아재단(Goa Foundation) 연구책임자 라훌 바수는 모든 광물과 기타 공유지들을 자본자산으로 간주하는 것을 설득력 있게 옹호하는 의견을 냈다. R. Basu, "Catastrophic failure of public trust in mining: Case study of Goa", *Economic and Political Weekly*, L(38), September 2015, 44~51면.

5. "Free Exchange: We the shareholders", *The Economist*, 22 September 2018, 62면.

6. "Norwegian blues", *The Economist*, 10 October 2015, 68면.

7. C. Wedmore, *Funding the Future: How Sovereign Wealth Funds Benefit Future Generations* (London: Intergenerational Foundation, November 2013).

8. K. Myers and D. Manley, "Did the UK miss out on £400 billion worth of oil revenue?", resourcegovernance.org, 17 November 2015.

9. P. Barnes, *With Liberty and Dividends for All: How to Save Our Middle Class When Jobs Don't Pay Enough* (San Francisco: Berrett Koehler 2014).

10. C. Roberts and M. Lawrence, *Our Common Wealth. A Citizen's Wealth Fund for the UK* (London: Institute for Public Policy Research, April 2018).

11. A. Painter, J. Thorold and J. Cooke, *Pathways to Universal Basic Income. The Case for a Universal Basic Opportunity Fund* (London: Royal Society of Arts, February 2018).

12. S. Schifferes, S. Lansley and D. McCann, *Remodelling Capitalism: How Social Wealth Funds Could Transform Britain* (London: Friends Provident Foundation, 2018).

13. S. Lansley and H. Reed, *A Basic Income for All: From Desirability to Feasibility*

(London: Compass, January 2019).

14. F. Alvaredo et al., *World Inequality Report, 2018.* World Inequality Lab, 2018, Figure E6.

15. 상세한 설명은 https://en.wikipedia.org/wiki/Panama_Papers를 확인하라.

16. C. Roberts and M. Lawrence, *Wealth in the 21st Century* (London: IPPR Commission on Economic Justice 2017).

17. R. Former, "Monday's macro memo: Tax reform: A proposal for the Chancellor", National Institute of Economic and Social Research (NIESR), 17 November 2017. 여기에는 재산 및 주식에 대한 인지세, 양도소득세 및 상속세는 포함되어 있으나 지방세는 빠져 있다.

18. "Death of the death tax", *The Economist*, 25 November 2017, 23~25면.

19. R. Partington, "Has the time come for a wealth tax in the UK?", *The Guardian*, 4 March 2018.

20. A. Turner, "Capitalism in the age of robots", lecture at Johns Hopkins University, Washington DC, 10 April 2018.

21. K. Knoll, S. Moritz and T. Steger, "No price like home: Global house prices, 1870 – 2012", *American Economic Review*, 107(2), 2017, 331~53면.

22. J. Jones and C. Wilcox, "A strategy for replacing Council Tax and Business Rates with a Land Value Tax: A first step towards a more equitable tax system", London: Labour Land Campaign, 2015.

23. P. Collinson, "Council tax should be fair and progressive. Ours is neither", *The Guardian*, 3 March 2018.

24. N. O'Brien, Green, *Pleasant and Affordable: Why We Need a New Approach to Supply and Demand to Solve Britain's Housing Problem* (London: Onward, June 2018).

25. B. Kentish, "Developers leave 420,000 homes with planning permission unbuilt, new figures show", *The Independent*, 16 February 2018.

26. Intergovernmental Panel on Climate Change, *Global Warming of 1.5 C* (Geneva: IPCC, United Nations, October 2018); J. Hickel, "The hope at the heart of the apocalyptic climate change report", *Foreign Policy*, October 2018.

27. I. Parry, V. Mylonas and N. Vernon, "Mitigation policies for the Paris Agreement: An assessment for G20 countries", Washington DC: IMF Working

Paper, 2018.

28. P. Lockley and S. Dresner, "Flying in the face of fairness: Intergenerational inequities in the taxation of air travel", Report for the Intergenerational Foundation, October 2012, at http://www.if.org.uk/wp-content/uploads/2012/11/Aviation_Report_Intergenerational_Foundation_FINAL.pdf.

29. S. Devlin and S. Bernick, *Managing Aviation Passenger Demand with a Frequent Flyer Levy* (London: New Economics Foundation 2015).

30. "Communities to decide how to spend shale cash windfall", press release, HM Treasury, 11 November 2017.

31. *Getting Shale Gas Working* (London: Institute of Directors, May 2013).

32. 최근의 지지에 대해서는 R. Edwards, "Fracking is damned by international tribunal", *The Herald* (Scotland), 10 June 2018을 보라.

33. G. Lean, "Fracking to prompt sharp rise in greenhouse gas emissions, study says", *The Independent*, 12 March 2016.

34. R. Neate, "Britain's richest person to leave UK for tax-free Monaco", *The Guardian*, 9 August 2018.

35. L. Dormehl, "If data is the new oil, are tech companies robbing us blind?", Digital Trends online, 25 September 2017.

36. E. Porter, "Your data is crucial to a robotic age. Shouldn't you be paid for it?", *The New York Times*, 6 March 2018. Shadbolt and Hampson, "Who should hold the keys to our data?"도 보라.

37. E. A. Posner and E. G. Weyl, *Radical Markets: Uprooting Capitalism and Democracy for a Just Society* (Princeton, NJ: Princeton University Press 2018).

38. 예를 들어 K. McFarland, "United States: Ex-CIA officer Bryan Wright proposes data mining royalties", Basic Income Earth Network (BIEN) online, 27 May 2016; C. Rhodes, "Funding basic income through data mining", BIEN online, 29 January 2017; G. Standing, *Basic Income: And How We Can Make It Happen* (London: Pelican Books 2017) Chapter 12를 보라.

39. "The old one-two", *The Economist*, 24 March 2018, 60~61면.

40. "Digital duopoly to remain dominant in UK ad race", eMarketer online, 18 September 2017.

41. H. Stewart, "Treasury targets Facebook and Google with 'fair' tax system", *The*

Guardian, 22 February 2018.

42. "Fishing for funds", *The Economist*, 17 February 2018, 30~31면.

43. A. Fremstad and M. Paul, "A short-run distributional analysis of a carbon tax in the United States", Political Economy Research Institute Working Paper No. 434, University of Massachusetts, Amherst, MA, August 2017.

44. D. Klenert, L. Mattauch, E. Combet, O. Edenhofer, C. Hepburn, R. Rafaty and N. Stern, "Making carbon pricing work for citizens", *Nature Climate Change*, 8, 2018, 669~77면.

45. "Economists' statement on carbon dividends", *Wall Street Journal Opinion*, 30 January 2019.

46. 여기에 회계상의 딜레마가 있다. 고율 납세자의 배당을 환수하여 생긴 저축금은 기금이 아니라 국고로 들어갈 것이기 때문에, 배당을 인적공제에 통합하는 (그리고 공제를 동결하는) 선택지도 있을 수 있다. 이렇게 하면 소득이 너무 적어서 세금을 낼 수 없는 가구들이 혜택을 보지만, 배당이 모두에게 가시적이지 못하게 된다는 단점이 있다.

47. 도덕적 해이는 군소 도서 개발도상국들에 더 큰 당면 과제일 수 있다. 그런 경제를 위한 공유지 기금에 대해서는 A. Standing, "Avoiding the curse of blue growth: A blue Commons Fund?", CFFA-CAPE online, 29 August 2018, at https://cape-cffa.squarespace.com/new-blog/2018/8/27/avoiding-the-curse-of-blue-growth-a-blue-commons-fund를 보라.

48. 이 절의 요점은 Standing, *Basic Income: And How We Can Make It Happen*에 더 자세히 설명되어 있다.

49. "Why basic income's emancipatory value exceeds its monetary value", *Basic Income Studies*, 10(2), December 2015, 193~223면.

50. Painter et al., *Pathways to Universal Basic Income. The Case for a Universal Basic Opportunity Fund*.

51. Schifferes, Lansley and McCann, *Remodelling Capitalism: How Social Wealth Funds Could Transform Britain*, 33면.

52. D. Graeber, *Bullshit Jobs: A Theory* (New York: Simon and Schuster 2018).

공기의 예에서 알 수 있듯이, 상실했을 때 그 존재와 가치를 새삼스럽게 깨닫게 되는 것들이 있다. 이 책에서 공유지라고 번역한 커먼즈(commons)도 비슷하다. 공유지는 이른바 근대사회에 들어서면서, 그리고 신자유주의라 부르는 체제와 이데올로기 하에서 약탈당하고 상실되었다. 이때 비로소 우리는 태곳적부터 있었고 특히 보통 사람들(commons)의 삶에 필수적이었던 공유지의 의미와 가치를 깨닫게 되었다.

공기가 없어지기 시작하면 우리 몸은 즉각 반응할 것이다. 공유지는 그렇지 않다. 인클로저를 비롯해서 공유지를 빼앗아가는 것에 대해 다양한 저항과 투쟁이 있긴 했지만, 사람들은 새로운 삶의 방식과 문화체제에 (무)의식적으로, (비)자발적으로 적응했다. 이런 점에서 공유지는 약탈당했을 뿐만 아니라 (기억을) 상실당한 것이기도 하다.

『프레카리아트』『불로소득 자본주의』 등의 연구를 통해 현대 자본주의의 변모와 그 동학에 천착해온 저자 가이 스탠딩은 이 책『공유지의 약탈』(*Plunder of the Commons*, 2019)을 통해 특히 영국(과 미국)에서 최근 수십년간 모두의 것이 어떻게 강탈당하고, 침식되고, 무시되고, 망각되었는지를 세세하게 드러내려고 한다. 그리고 이런 공유지를 되찾아야 하는데, 그 방법 가운데 하나가 공유지에서 나오는 수익을 공유지 기금으로 조성해서 모두에게 나누어주는 공유지 배당이라고 주장한다. 이 책의 원래 부제가 '공적 부를 나누기 위한 선언'(*A Manifesto for Sharing Public Wealth*)인 이유다.

아직 적확한 번역어가 없기 때문에 많은 사람이 커먼즈라 쓰는 공유지는 까다로운 개념이며, 잡힐 듯하다가 손가락 사이로 빠져나가는 모래 같은 말이자 대상이다. 이는 공유지가 역사적 개념이자 실천적 활동을 가리키는 말이기 때문이다. 그럼에도 공유지가 역사적 권리일 뿐만 아니라 현재의 상황을 타개할 수 있는 근거이자 방향이라고 한다면, 잠정적인 준거점을 확인할 필요가 있을 것이다.

영어의 커먼즈(commons)는 라틴어의 '함께'(cum/com)라는 말과 '의무를 진다'(형용사 munis, 명사 munus)라는 말의 합성어이다. 역사적으로는 중세 잉글랜드에서 장원에 속하는 곳이나 장원의 소작인 등이 가진 특정한 권리, 예를 들어 가축을 방목할 권리나 땔감을 가져다 쓸 수 있는 권리 등을 말한다. 여기서 알 수 있는 대로 현대에 들어 배타적 의미로 쓰이는 소유권과 상관없이 공유지는 어떤 자원에 접근할 수 있는 권리, 그리고 해당 자원 모두를 말한다.

이 책에도 자세히 나와 있지만, 근대국가와 자본주의의 진전 속에서 이런 공유지와 공유지 개념은 사라지거나 주변으로 밀려났다. 그 대신 개인(들)과 법인에 의한 배타적 사적 소유권과 국가에 의한 공적 소유와 관리가 자리 잡게 된다.

하지만 이런 자본주의의 진전은 어떤 역사가의 말처럼 "불안한 승리"였을 뿐이다. 자본주의가 '역사적 공산주의'와의 대결에서 승리한 20세기 말에 자본주의가 기대왔던 공유지 개념과 운동이 부활한 것은 아이러니처럼 보인다. 공유지 개념을 부활시킨 데 크게 기여한 사람은 2009년에 노벨경제학상을 받은 미국의 엘리너 오스트럼이다. 그는 오랜 세월 현존하는 공유지(그의 용어로는 공유자원 common-pool resource)에 대한 경험적 연구를 통해 악명 높은 개릿 하딘의 '공유지의 비극'을 반박할 수 있었다. 모두에게 개방된 공유지는 개인들의 이기심 때문에 파괴되는 비극을 맞이할 수밖에 없다는 하딘의 주장과 달리 현실의 공유지는 사용자들 사이에 자원의 이용과 관리에 대한 적절한 규칙이 존재하기 때문에 잘 유지될 수 있다는 것이다.

오스트럼의 연구를 통해 우리가 확인할 수 있는 것은 공유지가 하딘이 말한 것과 달리 주인 없는 땅 혹은 자원이 아니라는 것, 다시 말해 해당 공유지를 사용하고 관리하는 집단으로서의 공동체가 있다는 것, 그리고 이를 관리, 운영하는 규칙, 즉 제도가 존재한다는 것이다. 그렇다면 문제는 공유자원을 사용, 관리, 유지하기 위한 적절한 제도를 설계하는 일이 된다.

오스트럼의 공유지 연구는 주로 작은 공유자원을 대상으로 했고, 그 연구가 겨냥하는 범위도 기성 질서, 즉 자본주의 체제를 넘어선

다기보다는 그와 공존하는 것으로서의 공유지 관리에 머물러 있다고 할 수 있다. 이에 반해 공유지를 좀더 적극적으로 새로운 패러다임이나 대안적 생산방식으로 보려는 진보적, 급진적 흐름이 지난 세기 말부터 등장했다. 그 배경 가운데 하나는 신자유주의의 진전 속에서 기존에는 상품화되지 않았던 것, 소유권이 확립되어 있지 않았던 공유지(공유자원, 공유지식 등)에 대한 인클로저와 수탈이 진행된 것이다. 이는 '제3세계'의 토지 등에 대해서뿐만 아니라 거의 모든 곳의 도시 공간에 대해서도 이루어졌다.

두번째 배경은 디지털 기술의 발전 속에서 디지털 공유지에 대한 인식과 이용이 확대된 것이다. 디지털 기술의 발전, 특히 온라인 네트워크의 확대는 자발적이고 상품화되지 않은 수많은 사용자들의 참여 속에서 이루어지는 한편, 이를 지식재산권으로 포획하여 상품화하려는 자본의 시도를 수반했다. 이후 플랫폼 기업의 발전 속에서 지식재산권 문제를 넘어서서 개인정보의 관리와 소유권, 빅데이터의 소유권 및 그 수익의 배분 문제, 더 나아가 플랫폼의 소유권 및 운영에 대한 쟁점이 등장했고, 현재 가장 첨예한 쟁점을 형성하고 있다.

끝으로 세번째 배경은 공유지를 대안적 패러다임 혹은 대안적 생산방식으로 보는 공유지 운동의 출현이다. 이는 크게 보아 두가지 흐름으로 이루어져 있다. 하나는 '커먼즈 전략 집단'이라고 부르는 흐름이다. 이들은 특히 디지털 공유지의 발전 속에서 두드러지게 나타난 동료 생산(P2P production)에 주목하면서 대안적인 생산-유통-소비 영역으로서의 공유지에 주목한다. 또한 공유지를 좁은 범위로 한정하지 않고 다양한 크기와 범위에 걸쳐 있는 공유지를 발견하고 제시한다. 이렇게 더 나아갈 때 공유지는 공유자원 및 이에 대한 관리의 차원을 넘어서서 삶의 방식이 된다. 이런 점에서 공유지는 새로운 패러다임이라고 말할 수 있다.

또다른 흐름은 이런저런 방식으로 맑스주의에 기반을 둔 좀더 급진적인 모습을 띤다. 이들은 자본주의가 모두의 것인 공유지에 대한 약탈에 기반을 두고 있다고 말한다. 이는 생태주의와 공명하는 점인데, 특히 자연을 사실상 무상으로 사용한 것이 이른바 자본주의의 발전이라는 것이다. 페미니즘적 시각에서 보자면 자본주의는 (특히 여성의) 재생산 노동의 전유에 기반하고 있다. 즉 자본주의에서 가장 중요한 (허구적) 상품인 노동력을 무상으로 재생산하는 가사노동에 의존하고 있는 것이다.

자본주의에 대한 이런 인식을 바탕으로 이들은 국가 및 자본에서 자율적인 (재)생산 단위이자 방식으로서의 공유지에 주목한다. 이때 공유지는 '새로운 사회의 배아적 형태'가 된다. 물론 공유지 자체가 반자본주의 혹은 포스트자본주의적인 것은 아니다. 어떤 경우에, 어떤 공유지는 자본주의적 축적과 양립 가능할 뿐만 아니라 자본주의적 축적을 가능케 하는 친자본주의적인 것일 수 있다. 공유지가 반자본주의적인 대안적 생산방식이 되는가는 결국 사람들이 새로운 가치 지향을 보이느냐에 달려 있다. 물론 우리는 세계 곳곳에서 이러한 지향을 발견하고 있다. 또한 환경의 붕괴라는 현실, 그리고 그러한 환경의 붕괴가 무제한적인 이윤 추구라는 자본주의적 정언명령에 기인한다는 인식이 확산하면서 대안적 생산방식의 모색

470

이 더이상 늦출 수 있는 일이 아니라는 점을 감안하면 이러한 흐름은 더 강력해질 것이다.

최근 한국에서도 '여전히 자연자원으로서의 커먼즈가 많이 남아있'는 제주도에 대한 구체적이고 실천적 연구, 그리고 '경의선 공유지 운동'까지 이론적, 실천적 수준에서 그 어느 때보다 공유지에 관한 이야기가 크게 늘어났다. 이런 가운데 공유지란 (자연)자원 및 그 관리에 관한 것에 한정되지 않고 자원(좁은 의미의 공유지), 집합적 주체(공유자), 공유지의 형성·사용·관리 등의 함께 하기(공유화)로 이루어진 사회적 과정이자 체제라는 것을 확인할 수 있었다.

이는 공유지라는 것이 끊임없이 (재)형성되는 것이라는 점 또한 드러낸다. 특히 신자유주의하에서 노골적으로 벌어진 공유지에 대한 '새로운 인클로저'와 약탈을 통해 자본주의의 본원적 축적이 역사적 사건에 그치는 게 아니라 자본주의의 이면이자 토대라는 점을 드러낸 것이기도 하다.

공유지 논의의 진전 속에서 중요한 쟁점으로 떠오른 것이 '모두의 것'과 '우리의 것' 사이의 구별과 중첩이다. 느슨하게 말해서 모두의 것은 모두에게 개방되어 있고 대개 규모가 큰 공유지인데, 가장 넓은 범위의 것은 대양이나 공기처럼 지구적 공유지일 것이다. 이에 반해 우리의 것은 대개 지역적인 수준에서 제한된 사람들만이 접근권이 있는 공유지를 말한다. 물론 이때 지역적 수준은 마을일 수도, 그보다 넓은 범위일 수도 있다. 이와 관련해서 이런 질문을 던질 수 있다. 제주도 어떤 마을의 앞바다는 그곳 어촌계만이 이용할 수 있는 그들의 공유지인가? 여가와 휴식을 위해 다른 사람들이 이용할 수는 없는가?

이와 관련해서 오스트럼은 공유자원 제도의 여덟가지 설계 원칙 가운데 하나로 중층적이고 '포개진 사업'(nested enterprises)을 제시한 바 있다. 커먼즈 운동가 데이비드 볼리어와 질케 헬프리히는 '나'와 '우리'를 분리되고 대립적인 것으로 보는 서양의 방법론적 개인주의를 비판하면서 '포개진 나'(Nested-I)라는 개념을 제시한다. 이런 설계 원칙과 주체 개념에 따르면 어떤 공유지에 대해 특정 공동체가 배타적으로 접근권을 가질 수는 없을 것이다.

또다른 쟁점은 공적인 것(the public)과 공유지의 관계다. 공유지를 시장과 국가를 넘어서는 제3의 영역으로 보건 반자본주의적인 대안적 생산방식으로 보건, 공적인 것 혹은 국가의 뒷받침이 없이 공유지가 존속하기는 어려울 것이다. 이런 이유로 일부 공유지 이론가들은 '파트너 국가'를 제시한다. 근대국가는 제한적인 자유를 보장하면서도 억압적인데, 이는 국가가 자본의 축적을 보장하는 기제이기 때문이다. 이에 반해 파트너 국가는 공유지의 형성과 유지를 법적, 제도적으로 뒷받침할 뿐만 아니라 큰 범위의 공유지를 공유자로부터 위임받아 관리하고, 더 나아가 모두의 것에서 나오는 부를 적절하게 분배해야 할 것이다. 결국 여기서 우리는 민주주의의 문제와 직면하게 된다. 그것은 형식적 민주주의가 아니라 실질적 민주주의, 일부 정치적 영역에서만 동등한 구성원들의 정치공동체가 아닌 실질적인 동등자들로 이루어진 정치공동체의 구성이 어떻게 가능한가라는 질문이다.

『공유지의 약탈』은 새로운 쟁점을 제기한다. 공유지에서 나오는 (화폐)수익을 모두에게 동등하게 분배하는 공유지 배당, 즉 기본소득을 지급하는 문제이다. 모두에게 아무런 조건 없이 개별적으로, 정기적으로 현금으로 지급하는 기본소득 자체에 대해서는 가이 스탠딩의 전작『기본소득』을 비롯해서 이미 여러 연구에서 다룬 바 있다. 여기서 가장 큰 쟁점은 왜 아무런 조건 없이 모두가 기본소득의 권리를 갖는가이다. 이것이 쟁점이 되는 일차적인 이유는 근대의 노동-소유라는 패러다임 때문이다. 비록 자연과 대지가 원래 모두의 것(원초적 공유 관념)이긴 하지만 노동을 투여해서 개량이 이루어졌을 경우에만 가치를 가지게 되며, (타인도 그럴 기회가 있는 한) 그 노동을 통해 획득한 어떤 것은 자기 소유가 되며, 이는 인간의 권리에 속한다는 관념이 지배적인 것이 근대사회다. 물론 모두에게 이런 소유를 획득할 기회가 실제로 있는가라는 쟁점이 있으며, 여기에 더해 자본주의 사회에서 실제로 벌어지는 일은 타인의 노동에 기초한 소유(잉여가치의 착취)라는 문제도 있다. 자유주의적 관점의 기회의 평등이라든가 사회(민주)주의적 관점의 실질적 평등, 더 나아가 생산수단의 공동소유라는 공산주의적 관점은 이미 오랜 전통을 가지고 있다.

또다른 이유는 근대 국민국가가 비록 현실은 그렇지 않다 하더라도 이념적으로는 동등자들의 정치공동체를 원리로 하고 있으며, 이로부터 권리의 보장과 의무의 수행이라는 법적·윤리적 문제가 나온다는 데 있다. 물론 근대국가 이전에도 이와 같은 (사회 내) 관계가 있었다. 호혜성이 이를 표현하는 말이다. 앞서 말한 노동가치론과 마찬가지로 여기서 아무런 조건 없이 어떤 것을 준다는 것은 납득할 수 없는 일이 된다.

하지만 인간의 삶이 주어진 자연을 기반으로 하고, 누군가 그 자연에 노동을 투입하여 자기 소유로 전환한다 하더라도 그 자연이 원래 모두에게 주어진 것이라는 사태가 바뀌지는 않는다. 물론 인간이 노동을 투입할 때에만 비로소 사회적으로 가치 있는 어떤 것으로 바뀐다는 것도 분명하다. 이런 이유로 토머스 페인은 사적 소유를 인정하되 10퍼센트에 해당하는 만큼은 모두에게 돌려주어야 한다고 했다. 이런 주장에 기초해서 그는 상속세로 거둔 돈을 현대적 의미에서 기초자산과 기본소득으로 분배하자고 제안할 수 있었다.

어디까지가 개인의 노력의 산물이고 어느 정도가 여전히 모두의 것인지를 결정하는 기준은 사회적, 정치적 문제일 수밖에 없다. 미국의 경제학자 허버트 사이먼은 토머스 페인(과 존 로크)의 계산을 뒤집어 90퍼센트가 사회의 몫이고 개인의 몫은 10퍼센트라고 말하기도 했다.

사실 가치의 측정은 고전경제학자들을 괴롭힌 문제였으며, 한계혁명 이후의 경제학자들은 포기한 문제였다. 하지만 이데올로기로서의 노동가치론은 여전히 살아남아서 모두의 것인 공유지에서 나온 수익을 분배하는 공유지 배당 혹은 기본소득을 '공짜'라고 비난하는 데 근거가 되고 있다. 그렇다면 필요한 일은 가치 체계와 지향을 바꾸는 일일 것이다.

가치 체계와 지향의 변화는 공유지 운동을 추동하는 힘이다. 우리

는 '이윤보다 인간'이라는 예에서 이미 이를 확인한 바 있으며, 최근
에는 자연의 권리 혹은 인간과 비인간(非人間)의 공존이라는 말에
서도 이를 알 수 있다.

그런데 공유지 운동의 일부가 제시하는 가치체계의 변동 가운데
중요한 것은 직접적 필요에 대한 직접적 공급(provisioning)이다. 이
부분은 공유지 배당 혹은 기본소득과 쟁점을 이룰 것이다. 이는 공
유지를 시장 및 국가와 공존하는 제3의 영역으로 볼 경우에는 공유
지가 시장 및 국가와 어떤 관계를 맺는가라는 쟁점으로 이어진다.
공유지를 자본주의를 넘어서는 대안적 생산방식으로 추구할 경우
에는 이 생산방식 내에서 시장과 화폐가 어떤 위치를 차지하는가라
는 쟁점으로 이어진다. 이 쟁점 밑에 깔려 있는 또다른 쟁점은 자본
주의와 시장은 어떤 관계인가, 자본주의 없는 시장은 가능한가 등이
다. 여기서는 잠정적으로 사람들의 필요를 만족시키는 장이자 교류
형태로서의(교환의 장과 매개로서의) 시장/화폐의 소멸을 상상하
기는 쉽지 않다는 점만 말해두자.

그럴 경우 모든 사람에게 어느정도의 경제적 보장을 하는 기본소
득은 불가피할 것이다. 다만 기본소득이라고 할 때 기본(basic)이 어
느 정도인가는 사회서비스, 공유지에서의 생산-소비 등 사회의 다
른 영역과의 관계 속에서 정해질 것이다.

가이 스탠딩도 공유지에서 나오는 모든 부를 기본소득으로 분배
해야 한다는 입장은 전혀 아니다. 시장이 있는 경제 속에서 공유지
로부터 수익을 얻을 경우 일정 부분을 공유지 기금으로 모아 이를
배당하자는 것이 공유지 기금-공유지 배당의 요점이다. 이런 점에

서 공유지 배당은 이 책의 원 부제처럼 '공적 부를 함께 나누는' 한 가지 형태이며, 전부는 당연히 아니다.

앞에서 적확한 번역어가 없기 때문에 많은 사람이 커먼즈라는 용어를 그대로 쓰고 있다고 말했다. 이 책에서 역자는 그저 대중적인 수준에서 많은 사람이 이해하고 사용하고 있다는 점을 고려해서 공유지라는 번역어를 사용했다. 하지만 공유지에 관한 논의와 실천에서 알 수 있듯이 공유지라는 번역어에는 최소한 두가지 난점이 있다. 하나는 커먼즈가 그저 소유하고 있다는 점만 말하는 게 아니라 (게다가 법적으로는 소유하지 않는 경우가 더 많다) 함께 (노동을) 한다는 의미를 포함한다는 점이다. 다른 하나는 커먼즈가 땅과 거기에 속하는 것만을 가리키는 게 아니라 다른 자연, 사회 제도와 문화, 최근에는 디지털 영역까지를 아우른다는 점을 고려할 때 공유'지'라는 번역어는 협소하다는 것이다.

이런 이유로 공유지라는 번역어 이외에 공유재, 공통재, 공동자원, 공동영역 등 논자에 따라 커먼즈에서 주목하는 지점에 초점을 맞추어 각기 다른 번역어를 제시하기도 한다. 하지만 어떤 경우든 만족스럽지 못하다는 점은 분명하다. 게다가 커먼즈는 언제나 생성 중인 것이고 상상하는 것이기도 하기 때문에 잠정적인 고정점조차 허락하지 않기도 한다. 커먼즈의 번역 문제와 관련해서는 '간추린 참고문헌'의 정영신(2020)의 글과 최현·정영신·윤여일 편저 『공동자원론, 오늘의 한국사회를 묻다』(2017)에 윤여일이 쓴 「서문」을 참고하기 바란다.

짧은 후기에 간추린 참고문헌을 소개하는 이유는 이 책을 통해 공유지를 접하는 독자들에게 공유지 논의가 훨씬 더 광범위하다는 점을 알리고 싶기 때문이다. 또한 이런 방식으로 공유지에 관한 이론적, 실천적 작업을 앞서서 한 이들에게 감사의 말을 전하고 싶기 때문이다.

끝으로, 이 책에서 저자는 삼림헌장과 마그나카르타의 여러 부분을 인용하고 있다. 우리말 번역은 피터 라인보우『마그나카르타 선언』(정남영 옮김, 갈무리 2012)에 실린 번역문을 인용했다. 인용을 허락해준 갈무리 출판사와 번역자에게 감사의 말을 전한다. 토머스 모어의『유토피아』를 인용한 부분은『유토피아』(주경철 옮김, 을유문화사 2021)에서, 셰익스피어의『리어왕』을 인용한 부분은『리어 왕』(최종철 옮김, 민음사 2005)에서 인용했다.

2021년 7월

안효상

간추린 참고문헌

권범철「커먼즈의 이론적 지형」,『문화과학』101, 2020.
김영희「커먼즈적 공유에 관한 고찰」,『법과사회』57, 2018.
바우웬스, 미셸·니아로스, 바실리스, 조윤경 옮김『커먼즈 경제에서의 가치 문제』, 지식공유지대 2020.
볼리어, 데이비드, 배수현 옮김『공유인으로 사고하라』, 갈무리 2015.
오스트롬, 엘리너, 윤홍근·안도경 옮김『공유의 비극을 넘어』, 랜덤하우스코리아 2010.

이병천 「커먼즈론은 공동재산/권을 어떻게 보는가? 세 개의 시선」, 『시민과 세계』
　　33, 2018.

정영신 「한국의 커먼즈론의 쟁점과 커먼즈의 정치」, 『아시아연구』 23(4), 2020.

정남영 「대안근대로의 이행과 커먼즈 운동」, 『오늘의 문예비평』, 2017.

최현·정영신·윤여일 편저 『공동자원론, 오늘의 한국사회를 묻다』, 진인진 2017.

페데리치, 실비아, 황성원·김민철 옮김 『캘리번과 마녀』, 갈무리 2011.

페데리치, 실비아·카펜치스, 조지, 권범철 옮김 「자본주의에 맞선 그리고 넘어선 커
　　먼즈」, 『문화과학』 101, 2020.

P2P Foundation 『커먼즈 전환과 P2P: 입문서』, 지식공유지대 2018.

Aguiton, Christophe. "The Commons." in P. Solón (ed.), *Systemic Alternatives*. Focus
　　on the Global South 2017.

Bollier, David and Helfrich, Silke. *Free, Fair and Alive: The Insurgent Power of the
　　Commons*. New Society Publishers 2019.

Caffentzis, George. "Commons." in K. Fritrsch, C. O'Connor and AK Thompson
　　(ed.), *Keywords for Radicals: The Contested Vocabulary of Late-Capitalist Struggle*.
　　AK Press 2016.

De Angelis, Massimo, *Omnia Sunt Communia: On the Commons and the Transformation
　　to Postcapitalism*. Zed Books 2017.

가이 스탠딩(Guy Standing) 영국 런던대학 SOAS 교수. 기본소득지구네트워크(BIEN)의 공동창립자이자 현재 명예공동의장을 맡고 있다. 케임브리지대학에서 경제학 박사학위를 받았고, 국제노동기구의 프로그램 디렉터, 유엔·세계은행 및 세계 각국 정부의 노동·사회 정책 자문으로 활동했다. 기본소득 논의의 최고 권위자로서 지난 30여년간 이론과 실험의 전면에 나서왔다. 최근에는 프레카리아트의 부상에 주목하며 무조건적인 기본소득 정책과 숙의민주주의, 그리고 공유지(commons)에 관심을 기울이고 있다. 지은 책으로『불로소득 자본주의』『기본소득』『프레카리아트: 새로운 위험한 계급』등이 있다.

안효상(安孝祥) 기본소득한국네트워크(BIKN) 상임이사. 정치경제연구소 대안 부소장. 서울대 대학원 서양사학과 박사과정을 수료했고 사회당 대표, 진보신당 공동대표, 성공회대 외래교수 등으로 일했다. 지은 책으로『미국사 편지』『미국은 어떻게 만들어졌을까?』『기본소득운동의 세계적 현황과 전망』(공저) 등이 있고, 옮긴 책으로『기본소득과 좌파』『대전환의 세기, 유럽의 길을 묻다』『기본소득』등이 있다.

공유지의 약탈
새로운 공유 시대를 위한 선언

초판 1쇄 발행 / 2021년 7월 9일

지은이 / 가이 스탠딩
옮긴이 / 안효상
펴낸이 / 강일우
책임편집 / 정편집실 · 이하림
조판 / 박아경
펴낸곳 / (주)창비
등록 / 1986년 8월 5일 제85호
주소 / 10881 경기도 파주시 회동길 184
전화 / 031-955-3333
팩시밀리 / 영업 031-955-3399 편집 031-955-3400
홈페이지 / www.changbi.com
전자우편 / human@changbi.com

한국어판 ⓒ (주)창비 2021
ISBN 978-89-364-7874-2 03300